绍兴市哲学社会科学特别重大课题《绍兴历史文化系列研究》（编号15TBZD-01）子课题（编号SXW1504）

绍兴历史文化精品丛书

环坐而听：绍兴教育史

吴民祥 著

中国社会科学出版社

图书在版编目（CIP）数据

环坐而听：绍兴教育史/吴民祥著 . —北京：中国社会
科学出版社，2018.10
（绍兴历史文化精品丛书）
ISBN 978 - 7 - 5203 - 2970 - 5

Ⅰ.①环… Ⅱ.①吴… Ⅲ.①地方教育—教育史—
研究—绍兴 Ⅳ.①G527.553

中国版本图书馆 CIP 数据核字（2018）第 180400 号

出 版 人 赵剑英
责任编辑 郭晓鸿
特约编辑 席建海
责任校对 周　昊
责任印制 戴　宽

出　　　版 中国社会科学出版社
社　　　址 北京鼓楼西大街甲 158 号
邮　　　编 100720
网　　　址 http://www.csspw.cn
发 行 部 010 - 84083685
门 市 部 010 - 84029450
经　　　销 新华书店及其他书店

印刷装订 北京君升印刷有限公司
版　　　次 2018 年 10 月第 1 版
印　　　次 2018 年 10 月第 1 次印刷

开　　　本 710×1000　1/16
印　　　张 31.5
字　　　数 454 千字
定　　　价 128.00 元

"绍兴历史文化精品丛书"序言

  绍兴历史文化是拥有 2500 多年完整城市史的绍兴的骄傲，更是整个中华民族和全人类的精神财富。

  20 年前，著名学者钟敬文曾深情写道，绍兴，是幅员广阔的祖国的一个行政区域，"它牵系着许多知识分子的心"（《绍兴百俗图赞》序，1997）。季羡林更包举而言，"绍兴大名垂宇宙，物华天宝，人杰地灵"，"建国首先必须重视文化、教育、科学、技术。在这方面，绍兴古今人物都有一些贡献。此外，更必须有炽热的爱国主义热情，绍兴这方面也创造了中华民族的骄傲"（《绍兴百镇图赞》序，1997）。在更早出版的《浙江十大文化名人》（浙江人民出版社 1987 年版）中，合撰该著的我省著名学者蒋祖怡、沈善洪、王凤贤还将出自传统绍兴地区的王充、陆游、王阳明、黄宗羲、蔡元培、鲁迅六人列入浙江十大文化名人之中，绍兴文化名人竟占了浙江全省的一半以上。2000 年竣工的北京中华世纪坛，根据长期以来的社会共识，用青铜铸造了 40 尊中华文化名人像，其中王羲之、蔡元培、鲁迅、马寅初 4 尊都来自绍兴地区。2016 年 5 月 17 日习近平总书记在哲学社会科学工作座谈会上发表的讲话谈到中华民族几千年发展史上的 25 位"思想大家"中有 4 位（王充、王守仁、黄宗羲、鲁迅）、百年来开创性地运用马克思主义的 9 位"名家大师"中有 2 位（范文澜、马寅初）来自传统绍兴地区。这些都足以说明，绍兴历史文化是浙江文化的根脉所在，是中华优秀传统文化的重要组成部分之一。

对绍兴历史文化的研究，已经走过两千多年历程，积累下丰厚的学术资源。

毕生研究绍兴历史文化、本身也是当代越地杰出文化名人的陈桥驿先生，曾梳理绍兴历史文化的研究史并指出，对绍兴历史文化比较自觉的研究始于东汉初，"唯一一种由先秦越地越人写作的是《越绝书》，此书经过东汉初人的整理补充而流传下来，价值甚高。此外，东汉初人研究越文化的著作还有《吴越春秋》和《论衡》，也都有重要价值。东汉以后，由于种种原因，越文化的研究者和成果很少。20世纪二三十年代，若干学者以新的思维和方法研究越文化，其中顾颉刚的研究成果具有创见。最近 20 年来，越文化研究出现高潮，许多研究成果相继问世"（《越文化研究的回顾和展望》，2004）。这主要是基于本土学者的比较简略的考察。将视野放开一点可以看到，西汉早期，伟大的史学家和思想家司马迁从史学角度建构汉代大一统国家意识文化时，就对绍兴历史文化进行了比较深入的研究。其《史记·太史公自序》《越王勾践世家》《货殖列传》及《夏本纪》，就对绍兴人民的精神图腾大禹及绍兴历史文化的灿烂开篇——越国时期的重大军政、经济和文化建树进行了多方面、多角度的考述。他旗帜鲜明地赞美："禹之功大矣，渐九川，定九州，至于今诸夏艾安。及苗裔勾践，苦身焦思，终灭强吴，北观兵中国，以尊周室，号称霸王，勾践可不谓贤哉！盖有禹之遗烈焉！"司马迁十分精准地挖掘出绍兴历史文化传统中的两大要件——事功精神和爱国传统，至今仍有启迪价值。两汉以后，六朝时期越国故地的士族文化精英出于在南下北方士人面前张扬本土文化的需要，通过撰写大量地志著作，成为绍兴历史文化研究新的主力。唐、宋、元、明、清各代，绍兴历史文化其实也都有相当一批热心的研究者。正是基于这些丰厚的积累，进入 20 世纪，人们才看到一系列"亮眼"的动作，如 1910 年 12 月 20 日，鲁迅致信好友许寿裳，以"开拓越学，俾其曼衍，至于无疆"共勉；并身体力行，花费相当大的心血整理《会稽郡故书》等绍兴历史文化文献。1912 年 1 月 3 日，他在《越铎日报发刊词》中提出，"于越故称无敌于天下，海岳精液，善生俊异，后先络绎，展其殊才；其民复存大禹卓苦勤劳之风，同勾践坚确慷慨之志，力作治生，绰然足以自理"，该发刊词援引绍兴历史文化精神以为创造中华民族新纪元的精神支撑之一，不啻20世纪第一篇绍兴历史文化研究的檄文。1936年8月30日，由蔡元培主持的吴越史地研究会成立大会在上海举行，绍兴历史文化研究随之进入一个更自觉的群体性时代。改革开放以来绍兴历史文化研究飞速发展，硕果累累，应是吴越史地研究会所推动形成的趋势在经历种种历史波折之后恢复、壮大的成果之一。

中国特色社会主义进入新时代，组织展开绍兴历史文化的新的系统研究，是历史的选择。

习近平总书记在系列讲话中一再指出："我们说要坚定中国特色社会主义道路自信、理论自信、制度自信，说到底是要坚定文化自信。文化自信是更基本、更深沉、更持久的力量"；"要讲清楚中华优秀传统文化的历史渊源、发展脉络、基本走向，讲清楚中华文化的独特创造、价值理念、鲜明特色，增强文化自信和价值观自信"。显然，文化自信建设已然成为我们这个时代的主题。在这一大背景中，浙江省和绍兴市也加快了文化建设的步伐。不久前发布的《浙江省第十四次党代会报告》提出"文化浙江"奋斗目标，并将其置于"六个浙江"建设的中枢位置，要求"挖掘传承地方特色文化""进一步延续浙江文脉"；《绍兴市第八次党代会报告》同样把强化文化的传承创新列为战略重点，提出"建设具有国际影响力的历史文化名城""在彰显特色文化魅力上充分发挥历史文化资源优势，打造特色文化高地"。在中央和我省一系列里程碑式文件、决策酝酿出台的同时，我市社科界就如何把举世罕匹的深厚历史文化资源转变为现实的文化软实力和绍兴大城市建设的恒久推动力，进行了多方面的思考，采取了一系列比较重大的举措。其中之一就是绍兴市社科联与绍兴文理学院越文化研究院（浙江省越文化传承与创新研究中心）通力合作，面向国内外学术界组织编撰一套既能集中反映绍兴历史文化遗产，代表这一领域最新学术进展，又较好适应当前时代需要的"绍兴历史文化精品丛书"。

这项工作在中共绍兴市委宣传部的关心、指导下，在绍兴市社科联多位领导的精心谋划、组织下展开，得到浙江省社科院副院长陈野研究员、上海交通大学博士生导师朱丽霞教授、安徽大学吴从祥教授、聊城大学罗衍军教授、浙江师范大学吴民祥教授、浙江工商大学聂付生教授、绍兴市鉴湖研究会会长邱志荣研究员等多位专家学者的响应和大力支持。各位专家学者基于既往两千年学术史特别是近八十多年现代学科意义上的研究史，基于践行社会主义核心价值观和文化自信建设的需要，从不同方面对绍兴历史文化进行了比较系统深入的清理，及时完成了这套丛书。

这套丛书不仅是对深厚的绍兴历史文化的一次全新解读和总结，对传承、发展好这份中华民族和全人类的精神财富也有一定价值。

唐人元稹曾作诗赞美："会稽天下本无俦，任取苏杭作辈流。"我们还期待，对绍兴历史文化的新的解读和总结，对传承、发展我国其他地域文化也有借鉴意义。在满足中国特色社会主义新时代人民群众的精神生活需要方面，地方文化是最近便、适切的精神食粮。

潘承玉

目 录

导 论 …………………………………………………… 1

第一章 生聚与教训：於越先民的教育 ……………… 8
　第一节 於越先民的教育 ………………………………… 8
　第二节 "生聚"与"教训"：越地教育精神的凝练 ………… 22

第二章 统一与融合：秦汉六朝时期的绍兴教育 ……… 25
　第一节 秦汉大一统与绍兴教育的"国家化" ……………… 26
　第二节 "疾虚妄，辨是非"：王充的教育思想 …………… 39
　第三节 家国互构：士族兴起与绍兴门第家学的兴盛 …… 52
　第四节 六朝时期绍兴的佛教教育 ……………………… 89

第三章 规制与机遇：隋唐宋元时期的绍兴教育 …… 106
　第一节 国家教育制度规训下的州县学 ………………… 106
　第二节 科举制度与绍兴教育 …………………………… 128
　第三节 南宋越文化与绍兴教育的互动 ………………… 146
　第四节 蒙学与社会教化 ………………………………… 167

第四章 禁锢与创新：明至清中叶的绍兴教育 ……… 187
　第一节 科举与府县儒学 ………………………………… 188
　第二节 阳明"心学"与浙东"王学"及其教育活动 ……… 216

第三节　乡村教化：社学、义塾与族学 ……………… 236

第四节　教育思想的创新：王学·实学·史学 ……………… 252

第五章　学术在野：绍兴书院与越地学风 ……………… 283

第一节　绍兴书院的流变 ……………………………… 283

第二节　绍兴书院的特征 ……………………………… 303

第三节　学派与书院的互动 …………………………… 317

第六章　变局与应对：近代绍兴教育 ………………… 337

第一节　外来挑战：近代绍兴的教会教育 …………… 337

第二节　新教育的创生与发展 ………………………… 355

第三节　求新知于世界：近代绍兴的留学生 ………… 408

第四节　由革命到启蒙：近代绍兴教育家的教育

思想与实践 …………………………………… 448

结语　文化重心与教育中心

——人才分布视野中的绍兴教育史 ……………… 472

主要参考文献 ……………………………………………… 482

后　记 …………………………………………………… 494

导　论

　　区域历史文化研究是深化、拓展与弘扬中华文化研究的学术长青之树。越文化作为一支典型的区域文化，以其绵亘不绝的发展脉络、高峰迭起的演进轨辙及中国思想史上"浙东出异端"的现象为世人瞩目。"越学"的兴起正是越文化价值获得重视、得以彰显的重要表现。①

　　绍兴地区（越中）作为越文化的核心区，其教育是越文化的重要组成部分。绍兴教育的历史演变与越文化的发展密切相关；同时，在越文化的发展演进过程中，绍兴教育无疑起到了重要作用。无论是越地文化精神的塑造、经济与社会的发展，抑或名士文化的培育、文学艺术的成长、学术特质的形成等，都与绍兴教育发展史息息相关。对绍兴教育史的研究，既能深化与拓展中国教育史研究主题，也是认识越文化乃至中华文化的重要窗口。

一　学术史的考察

　　从学术史的角度来看，越文化研究最早始于东汉，代表性成果《越绝书》《吴越春秋》《论衡》，迄今已有两千年的历史。越文化研究的跃进是从 20 世纪二三十年代发轫的，以 1936 年吴越史地研究会

---

　　① 本书所使用的"文化"概念，"包括知识、信仰、艺术、法律、风俗以及作为一个社会成员所获得的能力与习惯的复杂整体。"参见［美］威廉·A. 哈维兰《当代人类学》，王铭铭等译，上海人民出版社 1987 年版，第 241 页。

成立为标志。进入 20 世纪 80 年代以来，对越文化的研究有了多层面深入，研究队伍空前壮大，包括多学科交叉综合研究在内的成果大量涌现，"越学"日渐成为一门显学。

近年出版的八卷本《越文化通论》（王建华主编）深入拓展了越文化的研究领域，是研究绍兴教育史的重要参考资料。其中，潘承玉教授著的《中华文化格局中的越文化》，将越文化置于整个中华文化的大格局来考察，高屋建瓴，不仅能够给予越文化及其所取得的成就与影响以准确的定位，而且更易透过历史的纷纭万象而准确地把握到越文化的本质特点及形成原因；梁涌教授著的《越地学术思想论》，论述了越地学术思想的流变及基本特征、经史之学及其特色、浙东学派及其学术渊源、哲学思想的发展轨迹、伦理思想的流变、学术文化的传播、教育思想的个性等主题，阐述了教育思想的演变主线，分别对越地著名学者的教育目的、目标、治学态度、教学原则和方法等进行了梳理；高利华教授等著的《越文学艺术论》，借助于"文化场"的研究视角，对越地文学艺术的发生、崛起、发展、鼎盛和流变进行了系统的梳理，力图展示越文学艺术的文化个性，将其置于中国文学艺术的历史坐标体系中给予新的阐释；陈望衡教授著的《越中名士文化论》，考察了越中名士的山水因缘（风水宝地、华夏祖庙、文化荟萃、艺美渊薮）、社会因缘（教育为本、文化移民、家族恩泽、师友相携）、时代因缘（救亡之际、变革之时、革命之秋、升平之世），阐释了越中名士辈出的机制，越文化精神是越文化中最核心的部分，它在本质意义上型塑了绍兴教育的特质与个性；朱志勇教授著的《越文化精神论》，探讨了越文化精神的载体、内涵、嬗变、价值及民俗学印证等主题。

此外，孟文镛著的《越国史稿》、寿永明教授等著的《越地民俗文化论》、仲富兰教授等著的《越地非物质文化遗产综论》和刘孟达、章融著的《越地经济文化论》，对研究绍兴教育史均有参考价值。

越文化研究成果尚有叶岗等著《越文化发展论》、祝兆炬著《越中人文精神研究》，考察了越文化的起源、演变、精神特质等，可资绍兴教育史研究参考。

就绍兴历史文化研究而言，2006 年由中华书局分辑出版的《绍兴丛书》① 提供了重要参考文献。该丛书收录的图书文献共有上千种，八大门类，是一部广泛收集绍兴人及相关人士有关绍兴的原创性著述及文献史料的综合性乡邦文献丛书，包括《绍兴文献题录》《绍兴地方志丛编》《绍兴史迹汇纂》《绍兴家史丛编》《绍兴人物传记汇纂》《绍兴先贤文存》《绍兴碑刻史料集成》《绍兴历史图集》。该丛书的编纂出版，能提供研究绍兴地区教育史的翔实一手资料，特别是其中有关教育、文化、人物传记等史料更为珍贵。

2004 年，《绍兴历史文化丛书》② 编纂出版。该丛书有的以绍兴文化为重心，如《绍兴越文化》《绍兴语言文化》《绍兴名士文化》等，有的以专题形式撰写，如《绍兴师爷》《绍兴堕民》《绍兴教育史》等，都将阐释与弘扬绍兴历史文化作为宗旨，对于研究绍兴区域教育史有参考价值。丛书中由章玉安撰写的《绍兴教育史》，分古代、近代两编，在中国教育发展的宏观背景中，阐述绍兴教育制度沿革、各类学校教育、著名教育思想家及其教育思想等内容，虽包摄范围广、力图面面俱到，但失之简略，缺乏深度，往往就教育而论教育，只能算是对绍兴教育史的粗略概述，未能对绍兴教育史与越文化的互动等问题展开深层次的研究。

有关绍兴教育史研究论题，教育史学界已有的相关成果可借鉴与参考。《中国教育通史》（毛礼锐、沈灌群主编，山东教育出版社1985 年版）、《中国教育思想通史》（王炳照、阎国华主编，湖南教育出版社 1994 年版）、《中国教育制度通史》（李国钧、王炳照总主编，山东教育出版社 2000 年版）三部教育通史，以宏富的史料、从宏观上展现了中国教育发展的史实、轨迹与沿革，能提供研究区域教育史的"全局"背景，其中也含有绍兴地区（人物思想、教育实践、学派等）教育发展的史料与内容，有利于认识绍兴教育史的

---

① 绍兴丛书编辑委员会编：《绍兴丛书》（第一辑·全 12 册）（第二辑·全 12 册），中华书局 2006、2010 年版。
② 傅建祥、颜越虎主编：《绍兴历史文化丛书》，中华书局 2004 年版。

个性与全国教育发展史的共性之关系，如《中国教育思想通史》中就有绍兴籍教育家王充、王阳明、王畿、刘宗周、钱德洪、张元忭、朱之瑜、黄宗羲、章学诚、蔡元培、鲁迅、陈鹤琴等人的教育思想与实践。

李国钧主编的《区域教育的历史研究》（湖北教育出版社 2003 年版），着重于区域文化与教育类型，抽出政治、经济、社会结构、教育政策、学术传统和外来影响六大方面，探讨它们在教育的地域分化上的功能作用，分为七个专题展开研究。其中，吴宣德著《中国区域教育发展概论》在区域教育史研究方法论方面颇值得借鉴，其计量史学方法的运用（其中含有诸多绍兴教育统计史料）、区域教育史与文化、政治、社会结构、经济人口的关系的阐述，足资启发；顾宏义著《教育政策与宋代两浙教育》通过揭示宋代教育政策的制定与变化对两浙地区教育发展的影响，为研究绍兴教育史提供了参考。此外，张彬主编的《浙江教育发展史》（杭州出版社 2006 年版），考察了自新石器时代迄当代的浙江教育发展，重点围绕教育制度沿革、教育思想流变展开论述，可为绍兴教育史研究参考。

综上所述，近年来随着"越学"的兴起，越文化研究方兴未艾，研究的领域涉及面广，跨学科研究成果迭出；绍兴作为越文化的核心区域，学术界通过文献整理出版、专题研究等，展现与弘扬绍兴地区历史文化。然而，作为越文化重要组成部分并与之互动密切的绍兴教育史，目前尚缺乏深入研究。

"环坐而听：绍兴教育史"课题研究，力图将绍兴教育发展史置于越文化演进变迁的历史环境中，考察绍兴教育的历史发展轨迹，阐释其在越文化史上的贡献及其与越文化的互动影响，展现其区域特色及在中国教育史上的地位，以期为弘扬越文化精神、现实教育改革提供历史经验。

二 基本思路、方法与主要观点

"环坐而听：绍兴教育史"课题研究，以绍兴教育历史发展的时间为"经"，以越文化发展的关键阶段为"纬"，围绕"官学""书院""学塾（家学、族学、义学）""新式学堂"等教育类型展开，结合主要人物的教育思想与实践活动，以揭示绍兴（历史上会稽郡、绍兴府所辖区域）教育发展的轨迹、特征。

（一）研究的基本思路

1. 考察越文化发展阶段及绍兴教育特征

先秦：主要以《越绝书》《吴越春秋》为史料来源，考察其中所蕴含的教育，总结於越先民的教育特征。

秦汉至六朝：主要以"异书"《论衡》为考察对象，结合东晋士族文化，阐释历史变动下的绍兴地区教育变迁与特点。

隋唐到两宋：主要考察科举制背景下绍兴教育的转型；全国文化中心地位的确立与绍兴教育的互动；理学兴起背景下越中书院的勃兴与越地学风的形成及人才的养成。

明至清中叶（前近代）：重点阐释"由理学到心学"再"由心学到实学"越地哲学思想的发展及其对绍兴教育的影响；选择几个越中有影响的宗族，考察宗族社会背景下的绍兴地区宗族教化及其特点；科举制度与绍兴教育。

清后期至五四时期（近代）：考察西学东渐、越文化面临"数千年未有之变局"这一"天崩地陷"的大时代，绍兴教育的转型、对近代新文化的倡导与实践；审视从晚清"武器的批判"，到民初"共和国民之塑造"，再到"新文化运动的源与流"，绍兴教育在剧变历史时期所扮演的时代先锋角色。

2. 阐释绍兴各类教育及其特点

绍兴教育的发展、沿革，通过历代官府和社会贤达兴学，以官学、学塾（家学、族学、义学）、书院、学堂（学校）等各类教育机构为依托而展开。越文化精神及其发展阶段特征渗透到绍兴教育的各具体形式中，构建了自己的教育特色。

官学：由官府兴办的各类官立学校。绍兴地区官学历经汉代至六朝（会稽）的郡国学、唐宋（越州、绍兴府）的州县学、明清（绍兴府）的府县儒学、近代绍兴官立学堂（学校），既受越文化各时期主流文化意识的影响，也是绍兴教育史各阶段教育的主体。

学塾（家学、族学、义学）：由民间兴办的私学，分两种性质。其一，自汉代兴起的"学馆""书馆"或"学舍"，后世统称为"私塾"，属于启蒙教育性质；其二，是高级的深造性质，汉时经师大儒设立"精舍""经庐"，后世称为"书馆"。东汉时，绍兴已设有书馆；随后的战乱年代，避乱会稽的儒学大师都在此聚众讲学，东晋时的世家大族形成了家学传统；宋明以降，随着越中全国文化中心的确立，民间私塾成为培育越文化、教化乡里的主要教育途径；明清时，随着乡村宗族社会的形成，族学日渐成为绍兴乡土社会教育的主干。

书院：作为一种教学活动与学术研究相结合的教育组织形式，书院与越文化的发展、学术风格的培育、人才的养成密不可分。绍兴书院的形成与全国书院同步，南宋时已十分发达。南宋以降，越地著名学者，大都主持过书院，或在书院讲过学，形成了著名的姚江学派与浙东学术。

学堂（学校）：清季至民初，在西学东渐潮流的冲击下，立足于救亡图存的需要，绍兴地区在全国较早地兴办了绍兴中西学堂、绍兴大通师范学堂等一批新式学堂，成为传播新学、呼吁革命、启蒙国民的主要阵地。此外，外人（传教士）利用不平等条约的保护，在绍兴开办了各类新式学堂，对近代绍兴教育产生了重要影响。

3. 论述主要人物的教育思想与实践

教育所具有的文化传承、创生与传播功能，使其与文化发展密切相关。绍兴历代教育思想家通过文化学术与教育活动对越文化的创生与发展产生了重要影响。课题围绕越文化发展关键阶段主要教育家的教育思想与实践，阐释越文化与绍兴教育的互动。

绍兴教育思想家，无论是古代王充的"疾虚妄，树异端"、王阳明的"心学"与思想解放、创立蕺山学派的刘宗周、明季清初开创浙东学派的黄宗羲、提出"六经皆史"的章学诚，抑或近代绍籍教育家蔡元培、经亨颐、鲁迅、竺可桢、陈鹤琴等，他们的教育思想与实践既蕴含了越文化的精神内涵，又具有时代创新意义，是越文化史上，乃至中国文化与教育史上的重要财富。

（二）研究方法

（1）历史研究。查阅文献档案、族谱、方志、笔记、文集等，获取翔实的史学资料。（2）比较研究。比较越文化发展不同阶段绍兴教育发展的特点，比较绍兴教育史与中国教育史的共性与个性。（3）文化社会学研究。从越中社会嬗变、文化变革与社会发展的互动关系，考察绍兴教育史。（4）计量史学研究。绍兴教育史研究涉及各类人物、学校、人才、人口以及经济和社会史料等的搜集和整理，采用计量与统计分析，比较与阐释各时期绍兴教育发展状况。

（三）主要观点

越文化精神型塑了绍兴教育史的内在特质；绍兴教育使越文化精神在越地得以继承与弘扬。越文化发展关键期与绍兴教育史的发展阶段密切相关；绍兴教育参与越文化的建设，推动越文化的创新与发展。绍兴教育史具有鲜明的个性，在中国教育史上占有独特的地位。

第一章　生聚与教训：於越先民的教育

越族是一支古老的部族，经历漫长的史前时期，逐渐繁衍生息。越人建国很早，"越之先君无余，乃禹之世，别封於越，以守禹冢"，"勾践之民，号称於越，都会稽"。① 越国的开国国君无余是大禹的后代，封在越地为诸侯，守护其先祖大禹的陵墓。无余建立国家，国号为"於越"。

地处中国东南一隅的越国，其历史充满传奇色彩。越国在春秋吴越争霸中曾一度战败，濒临灭亡，但经过"十年生聚，十年教训"，终于覆灭强吴，一跃而成为春秋战国之际的霸主。越国不仅因为勾践卧薪尝胆、发愤图强的历史而名盛于世，而且还以其灿烂的文化与具有越文化特色的教育，对中国古代文明的发展做出了卓越的贡献。

第一节　於越先民的教育

人类的生产生活经验、社会习俗、宗教典仪等知识均依赖于教育完成代际传递。此外，教育也是社会组织动员其成员、宣扬一定价值观念的手段。古代於越先民正是通过"教训"而"生聚"，以"生聚"来"教训"。

---

① （东汉）袁康、吴平：《越绝书·第八卷》，上海古籍出版社 1985 年版，第 57 页。

一 农业与手工业生产劳动教育

越文化是以稻作生产为特色的农耕文明，有关稻作农业的生产及工具的探索、积累、发展和传播是古代越地教育的主要内容。

越地的温润气候为稻、麦、果蔬等生长提供了适宜的农作环境。《越绝书》记载，"甲货之户曰粲，为上物"，"乙货之户曰黍，为中物"，"丙货之户曰赤豆，为下物"，"丁货之户曰稻粟，令为上种"，"戊货之户曰麦，为中物"，"己货之户曰大豆，为下物"，"庚货之户曰秔，比疏食"，"辛货之户曰果，比疏食"。① 上述《越绝书》所罗列的农作物品种甚为丰富。

此外，跨湖桥遗址中出土了酸枣、葫芦、桃核、杏核、菱角等；河姆渡遗址中出土了菱角、酸枣、橡子等。② 由此可见，越地农作物种类繁多，但稻粟是主要农作物。

新石器时代，於越先民已开始种植水稻，是世界上人工栽培水稻的发源地之一。在对7000年前的河姆渡遗址的两次发掘中，均有大量稻谷遗存出土。浦江上山遗址中发现的稻谷壳，其籽粒的长度比野生稻短，粒的宽度比野生稻大，为早期人工栽培稻遗存，比河姆渡遗址出土的人工栽培的水稻要早4000年。③ 水稻作为主要粮食作物，已成为关系国家命脉的战略物资。

《越绝书》记载，越国大夫文种向勾践献计，"请籴于吴"，把"贵籴粟缟，以空其邦"，作为灭吴九术之一。④ 在是否借给越国稻谷的问题上，吴国君臣进行激烈的争论。伍子胥认为"输之粟与财，财去而凶来，凶来而民怨其上，是养寇而贫邦家也"。但"吴王乃听太宰嚭之言，果与粟"时，伍子胥即感到吴国的末日即将来临。两年后，越国的粮食丰收，于是"拣择精粟而蒸，还于吴，复还斗斛之

① （东汉）袁康、吴平：《越绝书·第四卷》，上海古籍出版社1985年版，第33页。
② 参见《河姆渡文化》，2010年10月，（http://www.docin.com/p-442693803.html）。
③ 参见孟文铺《越国史稿》，中国社会科学出版社2010年版，第374、50页。
④ （东汉）袁康、吴平：《越绝书·第十二卷》，上海古籍出版社1985年版，第83页。

数，亦使大夫种归之吴王"。吴国把越国归还的蒸过的粟播种后，使得"粟种杀而无生者，吴民大饥"。① 上述吴越借还之"粟"，就是《越绝书·计倪内经》中"令为上种"的稻粟。② 吴国可以借给越国万石稻谷，同样越国也可以一次归还越国万石稻谷，显示吴越两国的水稻种植面积大。

从出土的生产农具看，於越先民稻作农业的水平颇高。跨湖桥文化、河姆渡文化和马家浜文化的农具主要是骨耜，良渚文化的农具主要是石犁和破土器。③ 河姆渡遗址前后两次考古发掘，出土骨耜达170余件，大多见于第四文化层。石犁在浙江的杭嘉湖平原如杭州水田畈、余杭北湖、桐乡杨梅湾，宁绍平原如上虞、余姚上林湖、嵊州崇仁等地均有出土。④ 生产农具的革新大大提高了生产效率，水稻的种植得以进一步的推广。无论从地望上还是从文化特征上看，石犁和破土器无疑是於越先民的创造。⑤

在吴越地区有春秋战国时期的青铜农具出土，也有铁制农具。农业生产中的破土翻耕、除草以及谷物收割已使用金属农具，反映了生产力的提高。在农业生产工具中，最富有越文化特色的是锯镰，在太湖地区和宁绍地区普遍流行。⑥ 锯镰是半月形的收割工具，刃部有锯齿，与现在的镰刀基本相似。

种植水稻需要水源，越国在水利方面的成就也非常显著。"富阳里者，外越赐义也。处里门，美以练塘田。""富中大塘者，句践治以为义田，为肥饶，谓之富中。"⑦ 这种堤塘建筑有效地控制了溪水的北

---

① （东汉）赵晔：《吴越春秋·勾践阴谋外传》，齐鲁书社 2000 年版，第 87 页。

② 在春秋诸侯争霸的过程中，采取一些计谋以战胜对方，虽为必要之举，但越国"拣择精粟而蒸，还于吴"，致吴国"粟种杀而无生者，吴民大饥"，以致破国的阴谋，这一"以怨报德"的谋术，值得反思。

③ 参见孟文镛《越国史稿》，中国社会科学出版社 2010 年版，第 378 页。

④ 参见牟永抗、宋兆麟《江浙的石犁和破土器——试论我国犁耕的起源》，《农业考古》1981 年第 2 期。

⑤ 参见孟文镛《越国史稿》，中国社会科学出版社 2010 年版，第 379 页。

⑥ 同上书，第 381 页。

⑦ （东汉）袁康、吴平：《越绝书·第八卷》，上海古籍出版社 1985 年版，第 60—61 页。

泄。在勾践复国期间，越人又相继修筑了练塘、苦竹城塘、石塘、吴塘等大型水利工程，这些水利工程中除了石塘兼有军事性质外，其余都是用来发展水稻种植业的。① 利用水资源有节制地灌溉田地，使沼泽变良田，稻田面积变大，水稻产量大大提高。

越地是稻作农业的发源地。越地先民一方面在生产劳动中用勤劳和智慧传承、创造着稻作农业，另一方面又充当着传播的使者，把创造和积累的农业知识、稻作技术和工具制造技艺传播到不同的地域，为整个华夏文明的进步与发展做出了贡献。无论是农作经验的传授，还是农业生产工具的创制，都需要通过教育来完成代际之间的传承与区域之间的交流，就此而言，农业生产知识、稻作技术、工具制造技艺无疑是於越先民教育的主要内容。

越国的手工业生产在春秋战国时期发展迅速。据《越绝书》记载，"官渎者，勾践工官也。"官渎是管理手工业的官署，监管木材的加工、纺织、陶冶等一般手工业的生产和供应。"姑中山者，越铜官之山也，越人谓之铜姑渎。"姑中山是越国管理铜业的官署所在地，监管采矿、冶炼和兵器的铸造。"朱馀者，越盐官也。"朱馀是越国管理盐务的官署所在地，监管盐业生产和供应。"舟室者，勾践船宫也。"舟室监管造船业，督造战船，建立舟师基地。②

手工业生产劳动的出现是生产力发展的重要标志，更是生产工具发展的直接体现。手工业产品的技术含量更高，因此手工业生产的兴起必然对手工业工艺和技术的教育提出更高的要求。就教育的本质而言，手工业生产的出现和发展促进了教育内容、教育场所、从教和受教人员的职业化的发展。③

（一）青铜冶铸业

越国境内蕴藏着丰富的铜、锡资源，拥有优秀的冶铸匠师、高超

① 参见马雪芹《古越国兴衰变迁研究》，齐鲁书社 2008 年版，第 312 页。

② （东汉）袁康、吴平：《越绝书·第八卷》，上海古籍出版社 1985 年版，第 61—63 页。

③ 参见张彬等《浙江教育发展史》，杭州出版社 2008 年版，第 24 页。

的冶铸工艺，"赤堇之山，破而出锡；若耶之溪，涸而出铜"①。高度发展的青铜冶铸技术为冶炼提供了技术基础。

春秋末，著名的冶铸专家欧冶子和干将革新了鼓风的方法，这是发明铸铁冶炼、渗碳炼钢技术的关键。据《吴越春秋·阖闾内传》记载："干将作剑，采五山之铁精，六合之金英。候天伺地，阴阳同光，百神临观，天气下降，而金铁之精不销沦流。""于是干将妻乃断发剪爪，投于炉中。使童女童男三百人鼓橐装炭，金铁乃濡，遂以成剑。"② 有专家认为，"铁精"当是质量较精的熟铁块，"金英"当是含碳较多的渗碳剂，"断发剪爪"是指含有磷质的催化剂，"金铁乃濡"是说"金英"的碳成分不断地渗入"铁精"中，"濡"是相互渗透的意思。③ 越地不仅完全掌握了冶铁技术，而且率先完成了从铸铁到炼铁渗碳成钢的技术飞跃。

越国的冶铸业技术水平以制造兵器为标志。据《越绝书》载："欧冶乃因天之精神，悉其伎巧，造为大刑三、小刑二：一曰湛卢，二曰纯钧，三曰胜邪，四曰鱼肠，五曰巨阙。"其中纯钧剑"手振拂扬，其华捽如芙蓉始出。观其钑，烂如列星之行；观其光，浑浑如水之溢于塘；观其断，岩岩如琐石；观其才，焕焕如冰释"④。此剑是绝世珍宝，价值连城。绍兴地区出土的"越王勾践剑""越王丌北古剑""越王州勾剑"等数十件越国宝剑，其制作水平相当高超，尤以复合浇铸技巧，剑脊、剑刃、剑柄各部位不同的合金比例，以及同心圆等花纹的刻画，令后人啧啧称奇。⑤ 如此成熟的铸剑工艺，一定有一个漫长发展的过程。兵器除了剑以外，还有戈、矛、铍、矢镞等。

冶铸业的另一个内容就是农业和手工业器具的制造，这主要有犁、镢、铲、锄、镰、斧、刻刀、削、凿等，日用品有鼎、尊、盂、盘、鉴、青铜鸠杖等。青铜乐器有钟、丁宁、铎、铙、镈等。这些器

---

① （东汉）袁康、吴平：《越绝书·第十一卷》，上海古籍出版社1985年版，第79页。
② （东汉）赵晔：《吴越春秋·阖闾内传》，齐鲁书社2000年版，第20—21页。
③ 参见杨宽《中国古代冶铁技术发展史》，上海人民出版社2004年版，第211—216页。
④ （东汉）袁康、吴平：《越绝书·第十一卷》，上海古籍出版社1985年版，第80页。
⑤ 参见孟文镛《越国史稿》，中国社会科学出版社2010年版，第386页。

具的铸造不仅显示了越国冶铸业的发达、冶铸工艺的高超和精良，也是了解越国社会生活的宝贵史料。

剑文化的流行，冶铸业的高超和精湛，表明於越先民有关冶炼术、铸剑术和剑术的教育亦十分盛行。

手工业的发展须依托手工业教育。手工产品制作的独立操作性强，其技术与工艺的传承也较具个性化，依靠师徒制传道授艺。手工作坊既是生产场地，又是教育场所，教育的内容便是手工业的技术、工艺，包括内中所含的历史文化。[①]

（二）陶瓷业

陶艺是越文化的一大亮点。越国是中国青瓷的发源地，它在中国瓷器史上出现的时间最早，陶器制作一直在古越民族的经济发展中占有很重要的地位。7000 多年前的河姆渡人已开始陶器的制作，4000 多年前的良渚人，又在烧制一般夹砂陶器和泥质陶器的长期实践中，积累了经验，发现了含铁较高的黏土原料，烧制出早期的几何形印纹陶。[②]

学术界公认几何印纹硬陶是古越人发明的，是越文化的代表性器物。[③] 在浙江的一些文化遗址中出土了印纹陶和原始青瓷，这种原始瓷的胎质灰白坚硬，釉面青亮，光泽度很好。在瓷器外壁有一些几何纹，与印陶纹纹样一致。烧制陶瓷所需专业知识、经验和技术，要经过很多代人的共同努力探索才能完成，其技艺的创新与传承，均须依托专业教育。在古越手工业生产教育中，陶瓷业技艺无疑是重要内容。

（三）纺织业

古越国的纺织业具有相当高超的工艺水平，纺织品种类繁多，目前文献记载的有罗、布、帛、绤、缟、缯等。织造工艺高超，如罗，这类丝织品质地较薄，外观似平纹绸；"若于罗兮轻霏霏，号绨素兮

---

① 参见张彬《浙江教育发展史》，杭州出版社 2008 年版，第 26 页。
② 同上书，第 24 页。
③ 参见孟文镛《越国史稿》，中国社会科学出版社 2010 年版，第 412 页。

将献之"①，这种号称"绨素"的细布，其质地细软、轻柔，重量比质地轻薄的罗还要轻。另外纺织品的产量非常大，《吴越春秋·勾践归国外传》中记载越国一次就"使大夫文种索葛布十万"献于吴王。

越地的纺织业发达，养蚕、缫丝、织丝技术的总结和传授是手工业生产教育的一项重要内容。

手工业的发展是人类文明史演进的重要内容与标志。手工业技术的创新与传承需要专业化教育推动，也为教育的发展提供了新动力与新内容。越地源远流长的发达手工业及其教育，造就了古越文化的辉煌灿烂，凝聚为越地文化精神的要义之一。

二 民俗教育

民俗具有区域性，是一个民族长期积淀并为族群共同尊奉的观念与习俗。民俗教育是促进族人文化认同与社会化的重要内容。

1. 图腾崇拜

越人崇拜鸟、蛇图腾。河姆渡文化时期，越人的骨雕和象牙雕刻制品上的双鸟连体图形，是鸟图腾和鸟崇拜最早的表现。越人的"鸟田"，就是认为鸟是上天派来帮助他们耕种的，是吉祥丰收的象征。越人模仿鸟形创造了"鸟书"。越人对蛇的崇拜，也与其生活环境息息相关。越人生活的南方江河湖海交错，蛇类较多，而且对人容易造成伤害。在古代人们无法抵御自然界和动物的伤害时，就会选择一些他们认为强大并且能对他们进行护佑的动物作为图腾来崇拜，以趋利避害，于是越人就把蛇作为自己崇拜的偶像。

2. 崇信鬼神

"越人俗信鬼，而其祠皆见鬼，数有效。"② 越国把"尊天地，事鬼神"作为基本国策之一。越国大夫文种策划的"伐吴九术"，第一术就是"尊天地，事鬼神"③。

---

① （东汉）赵晔：《吴越春秋·勾践归国外传》，齐鲁书社 2000 年版，第 76 页。
② 《史记·孝武本纪》，新疆人民出版社 2003 年版，第 89 页。
③ （东汉）袁康、吴平：《越绝书·第十二卷》，上海古籍出版社 1985 年版，第 83 页。

越人崇信鬼神的表现有两个，一是祭祀，二是占卜。越人一般会对天地山川和祖陵宗庙进行祭祀。越国始祖禹十分重视祭祀，"禹封泰山，禅会稽"①，"报天之功，故曰封，报地之功，故曰禅"。② 封禅是中国最高规格的一种祭祀天地的仪式。③《越绝书·德序外传》载：越王勾践灭吴后，"春祭三江，秋祭五湖"。越人建有社稷宗庙，供奉和祭祀他们的祖先，"故禹宗庙，在小城南门外大成内，禹稷在庙西，今南里"。④ 越国复兴期间，几乎对所有的大事或者是重大活动都会进行占卜，依靠占卜的结果来指导行动。

3. 断发文身

"断发文身"是古代越族富有代表性的一种习俗，史书颇多记载："越王勾践，其先禹之苗裔，而夏后帝少康之庶子也。封于会稽，以奉守禹之祀。文身断发，披草莱而邑焉。"⑤ "越王勾践剪发文身，以治其国，其国治。"⑥ "越，方外之地，剪发文身之民。"⑦ 越人生活在湿热多水的环境中，头发太长会让人酷热难忍。另外，头发过长也容易引起野兽的侵袭和不必要的麻烦。所以越人在头发长到一定程度，就要剪断，一是凉爽，二是尽量减少虫兽的危害。

对于越人"文身"的习俗，《淮南子·原道训》说："九疑之南，陆事寡而水事众，于是民人被发文身，以像鳞虫。"《汉书·地理志》载："（越人）其君禹后。帝少康之庶子云，封于会稽，文身断发，以避蛟龙之害。"应劭注曰："常在水中，故断其发，文其身，以象龙子，故不见伤害。"⑧ 可见"文身"是出于生活实际的需要。关于文身的方法，《淮南子·泰族训》说："刻肌肤，镵皮革，被创流血，至

① 《史记》，新疆人民出版社 2003 年版，第 135 页。
② 《史记》第 3 部，岳麓书社 1988 年版，第 200 页。
③ 参见孟文镛《越国史稿》，中国社会科学出版社 2010 年版，第 600 页。
④ （东汉）袁康、吴平：《越绝书·第八卷》，上海古籍出版社 1985 年版，第 61 页。
⑤ 《史记·越王勾践世家》，新疆人民出版社 2003 年版，第 223 页。
⑥ 《墨子·公孟》，书海出版社 2001 年版，第 213 页。
⑦ 转引自俞光编《温州古代经济史料汇编》，上海社会科学院出版社 2004 年版，第 272 页。
⑧ 转引自李永鑫《绍兴通史》第一卷，浙江人民出版社 2012 年版，第 288 页。

难也；然越人为之，以求荣也。"高诱注："越人箴刺皮为龙文，所以为尊荣也。"①

以上民俗活动，既是越民族的原始宗教、社会习俗，也是于越先民进行社会和种族教化的主要手段和内容，展现了越地独特的历史文化与社会文化心理。

三　语言、文字、艺术教育

语言是人类特有的交往媒介与文化基础，文字则是文明的记录与主要载体。语言、文字既是人类教育活动得以实施的前提，也是教育的重要内容。"饥者歌食，劳者歌事"②，以诗歌、音乐、舞蹈为主要内容的艺术，是劳动人民在劳动中形成的，用以表达情感、交流思想的重要方式，也是古越人实施教化的形式和内容。

1. 越语

古代越人有一种特有的语言，它和汉语不相通。《孟子·滕文公上》所说"南蛮（鴃）舌"，意思是说越人讲话像鸟叫一般，让人无法听懂。越语是一种鸟语，越族的文字也是以汉字的篆书为基础加以鸟纹修饰而成的一种"鸟虫书"，可见鸟对越族语言影响重大。

《越绝书》记载："越王勾践反国六年，皆得士民之众，而欲伐吴。于是乃使之维甲。维甲者，治甲系断。修内矛赤鸡稽繇者也，越人谓'人铩'也。方舟航买仪尘也。越人往如江也；治须虑者，越人谓船为'须虑'。"③越语"赤鸡稽繇"即汉语"人铩"（兵器，矛），越语"买仪尘"即汉语"往如江"，越语"须虑"即汉语"船"。越语是一种胶着语，林惠祥认为："越语在古时确是大异于北方诸族语言，而性质也确实不像一字一音的孤立语，而像是多音拼合的胶着语，因此以北方语言译它每需二三字译一字，且译得很不妥切。如《左传》说越国人名大夫种（俗称文种），只一字，在《国语》却记

---

① 转引自孟文镛《越国史稿》，中国社会科学出版社 2010 年版，第 591 页。
② 朱自清：《古诗十九首释》，译林出版社 2015 年版，第 84 页。
③ （东汉）袁康、吴平：《越绝书》，上海古籍出版社 1985 年版，第 26 页。

作诸暨郢三字，可见越语有些语音很特别，用华语一字不足，三字又太多。这应是由于越语是胶着语，胶着语一个字是合多音胶着而成，不像华语是孤立语，一字只一音。"① 越语在构词中将词序倒置，即将形容词或副词置于名词或者动词之后。《越绝书·记地传》："朱余者，越盐官也。越人谓盐曰余。"越语称盐为"余"，称盐官为"朱余"，故官在越语为"朱"，按汉语构词规律，盐官应该译为"余朱"，但越语却称"朱余"。

越语的独特表达方式，通过教育代际传承而成为越地特有的语言风格。

2. 鸟书

在吴越青铜器上发现了一种被称为"鸟书"的特殊文字，是春秋战国时代越族使用的文字。"鸟书"，又称"鸟篆""鸟虫书"，指的是以篆书为基础，仿照鸟的形状而画成的美术化字体。鸟书以鸟形为特点，例如《越王州句矛》的铭文"戉王州句自乍用矛"，这里的七个字鸟形都是附于笔画之外的，去掉鸟形仍然可以成字。除"州"和"矛"二字的鸟形比较相近外，彼此形状简繁都不一样，"戉"字左上为小鸟，"王"字上左右各一小鸟，"自"字下双大鸟，"乍""用"二字鸟在字下，形状不同。"句"上的勹则以鸟足成之，笔画与鸟形已浑然一体。②

越国青铜器铭文是研究鸟书的主要资料来源。董楚平《吴越文化志》，收录具铭越国青铜器 72 件，器类 6 种。③ 1962 年在湖北出土的"越王勾践剑"，剑身上面布满菱形几何图案，近格处铸有鸟篆铭文"越王勾践自作用剑"8 字。鸟书的出现，一方面表明越族文化的高度发展，同时也是古越国教育发展的一个重要前提。

3. 诗歌

从早期到越国盛时，越国流行的诗歌大致有两种情况。一种是四

---

① 林惠祥：《南洋马来族与华南古民族的关系》，《厦门大学学报》1958 年第 1 期。
② 参见孟文镛《越国史稿》，中国社会科学出版社 2010 年版，第 506 页。
③ 参见董楚平等《吴越文化志》，上海人民出版社 1998 年版，第 123—124 页。

字一句的诗歌，类北方的《诗经》体例，用于祝词者居多，在社会的上层流传习用。另一种是字数不限，句中或句末带"兮"，类南方的《楚辞》体例，用于表达各种题材的内容，民间集体创作者多。①

在《越绝书》《吴越春秋》《说苑》等文献中保存着不少越地的诗歌，从多方面反映了当时的社会生活景象。《涂山之歌》和《候人歌》是反映古越早期历史的诗歌。《候人歌》："禹行功，见涂山之女，禹未之遇而巡省南土。涂山氏之女乃令其妾候禹于涂山之阳。女乃作歌，歌曰：'候人兮猗。'"② 从内容上来说是我国保留至今最早的一首爱情诗。《涂山之歌》歌颂美好的爱情："绥绥白狐，九尾庞庞；我家嘉夷，来宾为王。成家成室，我造彼昌；天人之际，于兹则行。"③

《木客吟》表现了伐木工人长期被困深山老林不得回家而产生的忧思、愤懑和怨恨的情绪。《祝酒词》以虔诚的祝愿，祈求福祉，以满怀的激情唤起越王的斗志。另外还有《越王钟诗》《伐吴之曲》《越人歌》《河梁之诗》等诗歌。④

上述材料显示，越国上自王公贵族，下到黎民百姓都能吟诵成章，引吭高歌。这些诗歌是越人抒发情感的一种表现方式，也是对本民族后人进行文化精神教育的有效手段与主要内容，达到化民成俗的社会效果。

4. 音乐

越国音乐的发展，有着悠久的历史。余姚河姆渡文化遗址中，有骨哨、陶埙、木桶等乐器出土。相传产生于大禹时期的《候人歌》被认为是目前所知的最早的一首南方民歌，《吕氏春秋》认为它是"南音"之始。⑤ 《吕氏春秋·遇合篇》中记载："客有吹籁见越王者，

---

① 参见马雪芹《古越国兴衰变迁研究》，齐鲁书社 2008 年版，第 337 页。
② 陈奇猷校译：《吕氏春秋校释》，学林出版社 1984 年版，第 335 页。
③ （东汉）赵晔：《吴越春秋·越王无余外传》，齐鲁书社 2000 年版，第 57 页。
④ 参见徐建春《浙江通史·先秦卷》，浙江人民出版社 2005 年版，第 266—267 页。
⑤ 参见孟文镛《越国史稿》，中国社会科学出版社 2010 年版，539 页。

羽、角、宫、徵、商不谬，越王不善，为野音而反善之。"① 文献中的
"野音"实际上就是具有於越民族特色的音乐。《越绝书·记地传》
有"鼓钟宫"的记载，《吴越春秋·勾践阴谋外传》记有"歌木客之
吟"，同书《勾践伐吴外传》有"乐师畅辞"，可见越地音乐之盛。

　　《越人歌》是越人音乐的典型，是一首操棹越女的即兴之歌。全
歌"以反问始又以反问结，中间感叹抒情，短小精悍，珠联璧合，宛
如天成，且叙事富有条理，就景取譬，以人之妒忖己之喜，感情波浪
层层递进，显示了歌者构思的巧妙和想象力的丰富。而歌之时，系
'会钟鼓之音毕，榜枻越人拥楫而歌'，为即兴之作，诚为难能可贵。
设若歌者所属人群，没有歌唱的风气，也无歌唱的素质，难以设想歌
者俄顷间能唱出此等样歌。所以我们说，歌者不愧为古代越族优秀歌
手，越族也不愧为深有歌唱素养而擅长歌唱的民族"②。

　　於越民族盛行歌唱，从贵族到平民，从采葛妇到伐木工，从武装
军士到操棹船女都能够即兴吟唱。越王勾践夫妇入吴为奴，离别故土
时曾有充满离愁别恨的《乌鸢歌》。勾践返回越国后，使织女采葛织
布献给吴王，采葛女作《采葛妇歌》。勾践使三千余名木工伐木一年，
无所获，木工思归，作《木客吟》。勾践伐吴，作誓师的战歌《军士
离别词》等。可以看出，越国的歌唱具有广泛的群众基础和突出的民
族性。

　　在越国时期，已经出现了在乐器伴奏下的演唱，音乐表演已经发
展到了很高的程度。在绍兴 306 号越墓中的铜房屋模型中的六个乐俑
塑像，"室内跪六人，分前后两排。前排东一人面向西，右手执槌，
左手前伸张指作节拍状，前置一鼓架，上悬一鼓"，这个人应该是一
位鼓师兼指挥的角色；"前排中、西两人面向南，对手交置于小腹"，
应该是演唱者；"后排东一人面向南，双手捧笙，作吹奏状。中一人
面向南，膝上置一长条形四弦琴，右手执一小棍，左手抚弦，正在演
奏。西一人面向南，身前亦横置四弦琴，琴首立圆形小柱，尾部翘

----

　　① 转引自张彬《浙江教育发展史》，杭州出版社 2008 年版，第 28 页。
　　② 白耀天：《〈榜枻越人歌〉的译读及其有关问题》，《广西民族研究》1985 年第 1 期。

起，演奏者右肘依于琴尾，拇指微曲作弹拨状，左手五指张开，正以小指抚弦"，后面的三个人也应该是乐师，东边一人吹笙，中间和西面的人鼓琴。① 由此可见越国音乐达到一定的水平及艺术教育之兴盛。

四　行旅与居住文化教育

越地处杭州湾一带，北有太湖，东濒临大海，江河纵横交错，湖泊星罗棋布。《越绝书·计倪内经》记载：越地"西则迫江，东则薄海，水属苍天，下不知所止。交错相过，波涛濬流，沉而复起，因复相还。浩浩之水，朝夕既有时，动作若惊骇，声音若雷霆。波涛援而起，船失不能救，未知命之所维"②。在这样的环境中，越人的交通以航运为主，舟楫是主要的交通工具。越人作楫驾舟的历史源远流长，在跨湖桥文化时期，於越先民就已经制造了迄今发现的中国最早的独木舟和船桨。跨湖桥遗址第三期发掘中，出土了一条中国最早的独木舟遗骸。在河姆渡文化遗址中，出土了 6 支木桨。③ 正是有了船桨，河姆渡人才可以在江河湖泊上畅行无阻，乘船渡河去砍伐树木，搬运粮食和杂物；驾舟到湖泊中采摘菱藕，捕捞鱼虾。

越国的造船业发展迅速，一方面越人有习水便舟的传统，《越绝书·吴内传》："方舟航买仪尘者，越人往如江也。"④《越绝书·记地传》："水行而山处，以船为车，以楫为马，往若飘风，去则难从。"⑤船舶作为交通工具需求扩大，促进造船业的发展。另一方面由于吴越战争频繁，越国在几次大规模的战役中都动用水军，促进了造船业的快速发展。越国的船只种类有独木舟、舲（小船）、戈船、帆船、楼船等。另外越国有专门的造船的场所和专管造船的官署。《越绝书·记地传》载："舟室者，勾践船宫也，去县五十里。""石塘者，越所害军船也。""舟室"和"船宫"是专门管造船的官署，"石塘"是越

---

① 浙江省文物管理委员会等：《绍兴 306 号战国墓发掘简报》，《文物》1984 年第 1 期。

② （东汉）袁康、吴平：《越绝书·第四卷》，上海古籍出版社 1985 年版，第 29 页。

③ 参见孟文镛《越国史稿》，中国社会科学出版社 2010 年版，第 54 页。

④ （东汉）袁康、吴平：《越绝书·第三卷》，上海古籍出版社 1985 年版，第 26 页。

⑤ （东汉）袁康、吴平：《越绝书·第八卷》，上海古籍出版社 1985 年版，第 58 页。

国沿海而建的造船中心。① 越国拥有会稽、句章、琅琊三个沿海港口，与外界的海上交通便利。会稽和句章港口位于中国海岸线的地理中心，越国成为当时连接中国南北海运要道的交通枢纽。据《竹书纪年》记载，魏襄王七年（前312）四月，"越王使公师隅来献乘舟始罔及舟三百、箭五百万、犀角、象齿"②。可见港口的货物流通之频繁，进出口岸之便捷。

越国造船与驾驶技术发达，既是客观地理环境所致，无疑亦得益于船舶制造与驾驶技术的专业教育。

长江中下游地区天气潮湿，越人住房一般为楼居，现今保存着的木构建筑遗址和有榫卯的木结构，被称为"干栏式"建筑。"这种建筑形式是以桩木为基础，其上架设大、小梁（龙骨）承托地板……构成高于地面的干栏式房屋。"③ 这种居住特色起源于河姆渡文化时期。后来在马家浜、邱城等地的遗址中，均可见采用先挖洞，后垫木板，再立柱的栽桩方法，木架草舍的四周都挖有水沟，以便于排水。尽管这种建筑与河姆渡文化时期的建筑有所不同，但它们都是木结构，而且下面架空，与中国北方的土石结构房屋有质的区别。④

越地地处山麓沼泽地带，雨水充沛，"干栏式"建筑可避免潮湿、散暑气，通风、明亮，另外可防虫蛇猛兽的侵害，比较安全。另外，"干栏式"建筑对地面的适应较广，它既可以在山林坡地建造，也可以在河湖沼泽地构筑，这就适应了越人的生存环境。越文化的"干栏式"建筑，是越人的祖先通过长期生活体验而形成的一种居住特色，这种居住习俗、建筑风格、建筑技艺通过教育而被继承发展下来，并通过传授，远播到中国的西南地区和东南亚地区。

综上所述，於越先民在生产生活实践中创造了多彩的越文化，这些具有民族特质的多种文化形态与内涵，成为越人教育的内容；同

---

① （东汉）袁康、吴平：《越绝书·第八卷》，上海古籍出版社1985年版，第430页。

② 方诗铭、王修龄：《古本竹书纪年辑证》，上海古籍出版社1981年版，第289页。

③ 河姆渡遗址考古队：《浙江河姆渡遗址第二期发掘的主要收获》，《文物》1980年第5期。

④ 参见张彬《浙江教育发展史》，杭州出版社2008年版，第27页。

时，於越先民依靠教化，使得越文化得以延续、发展，成为中华民族文化大家庭中的一枝奇葩。

第二节 "生聚"与"教训"：越地教育精神的凝练

在绍兴教育发展史上，越王勾践"卧薪尝胆""十年生聚，十年教训"以图复国的故事，已成为越文化的精神内核之一，成为越地的教育品格与精神。

春秋时期，随着冶铁技术的提高与农业生产的发展，吴、越两国国力先后强盛，开始争霸。公元前494年，吴、越决战于夫椒（今苏州吴县西南），越军大败，勾践率残军退守会稽，被吴军围困于会稽山。为保存越国，以待复仇，越王不得不俯首称臣，敬献吴王夫差宝器、美女，勾践夫妇还被作为人质押往吴国服苦役。

在举国悲切的亡国氛围笼罩下，勾践夫人离别故土时，看到江边自由翱翔的鸟，触景生情，想到他们夫妇将要失去自由，于是作《乌鸢歌》，以发泄内心的幽怨和悲愤。歌词如下：

> 仰飞鸟兮乌鸢，凌玄虚兮号翩翩。集洲渚兮优恣，啄虾矫翮兮云间，任厥性兮往返。妾无罪兮负地，有何辜兮谴天？帆帆独兮西往，孰知返兮何年！心惙惙兮若割，泪泫泫兮双悬！彼飞鸟兮鸢乌，已回翔兮翕苏。心在专兮素虾，何居食兮江湖。徊复翔兮游飏，去复返兮於乎！始事君兮去家，终我命兮君都。终来遇兮何辜？离我国兮去吴！妻衣褐兮为婢，夫去冕兮为奴。岁遥遥兮难极，冤悲痛兮心恻。肠千结兮服膺，於乎哀兮忘食！愿我身兮如鸟，身翱翔兮矫翼。去我国兮心摇，情愤惋兮谁识！①

悲愤的情绪与复国意志的结合，演绎出了历史上家喻户晓的"卧薪尝

---

① （东汉）赵晔：《吴越春秋·勾践入臣外传》，齐鲁书社2000年版，第65页。

胆"的故事。据《史记》载：

> 吴既赦越，越王句践反国，乃苦身焦里，置胆于坐，坐卧即仰胆，饮食亦尝胆也。曰："女忘会稽之耻邪？"身自耕作，夫人自织，食不加肉，衣不重采，折节下贤人，厚遇宾客，振贫吊死，与百姓同其劳。①

上述史料，展现了越王勾践为复国而表现出的以下"剑胆精神"：一、刻苦自励（苦身焦里、仰胆尝胆、身自耕作、衣食贫俭）；二、礼贤下士（折节下贤人、厚遇宾客）；三、体恤民众（夫人自织、振贫吊死、与民同劳）。

关于"礼贤下士"，史曰："其达士，絜其居，美其服，饱其食，而摩厉之于义。四方之士来者，必庙礼之。"②

有关"体恤民众"，史言："葬死者，问伤者，养生者，吊有忧，贺有喜，送往者，迎来者，去民之所恶，补民之不足。"③凡孤、寡、贫、病人家的儿子，都送到官府，加以教养。体现了"民为邦之本"的治国理念。

为积蓄人力，以加强国防、发展生产。越国奖励生育，"令壮者无取老妇，令老者无取壮妻，女子十七不嫁，其父母有罪，丈夫二十不娶，其父母有罪"。同时，激励民众"明耻教战"，"进则思赏，退则思刑"④。

正是将复仇之"剑"与苦身自励的"胆"相结合，唤醒了越国民众的爱国情感以及为国献身的意志，越国上下同仇敌忾，在悲郁中，越人精神重新焕发。

为麻痹吴国，越国让妇女上山采葛，织成精美的布匹，贡献给吴王。越女在采葛时作《采葛妇歌》，表达了内心的悲愤，期盼为国分忧：

---

① 《史记·越王勾践世家》，新疆人民出版社 2003 年版，第 223 页。
② 《国语》，齐鲁书社 2005 年版，第 310 页。
③ 同上。
④ 同上。

葛不连蔓棻台台，我君心苦命更之。尝胆不苦甘如饴，令我采葛以作丝。女工织兮不敢迟，弱于罗兮轻霏霏。号绵素兮将献之，越王悦兮忘罪除。吴王叹兮飞尺书，增封益地赐羽奇。机杖絪褥诸侯仪，群臣拜舞天颜舒。我王何忧能不移，饥不遑食四体疲！[1]

当越军将伐吴时，"国人皆劝，父勉其子，兄勉其弟，妇勉其夫，曰：'孰是君也，而可无死乎？'"[2]举国上下，视死如归，以报"是君"。国人各送其子弟于郊境，军士和家人告别，国人悲壮不已，作《军士离别词》，歌词全文如下：

跦躁摧长恧兮，擢戟驭殳。所离不降兮，以泄我王气苏。三军一飞降兮，所向皆殂。一士判死兮，而当百夫。道祐有德兮，吴卒自屠。雪我王宿耻兮，威振八都。军伍难更兮，势如豼貔。行行各努力兮，於乎！於乎！[3]

歌词慷慨悲壮，充满了同仇敌忾、战无不胜、攻无不克的高昂激情。

正是通过这些励精图治的举措，越国经过"十年生聚""十年教训"，于公元前475年，大举伐吴，围困吴都三年。公元前473年，吴都陷落，夫差自杀，吴国灭亡。对此，太史公曰："禹之功大矣，渐九川，定九州，至于今诸夏艾安。及苗裔句践，苦身焦思，终灭强吴，北观兵中国，以尊周室，号称霸王。句践可不谓贤哉，盖有禹之遗烈焉。"[4]"禹之遗烈"是为越文化之"遗传基因"。

后越国虽在春秋列国争霸中为楚国所灭，但以越王勾践为首所塑造的"剑胆精神"，已凝聚为越文化的核心价值，成为越文化的符号与教育的重要内容，亦是中华民族的精神财富与教育资源。

---

① （东汉）赵晔：《吴越春秋·勾践归国外传》，齐鲁书社2000年版，第76页。
② 《国语》，齐鲁书社2005年版，第311页。
③ （东汉）赵晔：《吴越春秋·勾践伐吴外传》，齐鲁书社2000年版，第96页。
④ 《史记·越王勾践世家》，新疆人民出版社2003年版，第227页。

第二章 统一与融合：秦汉六朝时期的绍兴教育

公元前 221 年，秦始皇统一中国。与全国一致，浙江设置郡县，实行"书同文""行同伦""车同轨"等措施，推行民族文化融合政策。随着大量中原人口南迁，越国故地的主体民族由於越民族逐渐转变为汉族。人口结构的变化也带来乡风民俗的改变。

"汉兴以来，承用秦法，以至今日者多矣。"① 汉武帝即位后，实行独尊儒术的政策，并下令各郡国设立学校，富有浓郁地方特色的越文化，至此与儒家文化为主体的中原文化充分交融，开启了越地文教渐兴的历史局面，越文化的发展进入新阶段，绍兴也由此出现了第一位划时代的大思想家、教育家王充。

南方六朝时代，特别是在"永嘉南渡"带来的政治中心南移的过程中，绍兴地区成为中原世家大族的主要迁徙地之一，加快了古越地区的开发和发展。北方文化世家的迁入，使民间向学之风空前，地方官学、私学、家学随之兴起，余姚虞氏、山阴孔氏等诸多崇文尚学的世家大族名噪一时，从而带动越地经学、史学、文学、艺术教育走向繁荣，绍兴教育光芒四射。汉末传入的佛教，此时在绍兴地区发展迅速，本土的道教与佛学教育日渐兴盛，越中教育呈现出多元化面貌，进入一个突进时期。

----

① （明）顾炎武：《日知录》卷十三，甘肃民族出版社 1997 年版，第 589 页。

第一节　秦汉大一统与绍兴教育的"国家化"

秦王政二十四年（前223），秦灭楚。二十五年（前222），秦将王翦"定荆江南地，降越君，置会稽郡"①，此为会稽郡首见于史籍。会稽郡初置时，领有吴、越两国之地。至此，古越地区成为"王土"的一部分，"群居生息于同一版图，沐浴寝馈于同一文化，以中国人治理中国疆土，发展中国文化，盖自此始大定其基础"②。受大一统中央皇权文教之"恩泽"，越地教育走上国家化的发展轨道。

一　"书同文，行同伦"：秦代对越族的教化

为加强和巩固中央集权制，秦始皇曾五次东巡，向被征服的各诸侯国显示权威和功绩，以达到"匡饬异俗""端平法度"，并使"后嗣循业，长承圣制"。

公元前210年，"始皇出游。左丞相斯从，右丞相去疾守。少子胡亥爱慕请从，上许之。十一月，行至云梦，望祀虞舜於九疑山。浮江下，观籍柯，渡海渚。过丹阳，至钱唐，临浙江，水波恶，乃西百二十里，从狭中渡。上会稽，祭大禹，望于南海，而立石刻颂秦德"③。"皇恩"乃浩荡于会稽大地。

据《越绝书》记载："（秦始皇）东巡之会稽……取钱塘浙江岑石。石长丈四尺，南北面广尺六，西面广尺六寸。刻丈六于越东山上。"④ 会稽刻石用秦篆文字书写，原文如下：

---

① 秦始皇使王翦定楚江南地，又降越君，置会稽郡，由是越失无余故都。其子孙或都东瓯，君海上，为今温州等处；或都东冶，君闽中，为今福州等处。始皇薨，闽越君无诸、东越君摇，率兵助诸国灭秦。其后东瓯悉众徙中国，处江淮间。闽越分立东越，又徙其民江、淮。

② 钱穆：《国史大纲》（上），商务印书馆1996年版，第117页。

③ 《史记·秦始皇本纪》，岳麓书社2002年版，第41页。

④ （东汉）袁康、吴平：《越绝书·第八卷》，上海古籍出版社1985年版，第64—65页。

皇帝休烈，平一宇内，德惠修长。三十有七年，亲巡天下，周览远方。遂登会稽，宣省习俗，黔首齐庄。群臣诵功，本原事迹，追首高明。

秦圣临国，始定刑名，显陈旧章。初平法式，审别职任，以立恒常。

六王专倍，贪戾傲猛，率众自强。暴虐恣行，负力而骄，数动甲兵。阴通间使，以事合从，行为辟方。内饰诈谋，外来侵边，遂起祸殃。义威诛之，殄熄暴悖，乱贼灭亡。

圣德广密，六合之中，被泽无疆。皇帝并宇，兼听万事，远近毕清。运理群物，考验事实，各载其名。贵贱并通，善否陈前，靡有隐情。饰省宣义，有子而嫁，倍死不贞。防隔内外，禁止淫泆，男女洁诚。夫为寄豭，杀之无罪，男秉义程。妻为逃嫁，子不得母，咸化廉清。大治濯俗，天下承风，蒙被休经。皆遵轨度，和安敦勉，莫不顺令。黔首修洁，人乐同则，嘉保太平。后敬奉法，常治无极，舆舟不倾。

从臣诵烈，请刻此石，光垂休铭！①

刻石内容第一部分是歌颂秦始皇的功德。前六国的君主昏庸无能，霸道专制，常使百姓处于水深火热的战乱之中，百姓苦不堪言。后由秦始皇灭了昏君，统一了六国，把百姓从甲兵中解救出来，使其过上了安定的日子，还为会稽制定了统一的规章制度，包括选官任官制度，使得万事万物有理可依，秉章办事。并告知越民，始皇帝无论身处何处，始终心系越民，"六合之中，被泽无疆""兼听万事，远近毕清"。

第二部分为匡饬民风、民俗，对越民具体教化的内容。"宣省习俗"，强调男女之隔、女子的贞操观，留宿其他妇人家里的已婚男子人人得而诛之，并且"杀之无罪"，同时儿女不得承认改嫁的妇女为自己的母亲。这些规定对于匡饬"古越俗"，以便"行同

————————

① 《史记·秦始皇本纪》，岳麓书社 2002 年版，第 43 页。

伦"，意义重大。①

刻石重在禁止淫乱之习，纠正落后民风，目的是遣散大越，调整人口结构，以削弱越人的势力。可以说，会稽刻石是一种统一意识、规范伦理的有效形式，是实施社会教化的良好途径。同时，刻石的内容是体现国家教育意志的教材，除了发挥政治和教育作用以外，从文字和书法的角度而言，既为统一文字树立了丰碑，还充分体现出秦书法的书写技巧和特色，也是一份极好的书法教育作品。②

秦始皇会稽刻石，对越民影响甚大。会稽越民多年来一直奉行会稽刻石的内容，并对秦始皇感恩戴德。后会稽刻石消失，越民花了大量精力将其找回。历史上有多位统治者曾到过会稽，但其教化的影响无出于始皇刻石之右者。

值得注意的是，秦始皇还通过强制性移民，使古越地区人口结构发生改变，以实现对越地的国家化改造。他一方面迫令越人迁徙至浙西、皖南等荒僻之地，同时把越地中心作为北方"有罪之民"的流放地。据史书记载："是时，徙大越民置余杭、伊攻、故鄣。因徙天下有罪故吏民，置海南适大越处，以备东海外越。乃更名大越曰山阴。"③ 自此，古代於越民族的人口结构已发生实质性改变，古越文化与中原文化已深度交流与融合，越地以新的文化形态迈入历史的长河中。

二 教育国家化：汉代循吏之教化与郡国学

两汉教育沿着两条路径展开：其一，学校：官学（中央太学、地方郡国学）与私学（书馆、经馆）；其二，社会教化，主要由循吏开

① 顾炎武论"秦纪会稽山刻石"，特别指出：然则秦之任刑虽过，而其坊民正俗之意固未始异于三王也。（《日知录》卷十三）顾炎武根据泰山、碣石门及会稽等地的刻石，指出秦始皇提倡三代礼教以矫正各地传统中的风俗。可见在文化、社会政策方面，秦始皇仍不能不舍法家而取儒家。（参见余英时《士与中国文化》，上海人民出版社2003年版，第125页）

② 参见张彬《浙江教育发展史》，杭州出版社2008年版，第35—36页。

③ （东汉）袁康、吴平：《越绝书·第八卷》，上海古籍出版社1985年版，第65页。其时的故鄣县幅员辽阔，大致包括现在浙江安吉县全境、长兴县一部分和安徽省广德县全境、郎溪县一部分。

展礼乐教化，以建立地方文化秩序①。

汉初，国家以"黄老之术"治国，与民休养生息。及窦太后崩，前134年，汉武帝下诏征求治国方略，"五月，诏贤良曰：'……贤良明于古今王事之体，受策察问，咸以书对，著之于篇，朕亲览焉。'于是董仲舒、公孙弘等出焉"②。

汉武帝采纳董仲舒对贤良策所提出的三大文教政策③，"武安君田蚡为丞相，黜黄老、刑名百家之言，延文学儒者以百数，而公孙弘以治《春秋》为丞相封侯，天下学士靡然向风矣"④。习读儒家经籍者成为朝廷选官对象，朝野上下掀起了尊孔读经运动。儒所最重视的是文化一统，即以礼乐大传统来化民成俗，故宣帝时王吉上疏有云："春秋所以大一统者，六合同风，九州共贯也。"⑤

自董仲舒以来，所谓"春秋大一统"都是指文化一统而言，与政治统一虽有关而实不相同。汉代循吏，亦师亦吏，除必须遵奉朝廷法令以保证地方行政的正常运作外，最大特色则在同时又扮演了以儒学为主体的大传统之"师"（teacher）的角色。据史籍记载：

> 弘为学官，悼道之郁滞，乃请曰："丞相、御史言：制曰'盖闻导民以礼，风之以乐。婚姻者，居室之大伦也。今礼废乐崩，朕甚愍焉，故详延天下方闻之士，咸登诸朝。其令礼官劝学，讲议洽闻举遗兴礼，以为天下先。太常议，予博士弟子，崇乡里之化，以厉贤材焉。'"谨与太常臧、博士平等议，曰：闻三

① 《史记·循吏传》言，"奉职循理，亦可以为治"。政治学者张纯明分析正史中的《循吏传》，指出他们的成就表现出三个主要特征：1. 改善人民的经济生活；2. 教育；3. 理讼。张氏特别注意到教育一项的重要性。他所说的教育则指两个方面：一是正式的学校教育，如文翁之立郡学；社会教育，即对于一般人民的礼乐教化。他并且强调说：循吏如果仅仅致力于改善人民的经济生活，而不同时对他们的文化和社会生活也加以改进的话，那么他便不成其为第一流的循吏了。（参见余英时《士与中国文化》，上海人民出版社2003年版，第159页）

② 《汉书·武帝纪》，赵一生点校，浙江古籍出版社2000年版，第37页。

③ 推明孔氏，罢黜百家；兴太学，以养士；重视选举，任贤使能。

④ 《汉书·儒林传》，赵一生点校，浙江古籍出版社2000年版，第1075页。

⑤ 同上书，第931页。

代之道，乡里有教，夏曰校，殷曰庠，周曰序。其劝善也，显之朝廷；其惩恶也，加之刑罚。故教化之行也，建首善自京师始，繇内及外。今陛下昭至德，开大明，配天地，本人伦，劝学兴礼，崇化厉贤，以风四方，太平之原也。①

"导民以礼，风之以乐"之官吏即为循吏。"劝学兴礼，崇化厉贤，以风四方"，推动了全国文教事业的兴起，各郡国纷纷设学，以广教化。

汉代天下郡国设学始于成都的文翁兴学。据《汉书》记载：

> 文翁，庐江舒人也。少好学，通《春秋》，以郡县吏察举。景帝末为蜀郡守，仁爱好教化。见蜀地僻陋有蛮夷风，文翁欲诱进之，乃选郡县小吏……遣诣京师，受业博士，或学律令。……数岁，蜀生皆成就还归，文翁以为右职。……又修起学官于成都市中，招下县子弟以为学官弟子，为除更繇。高者以补郡县吏，次为孝弟力田。常选学官僮子，使在便坐受事。每出行县，益从学官诸生明经饬行者与俱，使传教令，出入闺阁。县邑吏民见而荣之，数年，争欲为学官弟子，富人至出钱以求之。繇是大化，蜀地学于京师者比齐鲁焉。至武帝时，乃令天下郡国皆立学校官，自文翁为之始云。②

文翁为蜀郡太守时，热衷教化蛮夷之民，选派吏民聪颖者前往京师太学求学，学成归来时，分配给这些太学生各个职位，使他们在蜀郡发挥各自所长，以广教化。文翁还在成都修建了学宫，由这些接受过太学教育的学生教授弟子。一时间蜀郡子弟争相受学。汉武帝见文翁此举甚有成效，乃令天下郡国皆立学宫，郡国学自此而始，"立官稷及学官。郡国曰学，县、道、邑、侯国曰校。校、学置经师一人。乡曰庠，聚曰序。序、庠置孝经师一人"③。

---

① 《汉书·儒林传》，赵一生点校，浙江古籍出版社2000年版，第1076页。
② 《汉书·循吏传》，赵一生点校，浙江古籍出版社2000年版，第1087页。
③ 《汉书·儒林传》，赵一生点校，浙江古籍出版社2000年版，第87页。

汉武帝置"五经博士"①，并且为诸博士置弟子，宣帝因之，汇聚了全国儒学大师。太学十分优渥的师资条件，令前往求学者络绎不绝，官学振兴。赞曰："自武帝立五经博士，开弟子员，设科射策，劝以官禄，迄于元始，百有余年，传业者浸盛，支（枝）叶蕃滋，一经说至百余万言，大师众至千余人，盖禄利之路然也"。② 汉代"学而优则仕"的选拔人才制度，读书与做官直接相联，诸多俊秀能起于垄亩之间，民间私学亦因此渐盛。

会稽郡③虽相对于京师长安及儒学之邦齐鲁甚远，但汉初仍有以习读儒术被武帝宠幸而任郡守者。《史记》记载：

> 始长史朱买臣，会稽人也。读《春秋》。庄助使人言买臣，买臣以《楚辞》与助俱幸，侍中，为太中大夫，用事。④

硃（朱）买臣，会稽郡吴人，"家贫，好读书，不治产业，常艾（刈）薪樵，卖以给食，担束薪，行且诵书。……会邑子严助贵幸，荐买臣。召见，说《春秋》，言《楚辞》，帝甚说（悦）之，拜买臣为中大夫。……上拜买臣会稽太守"⑤。朱买臣因精通《春秋》《楚辞》而官拜中大夫、会稽太守，后因击破东越叛乱，有功，征入为主爵都尉，列于九卿。朱买臣虽生于陋巷，但通过苦读经书，而位列九卿，名扬乡里。"君子之德，风也；小人之德，草也"，其榜样与示范

---

① 儒林之官，四海渊源，宜皆明于古今，温故知新，通达国体，故谓之博士。

② 《汉书·儒林传》，赵一生点校，浙江古籍出版社 2000 年版，第 1089 页。

③ 会稽郡，秦置，郡治在吴县（今江苏苏州城区），辖春秋时长江以南的吴国、越国故地。汉初曾为韩信楚国、刘贾荆国、刘濞吴国领地。七国之乱后复置会稽郡。西汉末年，会稽郡辖境大致相当于今江苏南部、上海西部、浙江大部以及福建地区，是当时辖境最为广阔的一郡，隶属于扬州刺史部。东汉中期，分会稽郡浙江以北诸县置吴郡。会稽郡治所移至山阴县（在今浙江绍兴城区），领十五县。三国吴时分会稽郡置临海郡（今浙江东南部）、建安郡（今福建）、东阳郡（今浙江衢州、金华一带）。西晋至南朝末年，会稽郡仅辖今绍兴、宁波一带。隋文帝灭陈，废会稽郡，置吴州。隋炀帝改吴州为越州，后又改为会稽郡。唐初置越州，玄宗改越州为会稽郡，肃宗时复为越州。

④ 《史记·酷吏传》，新疆人民出版社 2003 年版，第 573 页。

⑤ 《汉书·卷六十四》，赵一生点校，浙江古籍出版社 2000 年版，第 860 页。朱买臣虽为会稽郡吴人，然吴越文化自古便相连，且西汉时吴（今苏州）为郡治，故朱买臣的事迹亦会影响绍越地区。

作用，无疑会激励会稽郡子弟向学读书之风。

东汉初建，光武帝刘秀重建太学。明帝即位，更加重视文教事业，至亲自给诸生讲经，答疑解惑，前来观听者甚众。在明帝的推崇下，东汉太学开始兴盛，广扩黉舍，学者日众，就连匈奴也前来求学，无论海内诸郡国。据《后汉书》记载：

> 建武五年，乃修起太学，稽式古典，笾豆干戚之容，备之于列，服方领习矩步者，委它乎其中。中元元年，初建三雍。明帝即位，亲行其礼。天子始冠通天，衣日月，备法物之驾，盛清道之仪，坐明堂而朝群后，登灵台以望云物，袒割辟雍之上，尊养三老五更。飨射礼毕，帝正坐自讲，诸儒执经问难于前，冠带缙绅之人，圜桥门而观听者盖亿万计。其后复为功臣子孙、四姓末属别立校舍，搜选高能以受其业，自期门羽林之士，悉令通孝经章句，匈奴亦遣子入学。①

在中央政府的大力倡导、地方郡守的积极推动下，各地向学之风兴盛。会稽郡亦因此而设立郡国学校，且颇有学有所成而为史书称道者。

> 赵晔字长君，会稽山阴人也。少尝为县吏，奉檄迎督邮，晔耻于斯役，遂弃车马去。到犍为资中，诣杜抚受《韩诗》，究竟其术。积二十年，绝问不还，家为发丧制服。抚卒乃归。州召补从事，不就。举有道。卒于家。
> 晔著《吴越春秋》《诗细》《历神渊》。蔡邕②至会稽，读《诗细》而叹息，以为长于《论衡》。邕还京师，传之，学者咸

---

① 《后汉书》第1—10册，中华书局1965年版，第2545—2546页。
② 蔡邕（133—192），字伯喈，陈留郡圉（今河南省开封市陈留镇）人，东汉文学家、书法家，撰写《熹平石经》，权臣董卓当政时拜左中郎将，故后人也称他"蔡中郎"，后汉三国时期著名才女蔡琰（蔡文姬）之父。蔡邕来会稽，并与学界交流（读赵晔著述），此为会稽文教兴盛之一证也。

诵习焉。①

会稽山阴人赵晔，弃官远涉四川，追求名儒，为"究竟其术"，积二十年而绝问不还，终成一代名师，学者咸诵习其文章。

宦于会稽的琅琊人鲁伯，用儒学教化越地诸生，在汉代儒学传播谱系中占有一定地位，闻名于儒林。《后汉书·儒林传》记载：

> 施雠，字长卿，沛人也。沛与砀相近。雠为童子，从田王孙受《易》。后雠徙长陵，田王孙为博士，复从卒业，与孟喜、梁丘贺并为人谦让，常称学废，不教授。及梁丘贺为少府，事多，乃遣子临分将门人张禹等从雠问。雠自匿不肯见，贺固请，不得已乃授临等。于是贺荐雠："结发事师数十年，贺不能及。"诏拜雠为博士。甘露中与五经诸儒杂论同异于石渠阁。雠授张禹、琅邪鲁伯。伯为会稽太守，禹至丞相。禹授淮阳彭宣、沛戴崇子平。崇为九卿，宣大司空。禹、宣皆有传。鲁伯授太山毛莫如少路、琅邪邴丹曼容，著清名。莫如至常山守。此其知名者也。繇是施家有张、彭之学。②

上述材料显示：一、汉代学术（读经讲经）有较严格的学术传承（师法家法），师门学派之间，相互砥砺；二、朝廷尊崇儒术，学而优则仕，"伯为会稽太守，禹至丞相""崇为九卿，宣大司空"；三、儒术名士鲁伯出任会稽太守，循吏治郡，能积极推动越地文教发展，正如余英时所言，"循吏所扮演的角色便比卿相和经师都要重要得多，因为他们是亲民之官"。"在汉代，'师儒'之中，循吏却是教化成绩最为卓著的一型。"③

又据《后汉书·循吏传》记载：仁延，年十二，为诸生，学于长安，明《诗》《易》《春秋》，显名太学。东汉初年，仁延拜会稽都

---

① 《后汉书》，中华书局2007年版，第756页。
② 《汉书·儒林传》，赵一生点校，浙江古籍出版社2000年版，第1077页。
③ 余英时：《士与中国文化》，上海人民出版社2003年版，第126页。

尉，"会稽颇称多士。延到，皆聘请高行如董子仪、严子凌等，敬待以师友之礼。"① 会稽多高行名士，加以循吏的礼乐教化，可以证明东汉时，会稽地区风俗已濡染仁义深矣！

东汉时期会稽郡也有部分学生在太学接受教育，学成之后回归故里，立学授业。据《后汉书·包咸传》记载：

> 包咸字子良，会稽曲阿人也。少为诸生，受业长安，师事博士右师细君，习《鲁诗》《论语》。王莽末，去归乡里，于东海界为赤眉贼所得，遂见拘执。十余日，咸晨夜诵经自若，贼异而遣之。因住东海，立精舍讲授。光武即位，乃归乡里。太守黄谠署户曹史，欲召咸入授其子。咸曰："礼有来学，而无往教。"谠遂遣子师之。
>
> 举孝廉，除郎中。建武中，入授皇太子《论语》，又为其章句。拜谏议大夫、侍中、右中郎将。永平五年，迁大鸿胪。每进见，锡以几杖，入屏不趋，赞事不名。经传有疑，辄遣小黄门就舍即问。
>
> 显宗以咸有师傅恩，而素清苦，常特赏赐珍玩束帛，奉禄增于诸卿，咸皆散与诸生之贫者。病笃，帝亲辇驾临视。八年，年七十二，卒于官。
>
> 子福，拜郎中，亦以《论语》入授和帝。②

会稽诸生包咸于长安师事博士习儒经，学成之后选择回归乡里，于途中为盗贼所获，咸依旧诵经自若，遂为贼所释。后太守黄谠署户曹史，遣子师于咸。可见有会稽诸生于长安受业回乡，立精舍教授，促进郡治百姓的教化。③

---

① 东汉会稽名士之多，亦因"天下新定，道路未通，避乱江南者皆未还中土"。（《后汉书·循吏传》）

② 《后汉书》，中华书局2007年版，第1056页。

③ 两汉时学者皆赴京师。及东汉中叶以后，学成而归者各教授门徒，每一宿儒，门下著录者至千百人，由是学遍天下。（赵翼《陔余丛考》，引自钱穆《国史大纲》上册，商务印书馆1996年版，第171页。）

从全国的情况来看，西汉时郡国设学尚不普遍，但至平帝元始三年（3）王莽当政时开始建立地方学校系统，"郡国、县邑、乡聚皆置学官"①，郡县比较普遍设立学校。因此，东汉会稽郡国学与私学已较为发达，虽史料不甚充分，但《后汉书》列传中的相关内容可以佐证。

《后汉书·党锢传》载："逮桓、灵之间，主荒政缪，国命委于阉寺，士子羞与为伍，故匹夫抗愤，处士横议"，太学生集团"清心忌恶，终陷党议"。会稽郡上虞人魏朗即名列党锢列传。

> 魏朗，字少英，会稽上虞人也。少为县吏。兄为乡人所杀，朗白日操刃报仇于县中，遂亡命到陈国。② 从博士郤仲信学《春秋图纬》，又诣太学受《五经》，京师长者李膺之徒争从之。
>
> 初辟司徒府，再迁彭城令。时，中官子弟为国相，多行非法，朗与更相章奏，幸臣怨疾，欲中之。……桓帝美其功，征拜议郎。顷之，迁尚书。屡陈便宜，有所补益。出为河内太守，政称三河表。尚书令陈蕃荐朗公忠亮直，宜在机密，复征为尚书。会被党议，免归家。……后窦武等诛，朗以党被急征，行至牛渚，自杀。著书数篇，号《魏子》云。③

魏朗为人"忠亮直"，少为县吏，因报仇杀人而亡命。后从博士学，又入太学为博士弟子，学成致京师长者之徒争从之，官至尚书，经历颇传奇。其在会稽郡时已受过较高水平的儒学教育，方能从博士学、入太学为博士弟子员，表明会稽郡学、私学（书馆、经馆）甚为发达。会稽上虞人王充的经历亦证明了此点。

> 建武三年，充生。为小儿，与侪伦遨戏，不好狎侮。侪伦好

---

① （北宋）司马光编著：《资治通鉴·汉纪二十八》，中华书局1956年版，第239页。

② 东汉士大夫常见的几许美德高行中有"报仇"一项，即：家庭有仇怨，奋身图报，此亦孝弟之激发也。（参见钱穆《国史大纲》（上），商务印书馆1996年版，第187—188页。）魏朗"白日操刃报仇于县中"，在当时看来显然是美德义举。

③ 《后汉书》，中华书局2007年版，第1006页。

掩雀、捕蝉、戏钱、林熙，充独不肯。诵奇之。六岁教书，恭愿仁顺，礼敬具备，矜庄寂寥，有臣人之志。父未尝笞，母未尝非，闾里未尝让。八岁出于书馆，书馆小僮百人以上，皆以过失袒谪，或以书丑得鞭。充书日进，又无过失。手书既成，辞师受《论语》《尚书》，日讽千字。经明德就，谢师而专门，援笔而众奇。所读文书，亦日博多。①

上述材料显示王充学业的经历：一、家庭教育：王充幼小表现不俗，父母通达（未尝笞，未尝非），六岁时，父（诵）教读写；二、初级私学教育（书馆）：八岁入书馆，学童数百人以上；三、高级私学教育（经馆、精舍、精庐）：完成书馆学业（手书既成），受《论语》《尚书》，日讽千字，至"经明德就，谢师而专门"；四、受业太学，师事班彪。

王充幼年求学的会稽郡上虞书馆规模可堪，民间私学甚为兴盛。汉代地方官学、私学的学生经明德就者可上达京师太学深造，中央官学、地方官学、私学相互连通，有利于地方教育的国家化。

董春，会稽余姚人，立精舍。远方门徒从学者常数百人。诸生多升讲堂，鸣鼓三通，横经捧手问者百人，追随上堂问难者百余人。②

精舍，民间私学中的高级阶段，重在研读经籍。余姚董春所立精舍从学者常达数百人，可见其规模宏大，学风浓厚。

东汉民间私学之盛，下列史料亦可见一斑：

论曰：自光武中年以后，干戈稍戢，专事经学，自是其风世笃焉。其服儒衣，称先王，游庠序，聚横塾者，盖布之于邦域矣。若

---

① 王充著、陈蒲清点校：《论衡》，岳麓书社1991年版，第446页。
② （唐）徐坚等辑：《初学记》，转引自李才栋《江西古代书院研究》，江西教育出版社1993年版，第5页。

乃经生所处，不远万里之路，精庐暂建，赢粮动有千百，其著名高义开门受徒者，编牒不下万人，皆专相传祖，莫或讹杂。至有分争王庭，树朋私里，繁其章条，穿求崖穴，以合一家之说。①

东汉时期私学"盖布之于邦域矣""精庐暂建，赢粮动有千百，其著名高义开门受徒者，编牒不下万人"，其辞虽有颂美之意，但郡国普遍设学确无异议。

汉代会稽私学兴盛，还得益于为宦者回归乡里设立讲舍，如包咸"立精舍讲学"。王充更具代表性：

王充字仲任，会稽上虞人也，其先自魏郡元城徒焉。……后到京师，受业太学，师事扶风班彪。好博览而不守章句。家贫无书，常游洛阳市肆，阅所卖书，一见辄能诵忆，遂博通众流百家之言。后归乡里，屏居教授。②

章帝元和三年（86）王充辞官归里，在上虞设学馆授徒，闭门潜思，"著《论衡》八十五篇，二十余万言，释物类同异，正时俗嫌疑"③。讲学与著述相结合。

文教泽被，推动越地著书之风兴起，民风崇尚忠孝。下表为东汉会稽部分士人著述统计，可见文教之盛。

表2-1　　　　　　　　东汉会稽士人著述统计④

姓名	籍贯	著作
袁康、吴平	会稽	《越绝书》
吴君高	会稽	《越纽录》

---

① 《后汉书》，中华书局2007年版，第754页。
② 同上书，第479页。
③ 同上书，第754页。
④ 张彬：《浙江教育发展史》，杭州出版社2008年版，第38页。

续 表

姓名	籍贯	著作
周长生	会稽	《洞历》
赵晔	山阴	《吴越春秋》《诗细》《历神渊》等
王充	上虞	《论衡》《讥俗》《政务》《养生》等
魏伯阳	上虞	《周易参同契》
魏朗	上虞	《魏子》等

就全国范围来看，东汉会稽郡国学颇为发达。有学者考证，两汉地方设立学校的郡国有 39 个，大多数学校属于东汉时建立的。39 所郡国学校分布于 13 个刺史部，而以扬州、兖州、益州、荆州为最盛，其中扬州刺史部所辖 6 个郡国全部建立了学校。① 会稽郡即属于扬州刺史部。据《后汉书》人物传记，东汉学者计有 289 人，其中会稽有 13 人，位居全国第 6 位，会稽地区文化与教育开始出现良好的发展势头。②

两汉之际，大批中原儒士南下，不少落籍会稽郡，以《孝经》为核心的儒家忠孝道德规范，日渐盛行于古越大地。会稽"山有金木鸟兽之殷，水有鱼盐珠蚌之饶，海岳精液，善生俊异，是以忠臣继踵，孝子连闾，下及贤女，靡不育焉"③。忠臣、孝子、贤女与绍兴自然之殷饶相得益彰，地灵人杰，将演绎出一幕幕越文化与绍兴教育史上精彩华章。

---

① 参见江铭《两汉地方官学考论》，《华东师范大学学报》（教科版）1986 年第 1 期。
② 参见吴宣德《中国区域教育发展概论》，湖北教育出版社 2003 年版，第 59 页。
③ 陈寿著，裴松之注：《三国志》卷五十七《虞翻传》，天津古籍出版社 2009 年版，第 756 页。越国故地以孝著称的人物众多，包括《会稽典》中记载的孝子董黯（句章人）、《后汉书·烈女传》记载的孝女曹娥（上虞人）、山阴人皮延与祁庚、上虞人朱俊与樊正、余姚人虞国等。（参见王志邦《浙江通史·秦汉六朝卷》，浙江人民出版社 2006 年版，第 155 页）

综上所述，汉代独尊儒术、举贤良方正文学之士的文教政策，让一大批循吏承担起以"仁义礼智信"教化民众的使命。他们从事文化传播的努力是出于自觉的，因为他们的工作的内容和方式与原始儒家教义之间的一致性已达到了惊人的程度。这绝不能以偶然的巧合视之。①"泯泯群黎，化成良吏"②，会稽遂能泽被儒家人文之光，越地得以融合于国家大一统的文化之中。

第二节　"疾虚妄，辨是非"：王充的教育思想

两汉过渡时期，社会剧烈动荡，北方中原士族大举南迁，儒家文化进一步与古越文化交融。东汉会稽诞生了中国教育史上一位杰出的唯物主义思想家——王充，其代表作《论衡》对经学教育中虚妄、烦琐、僵化的弊端进行了大胆而深刻的揭露和批判，对我国古代教育思想的发展做出了巨大贡献，推动了中国教育发展史的进程，成为越文化与绍兴教育兴起的标志。章太炎称赞王充"不避孔氏，汉得一人焉"③。

王充（27—约100），祖籍魏郡元城人（今河北大名），因祖上数代有军功，至曾祖父王勇，被封于会稽郡阳亭，从此家族南迁。不久，家道衰落，以农桑为业。王充自幼好学，6岁识字，8岁入馆学习，"充书日进，又无过失。手书既成，辞师受《论语》《尚书》，日讽千字"④。二十岁左右，赴洛阳入太学，师从史学家班彪，成为"博通众流百家之言"的大学者。

王充仕途坎坷，"在县位至掾功曹，在都尉府位亦掾功曹，在太守为列掾五官功曹行事，入州为从事"，但"得官不欣，失位不恨，

---

① 参见余英时《士与中国文化》，上海人民出版社2003年版，第133—134页。
② 《汉书》，赵一生点校，浙江古籍出版社2000年版，第1273页。
③ 章炳麟：《訄书·学变第八》，古典文学出版社1958年版，第22页。
④ （东汉）王充：《论衡·自纪》，上海人民出版社1974年版，第447页。

处逸乐而欲不放，居贫苦而志不倦。"① 六十三岁辞官归家，潜心著书，屏居教授。主要著作有《讥俗》《政务》《论衡》和《养性》，但仅《论衡》85 篇、20 余万字尚存。

《论衡》全书贯穿"疾虚妄、辨是非"的宗旨，对众书中虚言妄说逐一加以考订，务求对真伪、虚实、是非、善恶给予正确评价，将先秦朴素唯物主义学说向前推进了一步，钱穆说他"开魏晋新思想之先河"②。

一　唯物主义哲学观

在儒学发展史上，董仲舒是一个关键人物。他提出的"天人感应"与"阴阳五行"学说，既是对儒学的理论发展，又使先秦"世俗化"的儒学走向神学化。随着儒学独尊，到东汉时期，在学术思想领域内，俗儒守文失真，方士仙术惑众，谶纬之说猖獗。在这一虚妄流行的思想文化氛围中，为使人们"冀悟迷惑之心，使知虚实之分"③，王充撰写了《论衡》，吸收道家"无为自化"和荀况"天行有常，不为尧存，不为桀亡"的朴素唯物主义思想，建立起唯物主义的哲学体系。

（一）天道、人道自然

天道自然观是王充重要的哲学思想。他认为，天和地都是无意志的自然的物质实体，宇宙万物的运动变化和事物的生成是自然无为的结果。"气"发于天地之自然，是一切物质的基础，是物质世界的基本要素；世间万物的发生，是一种自然现象，由天地间阴阳二气合并，自然而然产生。"夫人者，自然也，无为。"④ "天地合气，万物自生，犹夫妇合气，子自生矣。"⑤ "天地合气，故能生万物。"⑥ 据

① （东汉）王充：《论衡·自纪》，上海人民出版社 1974 年版，第 448 页。
② 钱穆：《中国思想史》，九州出版社 2012 年版，第 88 页。
③ （东汉）王充：《论衡·对作》，上海人民出版社 1974 年版，第 443 页。
④ 王充：《论衡·谴告》，上海人民出版社 1974 年版，第 224 页。
⑤ 王充：《论衡·自然》，上海人民出版社 1974 年版，第 227 页。
⑥ 转引自雷克啸《中外著名教育家》，黑龙江出版社 1985 年版，第 46 页。

此，他驳斥了董仲舒等人的"天人感应"神学论。

王充认为天是自然，而人也是自然的产物，"人，物也；物，亦物也"，割断了天、人之间的联系。他发扬了荀子的"明于天人之分"的唯物主义思想，认为"人不能以行感天，天亦不能随行而应人"①，社会的政治、道德与自然界的灾异无关，所谓"天人感应"的说法只是人们以自己的想法去比拟天的结果。

（二）人死神灭

王充提出神灭无鬼，人的形神（身心）是统一的，驳斥人死为鬼的说教。在《论死》一文中指出：

> 人之所以生者，精气也；死而精气灭，能为精气者，血脉也，人死血脉竭，竭而精气灭，灭而形体朽，朽而成灰土，何用为鬼？②

古代科学不发达，王充误以为血管即神经，精气来自血液，人死，精气和血液一起消失，虽不甚科学，但对于人的精神现象给予了唯物的解释，从而否定鬼的存在，有利于人们从迷信中解脱出来。

（三）今胜于古

王充反对"奉天法古"的思想，认为今人和古人相"齐"，今人与古人气禀相同，古今不异，没有根据说古人总是胜于今人，没有理由颂古非今。他说："汉在百世之后，文论辨说，安得不茂？"③ 这与"天不变，道亦不变""信师是古"的形而上学思想针锋相对。人类文明是累积进步的，"今胜于古"的哲学观对社会与文化的发展充满自信。

---

① 王充：《论衡·明雩》，上海人民出版社 1974 年版，第 234 页。
② 王充：《论衡·论死》，上海人民出版社 1974 年版，第 315 页。
③ 王充：《论衡·超奇》，上海人民出版社 1974 年版，第 215 页。

二 论人性与教育的作用

人性问题与教育关系密切，古代教育家都将自己的教育理论立足于人性论之上。王充从唯物主义的自然观和认识论出发，对汉代经学教育中的虚妄、烦琐、僵化的弊端进行了深刻的揭露和批判，提出了具有时代启蒙价值的思想。

（一）教育与改造人性

王充在继承和批判儒家人性观的基础上形成了自己的人性观，认为人性有善恶，并提出人的禀气决定人性的善恶：

> 禀气有厚泊，故性有善恶也。残则受仁之气泊，而怒则禀勇渥也。仁泊则戾而少愈，勇渥则刚猛而无义，而又和气不足，喜怒失时，计虑轻愚。妄行之人，罪故为恶。人受五常，含五脏，皆具于身；禀之泊少，故其操行不及善人……人之善恶，共一元气。气有少多，故性有贤愚。①

人性是可以变化的，善可以变为恶，恶可以变为善，故曰："人之性，善可变为恶；恶可变为善，犹此类也。"② 由于人性可变，所以教育在人性变化方面起重要作用：

> 论人之性，定有善有恶，其善者固自善矣，其恶者故可教告率勉，使之为善。凡人君父，审视观臣子之性善，则养育劝率，无令近恶：近恶则辅保禁防，令渐于善。③

人性有善有恶，那些善的，本是自然就是善的；那些恶的本也可以经过教育、劝告、引导、勉励，使他们成为善的。凡是做君主和父亲的，都要仔细观察臣下和儿子的德性，性善的人就要培养、教育、

---

① 王充：《论衡·率性》，上海人民出版社1974年版，第28页。
② 同上书，第25页。
③ 同上书，第24页。

勉励、引导，不使他靠近恶的；性恶的人就要教育、制止、防范，使他向善的方面逐渐转化。对于天性善的人来说，通过教育可以让他变得更加的善，甚至还可以去教导别人为善：

> 使人之性有善有恶，彼地有高有下，勉致其教令之善，则将善者同之矣。善以化渥，酿其教令，变更为善。善则且更宜反过于往善，犹下地增加镢、锸更崇于高地也。①

善性因为教化而变得深厚，再加强政教风化，使他变得更善，这种"善"就将更超出过去的善，如同低处增加大锄和铁锹去继续填土，就会比高处更高一样。

王充综合前人关于人性的认识，把人性分为三种：一是生来就善的人，是中人以上的人；二是生来就恶的人，是中人以下的人；三是善恶相混的人，即中人。他说："孟轲言人性善者，中人以上者也；孙卿言人性恶者，中人以下者也；扬雄言人性善恶混者，中人也。"②

王充认为上等的人本来是性善的，下等的人本来是性恶的，他们不受环境和教育影响，很难改变，"性善者，不待察而自善；性恶者，虽能察之，犹背礼畔义，义挹于善不能为也"③。中人之性无善恶之分，主要取决于"习"，教育对于可善可恶的中人最为有效，至于极善极恶的人，教化就无能为力了。

环境对人性起至关重要的作用。"'譬犹练丝，染之蓝则青，染之丹则赤。'十五之子其犹丝也，其有所渐化为善恶，犹蓝丹之染练丝，使之为青赤也。"人在年幼时受环境影响更大。"蓬生麻间，不扶自直；白纱入缁，不练自黑。彼蓬之性不直，纱之质不黑，麻扶缁染，使之直黑。夫人之性犹蓬纱也，在所渐染而善恶变矣。""闻伯夷之风者，贪夫廉而懦夫有立志；闻柳下惠之风者，薄夫敦而鄙夫宽。"④

---

① 王充：《论衡·率性》，上海人民出版社1974年版，第25页。
② 王充：《论衡·本性》，上海人民出版社1974年版，第47页。
③ 同上书，第45页。
④ 王充：《论衡·率性》，上海人民出版社1974年版，第25页。

王充用孔子及其弟子的事例来说明教育的重要作用：

> 未入孔子之门时，闾巷常庸无奇，其尤甚不率者，唯子路也。世称子路无恒之庸人，未入孔门时，戴鸡佩豚，勇猛无礼，闻诵读之声，摇鸡奋豚，扬唇吻之音，聒圣贤之耳，恶至甚矣。孔子引而教之，渐渍磨历，阖导牖进，猛气消损，骄节屈折，卒能政事，序在四科，斯盖变性使恶为善之明效也。①

不仅子路，孔子的其他徒弟后来"皆任卿相之用"，这都是"被服圣教，文才雕琢，知能十倍，教训之功而渐渍之力也"。

（二）教育与改造社会

王充强调学校有劝勉为善的功效，治理国家应"王霸杂用"，尤以"教导以学，渐渍以得"，"王法不废学校之官，不除狱理之吏。欲令凡众见礼仪之教，学校勉其前，法禁防其后"。教育具有去邪归正、移风易俗的作用：

> 凡含血气者，教之所以异化也。三苗之民，或贤或不肖，尧舜齐之，恩教加也。楚越之人，处庄岳之间，经历岁月，变为舒缓，风格移也。故曰："齐舒缓，秦慢易，楚促急，燕戆投。"以庄岳言之，四国之民，更相出入，久居单处，性必变易。②

凡是含有血气的人，教育是他们所以发生变化的原因。"教"的作用在于"异化"，即匡正异俗、整齐风尚。教化对社会风气的形成、百姓品德的培养和百姓性情的善恶之变都有一定的影响。

因而，国家应设置专门学校、教育管理机关与官员保障教育的实施，"庠序之设，自古有之，重本尊始，故立官置吏。官不可废，道不可弃"。儒生成为官吏进入教育机关来教化民众，"儒生，道官之吏也。以为无益而废之，是弃道也。夫道无成效于人，成效者须道而

---

① 王充：《论衡·率性》，上海人民出版社 1974 年版，第 25 页。
② 同上书，第 27 页。

成。……儒生，耕战所须待也”①。儒生既治官，又导民，实为循吏也。

三 "博通百家"，培养"文人"和"鸿儒"

王充把培养文人、鸿儒等政治和学术人才作为教育的最高理想，强调"学贵独创"。学校培养的人才要"贵其能用之也"，应该"贵通"，成为"论说古今，万不耐一，然则著书表文，博通所能用之者也"②。

王充将人才划分为鸿儒、文人、通人、儒生、文吏五个等级：

> 故夫能说一经者为儒生，博览古今者为通人，采掇传书以上书奏记者为文人，能精思著文连结篇章者为鸿儒。故儒生过俗人，通人胜儒生，文人逾通人，鸿儒超文人。③

鸿儒是士中最高的一层，其特征是"精思著文，连结篇章""兴论立说"，具有创造性的理论思维能力，在系统掌握现存知识的基础上，不受前人思想的束缚，提出新的理论和学说，属于不可多得的学术人才。

文人的特征是"采掇传书以上书奏记"，"好学勤力，博学强识"，以其掌握的历史知识来从事政治工作；能把已有的知识融会贯通，发挥古人的思想，能够将书本知识和实际政治结合起来，根据自己拥有的知识"上书奏记"，对实际政治加以评论并提出建议。

通人的特征是通书千篇以上，万卷以下，弘畅雅闲，审定文牍，而以教授为人师者。"夫富人不如儒生，儒生不如通人。通人积文十簇以上，圣人之言，贤者之语，上自黄帝，下至秦、汉，治国肥家之术，刺世讥俗之言备矣。"④

① 王充：《论衡·非韩》，上海人民出版社1974年版，第150页。
② 王充：《论衡·超奇》，上海人民出版社1974年版，第211页。
③ 同上书，第212页。
④ 王充：《论衡·别通》，上海人民出版社1974年版，第206页。

"儒生能说一经"，"且夕讲授章句"，以教学为职责，但知识面狭窄，不能博古通今。儒生只比俗人稍高明，既没有"尽才"，又不能"成德"。

"文吏"受过识字教育，但"无篇章之诵，不闻仁义之语"，长大后，或依靠自己的门第，或攀援权贵，入仕成吏。王充最鄙弃"文吏"，他说：

> 文吏空胸无仁义之学，居位食禄，终无以效，所谓尸位素餐者也。素者，空也；空虚无德，餐人俸禄，故曰：素餐。无道艺之业，不晓政治，默坐朝廷，不能言事，与尸无异，故曰尸位。①

儒生和文吏都有才智，并不是文吏才智高超而儒生才智低下，只是文吏经历的事情多，而儒生不熟习罢了：

> 《五经》以道为务，事不如道，道行事立，无道不成。然则儒生所学者，道也；文吏所学者，事也。……事末于道；儒生治本，文吏理末，道本与事末比，定尊卑之高下，可得程矣。②

儒生能够治理根本，文吏只能处理细枝末节，"文吏以事胜，以忠负；儒生以节优，以职劣。""儒生"和"文吏"的缺点都在于他们不能博览百家之言。王充对儒生道德取向的肯定，反映其教育思想中儒学育才的倾向。

然而，现实中"即徒诵读，读诗讽术，虽千篇以上，鹦鹉能言之类也"的经学教育模式，难以培养文人、鸿儒：

> 夫儒生之业，《五经》也，南面为师，且夕讲授章句，滑习义理，究备于《五经》可也。《五经》之后，秦汉之事，无不能

---

① 王充：《论衡·量知》，上海人民出版社 1974 年版，第 192—193 页。
② 王充：《论衡·程材》，上海人民出版社 1974 年版，第 190 页。

知者，短也。夫知古不知今，谓之陆沉。然则儒生，所谓陆沉者
也。《五经》之前，至于天地始开，帝王初立者，主名为谁，儒
生又不知也。夫知今不知古，谓之盲瞽。……徒能说经，不晓上
古，然则儒生，所谓盲瞽者也。①

为了打破《五经》垄断教坛的局面，王充强调"博学"，扩大学
习范围。教学不仅要传授儒家思想，而且应该囊括道家、法家、墨家
等诸子百家之言，不可限于一家之学，守一经之训：

夫一经之说，犹日明也；助以传书，犹窗牖也。百家之言，
令人晓明，非徒窗牖之开，日光之照也，是故日光照室内，道术
明胸中。②

各家学说的综合，能使人通晓道义明白事理。此外，学习范围还包括
天文、历算、历史、地理等方面的知识，尤其要重视当代知识的学习
和研究。作为"博通众流百家之言"的学者和思想家，他素谙儒家经
典，也学习过天文、历法、算学、医学等自然科学方面的知识。关于
礼乐教育，他指出：

情性者，人治之本，礼乐所由生也。故原情性之极，礼为之
防，乐为之节。性有卑谦辞让，故制礼以适其宜；情有好、恶、
喜、怒、哀、乐，故作乐以通其敬。礼所以制，乐所为作者，情
与性也。③

情感和禀性是礼乐制度产生的依据，所以推究情与性的标准，然后用
礼来作它的防范，用乐来作它的节制。性有谦卑辞让，所以制定礼仪
来使它符合标准；情有好恶喜怒哀乐，所以制定音乐以使之达到
严肃。

---

① 王充：《论衡·谢短》，上海人民出版社1974年版，第196页。
② 王充：《论衡·别通》，上海人民出版社1974年版，第207页。
③ 王充：《论衡·本性》，上海人民出版社1974年版，第43页。

学习要广闻博览，以知古知今，"人不博览者，不闻古今，不见事类，不知然否，犹目盲、耳聋、鼻痈者也。儒生不博览，犹为闭暗，况庸人无篇章之业，不知是非，其为闭暗甚矣！此则土木之人，耳目俱足，无闻见也。"① 儒生不博览群书，尚且闭塞昏昧，何况是平庸的人没有读过书，不懂得是非，他们的闭塞昏昧就更厉害了。

四　知识与学习观

基于唯物主义哲学观与博通百家的教育理念，王充提出了经验论的知识观与主张"问难""致用""力学"的学习观。

（一）"见闻为""开心意"

王充反对知识的先验论，主张通过后天学习获得知识。

> 以今论之，故夫可知之事者，思虑所能见也；不可知之事，不学不问不能知也。不学自知，不问自晓，古今行事，未之有也。夫可知之事，惟精思之，虽大无难；不可知之事，厉心学问，虽小无易。故智能之士，不学不成，不问不知……人才有高下，知物由学。学之乃知，不问不识。②

圣人也不能生知，"儒者论圣人，以为前知千岁，后知万世，有独见之明，独听之聪，事来则名，不学自知，不问自晓"③ 是虚妄之谈。他列举大量的历史材料来说明"不学自知，不问自晓"的事情是古今没有的，"天地之间，含血之类，无性（生）知者"④。圣贤通过学习拥有丰富的知识和经验，才说出具有先知性的言语，"贤圣之才，皆能先知。其先知也，任术用数，或善商而巧意，非圣人空知"⑤，

---

① 王充：《论衡·别通》，上海人民出版社 1974 年版，第 206 页。
② 王充：《论衡·实知》，上海人民出版社 1974 年版，第 399—402 页。
③ 同上书，第 397 页。
④ 同上书，第 402 页。
⑤ 王充：《论衡·知实》，上海人民出版社 1974 年版，第 410 页。

"先知之见，方来之事，无达视洞听之聪明，皆案兆察迹，推原事类。"① 这种唯物认识论，对于强调学知与闻见，破除迷信"圣贤"，无疑具有启蒙意义。

获得知识有"见闻为"和"开心意"两个阶段，即感性认识和理性认识。"见闻为"指教学中首先要听取、观察、提问、实践，对客观事物有直接接触。人要获得知识，就必须要先与外界事物进行实际接触，才能够认识事物，"如无闻见，则无所状"，"不目见口问，不能尽知也"，"实者圣贤不能知性，须任耳目以定情实。其任耳目也，可知之事，思之辄决，不可知之事，待问乃解"②。

所谓"开心意"，就是教学不能只停留在"见闻为"的感性认识阶段，应当加深对事物的认识，达到理性认识的阶段。

> 夫论不留精澄意，苟以外效立事是非，信闻见于外，不诠订于内，是用耳目论，不以心意议也。夫以耳目论，则以虚象为言，虚象效，则以实事为非，是故是非者不徒耳目，必开心意。③

只通过耳目见闻来论事，只能得到片面的、不正确的认识，所以不应该光凭耳目的见闻，一定要用心思考、判断才能正确认识事物，以"订其真伪，辨其虚实"。

知识有真伪是非之分，评判标准有"效验"和"有证"，人的主观认识必须符合实际，"事莫明于有效，论莫定于有证"④，"凡论事者，违实不引效验，则虽甘义繁说，众不见信"⑤。认识要符合客观规律，必须通过实践来检验，凡是符合实际就是正确的，否则就是错误的。

（二）知即力

王充一贯秉持着"人贵论"，认为天地之间的生命物，人最尊贵，

① 王充：《论衡·实知》，上海人民出版社1974年版，第399页。
② 同上书，第398、401、403页。
③ 王充：《论衡·薄葬》，上海人民出版社1974年版，第353页。
④ 同上书，第352页。
⑤ 王充：《论衡·知实》，上海人民出版社1974年版，第404页。

尊贵之处就在于他能够发挥主观能动性去学习知识，从而完善自己。人如果不"识知"，与禽、兽、鸟、虫无别。

> 人生禀五常之性，好道乐学，故辨于物。今则不然，饱食快饮，虑深求卧，腹为饭坑，肠为酒囊，是则物也。倮虫三百，人为之长。天地之性，人为贵，贵其识知也。今闭暗脂塞，无所好欲，与三百倮虫何以异？而谓之为长而贵之乎！①

"孔、墨之业，贤圣之书，非徒曲城、越女之功也；成人之操，益人之知，非徒战斗必胜之策也。"② 孔子、墨家的学问，圣贤的书籍，不只是有像曲成侯和越女那样的作用；它能养成人们的德操，增加人们的知识，不只是打仗必定取胜的策略之类的东西。

知识就是力量，"人有知学，则有力矣"③。他指出，没有知识的人就像谷和米，不能食用，价值不大，"夫人之不学，犹谷未成粟，米未为饭也。知心乱少，犹食腥谷，气伤人也。学士简练于学，成熟于师，身之有益，犹谷成饭，食之生肌腴也"④。学者在学问上钻研磨练，在老师的教导下成熟，本身受到益处，这就好像谷米蒸熟成饭，吃了能长出肌肉一样。

> 不入师门，无经传之教，以郁朴之实，不晓礼义，立之朝廷，植笮树表之类也，其何益哉？山野草茂，钩镰斩刈，乃成道路也。士未入道门，邪恶未除，犹山野草木未斩刈，不成路也。染练布帛，名之曰采，贵吉之服也。无染练之治名縠粗，縠粗不吉，丧人服之。人无道学，仕宦朝廷，其不能招致也，犹丧人服粗不能招吉也。⑤

① 王充：《论衡·别通》，上海人民出版社1974年版，第209页。
② 同上书，第208页。
③ 王充：《论衡·效力》，上海人民出版社1974年版，第54页。
④ 王充：《论衡·量知》，上海人民出版社1974年版，第194页。
⑤ 同上书，第194—195页。

"质胜文则野"，不进入师门学习，人无道与学，不懂得礼义，无能力服务于国家社会，将一无所用。

（三）反对"信师是古"，主张"问难"

鸿儒贵在创新，学问之道在于"博学、审问、慎思、明辨、笃行"。王充批判盲目迷信的学风：

> 世儒学者好信师而是古，以为圣贤所言皆无非，专精讲习，不知难问。夫贤圣下笔造文，用意详审，尚未可谓尽得实，况仓卒吐言，安能皆是？不能皆是，时人不知难；或是，而意沉难见，时人不知问。案贤圣之言，上下多相违；其文，前后多相伐者。世之学者，不能知也。①

迷信老师，推崇古人，不知辩驳和问难，正是腐儒之所为。王充大胆地提出质疑儒家的经典，并提倡"极问"：

> 问难之道，非必对圣人及生时也。世之解说说人者，非必须圣人教告乃敢言也。苟有不晓解之问，追难孔子，何伤于义？诚有传圣业之知，伐孔子之说，何逆于理。②

为了"证定是非"而主张"极问"，甚至"追难孔子""伐孔子之说"也未尝不可。他大胆地写出《问孔》《刺孟》这样惊世骇俗的文章，其大无畏的精神，可谓思想与学术界的"大炸弹"。

王充提出"极问""问难"，反对"信师是古"的主张，是对师生关系和古今关系的一种有益的探索，这对于破除迷信、烦琐的经学教育具有重要意义。

总之，王充的唯物主义哲学观、经验认识论，博通百家、培养鸿儒的教育目的，敢于质疑、主张问难与贵通的学风等，为中国教育史树立了一面大旗，确立了绍兴在中国文化史、教育史上的显要地位。

---

① 王充：《论衡·问孔》，上海人民出版社1974年版，第135页。
② 同上书，第136页。

第三节 家国互构：士族兴起与绍兴门第家学的兴盛

乱世则学校（官学）不修，教育重心乃在于民间私学。东汉以降的六百年动荡，政治解体，社会中心、文化命脉在下不在上。影响教育之最大者乃士族之兴起与门第家学之兴盛。钱穆先生指出，门第自有传统，继绳不绝。外面战乱祸变相寻，内部则富贵安逸自如。门第之内在生命力在于门第中之教育。门第唯重教育，故曰家法、家范、家教、家风，一切法范风教，均以家为中心。①

西晋末期的永嘉之乱，北方士族纷纷避地会稽，这些文化世家的到来，与当地土著士族互相交流、融合，为越文化注入了更多活力。以世家门第为中心的教育，促进了会稽地区文教事业的发展。

一 士族的兴起

士族的兴起源于"士阶层"与"宗族"的结合。众所周知，春秋战国之际，私学开创了"有教无类"的风气，礼下庶人，诸子并起，推动了士阶层的崛起。但此期的"士"大多为无根单身的"游士"，他们除知识之外，别无其他的社会凭借，即便是汉初的士人，亦是如此。但在西汉末年，士人已不再是无根的"游士"，而是具有深厚的社会基础的"士大夫"了。这种社会基础，便是宗族。换言之，士人背后已附随了整个的家族。士与宗族的结合，便产生了中国历史上著名的"士族"。②

自汉武帝独尊儒术，兴太学，置五经博士，举荐明经、孝廉、文学之士，士人宗族便逐渐发展。士族发展的原因似乎可以从两方面来

---

① 参见钱穆《国史大纲》相关内容。汉末丧乱，天下分崩，学校自无存立之地。魏黄初、太和、青龙中，屡次想振兴学校，然而"高门子弟，耻非其伦"。博士既无高选，来者之为避役而已。

② 参见余英时《士与中国文化》，上海人民出版社 2003 年版，第 195 页。

推测：一方面是强宗大姓的士族化，另一方面是士人在政治上得势后，转而扩张家族的财力。这两方面在多数情况下当是互为因果的社会循环。所谓"士族化"便是一般原有的强宗大族使子弟读书，因而转变为"士族"，这从西汉公私学校之发达的情形，以及当时邹鲁所流行的"遗子黄金满籝，不如一经"（《汉书·韦贤传》）的谚语，可以推想得知。因此，自武帝以后，必然有许多强宗大姓逐渐转变为士族，此实属不容怀疑之事。①

士族发展的结果是出现了后世所谓的"门第"。门第在东汉时已逐渐形成，至魏晋南朝发展成强大的社会势力。门第之形成原因在于：其一，学术环境不普遍，学术授受有限，往往限于少数私家，而有所谓"累世经学"；经学既为入仕之条件，于是又有所谓"累世公卿"。"累世经学"与"累世公卿"便造成士族传袭的势力，积久遂成门第。其二，由于察举制度之舞弊。汉代地方察举权任太守，无客观的标准，因此易于营私。一面是权门请托，一面是故旧报恩。两者递为因果，使天下仕途渐渐走入一个特殊阶级的手里去。② 于是，至汉末门第已然形成，"自东汉统一政府倾覆，遂变成变相之封建"③。

东汉末，秦汉大一统解体，从此中国进入魏晋南北朝的分崩离析时期。

曹魏时魏文帝曹丕于黄初元年采纳吏部尚书陈群的意见，将选官制度定为九品中正制，此举是为了拉拢士族为自己效力从而扩大自己的政治势力和政治影响。九品中正制的确立是士族制度形成的重要标志。

西晋永嘉五年（311），匈奴攻陷洛阳，掳走怀帝，史称"永嘉之乱"。洛阳失守后，民不聊生，西晋王室也很难再重振雄风，于是元帝采取了王导的建议，迁都建康，建立东晋王朝。

---

① 参见余英时《士与中国文化》，上海人民出版社 2003 年版，第 197 页。余英时在该书中考察了西汉诸多士族的兴起过程，指出：士族在西汉后期的社会上已逐渐取得了主导的地位，实是不可否认的历史事实。

② 参见钱穆《国史大纲》（上），商务印书馆 1996 年版，第 184—185 页。

③ 同上书，第 186 页。

在重建晋王朝并恢复王室的过程中，王室主要依赖于南北士族的合作。东晋王室始迁都建康时，南方士族并不看重其势力。后王导为笼络南方士人以支持晋室，建议元帝游街，王导、王敦骑马追随在后。因王氏在南方威望甚大，众人看王氏兄弟都骑马追随，遂归顺晋室，迁徙士族与土著士族开始合作。东晋王朝的建立与发展依赖于南北士族的联合辅政，士族门第在东晋时期发展到鼎盛，甚至出现了"王与马，共天下"，主弱臣强的形势。

士族门第得以在东晋发展到鼎盛，除了晋王室依赖于南北士族的支持而给以士族很多优待这一外部因素之外，也与其自身的发展有关。为了获得更大的权力，这些名门望族十分重视家族成员的自身素质的提高，"夫士族之特点即在其门风之优美，不同于凡庶，而优美之门风实基于学业之因袭。故士族家世相传之学业乃与当时之政治社会有极重要之影响"①。门第士族注重门风的塑造与家学教育既是时代使然，又是门第得以维系的手段。

二 "衣冠南渡"：会稽门第世家兴起

中国历史上的战乱频仍与南北分裂，推动了人口大迁徙与民族的融合。两汉的交替、永嘉南渡、南北朝对峙等，战祸主要波及中原地区，促使北方世家大族南迁。② "东晋南渡，长江流域遂正式代表着传统的中国。"③ 绍兴地区的秀山丽水、温润的气候以及稻米鱼盐之利，吸引了诸多中原门第望族。众多文化世家的迁居与门第教育的开展，推动越文化与教育走上了一个新阶段，正如钱穆先生所言："当时门第传统共同理想，所希望于门第中人，上自贤父兄，下至佳兄弟，不外两大要目：一则希望其能具孝友之内行，一则希望其能有经籍文史学业之修养。此两种希望，并合成为当时共同之家教。其前一项表现

---

① 陈寅恪：《唐代政治史述论稿》，上海古籍出版社1997年版，第71页。
② 晋室南渡，五胡纷起，燕、赵在东，秦、凉在西，环居四外，与晋、蜀对峙，譬如一环，而恰恰留下一个中心点洛阳，号为荒土。
③ 钱穆：《国史大纲》（上），商务印书馆1996年版，第237页。

则成为家风。后一项之表现，则成为家学。"①

下表为永嘉南渡迁徙至会稽的部分士族统计，从中可见世家大族之门第教育与人才兴盛的概貌。

表 2 - 2　　　　"永嘉之乱"后南渡会稽的部分士族②

西晋怀帝至东晋元帝时期（307—322），为避"永嘉之乱"而迁至会稽

士族	原籍	家族代表成员	主要成员任职	备注
傅氏	北地泥阳（今宁县）	傅敷、傅晞、傅隆	上虞县令、会稽征虏参军	祖傅玄；后代家于会稽
庾氏	颍川鄢陵（今河南鄢陵）	庾琛、庾亮、庾冰、庾怿、庾条、庾翼、庾彬、庾羲、庾龢	会稽太守、车骑将军、冠军将军	亮有文采，著文集二十一卷，且善书法
许氏	高阳（今河北蠡县）	许归、许询、许珪、许勇慧	会稽内史、著作郎、太子家令	元帝诏许询，许询辞不受，隐迹于永兴
谢氏	陈郡阳夏（今河南太康）	谢衡、谢鲲、谢袤、谢奕、谢安、谢万、谢石、谢玄、谢琰、谢方明、谢灵运	国子祭酒、长史、吏部尚书、剡县令	"东山再起"即指谢安为了家族地位而重出东山任职，后指导淝水之战并取得胜利，谢氏家族地位达鼎盛

---

① 钱穆：《略论魏晋南北朝学术文化与当时门第之关系》，《新亚学报》1963 年第 5 卷第二期。

② 许辉等：《六朝文化》，江苏古籍出版社 2001 年版，第 160—192 页。

东晋成帝至康帝时期（326—344），为避"苏峻之乱"而迁至会稽			
士族	原籍	家族代表人物	主要成员任职	备注
阮氏	陈留（今河南开封陈留镇）	阮裕	尚书郎	祖阮籍；寓居剡县
王氏	山西太原	王述、王坦之、王处之、王祎之	会稽内史、中书令、中书侍郎	坦之为东晋名臣，善书法，有文集传于世，代表作品《废庄论》等
袁氏	陈郡阳夏（今河南太康）	袁环、袁宏、袁山松、袁淑	长合乡侯、晋左将军、	袁宏，文学家、史学家，今存《后汉纪》三十卷；袁山松博学能文，著《后汉书》百篇；袁淑，南朝宋重臣，有文集十卷行于世；家族以诗文著称于世
孙氏	太原中都（今山西平遥）	孙统、孙绰、孙盛	余姚令、廷尉卿、秘书监	孙绰、孙统，性好山水，不重名利；孙盛善清谈闻名，著《魏氏春秋》《魏氏春秋异同》《晋阳秋》

续 表

穆帝时期（345—361），多为仰慕会稽山水而来

士族	原籍	家族代表人物	主要成员任职	备注
李氏	江夏（今湖北安陆）	李充、李颙	中书侍郎	李充、李颙，文学家，李充作《论语注》《学箴》等，李颙作《周易卦象数旨》《古文尚书集注》等
王氏	琅琊临沂（今山东临沂）	王导、王敦、王旷、王羲之、王献之、王凝之	丞相、丹阳太守、会稽内史、中书令	时人称之为"王与马，共天下"；王羲之善书法，被称为"书圣"
戴氏	谯郡铚县（今安徽濉溪）	戴逵、戴颙、戴勃		戴逵、戴颙、戴勃均为艺术家，善音律，不仕
郗氏	高平金乡（今山东金乡县）	郗愔、郗昙、郗超	平北将军、北中郎将、中书侍郎	郗愔、郗昙为太尉郗鉴之子；常为隐士建立屋舍庙宇

"永嘉之乱"后的北人南迁较之秦汉时期的两次大规模南迁，移民的质量整体较高，多为北方名门望族举家南迁，普通百姓则是依附于世家大族的随从。

寓居于会稽郡的士族门第，迁移过程大致分为三个时期。其一，西晋怀帝至东晋元帝时期（307—322），为避"永嘉之乱"而迁至会稽。西晋爆发"永嘉之乱"时，北方战乱频繁，政局动荡，因此有部分士人趁着赴会稽任职的机会举家迁徙到相对稳定的会稽郡。但此时会稽郡的土著士族的势力强大，因此这一时期迁徙到会稽郡的士族相对较少。为有利于家族势力的发展，倾向于长期定居的士族都选择会稽土著士族势力较薄弱的上虞，其中势力最强的为庾氏，庾亮为朝中重臣。

其二，东晋成帝至康帝时期（326—344），为避"苏峻之乱"而迁至会稽。王敦之乱中立下战功的苏峻，声望渐高，日渐骄纵，在江北培植了一支强大的军事力量，于东晋咸和二年（327）联结镇西将军祖约以讨伐庾亮为名起兵进攻建康，史称"苏峻之乱"。"苏峻之乱"爆发于都城建康，东晋的文化与政治中心遭到了很大破坏。此时寓居于建康的部分北方士族与高僧转而迁居于会稽，以远离战乱中心，追求安定的生活环境。这一时期士族名士的到来，不仅壮大了会稽郡士族的势力，也对会稽郡佛教发展起到了积极的作用。性好佛典的会稽内史何充与高僧竺道潜由建康迁至剡县，为永和年间大批高僧的到来奠定了基础。

其三，穆帝时期（345—361），多为仰慕会稽山水而来。东晋穆帝时期，南北士族在会稽郡经历了一段时间的矛盾与冲突之后，逐渐走向融合，互相合作，共同发展。此时的会稽名人荟萃，山水俱佳，很多名士与高僧慕名而来，如孙绰、李充、戴逵、王羲之、许询，高僧支遁、帛僧光等皆移居会稽，他们或善属文，或善琴艺，或善书法，皆才华横溢。据记载："永嘉之后，帝室东迁。衣冠讳难，多所萃止，艺文儒术，斯之为盛。"① 至此，越文化因名士高僧的聚集而欣欣向荣。②

---

① （宋）欧阳忞：《舆地广记·禹贡扬州》，四川大学出版社2003年版，第452页。

② 从相关史实来考察，东晋以后，中国文化的发展的确因南、北方政治背景的不同而发生了明显分化。伴随着南方的开发和晋室的南渡，南方文化已逐渐与北方分庭抗礼。据《晋书》人物传记，两晋著名人物587人，其中扬州99人，据全国第二，仅次于豫州101人。由此可见，扬州地区（包括绍兴）已经成为当时最为突出的文化与教育中心之一。（参见吴宣德《中国区域教育发展概论》，湖北教育出版社2003年版，第66—67页）

三 绍兴门第家学

为更好地展现六朝时期绍兴的门第教育，本节选取"永嘉之乱"后迁徙会稽的几个士族，概述其家族门第教育的特点及其成就。

（一）余姚虞氏

会稽余姚曾流传"半部余姚志，一部虞家史"的说法。虞氏宗族于汉唐之际大放异彩，其政治地位与社会声望的沉浮俯仰、虞氏宗人的仕途进退，均与家学密不可分。正是由于虞氏族人重视教育，以儒学世其家，因而人才辈出、家风不堕。数百年间，随着朝代更替、政局动荡，虞氏教育亦不断革新，其教育宗旨、教育内容和教育方式等，在各个时期有其独特面貌。余姚虞氏宗族教育的历史嬗变，既是其宗族走向昌盛的必由之路，亦是儒学文化传承与发展的诉求，因应了政治变革的历史趋势。

1. 虞氏家学的肇端

余姚虞氏一族可谓源远流长。据史料记载，虞氏有迹可循的历史可追溯至东汉。《唐虞从道墓志》中记载："处士之十四世孙东汉定侯竞，避地于余姚，子孙因家焉。"① 林宝在《元和姓纂》中亦指出虞氏始祖"自东郡徙余姚"②。由是观之，虞氏祖籍河东郡，东汉中叶，其先祖举家迁居余姚，历三国两晋，直至隋唐，传衍数百年。

作为迁自东郡的移民户，虞氏自定居余姚，其宗族便落地生根、传衍不绝。东汉中叶以来，虞氏宗族在江南初步立足，并缓慢发展，其宗人教育与家学亦随之传承。这一时期虞氏宗族的教育特点主要表现为两方面：第一，家学氛围浓厚，研习孟氏《易》；第二，开辟仕进前途，重视社会教化。

在家学发展方面，《三国志·虞翻传》注引虞《虞翻别传》云：

---

① 商略等：《有虞故物——会稽余姚虞氏汉唐出土文献汇释》，上海古籍出版社 2016年版，第 131 页。

② 林宝：《元和姓纂》卷二，中华书局 1994 年版，第 228 页。

　　臣高祖父故零陵太守光，少治孟氏《易》，曾祖父故平舆令成，缵述其业，至臣祖父凤为之最密。臣亡考故日南太守歆，受本于凤，最有旧书，世传其业，至臣五世。①

据以上虞翻对其家世与家学的自述，从虞光到虞成，再到虞凤和虞歆，四代相习孟氏《易》，家中藏书甚为丰富，家学氛围浓厚。虞翻之所以能成为余姚虞氏演进史中承前启后之重要人物，亦是得益于良好的家学氛围与严父的教诲。

　　至于早期虞氏宗人的仕途以及虞氏宗族对地方教化的影响，光绪《余姚县志》卷二十三："虞国少有孝行，后为日南太守，以化治称。"② 虞氏宗人顺应官方推行的儒家教化，累世研习孟氏《易》，以德孝治家，虞光因此官至零陵太守，其弟虞国历官日南太守，这愈加激发了虞氏子弟在通经入仕的大环境下尚儒习文从而晋身仕途的热情，也为虞氏一族后来发展为余姚乃至越地的世家大族奠定了基础。汉顺帝时期，会稽郡政治中心移向浙东，这一变动为会稽郡的士族带来了更多的入仕机会，虞氏一族凭其深厚家学与举官热情，社会政治地位逐步提升。虞氏宗人为官期间，注重地方的教化，虞国任日南太守期间"以化治称"，以其家学传承与宗族教育，在治理地方时推行儒家教化，改善地方文化面貌。

　　汉代"经术治国"的政治环境为研习儒家经籍的文化世家提供了入仕门径，文化世家将仕途与儒家教化相结合以"化民成俗"，强化了国家意志，体现了政治与文化的互动及世家和国家的互构。

　　2. 传承与趋新：虞氏家学门风

　　在动荡的六朝时代，余姚虞氏宗族一方面传承其深厚的家学与教育传统而保家风不堕，另一方面又因应政治变革而日渐趋新，不断丰富其宗族教育，包括允文允武的教育传统、忠直孝义的家风传承、宗族伦理规范教育以及族学义塾教育。这一时期，虞氏宗族的家学门风

---

① 《三国志》卷五十七《虞翻》，中华书局 1959 年版，第 1322 页。
② （清）周炳麟修，邵友濂、孙德祖纂：《光绪余姚县志》卷二十三，上海书店出版社 1993 年版，第 519 页。

在传承中趋新，一代又一代颇有影响力的虞氏宗人也正是在虞氏宗族教育的浸润中崭露头角，从而于六朝时期完成了士族化进程，余姚虞氏作为江东文化世家声名远扬。

（1）允文允武的教育传统

三国时期，在吴郡、会稽郡士族支持下建立的孙吴政权，对两郡士族和世家大族都特别重视，虞氏宗族的众多子弟纷纷登上孙吴政坛，官至高位。[①] 虞氏一族既有文官，亦出众多武将，在其以儒学世其家的特色中融入尚武精神，于数百年间形成了允文允武的教育传统。

虞氏以儒学世其家，累世研习孟氏《易》，传至虞翻，成果颇为丰硕，撰有《周易注》《周易日月变例》等著作，虞氏儒学世家的地位获得广泛认同，虞氏易学声名远扬。儒学传家的教育传统，不仅为时人推崇、后世敬仰，更为虞氏子弟所遵循。继虞翻后，虞氏宗族分支众多，然其沿袭儒学齐家的传统，使虞氏家学在传承中不断发展完善。虞氏家学亦由早期其单向传承中易呈现出的封闭与保守，发展为虞凤研习孟氏《易》的"为之最密"、虞翻《周易注》的兼采众家。

魏晋玄风盛极一时，士群体之自觉与新思潮并起。受此影响，虞氏一族对学问的传承内容也发生了变化。虞氏族人除了将治孟氏《易》进行传衍外，还致力于经学、天文学、史学等各个领域的开拓，顺应了政治与文化变迁之大趋势。

魏晋南北朝之际，余姚虞氏代有才人出，研习经学、史学之辈甚多。虞翻除治孟氏《易》之外，另有《论语》《老子》《国语》等训注。汉末的虞喜为当时的经学专家，《晋书·儒林虞喜传》便记载虞喜"专心经传，兼览谶纬，乃著《安天论》以难浑、盖，又释《毛诗略》，注《孝经》，为《志林》三十篇"。[②] 可见虞喜不仅钻研经学，

---

① 参见辜筠芳《论余姚虞氏家学的特质及其形成原因》，《宁波大学学报》（教育科学版）2012 年第 2 期。

② 《晋书》卷九十一《虞喜传》，中华书局 1974 年版，第 2349 页。

撰写大量经学著作流传于世，且尤喜天文历算，根据宣夜说著《安天论》以批驳浑天说、盖天说。虞喜还独立发现"岁差"并对其进行测定，《宋史·律历志》载："虞喜云，尧时冬至日短星昴，今二千七百余年，乃东壁中，则知每岁渐差之所至。"① 虞喜发现"岁差"对后世天文学的发展颇有影响。其弟虞预因治史而为后人熟知，亦被载入《晋书》，称其"雅好经史，憎疾玄虚"②。虞预著有《晋书》四十四卷，《会稽典录》二十四卷，《诸虞传》十二卷，均有较高的史料价值。南朝时期，虞悰善烹饪，其著作《食珍录》中载有大量王室名门中的精品佳肴，代表了当时饮食文化的高度成就。虞通之、虞骞以文学成就著世。虞通之的《妒记》虽是受宋明帝之命所著，但作为志人小说集，具有较高的文学成就。虞龢为南朝齐书法家，留有书法名著《法书目录》。齐梁之际的虞骞官至王国侍郎，亦为著名诗人，被誉为"工为五言诗，名与逊相埒"③。据此可见，虞氏宗族在宗人教育与家学传承中不断寻求特色，已由此前的单纯崇拜儒学经典转向经学为主、涉猎文史的家学局面。从六朝时期虞氏宗人的著述可看出其家学与研究成果的丰硕与广泛，亦印证其宗族教育的成功（见表 2 - 3）。

表 2 - 3　　　　　　　　　　六朝时期虞氏宗人著作概况④

时段	虞氏宗人	著述
东吴	虞翻	《周易》《周易日月变例》《春秋外传国语注》《论语注》《扬子太玄经》《老子注》《周易集林律历》《易历律》

---

① 《宋史》卷七十四《律历志 7》，中华书局 1977 年版，第 1689 页。
② 《晋书》卷八十二《虞预传》，中华书局 1974 年版，第 2147 页。
③ 《梁书》卷四十九《何逊传》，中华书局 1974 年版，第 693 页。
④ 根据唐燮军等《汉唐之际的余姚虞氏及其宗族文化》（浙江大学出版社 2010 年版）整理。

续　表

时段	虞氏宗人	著述
东晋	虞喜	《周官驳难》《论语赞》《新书对张论》《赞郑玄论语注》《志林》《广林》《后林》《安天论》
	虞预	《晋书》《会稽典录》《诸虞传》
	虞潭	《投壶经》《投壶变》
南朝	虞龢	《法书目录》
	虞愿	《五经论问》《会稽记》
	虞僧诞	《申杜难服》
	虞通之	《后妃记》《妒记》《善谏》

儒学传家、涉猎文史成为虞氏宗族的教育传统，为虞氏宗人提供了仕进的文化资本，亦使虞氏一族的文化底蕴愈发厚重。然自三国时期虞翻先后追随王朗、孙策、吕蒙等人转战疆场，尚武精神便已然流传，直至东晋末。与大时代相呼应，虞氏宗人凭借军功名扬政坛，推动了家族的士族化进程，其宗人对于这种尚武精神的传承已成为虞氏宗族教育传统的一部分。三国时期，虞翻本为会稽太守王朗部下功曹，后投奔孙策并长期拥戴孙氏政权。虞翻卒后，其子亦传承尚武精神，尤以四子虞汜最为出众。《三国志·虞翻传》记载：翻有十一子，第四子汜最知名，永安初，从选曹郎为散骑中常侍，后为监军使者，讨扶严。① 虞汜因南征之功，官拜交州刺史、冠军将军，封余姚侯。

此后，虞氏宗族历经波折，其发展一度陷入低谷。至西晋，虞潭以显著军功使虞氏一族再度活跃于两晋政坛。为将期间，虞潭"独起

---

① 参见《三国志》卷五十七《虞翻》，中华书局 1959 年版，第 1322 页。

兵斩昌别率邓穆等"，"东下讨敏弟赞于江州"①，后在东晋又平定王敦之乱与苏峻之乱，因功官拜镇军将军、吴国内史，封武昌县侯。虞氏宗人于两晋时期凭军功烜赫一时，尽管自东晋末之后一意崇文，不复见有荷戈奋袂者，然虞翻、虞泛、虞潭等人忠勇刚毅的精神深刻地影响了后嗣，尚武精神亦成为其教育传统的重要组成部分，并塑造了虞氏的宗族性格，与儒学传家、涉猎文史的特色相互交织，铸就了虞氏宗族允文允武的教育传统。

（2）忠直孝义的家风传承

允文允武的教育传统使虞氏宗族崛起于政坛，发展为一支皇皇巨族。在其深厚的家学背后亦存在累世传承的家风。一种精神或行为方式在某一宗族内延续三代以上，便可视为某一家族之文化传统，构成其家风。家风是世族文化的基调和底色，具有相当的稳定性，世代相承。家风的承传主要有赖于家教。② 儒学齐家与尚武精神的教育塑造了虞氏忠直孝义的家风，其家风与家学共同反映了余姚虞氏宗族的文化面貌。

虞翻自入仕为官，便呈现出鲜明的崇尚正直的从政风格。《三国志·虞翻传》记载："翻数犯颜谏争，权不能悦，又性不协俗。"③ 后世文人袁宏评论虞翻："仲翔高亮，性不和物。好是不群，折而不屈。"④ 虞翻"忠直謇谔"的个人品性，也深刻地影响了其后嗣的立身行事，进而内化为余姚虞氏的宗族性格。⑤ 此后，虞潭"首倡义举"，多次平定叛乱，可见其忠义耿直，而潭母孙氏对其的忠义教育更是被后世立为典范。咸和三年（328），虞潭讨伐苏峻之乱时，其母孙氏训勉其舍生取义。《晋书·列女传》记载了潭母对其的训诫：

---

① 参见《三国志》卷五十七《虞翻》，中华书局 1959 年版，第 1322 页。
② 参见王永平《论中古时期世族家风、家学之特质——以江东世族为中心的历史考察》，《河南科技大学学报》（社会科学版）2003 年第 3 期。
③ 《三国志》卷五十七《虞翻》，中华书局 1959 年版，第 1322 页。
④ 《晋书》卷九十二《袁宏》，中华书局 1974 年版，第 2397 页。
⑤ 参见唐燮军等《汉唐之际的余姚虞氏及其宗族文化》，浙江大学出版社 2010 年版，第 129 页。

及苏峻作乱，潭时守吴兴，又假节征峻。孙氏戒之曰："吾
闻忠臣出孝子之门，汝当舍生取义，勿以吾老为累也。"仍尽发
其家僮，令随潭助战，贸其所服环珮以为军资。①

　　据此可见虞氏重忠义之教。自古以来，当以忠君报国为第一要义，无
论是儒家理想中的"圣人"，墨家要培养的"兼士"，还是法家造就
的"英雄"，无不以道义为第一要务。正是这种思想文化传承中的价
值判断与诉求，使世家大族的教育对政治更具有向心力，重视忠义
之教。

　　孝道的践行自汉代便备受重视，汉代实施察举取士，而举孝廉是
其主要内容。至魏晋南北朝时期，门阀制度盛行，虞氏作为会稽余姚
的文化世家，愈加重视以孝教子。虞潭曾以母年迈而辞官回乡，后又
因母忧去职。南朝齐的虞悰以孝侍父，为后人称赞，《南史·虞悰传》
中有记载："悰少以孝闻，父病不欲见人，虽子弟亦不得前，时悰年
十二三，昼夜伏户外问内竖消息。"② 至其父虞秀之卒后，虞悰居丧尽
礼，其孝行亦影响了族内子弟。

　　数百年来，尽管政权迭兴、时局动荡，但在儒学传承发展和虞氏
宗族允文允武教育传统的共同作用下，儒家的仁、义、忠、孝观念早
已深入宗族内部，其忠直孝义的家风不断传承。

　　（3）宗族伦理规范教育

　　六朝时期的世家大族重视家训、家礼、家规，以及礼仪教育，并
以此来约束族内成员。虞氏宗族作为余姚当地的名门望族与文化世
家，亦有一套宗族伦理规范。诚如钱穆先生所言：一个大门第，绝非
全赖于外在的权势与财力，而能保泰持盈远于数百年之久；更非清虚
与奢汰，所能使闺门雍睦，子弟遵谨，维持此门户于不衰。③ 可见宗
族伦理规范教育的重要性。在当时，《颜氏家训》为世家大族中的家
训典范，是系统的家训之作。据现有的史料来看，虞氏一族并未留有

①　房玄龄等：《晋书》卷九十六《列女传》，中华书局1974年版，第2513—2514页。
②　李延寿：《南史》卷四十七《虞悰传》，中华书局1975年版，第1175页。
③　参见钱穆《国史大纲》（上），商务印书馆1996年版，第310、186、307页。

类似的家训准则与成文的制度，主要通过诫子书与家书等形式来对子弟进行约束。即便如此，虞氏的诫子书与家书亦渗透了有形制度所难以尽现的宗族规范。

最早有关虞氏训诫子弟的内容来源于虞翻登绪山告诫子孙之事，嘉泰《会稽志》中记载：

> 昔虞翻尝登此山，望四郭，诫子孙曰："可留江北居，后世禄位当过于我，声名不及尔。然相继代兴，居江南必不昌。"今诸虞氏由此悉居江北也。①

虞翻告诫子孙应居江北，后世子孙遵从其嘱。② 虞耸曾与族子虞察互通书信，在写给虞察的书信中，虞耸感叹朝廷取士不公，怀才不遇。《三国志·虞翻传》中记载：

> 时王岐难耸，以高士所达，必合秀异，耸书与族子察曰："世之取士，曾不招未齿于丘园，索良才于总猥，所誉依已成，所毁依已败，此吾所以叹息也。"③

与普通的诫子书不同，这样的书信颇具特色，虞耸没有以长辈的口吻自居，反而能向族子虞察感叹时运不济，抒发怀才不遇之感，也说明当时虞氏宗人关系融洽，交流密切。此外，虞耸作为当时虞氏宗族中的长辈，在丧葬祭祀方面亦对族人有所约束。据史料记载："耸疾俗丧祭无度，弟昺卒，祭以少牢，酒饭而已，当时族党并遵行之。"④ 对于其弟虞昺的丧祭，虞耸倡导节俭，族党"并遵行之"。由此表明虞

---

① 嘉泰《会稽志》卷九，台湾商务印书馆 1986 年影印文渊阁《四库全书》本，第486 册，第 184 页。
② 虞光一支居于江北，世传其业，而虞国一支迁至绪山和姚江以南，由于地处枢纽、战乱频繁，虞国一支发展艰难，渐趋湮没。虞翻认为江北更适合宗族传衍，因而告诫子孙应居江北。
③ 《三国志》卷五十七《虞翻传》注引《会稽典录》，中华书局 1959 年版，第 1327 页。
④ 《三国志》卷五十七《虞翻传》注引《会稽典录》，中华书局 1959 年版，第1326—1327 页。

氏宗人服从族中长辈的教训，反映出虞氏一族有着较好的宗族伦理规范教育。

（4）族学义塾教育

学塾（家学、族学、义学），指民间兴办的私学，既包括具有启蒙教育性质的"私塾"，又包括具有高级深造性质的"精舍""经庐"等。自东汉开始，避乱会稽的儒学大师都在此聚众讲学，东晋时的世家大族形成了家学传统。

虞氏宗人曾建立"精舍""经庐"，聚众讲学，一方面教育宗族子弟，另一方面教化乡里。据光绪《慈溪县志古迹》记载：大儒虞翻曾在慈溪鸣鹤讲学。即便因向孙权犯颜直谏而被流徙南疆交州时，仍讲学不倦，门徒数百人，开岭南学风。①《三国志·虞翻传》中曾有记载："虽处罪放，而讲学不倦，门徒常数百人。"②虞翻在当时创立规模较大的私学，将教育族中子弟与教化乡里相结合。南朝宋时，虞愿任晋平太守，在地方上推行教化，设立学校。《南齐书·良政·虞愿传》云：

> 出为晋平太守，在郡不治生产。前政与民交关，质录其儿妇，愿遣人于道夺取将还。在郡立学堂教授。……后琅邪王秀之为郡，与朝士书曰："此郡承虞公之后，善政犹存，遗风易遵，差得无事。"③

据此可见虞愿不仅为官清廉，而且非常重视学校教育，立学堂教化百姓。南朝梁代的虞僧诞精研杜学，"以《左氏》教授，听者亦数百人"④。六朝时期，虞氏一族为官者甚多，往往将宗族子弟的教育与社会教育相结合，或是聚众讲学，或是设立学校，为当地郡望教育做贡献。

---

① 辜筱芳：《宁波教育史》，浙江大学出版社2011年版，第22页。
② 《三国志》卷五十七《虞翻传》，中华书局1959年版，第1321页。
③ 《南齐书》卷五十三《虞愿传》，中华书局1972年版，第916—917页。
④ 《南史》卷七十一《儒林传》，中华书局1975年版，第1739页。

余姚虞氏宗族自汉末凭"马上得之"的武将之风与军功迅速崛起于政坛，进而"守成以文"，以儒学齐家并发展特色文化。虞氏在其迭兴中传承忠直孝义的家风，建设宗族伦理规范，注重族中子弟的教育与社会教化。六朝时期的虞氏宗族教育在传承中趋新，于趋新中传承，一以贯之的家学门风与宗族教育使得虞氏一族数百年不坠。

（二）山阴孔氏

山阴孔氏肇端于汉代，为会稽名门望族。史载："孔愉字敬康，会稽山阴人也。其先世居梁国。曾祖潜，太子少傅，汉末避地会稽，因家焉。"① 孔氏家族拥有浓厚的儒学氛围，子孙世代研习儒经，是典型的具有保守儒风的江东士族。

孔氏家族为儒学世家，其家族可考的最早儒者为孔冲。据《晋书》记载：许孜"年二十，师事豫章太守会稽孔冲，受《诗》《书》《礼》《易》及《孝经》《论语》"②。东晋时孔坦"通左氏传，解属文"，重视家学与国家治理及化民成俗之社会功能，曾奏议"臣闻经邦建国，家学为先，移风崇化，莫尚斯矣"③。南朝孔休源"就吴兴沈麟士受《经》，略通大义"，后为太学博士。④ 孔金"少师事何胤，通五经，尤明三礼、孝经、论语，讲说并数十遍，生徒亦数百人"⑤。孔子祛"尤明古文尚书，为兼国子助教，讲尚书十遍，听者常数百人"⑥。孔墨之善儒学，曾注《穀梁春秋》。上列所举山阴孔氏人物，皆习儒业，明儒经，弘扬儒术。

下表为东晋至南朝山阴孔氏家族子弟著述简况，从中可以看出孔氏家族儒学传统源远流长，门第家学代有风流。

---

① 《晋书》卷七十八，国家图书馆出版社2014年版，第530页。
② 《晋书》卷八十八，国家图书馆出版社2014年版，第592页。
③ 《晋书》卷七十八，国家图书馆出版社2014年版，第530页。
④ 《梁书》卷三十六《孔休源传》，国家图书馆出版社2014年版，第290页。
⑤ 《南史》卷七十一《儒林》，国家图书馆出版社2014年版，第708页。
⑥ 同上书，第1743页。

表 2 - 4　　　　　　　　　孔氏家族部分成员著述表①

作者	朝代	著作	出处
孔愉	东晋	《晋咸和咸康故事》（4 卷）、《晋要事》三卷、《晋故事》四十三卷，《晋建武故事》一卷	《隋书·经籍志》
孔坦	东晋	《孔坦集》（17 卷）	《隋书·经籍志》
孔伦	东晋	《集注丧服经》（1 卷）《礼注》（1 卷）	《隋书·经籍志》《新唐书·艺文志》
孔严	东晋	《孔严集》（11 卷）	《隋书·经籍志》
孔汪	东晋	《孔汪集》（10 卷）	《隋书·经籍志》
孔欣	南朝宋	《孔欣集》（10 卷）	《隋书·经籍志》
孔琳之	南朝宋	《孔琳之集》（9 卷）	《隋书·经籍志》
孔宁子	南朝宋	《孔宁子集》（8 卷）	《隋书·经籍志》
孔逭	南朝宋	《东都赋》（1 卷）、《文苑》（100 卷）、《三辅决录》	《隋书·经籍志》《南史·文学传》
孔稚珪	南朝齐	《孔稚珪集》（10 卷）	《隋书·经籍志》
孔子祛	南朝齐	《尚书议》（20 卷）、《集注尚书》（30 卷）	《南史·儒林传》
孔休源	南朝梁	《奏议》、《弹文》（15 卷）	《梁书·孔休源传》
孔翁归	南朝梁	《文集》	《梁书·何逊传》
孔奂	南朝陈	《文集》（15 卷）、《弹文》（4 卷）	《陈书·孔奂传》

①　谢模楷：《东晋南朝会稽孔氏家族的文学创作》，《海南师范大学学报》（社会科学版）2014 年第 5 期。

山阴孔氏除世代研习儒学经籍之外，还十分重视并擅长律学，严谨务实，学为经世致用，故历代不乏法官人才。

据《隋书》记载："《晋要事》三卷，《晋故事》四十三卷，《晋建武故事》一卷，《晋咸和、咸康故事》四卷，晋孔愉撰。"① 其"故事"即为定律的形式之一。另《晋书》记载，孔愉曾上表称："臣等不能赞扬大化，纠明刑政，而偷安高位，横受宠给，无德而禄，殃必及之，不敢横受殊施，以重罪戾。"② 其重刑名、明赏罚、性耿介等人格特征表露无遗。

南朝时期，孔氏家族律学研究日渐成熟，家族成员任职法官者日众（参见表2-5）。

《宋书》记载：

> 孔琳之，字彦琳，会稽山阴人。……琳之强正有志力，好文义，解音律，能弹棋，妙善草隶。……玄又议复肉刑，琳之以为：唐、虞象刑，夏禹立辟，盖淳薄既异，致化实同，宽猛相济，惟变所适。……永初二年，为御史中丞。明宪直法，无所屈桡。③

《梁书》记载：

> （徐）勉对曰："孔休源识见清通，谙练故实……"高祖亦素闻之，即日除兼尚书仪曹郎中。是时多所改作，每逮访前事，休源即以所诵记随机断决，曾无疑滞。吏部郎任昉常谓之为"孔独诵"。迁建康狱正，及辨讼折狱，时罕冤人。后有选人为狱司者，高祖尚引休源以励之。④

《陈书》记载：

---

① 《隋书》卷三十三，北京图书馆出版社2006年版，第474页。
② 《晋书》卷七十八，国家图书馆出版社2014年版，第530页。
③ 《宋书》卷五十六《孔琳之传》，中华书局2000年版，第1028页。
④ 《梁书》卷三十六《孔休源传》，国家图书馆出版社2014年版，第290页。

时侯景新平，每事草创，宪章故事，无复存者，奂博物强识，甄明故实，问无不知，仪注体式，笺表书翰，皆出于奂。①

会稽孔氏传承儒学、兼修律学的家学传统，塑造了秉直刚健的家风与兼济天下的淑世情怀，成为六朝时期绍兴教育史上具有特色的门第教育典范，也可以说是后世"绍兴师爷"兴起的历史渊源。

表 2 – 5　　　　　六朝会稽山阴孔氏出任法官表②

姓名	时代	职位	出处	备注
孔愉	东晋	御史中丞	《晋书》卷七十八《孔愉传》	
孔群	东晋	御史中丞	《晋书》卷七十八《孔愉传附孔群传》	
孔廞	东晋	廷尉	《晋书》卷七十八《孔愉传附孔群传》	
孔坦	东晋	廷尉	《晋书》卷七十八《孔愉传附孔坦传》	
孔琳之	南朝宋	御史中丞	《宋书》卷五十六《孔琳之传》	"明宪直法，无所屈桡。"
孔渊之	南朝宋	尚书比部郎	《宋书》卷五十四《孔季恭传附孔渊之传》	办理"江陵骂母"案

---

① 《陈书》卷二十一《孔奂传》，中华书局 2000 年版，第 195 页。

② 邓长春：《南朝会稽孔氏律学传习研究》，硕士学位论文，西南政法大学，2008 年，第 54 页。

续　表

姓名	时代	职位	出处	备注
孔觊	南朝宋	御史中丞 廷尉卿	《宋书》卷八十四《孔觊传》	
孔稚珪	南朝齐	刑狱参军 御史中丞 廷尉卿	《南齐书》卷四十八《孔稚珪传》	参与永明定律，上《新定律注表》
孔琇之	南朝齐	廷尉卿 尚书三公郎	《南齐书》卷五十三《良政·孔琇之传》	"出为乌程令，有吏能。"
孔休源	南朝梁	御史中丞	《梁书》卷三十六《孔休源传》	"辩讼折狱，时罕冤人。""谙练故实，自晋、宋起居住，诵略上口。""凡奏议弹文，勒成十五卷。"
孔奂	南朝陈	御史中丞	《陈书》卷二十一《孔奂传》	"博物强识，甄明故实，问无不知，仪注体式。笺表书翰，皆出于奂。""性刚直，善持理，深达治体。""弹文四卷。"

　　上表所列山阴孔氏自东晋至南朝陈，每一朝代均有族人任职御史中丞，虽"天下丧乱，忠孝道废。能持古人之节，岁寒不凋者"，或

以"直亮称"，或以"儒素"①，而彪炳青史。

（三）上虞谢氏

谢氏先祖于春秋、秦汉之际定居于陈郡阳夏（今河南太康），其时谢氏家族并未显赫。三国魏时"祖缵，典农中郎将"②，首次见于史籍。缵子谢衡于晋时以儒学为官，历任守博士、国子博士、国子祭酒、太子少傅、散骑常侍等职。永嘉之乱爆发时，谢氏迁居会稽郡，开始在绍兴繁衍。

谢鲲研习玄学，崭露头角，逐渐成为西晋名士。王敦曾引荐鲲为长史，又以讨杜弢有功，封为咸亭侯。衷子谢尚、谢奕、谢万连任豫州刺史，谢氏家族跻身当时四大士族之列。谢安在淝水之战中取得卓越功勋，谢氏家族声望日隆。

1. 谢氏家学：寄情于山水诗之中

谢氏是东晋名门望族中的后起之秀。魏晋玄风炽烈，谢氏族人适时由儒入玄，融入名门望族之中。谢鲲为谢氏家族研习《老》《易》第一人，"通简有高识，不修威仪，好老易，能歌善鼓琴。王衍、嵇绍并齐之"③。时人将谢鲲与毕卓、王尼、阮放、羊曼、桓彝、阮孚、胡毋辅之并称为"江左八达"。

作为东晋名士家族，谢氏在入玄的同时并未摒弃研习儒学，注重礼仪教化。谢安"虽处衡门，其名尤出万之右，自然有公辅之望，处家常以仪范训子弟"④。"仪范"即儒家礼仪。谢安之弟谢石在取得淝水之战胜利后，上书朝廷："于时学校陵迟，石上疏请兴复国学，以训胄子，班下州郡，普修学校。疏奏，孝武帝纳焉。"⑤ 谢氏家族虽迎合时势由儒入玄，但在"雅文化"的精神熏陶下依然保存着深刻的进取的儒学根基。

谢氏家族不仅兼习儒、玄，文化艺术方面造诣也甚高（见表2-6）。

---

① 《晋书》卷七十八，国家图书馆出版社2014年版，第530页。
② 《晋书》卷四十九，国家图书馆出版社2014年版，第345页。
③ 同上。
④ 《晋书》卷七十九，国家图书馆出版社2014年版，第535页。
⑤ 同上。

谢安"善行书"，"兄尚，字祖仁，弟万，字万石，并工书"①；谢鲲"能歌善鼓琴，王衍、嵇绍并齐之"②；谢尚"善音乐，博综众艺，司徒王导深器之"③；谢安"及总角，神识沈敏，风宇条畅，善行书，人皆比之王导，谓文雅过之"④；谢朗"文艺艳发，名亚于玄"⑤。

表 2-6　　　　　　六朝时期部分谢氏族人山水诗作一览⑥

姓名	作品
谢尚	《大道曲》《赠王彪之诗》
谢安	《兰亭诗》二首
谢万	《兰亭诗》二首
谢道韫	《论语赞》《泰山吟》《拟嵇中散咏诗》
谢瞻	《答康乐秋霁诗》《九日从宋公戏马台集送孔令诗》
谢混	《游西池》
谢灵运	《山居赋》《诣阙自理表》《初发石首城》《赠从弟弘元时为中军功曹驻京》《过始宁墅》《过白岸亭》《登庐山绝顶望诸峤》《晚出西射堂》《入华子岗是麻源第三谷》《富江渚》《登永嘉绿嶂山》《游赤石进帆海》《行田登海口盘屿山》《初去郡》《初往新安至桐庐口》《郡东山望溟海》《于南山往北山径湖中瞻眺》

---

① 《晋书》卷七十九，国家图书馆出版社 2014 年版，第 535 页。
② 《晋书》卷四十九，国家图书馆出版社 2014 年版，第 345 页。
③ 《晋书》卷七十九，国家图书馆出版社 2014 年版，第 535 页。
④ 同上。
⑤ 同上。
⑥ 根据马琨《魏晋南北朝的陈郡谢氏与文学》、曾洁《谢朓山水诗艺术研究》（河南大学硕士毕业论文，2012）整理。

续　表

姓名	作品
谢朓	《游山》《游敬亭山》《伏武昌》《晚登三山还望京邑》《游东田》《观朝雨》《落日怅望》《之宣城郡出新林浦向板桥》《暂使下都夜发新林至京邑赠西府同僚》《宣城郡内登望》《和宋记室省中》《江上曲》《登山曲》《泛水曲》《冬日晚郡事隙》《高斋视事》《将游湘水寻句溪》《春思》《治宅》《郡内高斋闲望答吕法曹》

在玄风大盛的六朝时期，谢氏家族受益于会稽山水风物，从玄言诗风转向山水诗创作，并以此在文坛取得瞩目的成就，其中叔源起到了开辟风气的作用。据《宋书》记载：

> 有晋中兴，玄风独振，为学穷于柱下，博物止乎七篇，驰骋文辞，义单于此。自建武暨乎义熙，历载将百，虽缀响联辞，波属云委，莫不寄言上德，托意玄珠，遒丽之辞，无闻焉尔。仲文始革孙、许之风，叔源大变太元之气。①

又《诗品》记载：

> 永嘉时，贵黄、老，稍尚虚谈，于时篇什，理过其辞，淡乎寡味。爰及江左，微波尚传。孙绰、许询、桓、庾诸公诗，皆平典似道德论，建安风力尽矣。先是郭景纯用俊上之才，创变其体；刘越石仗清刚之气，赞成厥美。然彼众我寡，未能动俗。逮义熙中，谢益寿斐然继作。②

在谢混的倡导和带领下，谢氏族人在山水诗创作上展露头角，谢灵运与谢朓成就尤为突出，时人称之为"大谢"与"小谢"。

---

① 《宋书》卷六十九，国家图书馆出版社 2014 年版，第 238 页。
② （梁）钟嵘：《诗品》，中华书局 1991 年版，第 1—2 页。

谢灵运，生于东晋，主要活动于刘宋时期，中国山水诗派的重要开创者。人称康乐公，小名谢客，东晋名将谢玄之孙，父谢瑍。在谢灵运的诗作之中，佛教思想对其影响甚大。谢灵运与佛教高僧来往密切，史载"陈郡谢灵运笃好佛理，殊俗之音，多所达解"①，其诗作内容与形式都受到了佛教的深刻影响。

谢朓，字玄晖，主要活动于南朝齐，是继谢灵运之后又一杰出的山水诗人，"少好学，有美名，文章清丽"②。其诗作"奇章秀句，往往警遒。足使叔源失步，明远变色"③。

谢氏家族虽在动荡的南朝，仍依靠文学延续了家族的辉煌，成为中国古代文学史上的奇葩。

2. 谢氏家风：放达之下的入世精神

魏晋时期的名门望族总会想方设法在"雅""俗"文化之间取得一种平衡。④ 谢氏家族兼习儒、玄，其家风也深受儒、玄之影响，多表现出放达不羁的特点，不被条理所束缚。⑤ 谢尚"开率颖秀，辩悟绝伦，脱略细行，不为俗流之事"⑥。谢安纵情于会稽山水，常与王羲之、许询、支遁等名士"出则渔弋山水，入则言咏属文，无处世意"⑦。谢奕嗜酒，"在温坐，岸帻笑咏，无异常日"⑧。

谢氏宗人虽放达不羁，但并未遁入"桃花源"，依然具有入世情怀。谢氏家族的真正勃兴，以及取得门阀士族的冠冕则是依靠实实在在的儒家进取的入世精神来谋求。⑨ 谢混曾与宗族子弟"乌衣之游"，

---

① 《宋书》卷六十七，国家图书馆出版社 2014 年版，第 218 页。

② 《南史》卷十九，中华书局 1975 年版，第 532 页。

③ 同上。

④ 参见吴正岚《六朝江东士族的家学门风》，南京大学出版社 2003 年版，第 203 页。

⑤ 谢鲲邻家有美女，谢鲲就"常挑之"，结果被美女拒绝并"投梭"，折断了谢鲲的两颗牙齿。时人讥之曰：任达不已，幼舆折齿。谢鲲听了长啸一句"犹不废我啸歌"，可见其放荡不羁的处世态度。

⑥ 《晋书》卷七十九，国家图书馆出版社 2014 年版，第 535 页。

⑦ 同上。

⑧ 同上。

⑨ 参见贾理智《东晋南朝陈郡谢氏门风考》，硕士学位论文，青海师范大学，2008 年，第 34 页。

写下《诫族子》诗训诫族人：

> 康乐诞通度，实有名家韵。若加绳染功，剖莹乃琼瑾。
> 宣明体远识，颖达且沈隽。若能去方执，穆穆三才顺。
> 阿多标独解，弱冠纂华胤。质胜诚无文，基尚又能峻。
> 通远怀清悟，采采标兰讯。直辔鲜不颠，抑用解偏吝。
> 微子基微尚，无倦由慕蔺。勿轻一篑少，进往必千仞。
> 数子勉之哉，风流由尔振。如不犯所知，此外无所慎。①

《诫族子》中教导并劝勉子孙，谢氏家族虽名闻于世（"有名家韵"），但仍须不断努力（"加绳染功""勿轻一篑少"），以文修质（"质胜诚无文"），勇于进取（"基尚又能峻""进往必千仞"），方能继续辉煌（"剖莹乃琼瑾""风流由尔振"）。

各时期谢氏家族均有成员成为国家重臣，官位显赫，这虽与"门阀"政治传统有关，但无疑是谢氏家族门第教育的结果，展现了六朝时期绍兴门第家学之盛及世家与国家的互构（表2-7）。

表2-7　　　　　　两晋南朝谢氏宗人任职情况②

朝代	姓名	所任最高官职	官品	方镇
东晋	谢尚	尚书仆射	三	江州、豫州
	谢安	太保	一	
	谢万	散骑常侍	三	豫州
	谢石	卫将军、散骑常侍	二	
	谢玄	左将军、会稽内史	三	兖州、徐州

---

① 冯瑞龙、詹杭伦主编：《华夏教子诗词》，天地出版社1998年版，第26页。
② 徐晓元：《东晋南朝陈郡谢氏家族书信研究》，贵州大学出版社2006年版，第47页。

朝代	姓名	所任最高官职	官品	方镇
宋	谢瞻	豫章太守	五	
	谢灵运	秘书监	三	
	谢庄	中书令、金紫光禄大夫	三	
齐	谢朓	镇北谘议、行南徐州事	五	
梁	谢朏	司徒	十八班	
	谢几卿	太子率更令	十班	
	谢举	尚书令、侍中、将军	十六班	
陈	谢贞	南平王友	六班	

纵观两晋南朝，谢氏族裔有旷达豪放之品质与入世进取之情怀，为国家柱石者众多，且多有文学雄迈者。谢氏族人的宦迹与文学，颇多成为成语典故而载入史册（表2-8）。

表2-8　　　　　　　陈郡谢氏宗人相关典故一览表

典故	典故出处	典故原文	相关宗人
东山再起	《晋书·谢安传》	谢安少年既有名声，屡次征辟皆不就，隐居会稽东山，年逾四十复出，为桓温司马，官至中书令、司徒。	谢安

续　表

典故	典故出处	典故原文	相关宗人
草木皆兵	《晋书·苻坚载记》	坚与苻融登城而望王师，见部阵齐整，将士精锐；又北望八公山上草木，皆类人形，顾谓融曰："此亦劲敌也，何谓少乎？"怃然有惧色。	谢石 谢玄
风声鹤唳	《晋书·谢玄传》	闻风声鹤唳，皆以为王师已至。	谢玄
功败垂成	《晋书·谢玄传》	庙算有余，良图不果；降龄何促，功败垂成。	谢玄
爱礼存羊	《晋书·范弘之传》	范弘之议曰："谢石又开建学校，以延胄子，虽盛化未洽，亦爱礼存羊。"	谢石
凤毛麟角	《南史·谢灵运传》	王母殷淑仪卒，谢超宗作诔奏之，帝大嗟赏，谓谢庄曰："超宗殊有凤毛，灵运复出。"	谢灵运
才高八斗	《南史·谢灵运传》	"天下才共一石，曹子建独得八斗，我得一斗，自古及今共用一斗。"	谢灵运
入幕之宾	《晋书·郗超传》	谢安与王坦之尝诣温论事，温令超帐中卧听之。风动帐开，安笑曰："郗生可谓入幕之宾矣。"	谢安

续　表

典故	典故出处	典故原文	相关宗人
芝兰玉树	《世说新语·言语》	谢太傅问诸子侄："子弟亦何预人事，而正欲使其佳?"诸人莫有言者。车骑答曰："譬如芝兰玉树，欲使其生于庭阶耳。"	谢安 谢玄
雅人深致	《世说新语·文学》	纡谟定命，远猷辰告。谓此句偏有雅人深致。	谢安 谢玄
咏絮之才	《世说新语·言语》	俄而雪骤，公欣然曰："白雪纷纷何所似?"兄子胡儿曰："撒盐空中差可拟。"兄女曰："未若柳絮因风起。"公大笑乐。	谢安 谢朗 谢道韫
林下风气	《晋书》卷九十六《列女列传·王凝之妻谢氏》	王夫人神情散朗，故有林下风气。顾家妇清心玉映，自是闺房之秀。	谢道韫
一丘一壑	《世说新语·品藻》	明帝问谢鲲："君自谓何如庾亮?"答曰："端委庙堂，使百官准则，臣不如亮；一丘一壑，自谓过之。"	谢鲲
皮里春秋	《晋书·褚裒传》	曰："季野有皮里春秋。"言其外无臧否，而内有所褒贬也。	谢安
蓝田生玉	《宋书·谢庄传》	谢弘微子谢庄，七岁能文，文帝见而异之。叹曰："蓝田生玉，岂虚也哉。"	谢庄

在中华文化史上，一个家族的史迹能形成如此众多的成语典故，亦可说明六朝谢氏宗族人才兴盛与家学之功，正所谓"蓝田生玉，岂虚也哉"。

（四）琅琊王氏

琅琊王氏自汉代登上历史舞台，魏晋时期发展为第一大豪门士族。[1]永嘉之乱后，王导曾建议晋室南渡，迁都建康，且在南迁后笼络南方士族为晋室效力，逐渐形成了"王与马，共天下"的局面。王氏的兴起除得益于门阀制度等大环境外，还与自身肇端较早、重视门第教育及独特的家风有关。

王祥、王览均以孝闻名，以儒学起家，形成了王氏植根于儒学的家风，虽魏晋玄风盛行，也未动摇其基础。西晋初，司马炎拜王祥"太保，进爵为公，加置七官之职"[2]。王览亦"应本郡之诏，稍迁司徒西曹掾、清河太守"。咸宁初"以览为宗正卿，后以太中大夫归老，又转光禄大夫"[3]。自此，琅琊王氏家族以儒入世，日渐煊赫。

永嘉南渡，王氏举族迁居会稽、金陵。王导、王敦兄弟共同辅政，其他王氏宗人"布列险要者甚多"，王氏家族的权势发展至顶峰。王导重视教化，认为：

> 风化之本在于正人伦，人伦之正存乎设庠序。庠序设，五教明，德礼洽通，彝伦攸叙，而有耻且格，父子兄弟夫妇长幼之序顺，而君臣之义固矣。

---

① 秦统一天下以来，被秦始皇受封列侯者史籍中并不多见，然王氏祖孙三代（王翦、王贲、王离）皆受封列侯，可见一斑。王离长子王元的曾孙王吉，字子阳，官至博士谏大夫，王吉之子王骏为御史大夫，王吉之孙王崇官至大司空，封扶平侯。王吉祖孙三代皆以贤称著于史。又王崇之子王遵，光武帝嘉其忠义，拜太中大夫，封向义侯。其后王遵之子王音，为大将军掾，生四子：曰王谊、曰王浚、曰王典、曰王融。王音之子王融，官至南康尹。王融生有二子，长子叫王祥，次子叫王览，兄弟二人皆是大孝子，卧冰求鲤是关于王祥的故事，王览友悌便是关于王览的故事。

② 《晋书》卷三十三，国家图书馆出版社2014年版，第246页。

③ 同上。

诚宜经纶稽古，建明学业，以训后生，渐之教义，使文武之道坠而复兴，俎豆之仪幽而更彰。……今若聿遵前典，兴复道教，择朝之子弟并入于学，选明博修礼之士而为之师，化成俗定，莫尚于斯。①

在六朝家国互构的时代背景下，国家教化更多以门第之学为支撑。王氏更是以此为立国兴家之良策，宗族子弟大多为当世儒者，潜心研习儒学礼制。如"彪之博闻多识，练悉朝仪，自是家世相传，并谙江左旧事，缄之青箱，世谓之王氏青箱学"。又如王昙首精于典制，其子王僧绰也练悉朝典。王俭好儒，史载：

先是宋孝武好文章，天下悉以文采相尚，莫以专经为业。俭弱年便留意《三礼》，尤善《春秋》，发言吐论，造次必于儒教，由是衣冠翕然，并尚经学，儒教于此大兴。何承天《礼论》三百卷，俭抄为八帙，又别抄条目为十三卷。朝仪旧典，晋、宋来施行故事，撰次谙忆，无遗漏者。所以当朝理事，断决如流。每博议引证，先儒罕有其例，八坐丞郎，无能异者。令史谘事，宾客满席，俭应接铨序，傍无留滞。十日一还，监试诸生，巾卷在庭，剑卫令史，仪容甚盛。作解散帻，斜插簪，朝野慕之，相与放效。②

王俭造次必于儒教，"礼仪诏策，皆出于俭"，引得"朝野慕之，相与放效"，功莫大焉。王褒著《幼训》以诫诸子，其一章云：

陶士衡曰："昔大禹不吝尺璧而重寸阴。"文士何不诵书，武士何不马射？若乃玄冬修夜，珠明永日，肃其居处，崇其墙仞，门无粲杂，坐阙号呹。以之求学，则仲尼之门人也；以之为文，则贾生之升堂也。古者盘盂有铭，几杖有诚，进退循焉，俯仰观

---

① 《晋书》卷六十五，国家图书馆出版社 2014 年版，第 448 页。
② 《南史》卷二十四，中华书局 1975 年版，第 595 页。

焉。文王之诗曰："靡不有初，鲜克有终。"立身行道，终始若
一。"造次必于是"，君子之言欤？

……吾始乎幼学，及于知命，既崇周、孔之教，兼循老、释
之谈，江左以来，斯业不坠，汝能修之，吾之志也。①

王褒教导王氏子弟：一要惜时，文人也要像武士练武一样打下深
厚的基本功，夜以继日，不被外界的事物所干扰，专心致志，这样才
能拥有孔子门人那样高尚的德行；二是不管遇到什么阻碍都一定要践
行德行，不能半途而废，要始终如一地立身行道；三要兼崇三道，不
能只习一家之学而排斥其他，虽然这三教教理不尽相同，但殊途同
归，终都是劝人积德行善，因此要兼习三教，但以儒学为主。

王僧虔也曾作诫子书曰：

舍中亦有少负令誉，弱冠超越清级者，于时王家门中，优者
则龙凤，劣者犹虎豹。失荫之后，岂龙虎之议？况吾不能为汝
荫，政应各自努力耳。或有身经三公，蔑尔无闻；布衣寒素，卿
相屈体；或父子贵贱殊，兄弟声名异，何也？体尽读数百卷书
耳，吾今悔无所及，欲以前车诫尔后乘也，汝年入立境，方应从
官，兼有室累，牵役情性，何处复得下帷如王朗时邪？为可作世
中学，取过一生耳。试复三思，勿讳吾言。②

王僧虔教导子孙要为王氏家族的发展尽自己最大的努力，不能因
为祖上取得了成就引为"汝荫"，而应"努力耳""体尽读数百卷书
耳"；而立之年，要入仕从官，为家族的发展贡献更多的力量。类似
的诫子书、家书、教训还有很多，如王羲之为教导王献之练习书法时
要戒骄戒躁曾题壁诫子等。

王氏除世代研习儒学之外，其族裔在文学与书法上的造诣也相当
宏阔。表2-9为王氏部分族人文学作品一览。

① 《梁书》卷四十一，中华书局1973年版，第583页。
② 《南齐书》卷三十三，周国林等校点，岳麓书社1998年版，第310页。

表 2 - 9   六朝琅琊王氏族人文学作品一览①

朝代	人物	作品	备注
西晋	王祥	《训子孙遗令》	
	王览	文集九卷	已失
	王衍	《谢表》《答山简文》	
东晋	王导	《上疏请修学校》《请建立国史疏》《麈尾铭》	《隋书·经籍志》收录《王导集》十一卷
	王敦	《辞荆州牧疏》	《隋书·经籍志》收录其文集十卷
	王旷	文集五卷	已失
	王廙	《白兔赋》《中兴赋》《洛都赋》《笙赋》《春可乐》五首	
	王羲之	《与殷浩书》《遗殷浩书》《与会稽王笺》《告誓文》《书论》《题卫夫人笔阵图后》《用笔赋》《兰亭诗序》《兰亭诗》	《隋书·经籍志》收录《王羲之集》九卷《王右军集》二卷
	王洽	《与林法师书》	《隋书·经籍志四》收录《王洽集》五卷
	王胡之	《赠庾翼诗》八章、《答谢安诗》八章	《隋书·经籍志》收录《王胡之集》十卷

① 根据李书萍《魏晋南朝的琅琊王氏家族文学研究》、卢云《魏晋南北朝琅琊王氏家族文学与文化研究》整理。

续 表

朝代	人物	作品	备注
东晋	王彪之	《游仙诗》《水赋》《闽中赋》《省官并职议》	
	王玄之	《兰亭诗》	
	王凝之	《兰亭诗》《风赋》	
	王涣之	《兰亭诗》	
	王肃之	《兰亭诗》	《隋书·经籍志》收录其文集三卷
	王徽之	《兰亭诗》	《隋书·经籍志》收录《王徽之集》八卷
	王献之	《别郗氏贴》《桃叶歌》三首	《隋书·经籍志》收录《王献之集》十卷
	王珣	《孝武帝哀册文》《祭徐聘士文》《经王公酒垆下赋》《歌太宗简文皇帝》《歌烈宗孝武皇帝》《秋怀诗》《法师墓下诗》《游严陵濑诗》	《隋书·经籍志》收录《王珣集》十一卷
	王珉	《直中书诗》《团扇歌》	《隋书·经籍志》收录《王珉集》十卷
	王谧	《答桓玄书明沙门不应敬王者》《答桓玄难》《重答桓玄难》《三答桓玄难》	《隋书·经籍志》收录其文集十卷
	王廞	《长史变歌》三首	

续 表

朝代	人物	作品	备注
东晋	王诞	《伐广固祭牙文》	《隋书·经籍志》收录《王诞集》二卷
	王鉴	文集九卷	皆失
南朝宋	王韶之	《孝传》三卷、《为晋恭帝禅诏》《禅策》《玺书禅位》《赠潘综吴逵举孝廉诗》六章	《隋书·经籍志》载其文集有二十四卷
	王僧达	《祭颜光录文》《答颜延年诗》《和琅琊王依古诗》	《隋书·经籍志》收录《王僧达集》十卷
	王微	《杂诗二首》其二、《与湛江书》《以书告僧谦灵》《黄连赞》《桃饴赞》《禹余粮赞》《茯苓赞》	《隋书·经籍志》收录《王微集》十卷
	王徽	《芍药华赋》《野鹜赋》	皆失
	王素	《蚿赋》《学阮步兵体诗》	《隋书·经籍志》收录《王素集》十六卷
南朝齐	王俭	《七志》四十卷、《元徽四部书目》四卷、《今书七志》七十卷、《吊仪》十卷、《吉书仪》十卷、《百家集谱》十卷、《高帝哀策文》《太宰褚彦回碑文》《和竟陵王子良高松赋》《灵丘竹赋应诏》《畅连珠》《净住子颂》《法门颂启》《竟陵王山居赞》《后园饯从兄豫章诗》《春夕诗》《春诗二首》	
	王僧虔	《乐表》《书赋》《诫子书》	

续 表

朝代	人物	作品	备注
南朝齐	王融	《古意诗二首》《临高台》《江皋曲》《巫山高》《上巳诗》《发乐辞》《大忏愧门诗》《回向门诗》《咏池上梨花诗》《咏琵琶诗》《曲水诗序》《甘露颂》	
	王延之	《别萧咨议诗》	
	王秀之	《卧疾叙意诗》	
	王僧祐	《讲武赋》《赠王俭诗》	已失
	王思远	《皇太子释奠诗》	
	王寂	《第五兄揖到太傅竟陵王属奉诗》	《隋书·经籍志》收录其文集五卷
南朝梁、陈	王筠	《芍药赋》《草木十咏》《侍宴饯临川王北伐应诏诗》《咏轻利舟应临汝侯教诗》《和吴主簿诗六首》《杂曲二首》《春日诗》《行路难》《北寺寅上人房望远袖玩池前诗》《和太子忏悔诗》《开善寺宝志大师碑文》	
	王籍	《咏烛诗》《至若邪溪诗》	
	王揖	《在齐答弟寂诗》	《隋书·经籍志》收录其文集五卷
	王暕	《观乐应诏诗》《咏舞诗》	

朝代	人物	作品	备注
南朝 梁、陈	王训	《度关山》《独不见》《应令咏舞诗》《奉和率尔有咏诗》	
	王锡	《大言应令诗》《细言应令诗》《宿山寺赋》	《隋书·经籍志》收录其文集七卷
	王规	《新殿赋》	《隋书·经籍志》收录其文集二十卷
	王泰	《赋得巫山高诗》	

王氏族人的文学成就，既奠定了其在中国文学史上文学世家的地位，也提升了越文化的高度，成为绍兴教育史与文化史互动的辉煌篇章。

琅琊王氏门第家学结出的另一硕果是书法艺术成就，"（羲之）尤善隶书，为古今之冠，论者称其笔势，以为飘若浮云，矫若惊龙"①，"次子凝之，亦工草隶"，献之"工草隶，善丹青"②。其他如王导、王恬、王洽、王玄之、王徽之、王允之等皆以书法名世。

王氏家族研习儒学，注重孝悌忠信，积极入世，在宦海浮沉的六朝时期通过门第教育，维持家族门风不堕，在政治黑暗、社会动荡的时代中，高唱文学与艺术的赞歌，绽放出绍兴乃至中国教育史上的光芒。

---

① 《晋书》卷八十，国家图书馆出版社 2014 年版，第 541 页。
② 同上。

第四节　六朝时期绍兴的佛教教育

东汉以降，天下大乱，民不聊生，"此世"越来越不足留恋，为佛教在中国的生根发展提供了机会。佛教不但征服了中国的上层思想界，而且也逐渐主宰了中国的民间文化。[①] 因此，代表魏晋南北朝长时期之中国衰落情态者，有一至要之点，为社会宗教思想之弥漫，同时又为异族新宗教之侵入，即印度佛教之盛行于中国是也。[②]

在学校教育不甚普及的中古时代，对普通民众而言，民间教化影响更大。大体说来，自魏晋至隋唐这七八百年，佛教（还有道教）的出世精神在中国文化中是占有主导地位的。儒家虽始终未失其入世的性格，但它的功用已大为削减，仅限于实际政治和贵族的门第礼法方面。以人生最后的精神归宿而言，这一时期的中国人往往不归于释，即归于道。[③] "自此以后，以至宋初，中国之第一流思想家，皆为佛学家。"[④] 佛教教育成为影响民间生活的重要教育形态，在一定意义上说，每座佛寺即是一所民间教化的学校。因此，六朝时期绍兴的佛教教育是展现绍兴教育史的一扇重要窗口。

两汉之际，中国的政治中心在中原地区，佛教传入初期主要影响在中原，此时南方的宗教还处于以祈福为宗旨的相当于民间信仰的阶段。三国时期高僧康僧会和支谦先后来到建康，在南方从事译经、建寺的事业，南方佛教开始发展起来。

一　六朝绍兴佛教发展概况

永嘉南渡，佛教随士人一起南下，在南方迅速发展。据统计，东

---

① 参见余英时《士与中国文化》，上海人民出版社 2003 年版，第 402 页。
② 参见钱穆《国史大纲》（上），商务印书馆 1996 年版，第 348 页。
③ 参见余英时《士与中国文化》，上海人民出版社 2003 年版，第 402 页。
④ 冯友兰：《中国哲学史》，华东师范大学出版社 2000 年版，第 111 页。

晋时期全国（南方）僧尼人数大约为二万四千人，南朝宋时发展为大约三万六千人，南齐时大约为三万两千五百人，南朝梁时更是发展到大约八万二千人，达到巅峰；南朝陈时大约为三万二千人。① 佛法之所以盛行，尚有一积极的正因，则由其时中国实有不少第一流人物具有一种诚心求法、宏济时艰之热忱是也。②

东晋建都建康，会稽郡的政治地位仅次于建康。东晋咸和四年（329）苏峻之乱后，"三吴之豪，请都会稽"，王氏、谢氏寓居于会稽，诸多名士也慕名而来，绍兴地区佛教得以迅速发展。六朝佛教发展为六家七宗③，代表人物分别为：道安，竺道潜、竺法汰，支遁，于法开，竺道壹，支愍度、竺法蕴、道恒，于道邃。六家七宗的代表人物除了释道安在北方之外，其余六家六宗均在江南，其中就有六人在会稽：竺道潜（本无异宗）、支遁（即色宗）、于法开（识含宗）、竺道壹（幻化宗）、支愍度（心无宗）、于道邃（缘会宗）。④ 可见绍兴在六朝佛教史上之崇高地位。

六朝期间，仅据民国《重修浙江通志·宗教》记载，会稽郡境内的寺院就多达五十七处，而实际的寺院数量远过此数，其他如梁慧皎所撰之《高僧传》中的就还有嘉祥寺、静林寺、天柱山寺、昌林寺、山阴北寺等。

梁启超曾指出：东晋南朝二百年间"北地多高僧，而南地多名居士，居士中之有功大教者，乃辈出"⑤。有功大教即包含兴建寺庙。寺院的建造者除僧侣外，尚有郡守、信众捐资建寺，也有信奉佛教的名人居士舍宅建寺，如舍王羲之宅建戒珠寺、谢安故宅建国庆禅寺，许询舍宅建大能仁寺，舍沈勋故宅建光相寺舍，舍王献之宅建云门寺，毛宝舍宅建灵秘教寺，郭伟舍宅建禹迹寺，江夷舍宅建龙华寺，何充

---

① 参见绍兴历史文化丛书编委会编《绍兴宗教文化》，中华书局 2006 年版，第 56 页。
② 参见钱穆《国史大纲》（上），商务印书馆 1996 年版，第 364 页。
③ 本无宗、本无异宗、即色宗、识含宗、幻化宗、心无宗、缘会宗。
④ 许辉：《六朝文化》，江苏古籍出版社 2001 年版，第 330—351 页。
⑤ 梁启超：《佛学研究十八篇》，中华书局 1989 年版，第 140 页。

舍宅建灵嘉寺，皮道与舍宅建宝林寺等。① 众多寺院的兴建，吸引大批信男善女，对传播佛教起着举足轻重的作用。

表2-10为六朝时期会稽郡部分寺院情况一览，显示了绍兴地区佛教之盛况。

表2-10　　　　　　　　六朝时期会稽郡部分寺院②

寺院	所在地	院址	始建年代	创建者	备注
广爱寺	会稽县	县东南一百里	汉		
德政院	会稽县	县东南一百里	汉乾祐三年		大中祥符元年七月改赐广发院额
澄福院	会稽县	县东南四十里	汉乾祐元年		大中祥符元年七月改赐资圣院额，乾道元年改为禅院
道林讲寺			三国吴		
长乐寺	会稽县	县东北二十里	晋元嘉三年		后改额隆庆寺，唐会昌废寺
般若台寺			东晋	竺道生 竺法友	
灵嘉寺	会稽县	县东七十里	晋	何充	后改额福庆寺

① 参见绍兴历史文化丛书编委会编《绍兴宗教文化》，中华书局2006年版，第66页。
② 根据《绍兴府志》《会稽县志》《山阴县志》《新昌县志》《余姚县志》《嵊县志》《上虞县志》等整理。

续　表

寺院	所在地	院址	始建年代	创建者	备注
报恩寺			晋太康		
隐岳寺			东晋永和初	帛僧光	
元化寺			东晋	于法兰	
栖光寺			东晋	支遁	
南岩院			东晋永和中	释晖	
新建寺	新昌县	县西南四十里	晋太康十年	幽闲	后改额兴善院，唐会昌废寺
东乡寺			晋咸康六年	法乾，支道林，帛道猷	
水帘庵			东晋咸和间	竺道潜	
小岭寺戒坛			东晋永和	支遁	
栖光寺戒坛			东晋兴宁	支遁	
太平山戒坛			东晋晚期	支法存	
大中禹迹寺	会稽县	县治东南二里	晋义熙十二年	骠骑将军郭伟	唐会昌废寺
云门广孝寺	会稽县	云门山	晋义熙二年		
泰安寺	会稽县	县东南四十里	晋永和元年	僧著济	

续 表

寺院	所在地	院址	始建年代	创建者	备注
光相寺	会稽县	府西北三里三百七步	东晋义熙二年		
云门寺	会稽县	县南三十里	晋义熙三年		后改题额"醇化寺"
法华寺	山阴县	县南三十里	东晋义熙十二年	昙翼	后改题额"天衣寺"
龙泉寺	余姚县	县西二百步	晋咸康二年		唐会昌五年废寺
平元寺	余姚县	县南二百步	晋太和元年		后改题额"建初寺"，唐会昌废寺
东茆寺	新昌县	县东北二十五里	晋隆和元年		后改题额"大明寺"，唐会昌废寺
新建寺			晋太康十一年	西域僧幽闲	
祇圆寺	会稽县	府南二里一百四步	晋	许询	后改题额"圆觉寺"、大能仁禅寺
戒珠寺	会稽县	府东北六里蕺山之南	晋		本晋右将军王羲之故宅或曰其别业
灵鹫寺			宋		

寺院	所在地	院址	始建年代	创建者	备注
披云院			宋		
厚山院			宋		
延福院			宋		
崇明寺			宋		
九峰寺			宋元嘉二年		
龙华寺	会稽县	县东都泗里	宋	吏部尚书江夷	
批云院	嵊县	县西四十五里	宋元嘉七年	姚圣姑	后改题额"上鹿苑"，唐会昌废寺
云鹫寺	嵊县	县西四十五里	宋元嘉二年		后改题额"下鹿苑"，唐会昌废寺
普安院	嵊县	县东二十五里	宋元嘉二年		唐会昌废寺
松山院	嵊县	县西四十五里	宋元嘉二年		后改题额"定林院"，唐会昌废寺
厚山院	嵊县	县东四十里	宋元嘉二年		后改题额"尊胜院"，唐会昌废寺
延福院	嵊县	县东七十里	宋元嘉二年		后改题额"法祥院"，唐会昌废寺

续 表

寺院	所在地	院址	始建年代	创建者	备注
南岩院	新昌县	县西南二十里	宋元嘉中		后改题额"祖印院"，唐会昌废寺
云居寺	新昌县	县东北三十里	宋元嘉二年		唐会昌废寺
列翠院		县西南二十里	宋元嘉二年		
钱房院	嵊县	县西二十里	齐	安南将军	梁天鉴中改题额"禅房寺"，唐会昌废寺
光德院	嵊县	县西四十里	齐永明三年		后改题额"戒德院"，唐会昌废寺
元华寺	新昌县	县西南五里	齐永明中	孟兰法师	后改题额"七宝院"，唐会昌废寺
休光寺	余姚县	县西一十五里	齐建元中	越州刺史荣颖	后改题额"九功寺"，唐会昌废寺
觉苑寺	嵊县	县东北一百三十步	齐建元二年	江淹子昭立	唐会昌废寺
青林寺	嵊县	县西二十里	齐永明三年		后改题额"显净寺"，唐会昌废寺

寺院	所在地	院址	始建年代	创建者	备注
安养法华院	嵊县	县西四十里	齐永明三年		后改题额"普惠寺"，唐会昌废寺
光德院			齐永明三年		
静念寺	会稽县	县东北四十里	齐永明二年		后改题额"净佳院"
等慈寺			梁	邑人王圭	
龙官院	嵊县	县北四十五里	梁天鉴二年		后改题额"龙藏寺"，唐会昌废寺
禅林寺	嵊县	县南二十里	梁	智远禅师	后改题额"明觉寺"，唐会昌废寺
灵居院		县东北三十里	梁普通元年		后改题额"天宫院"，唐会昌废寺
国禅院	嵊县	县东南二十五里	梁		后改题额"永福院"，唐会昌废寺
钟山禅寺			梁普通年间	伏虎禅师	
法华庵			梁大同二年		
隐静庵			梁大同二年		

续 表

寺院	所在地	院址	始建年代	创建者	备注
大禹寺	会稽县	县南一十二里禹陵之左	梁大同十一年		
称心资德寺	会稽县	称山下	梁大同二年		
大善寺	会稽县	府东一里二百一十步	梁天监三年	黄元宝	
云密寺	会稽县	县北五十里	梁大同十年		唐会昌废寺，大中五年重建
崇教院	会稽县	县西九十里	梁大同元年		
安福寺	嵊县	县南六十里	梁永明二年		
龙官院			梁天鉴二年		
法乐寺	嵊县	县西一里	梁普通六年	大智禅师	后改题额"大雄寺"，唐会昌废寺
延寿寺	嵊县	县南二里	梁大同二年	左仆射吴文宠	后改题额"永寿寺"，唐会昌废寺
咸通西岳院	嵊县	县东北六十里	梁	僧法成	
法兴寺	嵊县	县南四十里	梁大同二年		后改题额"广化寺"，唐会昌废寺

寺院	所在地	院址	始建年代	创建者	备注
开善资宝寺	嵊县	县西南四十里	梁天监十二年	僧宝志	后改题额"慈云寺"，唐会昌废寺
安禅寺	嵊县	县南七十里	梁大同二年		后改题额"广慈禅院"，唐会昌废寺
大翔寺	嵊县	县东四十里	梁大同三年		后改题额"兴法院"，唐会昌废寺
白墅寺	嵊县	县南八十里	梁大同二年	白敏将军	后改题额"净土院"，唐会昌废寺
栖隔院	余姚县	县东一里三十步	梁大同元年		后改题额"罗汉院"，唐会昌废寺
悟法院	余姚县	县西南六十里	梁天监元年		唐会昌废寺
上林院	余姚县	县东北六十里	梁大同元年		后改题额"隆庆院"
天香院	余姚县	县西北三十五里	梁天监元年		后改题额"建福院"
化民院	上虞县	县东一里	梁天监二年		后改题额"等慈寺""上福禅院"，唐会昌废寺

表中所列 85 座寺院，除几座为永嘉南渡之前所建，余皆建于东晋、南朝。已知地址的 57 座寺院，分布于 6 个县，具体情况为：嵊县 24 座，其次会稽县 19 座，余姚县 7 座，新昌县 5 座，山阴县、上虞县各 1 座。会稽郡首县会稽县，其政治、经济、文化的中心地位，汇聚了更多的名士、高僧在此建造寺院，潜心修行，开展佛教教育。

二 绍兴高僧教育活动

佛教基本观点认为，人生与世俗世界的一切本性是"苦"，人生自身就是诸苦的集合体。为此就要探寻形成痛苦的原因和消灭痛苦的途径，以争取达到绝对安宁的无苦痛的所谓解脱境界。佛是对宇宙和人生具有真实觉悟的觉者。"成佛"乃是佛教教育的基本宗旨，也是信徒修行所要达到的根本目的。佛教通过佛教教义的宣讲、宣传佛教人生观与佛教道德观等开展佛教教育。

六朝时期会稽郡境内相继出现了众多高僧，如释道安、竺道潜、支遁、于法开、竺道壹、于道邃、竺法深等（参见表 2－11），传道说法，追随者数不胜数，从而形成了江南佛教义学僧团。[1] 这些高僧佛学修养深厚，感召力强，他们四处宣讲佛教义理，或途经会稽，或止于会稽郡境内寺院，讲诵经文，弘法布道，传播自己的佛教思想，对信众进行佛教教育。

表 2－11　　　　东晋至南朝时期会稽郡部分僧尼名录[2]

时期	僧	尼
东晋	于法兰、于道邃、于法开、支遁、竺法潜、竺法友、竺法蕴、康法识、竺法济、竺法义、帛僧光、竺道壹、帛道猷、竺法旷、释慧虔、竺法纯、昙巘、道敬、史宗、竺法崇、道宝、僧翼、释法相	慧濬

---

① 参见绍兴历史文化丛书编委会编《绍兴宗教文化》，中华书局 2006 年版，第 178 页。
② 根据《绍兴府志》《会稽县志》《山阴县志》《新昌县志》《余姚县志》《嵊县志》《上虞县志》《高僧传》等整理。

时期	僧	尼
南朝宋	释慧静、释超进、昙机、僧镜、昙隆、昙光、昙颖、弘明、僧护、僧淑、僧祐、僧行、僧柔、法慧、昙游、释慧基、智顺、道琳、释法宗、释僧翼	德乐、僧敬、智胜、超明
南朝齐	慧集、智藏、明彻、慧约、释法慧	法宣
南朝梁	慧皎、惠举、洪偃、警韶、慧荣、释智顺、释昙斐、释僧护	
南朝陈	大志、真观、普明、智永、智果	

慧皎，俗姓陈，会稽上虞人，南朝梁时高僧，佛教史学家，住嘉祥寺三十余年。慧皎"学通内外，博通经律，每于春夏弘法，秋冬著述"，撰有《涅槃义疏》等，认为前人撰佛教史书要么是"只是附见，亟多疏阙"，要么是"混滥难求，更为芜昧"，或者就是"意似该综，而文体未足"，因此"尝以暇日，遇览群作，辄搜捡杂录数十余家，及晋、宋、齐、梁春秋书史，秦、赵、燕、凉荒朝伪历，地理杂篇，孤文片记，并博谘故老，广访贤达，校其有无，取其同异"①，撰成《高僧传》。

《高僧传》记载了众多佛寺、高僧的概况，其中隶属会稽郡或者在会稽郡传教过的高僧主要有（晋）剡东仰山竺法潜、（晋）剡沃洲山支遁、（晋）剡山于法兰、（晋）剡白山于法开、（晋）剡葛岘山竺法崇、（晋）山阴嘉祥寺释慧虔、（宋）山阴天柱山释慧静、（宋）山阴灵嘉寺释超进、（齐）山阴法华山释慧基、（梁）山阴云门寺释智顺、（梁）剡法华台释昙斐、（晋）上虞龙山史宗、（晋）善隐岳山帛僧光、（晋）越城寺释法相、（晋）山阴显义寺竺法纯、（宋）剡法华

---

① （南朝梁）释慧皎：《高僧传》，汤用彤校注，中华书局1992年版，绪论，第2页。

昙释法宗、（齐）山阴天柱山释法慧、（宋）山阴法华山释僧翼、
（梁）剡石城山释僧护等。《高僧传》除了介绍这些高僧的生平之外，
还记载了他们所从事的佛教教育活动。以下例举数例，以示六朝绍兴
佛教教育之盛。

竺潜，字法深，东晋丞相王敦之弟，年十八出家，拜刘元真为
师。竺法深二十四岁的时候讲诵《法华》《大品》，并且"既蕴深解，
复能善说"，因此"观风味道者，尝数盈五百"。后永嘉之乱爆发，竺
法深为避乱过江，与肃祖明帝、王茂弘、庾元规交好，后"中宗肃祖
升遐，王庾又薨"，遂隐迹剡山以避当世。然"追踪问道者，已复结
旅山门"，于是"潜悠游讲席三十余载，或畅方等，或释《老》
《庄》，投身北面者，莫不内外兼洽"。其时哀帝好佛法，数次邀请潜
至宫廷，"潜以诏旨之重，暂游宫阙，即于御筵开讲《大品》，上及朝
士并称善焉"①。

释慧虔，俗姓皇甫，北地人。"罗什新出诸经，虔志存敷显，宣
扬德教。"后晋义熙初年，慧虔投往山阴嘉祥寺，"克己导物，苦身率
众，凡诸新经，皆书写讲说"②。

释超进，俗姓颛顼，长安人。超进自小好学，对于诸经并加综
采。其时平昌孟颛在会稽为官，听闻超进长于佛学，便派遣使者迎接
超进入住山阴灵嘉寺。于是超进便安居山阴，讲论相续，"邑野僧尼，
及清信男女，并结菩萨因缘，伏膺戒范"③。

释慧基，俗姓偶，钱塘人，寓居于山阴法华寺。其时"尚学之
徒，追踪问道。于是遍历三吴，讲宣经教，学徒至者千有余人"④。后
南朝宋太宗多次派遣使者迎请慧基至宫廷讲学，慧基多称疾不行。后
元徽中复被征召，于是行过浙水，不久又称疾还山阴法华寺，并于
会稽龟山立宝林精舍，当时名士刘献、张融皆拜其为师，崇其义训。
其徒释昙斐，俗姓王，会稽剡人，寓居于乡邑法华昙寺，"讲说相仍，

① （南朝梁）释慧皎：《高僧传》，汤用彤校注，中华书局1992年版，第156页。
② 同上书，第209页。
③ 同上书，第297页。
④ 同上书，第324页。

学徒成列"。①

史宗，籍贯不详，寓居于上虞龙山大寺，史宗"善谈庄老，究明论孝，而韬光隐迹，世莫之知"。其时与会稽谢邵，魏迈之，放之等名士交好，"并笃论渊博，皆师受焉"。②

支遁，字道林，俗姓关，陈留人（或云河东林虑人），与王羲之等人交好，家世事佛，年二十五即剃度出家。遁好谈玄理，交游甚广，与当时名士王洽、刘恢、殷浩、许询、郗超、孙绰、桓彦表、王敬仁、何次道、王文度、谢长遐、袁彦伯等交好。陈郡殷融曾赞卫玠神情俊彻，后人无法赶上他，但见到支遁之后，感慨自己似是重见其人。③

除了佛学，支遁也擅长庄学。遁曾在洛阳白马寺与刘系之等人谈论庄子逍遥篇，有人说"各适性以为逍遥"，而支遁不以为然，反驳说："夫桀跖以残害为性，若适性为得者，彼亦逍遥矣。"于是遁便专心钻研逍遥篇，"群儒旧学，莫不叹服"④。支遁曾于山阴讲授维摩经，为法师，许询为都讲，"众人咸谓询无以厝难，询设一难，亦谓遁不复能通，如此竟致两家不竭"⑤。支遁晚年寓居于剡，谢安十分开心，写信与遁曰：

> 思君日积，计辰倾迟，知欲还剡自治，甚以怅然。人生如寄耳，顷风流得意之事，殆为都尽。终日戚戚，触事惆怅，惟迟君来，以晤言消之，一日当千载耳。此多山县，闲静，差可养疾，事不异剡，而医药不同，必思此缘，副其积想也。⑥

六朝时期中国政教衰息，聪明志气无所归向，名士谢安亦"终日戚戚，触事惆怅"，希望高僧支遁"以晤言消之"，可见佛学在名士中

---

① （南朝梁）释慧皎：《高僧传》，汤用彤校注，中华书局1992年版，第323页。
② 同上书，第377页。
③ 同上书，第159页。
④ 同上书，第160页。
⑤ 同上书，第161页。
⑥ 同上书，第160页。

的影响力。

支遁入剡（今绍兴新昌嵊州一带），王羲之请其作逍遥篇，"遁乃作数千言，标揭新理，才藻惊绝。王遂披衿解带，流连不能已。仍请住灵嘉寺，意存相近"①。遁遂投迹剡山，于沃州（新昌）小岭立寺行道，僧众百余，常随禀学。

支遁为即色宗的代表人物，其在妙观章中提到："夫色之性也，不自有色。色不自有，虽色而空，故曰：'色即为空，色复异空'。"②即色论是支遁佛教思想的基础，是对般若空观的一种理解。所谓"色"，即一切有形的物质，而一切有形的物质都是依靠其他的条件而存在的，不能独立存在于世，没有实体，没有自性，故曰"色即是空"，所谓"空"，即一切有形的物质的本体。而通识正是因为这些物质没有自性，没有实体，所以又与本体"空"有所差别，即"色复异空"。

支遁不仅长于佛学，同时也是庄学之权威，他对庄子《逍遥游》的解释曾使他名声大振，获得众多名士的青睐。其在《逍遥游论》中提到：

> 夫逍遥者，明至人之心也。庄生建言大道，而寄指鹏鷃，鹏以营生之路旷，故失适于体外，鷃以在近而笑远，有矜伐于心内。至人乘天正而高兴，游无穷于放浪，物物而不物于物，则遥然不失我得。玄感不为，不疾而速，则消然靡不适，此所以为逍遥也。若夫有欲，当其所足，足于所足，快然有似天真，犹饥者一饱，渴者一盈，岂忘烝尝于糗粮，绝觞爵于醪醴哉？苟非至足，岂所以逍遥乎？③

支遁结合般若学去解释庄子在《逍遥游》中表达的思想，认为至人的理想境界，应该是与万物同行，随万物而变迁，从而能主宰万物而不

---

① （南朝梁）释慧皎：《高僧传》，汤用彤校注，中华书局1992年版，第160页。
② 张富春：《支遁集校注》，巴蜀书社2014年版，第596页。
③ 同上书，第589页。

为万物所主宰，无所不适。融佛、老为一体的讲经说法，适应了六朝中国思想界之潮流。

六朝时期僧人众多，虽然大多为比丘，但是也有剃度出家的比丘尼。这些比丘尼一般家世信佛，从小耳濡目染而对佛教产生兴趣，克服障碍，剃度出家。

慧濬，俗姓陈，东晋、南朝宋山阴人。从小聪明过人，虽然待字闺中，但是有如出俗。至年十八，父母始答应其出家。宋太宰江夏王刘义恭亦十分欣赏慧濬。慧濬不蓄私财，于建康建造竹园寺，讲诵佛经。①

德乐，俗姓孙，南朝毗陵人。虽生于富贵官宦之家，自小便想离俗出家。其父母疼爱女儿，年八岁便许其出家，出家之后不分昼夜地研究经律，得宋文帝赏识。后游于会稽，止于剡之白山照明精舍，慕名而来的学徒众多，而德乐依旧从容教授，名冠东南。②

智胜，俗姓徐，南朝会稽人。自幼聪颖，五岁时随祖母游瓦官寺，便流泪祈求落发，离俗的信念与日俱增，至二十岁时于建福寺出家为尼。齐惠文帝仰其高名，数次邀请其入宫讲经。③

法宣，俗姓王，南朝剡县人。法宣年幼有离俗之志，七岁始吃素，年至二十，父母携其至剡地齐明寺，师从德乐尼，博览经书。南朝宋时，移居于山阴招明寺，日夜讲经，声名甚高。④

以上《高僧传》所列数位在会稽的高僧，其弘扬佛法时"观风味道者，尝数盈五百""追踪问道者，已复结旅山门""僧众百余，常随禀学""邑野僧尼，及清信男女，并结菩萨因缘，伏膺戒范""尚学之徒，追踪问道。讲宣经教，学徒至者千有余人"。由此可见，六朝时期绍兴佛教信徒之众、佛教教育影响之广大。

佛教在其消极方面，即可与中国道教思想相接近，在其积极方

---

① 参见《绍兴佛教志》编纂委员会编《绍兴佛教志》，浙江人民出版社 2003 年版，第 193 页。

② 同上。

③ 同上。

④ 同上。

面，亦可与中国儒家思想相会通。故当时之第一流高僧，若论其精神意气，实与两汉儒统貌异神是，乃同样求为人文大群积极有所贡献。唯儒家着眼于社会实际政教方面者多，而当时之佛学高僧，则转从人类内心隐微处为之解纷导滞，使陷此黑暗混乱中之人生得宁定与光明，则正如儒家致力政教之用心，异途同归也。① 六朝时期的佛教教育其拯救世道人心之效功莫大焉，是绍兴教育史上的重要篇章。

---

① 参见钱穆《国史大纲》（上），商务印书馆 1996 年版，第 364—365 页。

第三章 规制与机遇：隋唐宋元时期的绍兴教育

公元581年隋文帝杨坚建立隋朝，结束了中国南北长期分裂的历史，中国再次获得统一。自隋唐至宋元时期，强大的中央皇权制定了一系列文教政策，通过科举取士，引得"天下英雄尽入吾彀中"。在统一的中央政府规制下，绍兴教育迎来了一系列新机遇，进入到一个新的历史发展阶段。

本章主要围绕国家教育制度规训下的州县学、科举制度下的教育转型、全国文化中心地位的确立与教育的互动、理学兴起背景下越地学风的形成及人才的养成、蒙学教育以及社会教化等，阐释隋唐宋元时期绍兴教育发展史。

第一节 国家教育制度规训下的州县学

自隋唐起，封建社会教育的发展进入鼎盛时期，中央官学类型多样，地方官学的发展亦颇具规模，有规可循。作为地方官学，州、县学的设置随历朝国家教育制度与地方行政建制的变迁而嬗变。

隋唐时期，绍兴境内所属州、县的官学设立尚不普遍，至两宋时期有较大发展，基本达到府、州、县各有学校。两宋绍兴地方官学的普遍设立，既受到北宋庆历、熙宁、崇宁年间三次兴学运动的促进，也与当时地方经济的发展有关，而南宋定都临安更是对学校的兴办起到推动作用。

一　隋唐时期的州、县学

教育制度与政策因时而变。受儒学思想的主导，隋唐实行"崇儒兴学"的文教政策，又兼融佛道，积极发展科举，重视学校教育，建立了一套较为完善的学校教育制度。正是在这样的大背景下，绍兴地区的州、县学于隋唐时期获得了发展。

（一）崇儒兴学的文教政策

隋朝立国后即崇儒兴学。隋开皇初，文帝颁布《劝学行礼诏》，诏告："始自京师，爰及州郡，宜祗朕意，劝学行礼。"① "朕抚临天下，思弘德教，延集学徒，崇建庠序，开进仕之路，伫贤隽之人。"② 州县学开始发展，"州县诸生，咸亦不少"③。炀帝时期，颁布《求贤兴学诏》，指出："君民建国，教学为先，移风易俗，必自兹始。"④ 进一步推动州县学发展，所谓"炀帝即位，复开庠序，国子郡县之学，盛于开皇之初"⑤。在国家教育制度规训下，隋朝州（郡）、县学有所发展，但隋朝国祚短暂，很多制度未及实施。

唐代，自高祖李渊即重视州、县学的发展，下诏兴学，《令诸州举送明经诏》："州县及乡，各令置学。官僚牧宰，或不存意，普更颁下，早遣立修。"⑥ 贞观年间，唐太宗对文教重视更甚，推行"崇儒兴学"的文教政策，影响了整个唐代的教育，此后数代统治者都将兴学视为经邦治国之本，不断颁布诏令敕令，使州、县学在隋代的基础上得到了前所未有的发展。

---

① 《隋书》卷四十七《柳昂传》，中华书局1973年版，第1278页。
② 《隋书》卷二《高祖纪》（下），中华书局1973年版，第47页。
③ 同上。
④ 《隋书》卷三《炀帝纪》（上），中华书局1973年版，第64页。
⑤ 《隋书》卷七十五《元善》，中华书局1973年版，第1707页。
⑥ 《全唐文》卷三《高祖》，中华书局1983年版，第35页。

（二）越州州、县学

唐代通过地方行政改革，将原州、郡、县三级管理制改为两级制，取消郡，以州统县。唐代近三百年间，绍兴地区设置越州以管理属县。据嘉泰《会稽志》载：

> 唐武德四年，平李子通，改会稽郡为越州，置总管府。……天宝元年，改越州为会稽郡……乾元元年，复改会稽郡为越州。①

万历《绍兴府志》载：

> 隋文帝开皇元年为吴州，炀帝大业元年改越州，寻复罢州为会稽郡。唐高祖武德四年为越州，天宝元年复为会稽郡，十三载，复改越州。②

绍兴只在天宝元年恢复会稽郡旧名，十六年后的乾元元年旋改称越州，治所在会稽与山阴之间有所变动，最后固定于山阴。越州的领县数目在五至七个之间有所变化，主要范围在宁绍平原。总体上看，唐代越州的范围和政区主要包括：会稽、山阴、诸暨、余姚、上虞、剡、萧山。

唐代浙江境内州、县学见于后世地方文献记载的尚有 20 所（州学 7 所，县学 13 所），属于越州的学校有 4 所。具体见表 3 - 1 所示。

表 3 - 1 　　　　　　唐代浙江境内州、县学③

州/县学	概况	史料来源
杭州州学	在通越门外	咸淳《临安志》卷五十五

---

① 嘉泰《会稽志》卷一《历代属州》。
② 万历《绍兴府志》卷一《疆域》。
③ 根据咸淳《临安志》、嘉泰《吴兴志》、宝庆《四明志》、延祐《四明志》、嘉泰《会稽志》、雍正《浙江通志》整理；参考李志庭《浙江通史》第 4 卷《隋唐五代卷》，浙江人民出版社 2005 年版，第 204—205 页。

续　表

州/县学	概况	史料来源
湖州州学	唐前在子城内。唐武德中李孝恭筑罗城，徙庙霅溪之南，而学附焉	嘉泰《吴兴志》卷十一
明州州学	唐开元二十六年始治州学	宝庆《四明志》卷二
越州州学	唐时置于城北	雍正《浙江通志》卷二七引《於越新编》
婺州州学	宋以前金华县学附于州学	嘉靖《浙江通志》卷十五
温州州学	晋太宁初立于华盖山麓	嘉靖《浙江通志》卷十六
处州州学	在丽水山之巅	嘉靖《浙江通志》卷八
富阳县学	在县东，唐武德七年建	咸淳《临安志》卷五十六
新城县学	在县东三十步，唐长寿中置	咸淳《临安志》卷五十六
昌化县学		雍正《浙江通志》卷二十五
嘉兴县学	在天星湖上，唐开元二十七年建	雍正《浙江通志》卷二十六引弘治《嘉兴府志》
鄞县县学	在县之东，唐元和九年创	延祐《四明志》卷十三
象山县学	在县东一百步，唐会昌六年建	延祐《四明志》卷十四
诸暨县学	旧在县西，唐天宝中县令郭密之迁于长山下	嘉泰《会稽志》卷一
余姚县学	唐时在县西	雍正《浙江通志》卷二七引弘治《绍兴府志》

续　表

州/县学	概况	史料来源
剡县县学	唐时在县东南一百步	嘉泰《会稽志》卷一
金华县学	宋以前依附于州学	嘉靖《浙江通志》卷十五
衢州县学	在州治西，唐时建	嘉靖《浙江通志》卷十五
缙云县学	唐上元元年县令李阳冰修孔子庙于县治东	嘉靖《浙江通志》卷七十一
松阳县学	在县治东南，唐武德中建	雍正《浙江通志》卷二十九引《明一统志》

上表显示，唐代浙江境内州、县学，从建立时间来看，少数建于唐以前，在唐代得到修葺或迁移，如湖州州学"郡初有孔子庙。武德中李孝恭迁于霅溪南"。嘉泰《吴兴志》卷十一《学校》①；诸暨县学"唐天宝中县令郭密之迁于长山下"②，大部分州县学建于唐初。一系列复建地方学校的政策与敕令对于州、县学的发展起到了推动作用，促进了浙江境内州、县学的发展。

越州兴建的学校有 4 所：越州州学、诸暨县学、余姚县学、剡县县学；会稽、上虞、剡、萧山等地，从文献资料来看，其时并未设立官学。

二　两宋时期的州、县学

宋代推行"兴文教，抑武事"的政策，大量选拔与任用士人，重视地方教育，设学数量多，校舍规模大，办学方式多样。北宋时期，仁宗、神宗、徽宗三朝先后兴起大规模的办学运动，州、县学获得空

---

① 嘉泰《吴兴志》卷十一《学校》。
② 嘉泰《会稽志》卷一《学校》。

前发展，《重修至圣文宣庙》记载："今四方学可谓至盛……其讲磨养育之具，独完于京师，浸渍于齐、鲁、闽、益，而大盛于吴越。"① 据此可见北宋越州州、县学繁盛，规模扩大。南宋时期，宋室迁都越地，全国政治、经济、文化中心南移，直接推动了越地州、县学的发展，嘉泰《会稽志》中提及："今天下县亦多有学，而会稽诸邑为盛。"② 随着南宋越文化中心地位的确立，越州州、县学更为兴盛。

（一）宋初州、县学的复建

越州入宋后，其行政辖域并没有太大变化，下设会稽、山阴、诸暨、萧山、余姚、上虞、剡、新昌 8 县。

嘉泰《会稽志》载：

> 宋兴，学校之制皆因前代，惟州郡自唐末五代丧乱，学官尽废，有司庙祭先圣而已，犹有废而不举者。仁宗皇帝天圣初，赐兖州学田，又命藩郡皆得立学。其后列郡多亦有请，悉可之，稍增赐之田如兖州。由是学校殆遍天下，然法制犹未具也。③

又《宋会要辑稿》载：

> 自明道、景祐（1032—1038）间，累诏州、郡立学，赐田、给书，学校相继而兴。④

以上史料是宋初州、县学的现状。五代时期，因藩镇割据，政局紊乱，连年战争，民生涂炭，社会生活极不安定，国家教育事业衰落，"学宫尽废"，仅民间存有一定的教育活动。自宋代起，社会渐趋稳定，政府重视地方教育。宋仁宗以后，朝廷通过多次颁布诏书、赐学田等措施发展州、县学，地方兴起了办学高潮。

---

① 傅增湘纂辑：《宋蜀文辑存》卷一九《重修至圣文宣庙记》，（台湾）新文丰出版公司 1974 年版。

② 嘉泰《会稽志》卷一《学校》。

③ 同上。

④ （清）徐松：《宋会要辑稿·崇儒二之三》，上海古籍出版社 2014 年版，第 2763 页。

这一时期，两浙地区的州、县学中，以湖州州学最负盛名。滕宗谅任知州时对其进行改建，有屋 120 楹，赐田 500 亩以赡生徒，延胡瑗主教事，四方来学之士云集。①

嘉泰《吴兴志》对宋初湖州州学的修建有详细记载：

> 本朝宝元二年（1039），知州事滕宗谅表请于朝，建学今废处。明年四月敕书至赐名州学，仍赐田五。夫六月学成，重门广殿，讲堂、书阁、斋舍、庖湢皆具，为屋百二十楹，张方平为记，蔡襄大书勒石，石曼卿又书敕建州学额，揭于仪门，延安定胡瑗主学，四方之士云集受业。②

湖州州学经滕宗谅修建后颇具规模，并由胡瑗主持州学。胡瑗（993—1059），字翼之，世称安定先生，与孙复、石介并称"宋初三先生"，是北宋著名思想家、教育家。胡瑗在湖州州学任教时，制订了一系列教育规章制度与条例，并要求师生严格遵守。此外，胡瑗创立了分斋教学制度，在学校内设经义斋与治事斋。这一教学制度在庆历年间被用于太学的教学。

《宋史·胡瑗传》载：

> 瑗教人有法，科条纤悉备具，以身先之。虽盛暑，必公服坐堂上，严师弟子之礼。视诸生如其子弟，诸生亦信爱如其父兄，从之游者常数百人。庆历中，兴太学，下湖州取其法，著为令。召为诸王宫教授，辞疾不行。为太子中舍，以殿中丞致仕。③

据《宋元学案》载：

> 滕宗谅知湖州，聘为教授。先生倡明正学，以身先之。……其教人之法，科条纤悉具备。立"经义""治事"二斋：经义则

---

① 参见张彬等《浙江教育发展史》，杭州出版社 2008 年版，第 57 页。
② 嘉泰《吴兴志》卷十一《学校》。
③ 《宋史》卷四三二《儒林二·胡瑗传》，中华书局 1977 年版，第 12837 页。

选择其心性疏通、有器局、可任大事者，使之讲明《六经》。治事则一人各治一事，又兼摄一事，如治民以安其生，讲武以御其寇，堰水以利田，算历以明数是也。凡教授二十余年。①

经义斋选择"心性疏通，有器局，可任大事者"，修习六经经义，培养具有较高学术水平和道德修养的治国人才。治事斋分为治民、讲武、堰水、历算等科，选"欲明治道"的学生就读其中，学生可各治一事，兼习一事，以培养具有一技之长或几种专长的专门人才。

宋神宗曾问胡瑗与王安石孰优，胡瑗的学生刘彝回答：

国家累朝取士，不以体用为本，而尚声律浮华之词，是以风俗偷薄。臣师当实元、明道之间，尤病其失，遂以明体达用之学授诸生。夙夜勤瘁，二十余年，专切学校。始于苏、湖，终于太学，出其门者无虑数千余人。故今学者明夫圣人体用，以为政教之本，皆臣师之功，非安石比也。②

作为宋初两浙地区州、县学的成功典范，湖州州学不仅为太学的发展提供了宝贵的借鉴经验，还促进了两浙一带地方学校的创办，培养了一批"明体达用"的学者，对越州学校的设立与发展亦产生影响。

（二）兴学运动与越州学校的普遍设立

北宋中后期，仁宗、神宗、徽宗三朝先后进行大规模的兴学运动，广设学校，州、县学获得空前发展。庆历四年，欧阳修曾言："宋兴盖八十有四年，而天下之学始克大立。"③ 神宗时期，王安石致力于"自京师至郡县皆有学"④，推动州、县学的进一步发展。崇宁

---

① （清）黄宗羲原著，全祖望补修：《宋元学案》卷一《安定学案》，陈金生、梁运华点校，中华书局1982年版，第24页。
② 同上书，第25页。
③ （北宋）欧阳修：《欧阳修全集·居士集》卷三十九《吉州学记》，中国书店1986年版，第274页。
④ （宋元）马端临：《文献通考》卷四六《学校考七》，中华书局1986年版，第429页。

年间，州、县学发展迅速，规模与数量更胜之前。陆游《老学庵笔记》赞曰："崇宁间，初兴学校，州郡建学，聚学粮日不暇给。"① 可见其时州、县学之盛况。

1. 庆历兴学

仁宗景祐元年（1034），范仲淹任睦州知州，大力提倡文教事业，创建龙山书院。宝元元年（1038）冬，范仲淹出任越州知州。越州有佳山壁水，环境清幽，但范仲淹并无退隐之意，和以前出任地方官时一样，在越州也以兴学为意，越州府学在范仲淹主政期间有了长足的发展。②

范仲淹博学多才，其"先天下之忧而忧，后天下之乐而乐"的名句脍炙人口、影响深远。史载：

> 仲淹泛通《六经》，长于《易》，学者多从质问，为执经讲解，亡所倦。尝推其奉以食四方游士，诸子至易衣而出，仲淹晏如也。每感激论天下事，奋不顾身，一时士大夫矫厉尚风节，自仲淹倡之。③

正是这种高度的家国责任感和对教育的重视，使得他虽每遭贬谪，但总会热衷于发展当地教育，兴办学校。庆历三年（1043），范仲淹向仁宗提出"庆历新政"；次年，范仲淹力倡兴学，欧阳修、宋祁等亦上疏表明赞同。据《宋史》记载：

> 时范仲淹参知政事，意欲复古劝学，数言兴学校，本行实。诏近臣议，于是宋祁等奏："教不本于学校，士不察于乡里，则不能核名实。有司束以声病，学者专于记诵，则不足尽人材。参考众说，择其便于今者，莫若使士皆土著，而教之于学校，然后州县察其履行，则学者修饬矣。"乃诏州县立学，士须在学三百

---

① 参见（南宋）陆游《老学庵笔记》卷二，中华书局 1979 年版，第 27 页。
② 参见沈冬梅、范立舟《浙江通史（宋代卷）》，浙江人民出版社 2005 年版，第 81 页。
③ 《宋史》卷三一四《范仲淹传》，中华书局 1977 年版，第 10267—10268 页。

日，乃听预秋试，旧尝充试者百日而止。①

范仲淹主张兴办学校，宋仁宗以此与近臣商议，宋祁等阐述兴学的重要性。宋仁宗下诏设学，在全国各州县大办学校，诏令具体内容为：

> 诸路州府军监，除旧有学外，余并各令立学。如学者二百人以上，许更置县学。若州县未能预备，即且就文宣王庙或系官屋宇，仍委转运司及长吏于幕职州县官内荐教授，以三年为一任。②

诏令明确提出要求各州县设学，其中提及可以用文宣王庙设学，体现了唐宋以来庙学合一的特点，各地文宣王庙往往承担着教化与办学的责任。刘基在《元重修山阴县学记》中曾言："府州县莫不有孔子庙，而学官附焉。庙以崇孔子之祀，学以施孔子之教。孔子之道于是大行，弥覆载而无间于戏盛哉！"③ 此外，在时局动荡的情况下，州、县学被毁，但许多庙学得以保存，如光绪《余姚县志》中就有"建炎兵火，独庙学不毁"④ 的记载。

在范仲淹的大力倡导与统治者的支持下，"庆历诏诸路州府军监各令立学，学者二百人以上，许更置县学，于是州郡不置学者鲜矣"⑤。欧阳修曾在《吉州学记》中提及当时全国的立学情况：

> （庆历四年）三月诏天下皆立学，置学官之员。然后，海隅徼塞，四方万里之外莫不有学。宋兴盖八十有四年，而天下之学始克大立。⑥

---

① 《宋史》卷一百五十五《选举一》，中华书局 1977 年版，第 3613 页。
② （清）徐松：《宋会要辑稿·崇儒二之四》，上海古籍出版社 2014 年版，第 2763 页。
③ 嘉靖《山阴县志》卷四《学校》。
④ 光绪《余姚县志》卷十《学校》。
⑤ （清）徐松：《宋会要辑稿·崇儒二之四》，上海古籍出版社 2014 年版，第 2763 页。
⑥ （北宋）欧阳修：《欧阳修全集·居士集》卷三十九《吉州学记》，中国书店出版社 1986 年版，第 274 页。

嘉泰《会稽志》云：

> 庆历中，范仲淹辅政，议兴学校，本行实以取士。于是，宋祁等合议，请士皆土著而教之于学校，然后州县察其履行，则学者修饬矣。①

在范仲淹的倡导下，"州郡多自置学，聘名儒主之"②，"越大州其奉承诏令宜也"。③越州办学之风大兴。任职期间，范仲淹曾邀请当时著名学者李觏、孙复、石介等到越州讲学。尽管范仲淹于庆历年间的改革最后以失败告终，但他倡导并主持的一系列兴学活动却影响深远，对越州州、县学的发展起了积极的作用。

2. 熙宁兴学

宋神宗熙宁年间，著名政治家、文学家和教育改革家王安石在宋神宗的支持下，主持了"熙宁兴学"，变革教育，大力发展州、县地方学校。

宋神宗接受王安石的建议，熙宁二年（1069），"置诸路学官"④，开始恢复和发展州、县学。熙宁四年（1071），又诏各州、县普遍设立学校。至熙宁六年（1073），"诏诸路学官并委中书门下选差，至是，始命于朝廷矣"⑤，自此，继庆历兴学后，北宋州、县学又得到了一定的发展。

《宋史》中记载了这一时期州、县学发展的盛况：

> 自仁宗命郡县建学，而熙宁以来，其法浸备，学校之设遍天下，而海内文治彬彬矣。⑥

---

① 嘉泰《会稽志》卷一《学校》。
② 同上。
③ 万历《绍兴府志》卷十八《学校志》。
④ 《宋史》卷十五《神宗本纪》，中华书局 1977 年版，第 283 页。
⑤ （元）马端临：《文献通考》卷六三《职官考十七》，中华书局 1986 年版，第 571 页。
⑥ 《宋史》卷一百五十五《选举一》，中华书局 1977 年版，第 3604 页。

在普及州、县学的同时，王安石还主持了对科举考试制度的改革，进而直接影响到州、县学的教学内容。嘉泰《会稽志》云：

> 神宗熙宁四年，罢诗赋贴经墨义，士各占治《诗》《书》《易》《周礼》《礼记》一经，兼《论语》《孟子》义，而策论如故，然亦未遑学校也。①

据此可见，熙宁四年，神宗正式下令废除明经诸科，进士科的考试罢诗赋、帖经、墨义，考察经、义和策论。由此，州、县学的教学也随之改变。

3. 崇宁兴学

北宋崇宁元年（1102），蔡京秉承徽宗旨意，开始主持兴学活动，对教育发展与人才选拔给予高度重视，主张缩减各州军额以扩充贡士额，倡导天下各州设学以养士，并对州学教授的安排做出规划。据《宋会要辑稿》记载：

> 崇宁元年八月二十二日，宰臣蔡京等言：乞罢开封府解额，除量留五十人充开封府土著人取应外，余并改充天下贡士之数。诸州军额，各取三分之一，添充贡士额。乞天下并置学养士。郡小或应举人少，则令三二州学者聚学于一州。置学州并差教授，先置一员。在学生员及百人已上，申乞添，不拘资序，并许选差。②

从具体的改革举措与实践活动来看，蔡京继承与沿用了熙宁兴学时的许多举措，建立了县学、州学、太学三级相联系的学制系统，将三舍法推广。

南宋宁宗嘉泰（1201—1204）《会稽志》云：

---

① 嘉泰《会稽志》卷一《学校》。
② （清）徐松：《宋会要辑稿·崇儒二之四》，上海古籍出版社 2014 年版，第 2765 页。

崇宁初，始议颁太学三舍之法于天下，京师置辟雍，诸路置提举学事，州并置教授、提学，岁中遍行诸路，通判岁中遍行诸县，贡士皆给驿券，然犹止以科举三分之一为贡士。①

据此可见，自崇宁初，王安石改革太学时创立的"三舍法"得以推广，县学、州学和太学逐渐联系起来。此外，设立大量学官，各州、县学均置教授、学长。

县学，昔者所在或有之。至庆历兴学，始议州县皆立学，而不果行。崇宁中，乃著为令。凡县学，以时选试，取其尤者升州学，为外舍生。凡县学，设学长一人，视州学教授；谕一人，直学一人，斋长、斋谕各一人，长诸生，选特奏名进士，无则选老成有经行者充。生员，大县五十人，次县四十人，小县三十人。其教养选试之法同州学。至宣和三年，与州学舍法俱罢。然至今天下县亦多有学，而会稽诸邑为盛。②

上述材料显示，县学教谕、斋管人员 5 人，生员 30—50 人。至此，绍兴各地县学盛于天下。嘉定《剡录》记载：

崇宁二年，以旧学增建。五年六月罢。八月，复置五学十区，为缗钱一千四百三十有七，粮为斛一千五百四十。学，长、谕、直学各一人。斋长、谕各一人。学生，文士五十人，武生阙焉。小学，教谕一人，小长一人，学生四十人。③

北宋的兴学运动对越州州、县学的发展所起的推动作用，是在宋代"兴文教，抑武事"的政策背景下产生的，也正是由于

---

① 嘉泰《会稽志》卷一《学校》。
② 嘉泰《会稽志》卷一《县学》。
③ 嘉定《剡录》卷一《学志》。

"重文"政策的影响，继唐之后，绍兴州、县地方又出现了兴学高潮。①

4. 州（府）、县学的建置

有关宋代绍兴州、县学的建置，地方史料均有详细记载。北宋时期，绍兴地区的州、县学格局基本定型，此后历经沿革，各朝代都进行了相应的修葺与重建。北宋绍兴县学的具体建置参见表 3 - 2。

表 3 - 2　　　　　　　　北宋越州县学建置一览表②

县　　名	建置沿革	位置
会稽县	崇宁二年建	学在县南竹园巷
山阴县	崇宁年间建，淳祐年间修	学在县南柴场坊
剡县	庆历八年建	学在县西一百步
诸暨县	建于宋以前，景祐年间重修	学在县西
余姚县	元丰年间建	学在县南门外二十步
上虞县	庆历四年建，淳熙十一年重修	学在县东一里五十步
萧山县	建于北宋，宝祐年间重修	学在县东南六十五步
新昌县	旧有学，绍兴十四年重修	学在县东南

---

①　三次兴学运动，有力地推动了北宋地方教育的发展，也导致了区域间教育发展的进一步分化，南方地方学校的发展已经超过北方。据统计，北宋各地学校总数424所，其中浙江学校数60，为全国最多。北宋时代的学术风气整体上也是南方超过北方，据《宋元学案》北宋学者地域分布表，全国603人中，浙江为142人，居全国第一（参见吴宣德《中国区域教育发展概论》，湖北教育出版社2003年版，第83—84页）。

②　根据嘉泰《会稽志》、嘉庆《山阴县志》等地方志整理。

上表显示，除诸暨县学建于唐代，其余各县学均建于北宋时期。受北宋兴学运动的影响，会稽县学和山阴县学建于崇宁年间，剡县学和上虞县学建于庆历年间。南宋时期，州、县学得到重修。乾隆《绍兴府志》中对两宋时期绍兴地区府、县学建置有详尽阐述，先将具体情况整理如下：

府学

［一统志］在府治东南，宋嘉祐中迁建。［嘉泰志］学在府南五里三十六步，教授直舍在学之东。［戴新志］府学自唐时置于城北隅，至五代而废。宋嘉祐中，始迁南隅望花桥。①

山阴县学

山阴学宋崇宁中建在县南柴场坊。

会稽县学

会稽学宋崇宁中建在县南一里竹园坊。

萧山县学

萧山学宋初在雷壤东，距县东南一里许，今芹泮桥存焉。绍兴间，县令陈南始移于今南门内，地苦隘而后尤卑下。邑人新安太守张称孙捐地数亩益之，复筑崇冈于后以壮形势。

诸暨县学

诸暨学唐初在县西，天宝中令郭密之迁于长山下，唐末学废，惟孔子庙存。五代天福中，县令赵误移于县东。宋景祐四年，刘述乃重建学。庆历四年，寇仲温因增拓之。淳熙间，李文铸以有水患乃迁于县西百步，提刑王厚之又以缗钱易民居广之，跨湖筑堤作桥，达于官道。元末兵毁。

---

① 乾隆《绍兴府志》卷二十《学校志》。

余姚县学

余姚学唐时在县西二百步，宋元丰年，邑人将仕郎莫当出私资市垱之地，在县城外，江之南稍东一里许，县令黄铸迁庙建学，莫当仍开四衢于左右前后，曰其以来四方学者。绍兴中，尉史浩学买学前地作射圃。

上虞县学

上虞学在县东南六十五步，宋庆历中建，绍兴中令叶颙斥而大之，明景泰四年，知县唐肇重修。

嵊县县学

嵊学旧在县西一百步而文宣王庙在县东南一百步。宋庆历中，令丁宝臣迁于县西南五十步，嘉定中，令史安之病其湫隘又迁西南二百步继锦坊。

新昌县学

新昌学旧在县之东，与县解连垣。宋绍兴十四年，知县林安宅迁县东南一里，面书案山。[1]

绍兴府、县学的学宫颇具规模，虽历经数代，时废时盛，但备受重视，往往为当地官员复建或增修。宋元时期的地方志未有详尽描绘府县学的学宫图，至明清编修的地方志才增有学宫绘图，现将绍兴府学、会稽县学和山阴县学的学宫图整理如下，由此初窥其旧制与规模。

---

[1]　万历《绍兴府志》卷十八《学校志》。

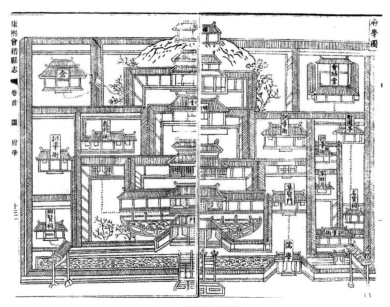

绍兴府学宫图①

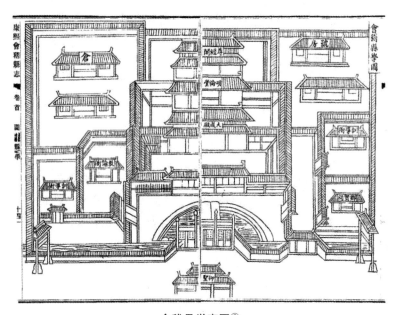

会稽县学宫图②

---

① 康熙《会稽县志》卷首。
② 同上。

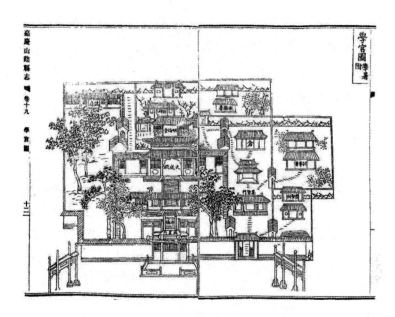

山阴县学宫图①

（三）南宋时期绍兴州、县学的发展

南宋继续推行"尊儒崇教"之策，教育体制较之北宋更加完备和发达，官学、私学皆盛。在科举考试的推动下，南宋的中央官学、地方官学、书院和私塾村校并存，各类学校都得到了蓬勃的发展。绍兴地区普遍设立了各类官学，学校规模、办学条件、水平等有了更大发展。

受"靖康之难"宋室南迁的影响，南宋国力衰微，宋金战事频繁，中央官学与地方官学大多毁于兵火，加之兵匪破坏，州、县学遭受沉重打击。直至政局相对稳定，南宋王朝才开始恢复并重建太学以及各地州、县学。绍兴十二年（1142）二月二十二日，宋高宗下诏："诸路州学，委守臣修葺，具次第申尚书省。"② 此后，高宗多次下诏修缮州、县学，绍兴地区的诸多官吏亦致力于重建学校。王铚在《修学碑》中提及绍兴府嵊县学重建一事：

---

① 嘉庆《山阴县志》。
② （清）徐松：《宋会要辑稿·崇儒二之四》，上海古籍出版社2014年版，第2781页。

宣和初，焚于兵。建炎元年，令应侯彬建孔子礼殿。三年
春，蜀郡范侯仲将崇廊庑，备像设，因其旧而升大之。又明年，
淄川姜仲开以学为急，又建学堂，移殿庑与门南向，致厚于学者
靡不至也。落成于绍兴五年秋。①

袁燮在《新学记》中云：

四明史侯之为嵊宰也，悼学官之坏，栋挠柱敧，岌岌将压，
俊秀朋来，肆业无所，欲一新之。役大而费广，资诸众力，义不
可强，则以身任之，曰："事未有不可为者。"节浮冗，窒渗漏，
裕财之源，用由是足。主簿徐君愿甚伟兹举，曰："此吾所欲为，
顾力不逮尔。"议罔不合，事由是集。②

绍兴年间南宋王朝的统治相对稳定，社会经济得以恢复，加之高
宗多次颁布诏令修学，地方官吏能高效执行，故南宋时期绍兴地区的
州、县学逐渐恢复。

经过高宗、孝宗时期的修葺与恢复，地方官学渐有起色。至理
宗，州、县学呈现一片繁荣景象，不逊色于北宋时期。南宋思想家、
教育家叶适曾评价："今州县有学，宫室廪饩，无所不备，置官立师，
其过于汉唐甚远。"③ 至南宋后期，随着程朱理学得到朝廷的尊奉，政
府对教育的作用更加重视。④ 绍兴府学及各地县学规模扩大，普及程
度提高。

三 元代绍兴的州、县学

忽必烈采用汉法，且多数县级官吏为汉人、南人，元代县官大抵
沿用儒家"治国以教化为先，教化以学校为本"的传统，把兴办学校

① 嘉定《剡录》卷一《学志》。
② 同上。
③ （南宋）叶适：《水心别集》卷一三《学校》，清光绪刻本。
④ 参见顾宏义《教育政策与宋代两浙教育》，湖北教育出版社2001年版，第78页。

和力行教化当作两项基本职司。元代教育体制承继唐宋旧制与结合蒙古民族特点而建立，官学分为中央和地方两大系统：中央官学主要包括国子学、蒙古字学、回回国子学和天文等专门学校，地方官学包括儒学、蒙古字学、阴阳学、医学、社学等。

元代地方行政体制与两宋有所不同。元朝在统一全国后，对行政体制进行了调整，在各地设行中书省，行省之下设路、府、州、县。绍兴路统领的区域与两宋时期相比，变化不大。

（一）儒学

元代的地方儒学主要是由传统州、县学演变而来。绍兴路所属州县均建有儒学。山阴县儒学即此前的山阴县学，建于宋崇宁中，"元至正年间，县令贾栋、达鲁花赤定定君辅复增茸焉。季年毁于兵燹，寓诸生于稽山书院"①。刘基曾撰《元重修山阴县学》记述其事：

> 山阴为绍兴属县，旧有庙学，兴替靡常，于是浸就废坠，莫能有拯者。今天子继承丕绪，思振废弛，责成效以扬祖宗之大烈，乃命宰臣以下各举良能为天下守令，而以兴学校为考绩之目，而同知乐平州定定以令选为山阴县达鲁华赤，君至谒庙，询学事大略……时教谕方缺员，乃询于众，举儒士黄本摄学官事。出俸，俾修饰其庙宇，以及学舍。自梁栋榱桷，至于瓦甓之毁弗式者，咸易新之。②

会稽县儒学建于宋崇宁中，"元至元十四年毁于火。大德五年复建。天历至正间，两修之，后其地为民所侵"③。诸暨州儒学由此前的县学升为州学。余姚儒学，此前的余姚县学在元初被毁，后由县令杜仲文重建，又升为州学。

据《元史》记载：

---

① 嘉庆《山阴县志》卷十九《学校》。
② 嘉靖《山阴县志》卷四《学校》。
③ 乾隆《绍兴府治》卷二十《学校》。

太宗始定中原，即议建学，设科取士。世祖中统二年，始命置诸路学校官，凡诸生进修者，严加训诲，务使成材，以备选用。至元十九年夏四月，命云南诸路皆建学以祀先圣。二十三年二月，帝御德兴府行宫，诏江南学校旧有学田，复给之以养士。①

元代统治者以武力平定天下，但相当重视教育与选拔人才，多次下诏要求诸路建学。在此背景下，绍兴路的学校得以复建、重修，地方学校迅速发展起来。此外，在各路州县学内还设有小学。据《元史》记载：

二十八年，令江南诸路学及各县学内，设立小学，选老成之士教之，或自愿招师，或自受家学于父兄者，亦从其便。②

这一类的小学不同于社学，是在诸路学及各县学内建立的，是路、州、县学中的一部分。小学的建立完善了教育体制，路、州、县学逐渐开始承担小学阶段的教育，但从其诏令来看，关于小学建立的制度尚未完善，较为自由，"或自愿招师"，"或自受家学于父兄"。

（二）蒙古字学、医学等特色学校

蒙古字学是元代特有的地方官学，创建于至元六年（1269），是年七月，诏"置诸路蒙古字学"，旨在普及蒙古文字，培养懂得蒙古文的人才。除招收蒙古族学生外，蒙古字学还吸收其他民族学生入学肄业。《元史》记载：

至元六年秋七月，置诸路蒙古字学。十二月，中书省定学制颁行之，命诸路府州官子弟入学，上路二人，下路二人，府一人，州一人。余民间子弟，上路三十人，下路二十五人。愿充生徒者，与免一身杂役。③

---

① 《元史》卷八十一《选举志一》，中华书局 1976 年版，第 2032 页。
② 同上。
③ 同上书，第 2028 页。

地方医学根据太医院使王猷的建议创设。《元史·选举志一》中记载：

> 世祖中统二年夏五月，太医院使王猷言："医学久废，后进无所师授。窃恐朝廷一时取人，学非其传，为害甚大。"乃遣副使王安仁授以金牌，往诸路设立医学。其生员拟免本身检医差占等役，俟其学有所成，每月试以疑难，视其所对优劣，量加劝惩。后又定医学之制，设诸路提举纲维之。①

地方医学于元初创设。元世祖接受太医院王猷的建议，在诸路设立医学，并制定相关制度，重视对生员的教育。其时，浙江地区庆元路设有医学。除蒙古字学、医学外，元代还设有阴阳学。《元史·选举志一》记载："世祖至元二十八年夏六月，始置诸路阴阳学。其在腹里、江南，若有通晓阴阳之人，各路官司详加取勘，依儒学、医学之例，每路设教授以训诲之。"② 可见，元朝政府在各路府州建立了许多颇具特色的学校，丰富了地方官学的类型。

（三）社学

社学始设于元世祖时期，是元代新创的地方官学，颇具特色。社学是设在农村地区利用农闲空隙时间，以农家子弟为对象的教育组织形式。至元二十三年（1286），元世祖颁诏，令各路、县之下立社：

> 县邑所属村疃，凡五十家立一社，择高年晓农事者一人为之长。增至百家者，别设长一员。不及五十家者，与近村合为一社。地远人稀，不能相合，各自为社者听。其合为社者，仍择数村之中，立社长官司长以教督农民为事。③

由此，诸路、州、县均建社，于社中立学，以教育社中农家子

---

① 《元史》卷八十一《选举志一》，中华书局 1976 年版，第 2033 页。
② 同上书，第 2034 页。
③ 《元史》卷九十三《食货志一》，中华书局 1976 年版，第 2354—2355 页。

弟。元世祖曾颁诏："每社设立学校一所，择通晓经书者为学师，于农隙时分各令弟子入学。"① 元成宗曾颁布设立社学的诏令，其中指出：

> 学校乃作养后进之地，除路、州、县学、书院，各设小学教谕教习生员，外据请粮耆儒入内，遴选真才实学、前辈典型、堪为师范之士，在城八隅各设小学书塾一处……如遇朔望，令各塾师率领诸生，前诣（儒）学、（书）院观礼，使知学校规绳，期成远大之志。②

元代的社学主要有以下两方面的特点：第一，在性质上属于小学教育，是当时的"小学书塾"；第二，社学范围广、数量多，元代绍兴路各州县均建有社学。

元代绍兴路的社学史载不多，但绍兴历代均注重教育，其社学应较为活跃。元朝的统治时间较短，从史料看，社学在明代得到了发展与完善（参见第四章相关内容）。由于明代统治者重视社学，要求全国各地普遍设立，因而社学得以大力推广，绍兴路的社学也得以修葺和发展。

第二节　科举制度与绍兴教育

科举制度的产生标志着中国古代选士用人制度进入一个新的历史阶段。隋唐宋元时期，绍兴教育与科举制度的发展密切相关，绍兴贡院的建立、绍兴士子步入仕途，以及绍兴地区学校教育、家族教育的发展，无一不受科举制度的影响。在科举制度的大背景下，透过历代科举的沿革，可以揭示其背后绍兴教育的不断转型与发展。

---

① 陈高华等点校：《元典章》卷二三《户部九·立社》，天津古籍出版社、中华书局2011 年版，第 920 页。

② 王颋点校：《庙学典礼》卷六《成宗设立小学书塾》，元代史料丛刊本，第 135 页。

一　科举制度的沿革

科举制度肇端于隋，大业二年（606），始建进士科，标志着科举制的正式形成。唐代全面推行科举制度，逐步扩大考试科目，丰富考试内容，完善考试程序，科举制度经唐代的发展而渐趋完善。宋代"重文"的政策使统治者热衷于科举取士，而后兴学运动相继对科举制度做出了变革与调整。元代用人，多由举荐，科举制度曾一度停废，延祐二年（1315）才正式恢复科举取士。

（一）科举制的产生

我国古代选拔人才与任用官吏的制度有着漫长的历史发展过程，历代均有所不同，有所发展。汉代实行察举制，察举的科目有孝廉、贤良文学、秀才等，通常由地方官按一定标准考察选拔人才，向朝廷推荐，后经皇帝策问，按高下分别任用。随着大土地所有制的形成，豪强大族逐步出现，一部分凭借军功入仕，一部分研习儒家经典，通过察举制，以明经入仕，至东汉后期形成了累世公卿的局面。

魏晋南北朝时期则实行九品中正制，又称九品官人法，由郡县中正官将本郡县士人依家世与才德评为上上、上中、上下、中上、中中、中下、下上、下中、下下九等，以此为授官的依据。九品中正制是魏文帝曹丕对察举制的一种改造，是曹魏统治者在对东汉察举制考察与反思的基础上创设的。然而，在具体实施过程中，选举大权为世家大族所垄断，品评选举人才的标准逐渐由个人才德变为了门第高下与权势大小，考察成为了形式，中正官推举上的均是世家子弟，形成了"上品无寒门，下品无世族"的局面，九品中正制沦为士族门阀把持权力的工具。察举制与九品中正制实施过程中虽然也存在一定的考试形式，但其并非主要影响因素，起决定作用的是举荐。因此，这两种制度在实施的中后期均是弊病丛生，积重难返，也是隋朝统治者对选士用人制度进行变革的主要原因。

隋开皇初，官吏多为北周贵族，其余为山东士族与南朝士族，在选士任官方面还是沿用旧制度，以门阀高低来任用。隋是统一的中央集权国家，为了维护中央集权，对内必须削弱门阀世族和地方豪强的政治势力，因此要罢除由门阀世族控制的九品中正制，把选举人才和任用官员的权力收归中央政府的吏部。[1] 对此，隋朝统治者对用人制度进行了革新，采用考试选士的方法。隋炀帝大业三年（607），设十科举人，其诏书云：

> 夫孝悌有闻，人伦之本，德行敦厚，立身之基。或节义可称，或操履清洁，所以激贪厉俗，有益风化。强毅正直，执宪不挠，学业优敏，文才美秀，并为廊庙之用，实乃瑚琏之资。才堪将略，则拔之以御侮，膂力骁壮，则任之以爪牙。爰及一艺可取，亦宜采录，众善毕举，与时无弃。以此求治，庶几非远。文武有职事者，五品已上，宜依令十科举人。有一于此，不必求备。朕当待以不次，随才升擢。其见任九品已上官者，不在举送之限。[2]

其中"爰及一艺可取，亦宜采录"，反映了隋炀帝重视对人才的选拔，设立众多科目，录用各类人才。在十科之中，"学业优敏"即明经科，而"文才秀美"即进士科，以考试文章为主，标志着科举制正式诞生。

（二）科举制的兴替

科举取士的制度形成于隋朝，由于隋朝时期短暂，科举考试的程序、科目、内容等均不齐全。至唐代，科举制度渐趋完备，此后历经宋、元、明、清，科举制度不断发展，为历代封建统治集团所采用，对中国古代社会的发展产生了重要的影响，对绍兴教育亦影响深远。

唐代全面推行科举制度，逐步扩大考试科目，丰富考试内容，完善考试程序。科举大体分为常科与制科，常科设秀才、明经、进士、明书、明算等科。最常行者为进士科，每年定期举行。常科的生员生

---

① 参见孙培青《中国教育史研究（隋唐分卷）》，华东师范大学出版社 2009 年版，第 11 页。

② 《隋书》卷三《炀帝纪上》，中华书局 1973 年版，第 68 页。

源包括生徒和乡贡。制科是由皇帝主持，根据需要临时下令举行。贞观年间，唐太宗曾对侍臣言道："天下英雄，入吾彀中矣！"① 反映出当时统治者渴望通过科举笼络大量人才。科举科目中的明经与进士两科最为重要，而尤以进士科为盛。唐代越州得进士 10 人，两宋时期人数更多。

在"兴文教，抑武事"政策的大背景下，北宋统治者热衷于科举选拔文官，并对隋唐沿袭下来的科举制度进行变革与发展。为确保科举取士的公正，宋太祖亲御讲武殿复试，并言："昔者，科名多为势家所取，朕亲临试，尽革其弊矣。"② 至北宋中期，兴学运动相继对科举制度做出了变革与调整。庆历改革中，范仲淹提出"精贡举，欲复古兴学校，取士本行实"③ 的主张，采取一系列行之有效的措施来改良科举。熙宁年间，王安石猛烈抨击当时的取士制度，对旧有的诗赋、帖经、墨义等考试内容予以批判，指出："今以少壮时，正当讲求天下正理，乃闭门学作诗赋。及其入官，世事皆所不习。此乃科法败坏人才，致不如古。"④ 王安石致力于改革科举，强调兴学的重要性，创设三舍法，将培养人才和选拔人才相结合。崇宁年间，科举曾一度中止，后又重新恢复。

南宋时期，科举制度相对稳定，设诗赋与经义两科。然随着时局的动荡与统治集团的腐败，考场风气每况愈下，科场舞弊现象严重。

总体来看，宋代通过科举考试选拔出一大批人才。据（雍正）《浙江通志》统计，绍兴地区在北宋时期得进士 168 名，南宋时期得进士 427 名，取士名额与入仕人数都在不断增加。

元代，科举制度并非选士的主要途径。自金亡，北方停科，迄于元中叶复科，元代近百年间共开科 16 次。元代科举制度在考试内容、考试难度、考试场次、考试名额分配、授官上都体现了元代的多民族

---

① （五代）王定保：《唐摭言》（第二册）卷十五《杂文》，中华书局 1985 年版，第 133 页。

② 《宋史》卷一百五十五《选举一》，中华书局 1977 年版，第 3606 页。

③ （元）马端临：《文献通考》卷三十一《选举四》，中华书局 1986 年版，第 289 页。

④ 同上。

性和科举取士的民族歧视色彩。① 自元朝建立，科举长期处于停废状态，未能实行，直至延祐二年（1315）才正式恢复科举取士，分左右榜，蒙古人和色目人为右，汉人和南人为左，有诏令记载：发榜时，"蒙古人、色目人作一榜，汉人、南人作一榜。②"从诏令来看，元代科举具有优待"国族"，压抑"汉人"和"南人"之意。元代为了维护民族统治利益，重举荐、轻科举，科举规模较小，致使元代教育衰落，士人积极性受挫，直至明清时期科举制度才再次发展，更盛前代。

二 绍兴科举的实施

自隋唐科举制实施以来，许多中下阶层的学子通过努力在科考中脱颖而出，从而获得入仕的机会，跻身统治阶层。在此大背景下，绍兴地区的科举渐趋兴盛，主要表现为贡院的建立与发展，科举入仕的人数日益增多。

（一）绍兴贡院

唐、宋时期，科举必须先经州、府馆监考试，通过后士子才有资格参加在省城举行的乡试。贡院，即乡试、会试的考场。贡院不仅是科举考试的场所，也是科举制度与科举文化的象征。贡院往往都格局严谨有序、规模壮阔。绍兴贡院的创建，迎合了科举取士的需要。考察绍兴贡院的历史，可以彰显科举制度与绍兴教育的互动。

1. 贡院的兴建

隋唐科举应试，绍兴"试士旧无定处"，常常以僧舍作为临时的考场。据嘉泰《会稽志》记载："闻之耆旧，住舍法时，郡学西北隅是为试所。迨复科举，更寓诸暨大雄寺、城东延庆寺，最后寓光相寺，亡虑十数。"③

南宋乾道四年（1168），绍兴知府史浩提议建贡院，丞相蒋公芾

---

① 参见吴根洲《科举导论》，浙江古籍出版社 2016 年版，第 285 页。
② 《元史》卷八十一《选举一》，中华书局 1976 年版，第 2019 页。
③ 嘉泰《会稽志》卷一《贡院》。

继之。至乾道九年（1173），贡院在资政殿学士钱端礼的主持下落成。据嘉泰《会稽志》载：

> 太师史公浩得地于爽垲，丞相蒋公芾继之，锐欲鸠僝，会奉祠去。乾道九年，资政殿学士钱公端礼始克成之。……既成，乃合在官、在泮之士，赋诗宴饮以落之，而礼部尚书胡公沂又为之记，距今三十年矣。①

南宋宝庆（1225—1227）《会稽续志》载：

> 郡昔遇科举，即僧舍为试所。忠定史公镇越时，得爽垲地。乾道九年，守钱端礼始创贡院。②

据此可见，绍兴在南宋之前没有贡院，直至南宋乾道年间始兴建。其地理位置，《会稽志》中亦有明确记载："贡院，在城西锦鳞坊，卧龙之阴，郡治之西北。"③ 此后，绍兴贡院一度兼称浙东贡院，承担着绍兴地区科举取士的重要职能，成为绍兴科举制度与科举文化的重要象征。

2. 贡院的建筑与规模

作为科举考试的专用场所，各省贡院一般规模宏大，格局宽敞，绍兴贡院也不例外。据南宋宁宗嘉泰（1201—1204）《会稽志》记载：

> 东西重庑，为屋百楹，考阅有厅，宴止有房，誊书、糊名两舍对峙，中门、外门规制屹然，选举盛观，此邦自承平时所未见也。④

由此可见，绍兴贡院外部宏伟壮阔，"中门、外门规制屹然"。贡

---

① 嘉泰《会稽志》卷一《贡院》。
② 宝庆《会稽续志》卷一《贡院》。
③ 嘉泰《会稽志》卷一《贡院》。
④ 同上。

院内部房舍众多，有屋数百间，有考阅专用的厅，有誊书与糊名专用的屋舍。此后，绍兴贡院又历经修葺与增设，宝庆《会稽续志》记载：

> 嘉定十五年，岁适大比，守汪纲乃重行整葺，且增屋三十间，视庭下地虽稍广，遇雨则泥泞不可容足，又命凿石加甃，坦然如砥，士子便之。院前待试地，亦计工石填砌，为永久利云。①

嘉定年间，绍兴太守汪纲对绍兴贡院进行了修建，增设屋舍，整修地面，以便士子应试。

随着绍兴贡院的兴建与发展，绍兴科举呈现盛况，儒学日盛，参与科考人数大幅增加，"其时举人比今仅及其半"②，贡院兴建后士子人数比原来多上一倍。嘉泰《会稽志》云：

> 自贡院之新，士皆乐其弘敞。然近岁案几犹栉比，盖会稽儒学日盛而试者亦寖多矣。每举以名上礼部，一十有九，又用近制，别取可补上庠者，在岁辛酉，所取至一百四十有八人云。③

仅辛酉岁绍兴即取中贡生148人，可见"会稽儒学日盛而试者亦寖多"，这也正是科举与学校互动发展的概括。南宋绍兴儒学教育已欣然勃兴也。

（二）绍兴科举取士情况

绍兴教育在隋唐宋元时期迅速发展。伴随着科举制度的沿革，绍兴作为东南名邑，地灵人杰，代有佳才脱颖而出，通过科举走上仕途。《浙江通志》中对唐宋元时期的科举均有确切记载，其中历代进士名录详尽，能较为客观地反映出这一阶段绍兴科举取士情况。

1. 绍兴历代三鼎甲概况

唐宋科举取士过程中，常有"状元""探花郎"之说，但对于登

① 宝庆《会稽续志》卷一《贡院》。
② 同上。
③ 嘉泰《会稽志》卷一《贡院》。

第名次的称号并未有确切的规定。至明清时期，科举制度愈加完善。明清时殿试分三甲发榜，一甲三名，赐进士及第，第一名称状元，第二名称榜眼，第三名称探花，合称"三鼎甲"。因此，科举登第的前三名也就被称为"三鼎甲"。根据地方志史料，对唐宋元时期绍兴地区三鼎甲人物进行整理与统计，具体见表3－3。

表3－3　　　　　　　　唐宋元时期绍兴三鼎甲名录①

科类	年代	姓名	县籍	名次
文科	北宋皇祐元年	石麟之	新昌	第二人
	南宋绍兴五年	李孟博	上虞	第三人
	南宋绍兴十八年	王佐	山阴	状元
	南宋淳熙二年	詹骙	会稽	状元
	南宋庆元二年	莫子纯	山阴	状元
	元延祐二年	张起岩	上虞	状元
武科	北宋宣和三年	石公辂	新昌	会举第一

表3－3显示，宋元时期，绍兴地区三鼎甲者共计7人，其中文科6人，武科1人。武科时兴时废，并不像文科一般常设，录取人数非常少；从年代上看，隋唐没有，北宋有2人，南宋有4人，元代有1人，这与各朝各代科举考录次数、录取人数有很大关系。表中信息也显示，南宋绍兴已成为全国文教中心。

2. 绍兴历代进士概况

"进士"一词始自隋炀帝开设的"进士科"，后来是对科举殿试及第者的统称。《浙江通志》《绍兴府志》《会稽志》等地方志中都有绍兴进士的记载。由于诸多原因，各文献中不免存在差异，但仍可借

———————

① 根据雍正《浙江通志》、万历《绍兴府志》整理。

此了解绍兴科举之概貌，具体见表 3 - 4。

表 3 - 4 　　　　　　　　唐宋元时期绍兴进士人数统计①

年代	会稽	山阴	嵊	诸暨	余姚	上虞	萧山	新昌	不详	合计
唐 （618—907）		5		2	1				2	10
北宋 （960—1127）	54	33	13	15	12	13	15	31		186
南宋 （1127—1279）	54	50	59	36	96	71	16	50		432
元 （1271—1368）	5	7	2	5	3			1		23
合计	113	95	74	58	112	84	31	82	2	651

注：统计人数中包括三鼎甲。

表 3 - 4 显示，唐宋元时期绍兴进士共计 651 人，其中唐代 10 人、北宋 186 人、南宋 432 人、元代 23 人。绍兴进士人数在南宋达到高峰。南宋定都于临安府，邻近绍兴府，江南一带文教兴盛，加之政局相对稳定，士人科举积极性提高，科考人数大幅增加。元代科举考试次数不多，录取人数有限，规模较小，因而绍兴路各州县先后登进士第者仅 20 余人。

此外，从表 3 - 4 中可以看出，在绍兴领县中，科举及第人数以会稽、余姚、山阴最多，分别有 113 人、112 人、95 人；其余依次为上虞 84 人、新昌 82 人、嵊县 74 人、诸暨 58 人、萧山 31 人。②

----

① 　根据雍正《浙江通志》、万历《绍兴府志》整理。
② 　山阴、会稽为绍兴府治所在地；历史上余姚是比较重要的商业区，造纸业相当发达，余姚瀑布岭所产茶叶，属茶中极品。

3. 两宋绍兴进士分布情况

绍兴地区登科者多集中在宋代。为直观展现宋代绍兴科举情况，结合宋代全国与两浙地区进士人数分布，列表如 3 – 5、表 3 – 6 所示。

表 3 – 5　　　　　　　宋代全国各路进士数量一览①

地区	北宋		南宋		登科年份不明的进士人数	合计人数
	进士数量	占全国比重	进士数量	占全国比重		
两浙	2355	24.6%	6102	32.6%	47	8504
江南	2083	21.8%	4374	23.4%	49	6506
福建	2600	27.2%	4525	24.2%	19	7144
淮南	312	3.3%	209	1.1%	57	578
荆湖	281	2.9%	496	2.7%	80	857
广南	195	2.0%	434	2.3%	0	629
成都	788	8.2%	1133	6.1%	91	2012
梓州	447	4.7%	1238	6.6%	19	1704
利州	73	0.7%	95	0.5%	14	182
夔州	30	0.3%	73	0.4%	0	103
京东	40	0.4%			43	83

① 表中全国各地区的进士数量是根据［美］贾志杨《宋代科举》第 198 至 199 页的统计数据整理而成的。全国进士总数依据何忠礼《宋史选举志补正（修订本）》，中华书局 2013 年版，第 289 至 299 页，附录一：宋代科举一览表中统计数据整理得出。

地区	北宋		南宋		登科年份不明的进士人数	合计人数
	进士数量	占全国比重	进士数量	占全国比重		
京西	80	0.8%	3		9	92
河北	77	0.8%	3		90	170
河东	67	0.7%			62	129
永兴	126	1.3%	8		22	156
秦凤	3	0.03%	1		7	11
进士总数	9557		18694		609	28860

备注：1. 登科年份不明的进士在表中单独列出，统计在全国进士总数内。

2. 除去登科年份不明的进士，按地方志名录统计出的北宋时期全国进士共9557名，南宋时期全国进士18694名（贾志扬统计结果）。

3. 表中北宋、南宋各地区进士占全国比重均是按照登科年份明确的人数进行统计，年份不明者未算入内。

从上表来看，北宋与南宋时期的进士主要集中在两浙、江南、福建一带。北宋时期，两浙进士共2355人，占全国总数的24.6%，仅次于福建，位居第二。南宋时期，两浙进士达到6102人，占全国总数的32.6%，位居第一。此外，从宋代进士总人数来看，两浙地区共8504人，位居第一。由此可见，两宋时期，两浙地区文教汇泽、科举繁盛。

宋代两浙路下辖二府、十二州、一军，其中，越州、婺州、处州、衢州、明州、温州、台州所在地域合称为"浙东"，镇江府、平江府、常州、江阴军、湖州、秀洲、杭州、严州所在地域为"浙西"。

表 3-6　　　　　　　　　宋代两浙地区进士数量一览①

地区		北宋		南宋		登科年份不明进士人数	合计人数
		进士数量	占两浙比重	进士数量	占两浙比重		
浙东	越州	185	7.73%	407	6.37%	20	612
	婺州	83	3.47%	483	7.56%	58	624
	处州	197	8.32%	550	8.61%	24	771
	台州	38	1.59%	561	8.78%	8	607
	衢州	251	10.49%	292	4.57%	12	555
	明州	146	6.10%	775	12.13%	9	930
	温州	82	3.43%	1076	16.84%	14	1172
合计		982		4144		145	5271
浙西	镇江	113	4.72%	116	1.82%	9	238
	平江	207	8.65%	263	4.12%	14	484
	湖州	241	10.07%	318	4.98%	12	571
	严州	138	5.77%	260	4.07%	5	403
	秀州	78	3.26%	350	5.48%	5	433
	杭州	162	6.77%	473	7.40%	18	653
	常州	442	18.47%	355	5.56%	30	827
	江阴	30	1.25%	111	1.47%	6	147
合计		1411		2246		99	3756
两浙进士总数		2393		6390		244	9027

────────────

① 表中两浙地区进士数根据傅璇琮、龚延明、祖慧《宋登科记考》（江苏教育出版社 2009 年版）整理而成。

上表显示，两宋时期，浙东地区进士共5271人，浙西地区进士共3756人，两浙地区进士人数以浙东居多，表明浙东较浙西学风更为浓郁。在浙东地区，尤以温州、明州的进士人数居多，分别有1172人和930人；处州、婺州、越州的登科人数次之，分别为771人、624人和612人，台州、衢州进士人数较少，分别为607人和555人。

就绍兴地区而言，两宋进士分布如表3-7所示。

表3-7   宋代越州（绍兴府）进士数量一览①

地区	北宋		南宋		合计人数
	进士数量	占越州比重	进士数量	占绍兴府比重	
会稽	54	29.03%	54	12.5%	108
山阴	33	17.74%	50	11.57%	83
嵊	13	6.99%	59	13.66%	72
诸暨	15	8.06%	36	8.33%	51
余姚	12	6.45%	96	22.22%	108
上虞	13	6.99%	71	16.44%	84
萧山	15	8.06%	16	3.70%	31
新昌	31	16.67%	50	11.57%	81
进士总数	186		432		618

备注：以上各表数据来源不完全一致，各表在进士总数方面略有出入。

表3-7显示，宋代越州进士主要分布在会稽、山阴、余姚等地，新昌、上虞进士人数也较多。山阴和会稽为越文化核心区域，具有独

---

① 根据雍正《浙江通志》、万历《绍兴府志》整理。

特的稽山鉴水格局，历史悠久，为越中人文渊薮。因此，在两宋时期，山阴和会稽两县也成为了人才聚集地。此外，山阴、新昌两地在宋代出现了许多科举家族，诸如新昌石氏、山阴陆氏等，这些家族科第兴盛，连续数代及第登科，对当地科举文化产生了重要影响。南宋余姚进士及第人数最多，上虞次之，值得关注。

4. 绍兴科第代表人物

唐宋元时期，绍兴地区登进士第者数不胜数，其中有诸多名彦俊杰、博学多才者，更有部分人成为一代名臣，载入史册，如杜衍、孙沔、陆佃等，均是绍兴进士中的杰出代表。

杜衍（978—1057），字世昌，越州山阴人，北宋名臣。杜衍年少时，"总发苦志厉操，尤笃于学"，最终"擢进士甲科，补扬州观察推官，改秘书省著作佐郎、知平遥县"，由此步入仕途。庆历年间，杜衍支持范仲淹、富弼主持的"庆历新政"，最终也因替范、富二人辩白而罢相。为官期间，杜衍屡著政绩，留有一代"贤相"的美名。《宋史》中对其评价如下：

> 李迪、王曾、张知白、杜衍，皆贤相也。四人风烈，往往相似。……知白、衍劲正清约，皆能靳惜名器，裁抑侥幸，凛然有大臣之概焉。宋之贤相，莫盛于真、仁之世，汉魏相，唐宋璟、杨绾，岂得专美哉！[1]

杜衍主持科考试时能"靳惜名器，裁抑侥幸"，值得称誉。

孙沔（996—1066），字元规，越州会稽人，北宋大臣。据嘉泰《会稽志》记载："中进士补赵州司理参军，为人明敏果敢有材，稍迁监察御史。"[2]《宋史》评价孙沔："跌荡自放，不守士节，然材猛过人。"[3] 尽管最终因弹劾淫纵不法而罢官，但孙沔有治军才能，"居官

① 《宋史》卷三百一十《杜衍传》，中华书局 1977 年版，第 10192—10193 页。
② 嘉泰《会稽志》卷十五《相辅》。
③ 《宋史》卷二百八十八《孙沔传》，中华书局 1977 年版，第 9686 页。

以才力闻，强直少所惮"①，曾协助狄青平定侬智高有功。孙沔以文登进、以武显名，载入史册。

陆佃（1042—1102），字农师，号陶山，越州山阴人，为南宋爱国诗人陆游的祖父，是北宋后期的名臣。宋熙宁三年（1070），陆佃登进士科，授蔡州推官、国子监直讲。其幼年时发奋求学，"居贫苦学，夜无灯，映月光读书。蹑屩从师，不远千里。过金陵，受经于王安石"②。陆佃颇具政治才能，王安石曾问陆佃对于新政的看法，陆佃见解深刻。嘉泰《会稽志》中记载："熙宁三年，应举入京。适安石当国，首问新政，佃曰：'法非不善，但推行不能如初意，故反病民，如青苗是也。'"③ 此外，陆佃还以诗文名重一时，重视对子孙的教育，山阴陆氏是以成为越地望族。

值得一提的是，南宋诸暨孝义黄氏一族数代科甲连第。据《诸暨孝义黄氏族谱序》记载：

> 汝楫生八子：闲、闶、阁同登绍兴甲戌进士第；而闻与闾亦相继擢绍兴庚辰、乾道己丑之科；闶复占特助名，终荔浦丞；阐补官将仕郎；闵修职郎。兄弟一时荣贵，文墨彬蔚，人比之荀氏八龙云。自时厥后，子孙益繁庶，与食禄者代不乏人，而书诗之泽至于今不衰。④

"文墨彬蔚""食禄者代不乏人""书诗之泽至于今不衰"的盛况，正是绍兴科举世家举业与学业良性互动的写照。

三　科举制背景下的绍兴教育

科举制度是选拔人才的制度，学校教育制度是培养人才的制度。

---

① 《宋史》卷二百八十八《孙沔传》，中华书局 1977 年版，第 9690 页。
② 《宋史》卷三百四十三《陆佃传》，中华书局 1977 年版，第 10917 页。
③ 嘉泰《会稽志》卷十五《相辅》。
④ （明）宋濂：《诸暨孝义黄氏族谱序》，引自吴宣德、宗韵辑《明人谱牒序跋辑略》（上），上海古籍出版社 2013 年版，第 38 页。

在科举制度产生以前，选士制度和育士制度基本上是脱节的，科举制的产生将二者紧密结合在一起。由于科举制度激发了士人读书求学的积极性，士人热衷于科举，因而学校往往会受到科举制度的影响，科举取士的标准和方法指导着学校教育的内容与方法。此外，不仅学校教育受到科举的影响，在科举制的大背景下，读书做官的氛围还渗透进社会教化、书院教育、家族教育等。

绍兴地区作为越文化的核心地带，自古便是思想学术的多元汇聚地，教育兴盛，透过历代科举制度的沿革，可以考察绍兴教育的不断转型与发展。

（一）学校教育的发展

如果说科举制对绍兴文化教育事业的繁荣起到了推动的作用，那么最为直接的表现便是地方学校的发展。

随着科举应试范围的逐渐扩大，世人读书做官的热情愈加高涨，加之统治者的提倡与支持，求学氛围逐渐浓厚，到了宋代，读书入仕已成为社会风气，学校得以加快发展。

隋唐时期，越州已建立 4 所州县学。北宋神宗"始命诸州置学官，率给田十顷赡士"①，从制度层面上给予州县学更多经济保障，使地方学校的发展逐渐走上正轨，越州各县均设有学校。崇宁年间，州县学发展迅速，规模与数量更胜之前，陆游在其《老学庵笔记》中称赞："崇宁间，初兴学校，州郡建学，聚学粮日不暇给。"②

北宋越州县学发展情况，可从嵊县县学经费、校产、学生数中窥见一斑：

> 崇宁二年增建，五年罢，复建。50 区，缗钱 1437 贯，粮 1540 斛。文士 50 人，小生 40 人。③

---

① 《宋史》卷一百五十七《选举志三》，中华书局 1976 年版，第 3660 页。
② （南宋）陆游：《老学庵笔记》卷二，杨立英校注，三秦出版社 2003 年版，第 81 页。
③ 《剡录》，引自吴宣德《中国区域教育发展概论》，湖北教育出版社 2003 年版，第 239 页。

北宋嵊县县学生徒达 90 人，其中经馆生（文士）50 人，以应科举；书馆生（小生）40 人，童生初级教育。县学已具备初、高级双重教育功能。

南宋时期，越州升为绍兴府，其（府）州县学更盛前代，越地学者叶适曾言："今州县有学，宫室廪饩，无所不备，置官立师，其过于汉唐甚远。"① 可见，在科举制的大背景下，地方官学不断发展，日益兴盛。

（二）科举世家的传衍

科举制同样影响了家族教育。自隋唐以来，魏晋南北朝遗留的门阀制度瓦解，曾经封山占泽、累世公卿的豪门望族已于唐末退出历史舞台。从宋代开始，家族组织在科举制度下重新建立，形成了一批科举世家。

科举世家指"世代聚族而居，从事举业人数众多，至少取得举人或五贡以上功名，在全国或地方产生重要影响的家族"②。宋代以来的这些科举家族实质上属于文化家族，他们凭借读书改变家族命运，本身是读书人、文化人。科举上的成功，使他们重视后代的教育，科举及第绵延。

唐宋元时期，在绍兴地方史上，文化世家多不胜数，尤以新昌石氏以科举世家而闻名于世。石门一族历史悠久，东晋时南迁至会稽，五代时移居新昌。北宋时期，石氏精研儒学，锐意科举，逐渐成为两宋时期声名远扬的科举世家。

据成化《新昌县志》记载：

> 讳待旦，金紫光禄大夫，开府仪同三司刑部尚书，述古殿大学士，开义学得士文杜韩吕四相，并生元田裴等登第七十二人。讳公弼，兵部尚书，封文安开国侯。讳公揆，殿中侍御史，直龙图阁。讳宗昭，枢密院检详。讳斗文，枢密编修。讳敦，太常

① （南宋）叶适：《水心别集》卷一三《学校》，清光绪刻本。
② 张杰：《清代科举家族》，社会科学文献出版社 2003 年版，第 1 页。

簿。讳永寿，死节孝子。凡七人俱入乡贤祠，其余状元三人、榜
眼二人、进士四十二人、登显官者百二十余人，忠臣义士、烈妇
孝女无不有焉，俱在宋三百年之间，故家文献莫有能及之者也。①

其中提及的石待旦、石公弼、石公揆、石宗昭、石斗文、石敦、石永
寿七人被奉入当地乡贤祠。在宋代三百年间，石氏先后有状元 3 人、
榜眼 2 人、进士 42 人，任显官者 120 余人，可谓举世闻名，显赫
乡梓。

自石待旦以降，新昌石氏学风极盛，进士及第者代不乏人。天圣
五年（1027）有石待举，庆历二年（1042）有石牧之、石象之和石
衍之同时登第，皇祐元年（1049）有石麟之，嘉祐二年（1057）有
石深之和石象之，熙宁六年（1073）有石景略和石景衡，元丰五年
（1082）有石景术，元祐六年（1091）有石公辅。②

北宋石待旦于北宋天禧三年（1019）登进士第，任大理评事，但
他无意仕途，后隐居石溪山水之间，以办学为业。石待旦创建石氏义
塾，热心教育，招收乡里和族中子弟入学。《郡人韩境修学记》中
记载：

> 新昌据天姥沃州之盛，自晋唐以来，文人才士来游来歌里之
> 人，未有名世者。至我朝石城山人石公待旦，以师道自任，始开
> 义塾，教授里中子弟，正献杜公以郡人来学，文正范公以郡守尤
> 加尊异，儒学之盛，称于东南。石氏遂为闻家，士无不知学者。③

两宋时期，新昌石氏家族举业维持数百年而不衰，这与其对教育
的重视密不可分。石氏一族凭借读书入仕，科举成功又令他们格外重
视家族教育，因而人才辈出，及第者甚多，如此周而复始，逐渐享有
"科举世家"的美名。

---

① 成化《新昌县志》卷十一《氏族》。
② 参见万历《新昌县志》。
③ 同上。

　　唐宋元之际绍兴的科举世家，俨然已是地方乡土社会的文化教育之标杆，学界之榜样，乡里教化之中坚。科举及第者往往"以师道自任，开义塾，教授里中子弟"，引领与振兴一方教育，成为推动绍兴走向越文化乃至全国文教中心之重要力量。

第三节　南宋越文化与绍兴教育的互动

　　宋室南渡后，高宗赵构曾两次驻跸越州，越州两度成为临时首都。后宋室定都临安，杭州行在所升为临安府，越州升为绍兴府。因绍兴近在京都，经济繁荣，文化辉煌，而被誉为"陪都"。此后，随着中原望族和士人大规模流迁东南，越地成为全国政治、经济和文化中心。此外，南宗孔庙带来的越地儒学繁荣，理学思想的传播发展与各学派的互争雄长，印刷术普及后藏书事业的蔚然成风等，进一步推动了绍兴教育的发展。

一　越文化中心地位的确立

　　越文化历史源远流长。嘉泰《会稽志》序中概要越地沿革：

　　　　吾越面斗负溟，其山镇曰会稽。夏封无余，秦汉置郡，晋以为王国，宋、梁、陈于郡置东扬州，至隋改曰吴州，大业初改越州，寻复为郡。唐末钱武肃王兼两藩节制时，升为大都督府；宋仍为越州，南渡后升为绍兴府。[1]

　　越文化，其基本区域应为曾经古越国的领土，与浙江省的范围大致相当，其核心区域实为绍兴一带。今天我们所言的越文化的活动地域主要是以会稽为中心，其居住地集中在今天浙江省的杭嘉湖平原、

---

① 嘉泰《会稽志》序。

宁绍平原和金衢丘陵一带。①

（一）历史新机遇下越文化的突进

北宋钦宗靖康年间（1126—1127），金兵大举南下，攻破东京（今开封），俘虏徽、钦二帝及大批皇室，押解北上，史称"靖康之难"。"靖康之难"导致北宋王朝灭亡、宋室南迁。宋室南渡对江南地区的文化带来重要影响。越文化在此后迎来了一次突进的契机，这主要表现在南宋朝廷的短暂设都与移民潮的刺激作用。同时借助这一契机，在北宋时期所呈现的发展趋势基础上，中国文化的重心逐步向东南地区转移，在此大背景下越地渐成人文渊薮。②

1. 宋室南渡

徽宗第九子康王赵构在开封被攻破前，赴河北召集军马，因而未被俘。靖康二年（1127）五月，赵构在宋太祖赵匡胤兴王之地的南京应天府（今河南商丘）即位，改元建炎，是为宋高宗。《宋史》记载："五月庚寅朔，帝登坛受命，礼毕恸哭，遥谢二帝，即位于府治。改元建炎。"③宋政权的统治得以延续，史称南宋。

赵构即位后，金军南侵，高宗四处辗转躲避，先后逃至扬州、杭州、越州、明州等地。建炎三年（1129）十月，"帝发越州"④，越州相当于南宋的临时首都。金兵渡江后，高宗又自越州东奔明州，辗转至温州等地。建炎四年（1130）四月，高宗由温州一带北返至越州，暂驻越州。《宋史》记载："是日，张浚引兵至房州，知金兵退，乃还。癸未，帝驻越州。"⑤越州再度成为南宋的临时首都，宋高宗此次在越州停留的时间长达一年零八个月。在这一年多的时间里，越州一跃成为南宋的政治中心。历史的聚光灯，又重新照在了越文化中心地。⑥宋室南渡对绍兴地区带来了多方面的影响，为越文化的突进提

---

① 参见张彬等《浙江教育发展史》，杭州出版社 2008 年版，第 23 页。

② 参见叶岗等《越文化发展论》，中华书局 2015 年版，第 237 页。

③ 《宋史》卷二十四《高宗一》，中华书局 1976 年版，第 443 页。

④ 《宋史》卷二十五《高宗二》，中华书局 1976 年版，第 470 页。

⑤ 《宋史》卷二十六《高宗三》，中华书局 1976 年版，第 477 页。

⑥ 参见叶岗等《越文化发展论》，中华书局 2015 年版，第 238 页。

供了新的机遇。

2. 绍兴府的升置

建炎四年（1130），高宗暂驻越州。次年，改元"绍兴"，取"绍奕世之宏休，兴百王之丕绪"① 之意。其中，"绍"，即继承；"奕世"，即累世，一代接一代；"兴"，有中兴之意；"丕绪"，意为皇统，即国家大业。其意在于期望南宋王朝能继往开来，振兴国家社稷，绍兴之名由此而始。绍兴元年（1131）十月，宋高宗效仿唐德宗改梁州为兴元府的典故，将越州升置为绍兴府。陆游在为嘉泰《会稽志》作序时曾言："定中兴之业，群盗削平，强虏退遁，于是用唐幸梁州故事，升州为府，冠以纪元。"②

万历《绍兴府志》记载：

> 高宗建炎四年避金寇，自温、台回，驻跸越州，明年改元绍兴。越州官吏、军民、僧道上表乞府额，帝曰："昔唐德宗以兴元元年幸梁州，改梁州为兴元府。"于是用兴元故事赐名绍兴府。元世祖至元十六年为绍兴路。③

《宋史·地理志》中记载：

> 绍兴府，本越州，大都督府，会稽郡，镇东军节度。大观元年，升为帅府。旧领两浙东路兵马钤辖。绍兴元年，升为府。崇宁户二十七万九千三百六，口三十六万七千三百九十。贡越绫、轻庸纱、纸。县八：会稽，望。山阴，望。嵊，望。旧剡县，宣和三年改。诸暨，望。有龙泉一银坑。余姚，望。上虞，望。萧山，紧。新昌，紧。乾道八年，以枫桥镇置义安县，淳熙元年省。④

---

① （南宋）徐梦莘：《三朝北盟会编》（丁集）卷一百四十四，大化书局 1979 年版，第 490 页。

② 嘉泰《会稽志》序。

③ 万历《绍兴府志》卷一《疆域》。

④ 《宋史》卷八十八《地理志四》，中华书局 1976 年版，第 2174 页。

自越州升为绍兴府，此前越州地域下的越文化中心地便与“绍兴”之名密不可分。绍兴府的政区与范围也就此定型，领会稽、山阴、嵊、诸暨、余姚、上虞、萧山、新昌等八县。

　　《宋史·地理志》亦对南渡后两浙路的情况有详尽记载：

　　　　南渡后，复分临安、平江、镇江、嘉兴四府，安吉、常、严三州，江阴一军，为西路；绍兴、庆元、瑞安三府，婺、台、衢、处四州，为东路。①

　　绍兴府被划为浙东路，但由于其相对褊狭的地理位置远离抗金前线，不利于物资供给，不是定都的最佳选择，因此，高宗下诏移跸临安。定都临安是由当时的军事态势以及临安本身的经济、交通等条件促成的。② 绍兴二年（1132），南宋朝廷迁至临安府。几经辗转，南宋最终定都临安。

　　越州自古便是越文化的发源地与中心区域，宋室南迁与南宋朝廷的两次临时驻跸，为其带来了显著而又独特的政治、经济、文化地位。在南宋朝廷定都临安府后，越州居于“陪都”的地位，陆游为《嘉泰会稽志》作序云：“今天下巨镇，惟金陵与会稽耳，荆、杨、梁、益、潭、广皆莫敢望也。”③ 金陵曾为六朝古都，历史悠久，是经济、文化重镇，陆游将会稽与金陵相提并论，绍兴府当时在全国的地位可见一斑。正是在这样的历史大背景下，江南地区经济发展迅速，文化繁荣，俊彦名士聚集，人口大量南迁，越文化借此契机蓬勃发展，越文化中心地位得以确立。

---

① 《宋史》卷八十八《地理志四》，中华书局 1976 年版，第 2173 页。
② 参见沈冬梅、范立舟《浙江通史（宋代卷）》，浙江人民出版社 2005 年版，第 142 页。
③ 钱仲联、马亚中主编：《陆游全集校注》，浙江教育出版社 2011 年版，第 373 页。

南宋绍兴府图①

（二）山水格局中的越文化

地理环境是影响文明发展的重要因素。越文化作为地域文化，具有明显的区域性特征。上溯古越地先民所创的文明，下至历朝历代传衍、融合、交流的特定区域内的思想观念、物质文明与社会习俗，越文化的演进与发展不仅与历史机遇相关，还得益于千百年来山水格局中的积淀和蕴蓄。

南宋越文化中心地位的确立，得益于稽山鉴水格局下的地域文化与人文底蕴。会稽山与鉴湖交相辉映，在山水格局中，越地文明得以发展。自东汉以来，鉴湖逐渐成为越中山水的代表，鉴湖流域亦是越文化中心地的核心。一方面，由于政治动乱等原因，许多北方人士避居于此，生根传衍；另一方面，历代文人学士被鉴湖绮丽风光所吸引，纷纷到这里游览甚至定居，从而推动了这一地区文化的兴盛。东

---

① 图片来源：绍兴市博物馆。

汉末年至三国，许多北方人士避居越地，往往依山傍水而居，为越地注入了新的活力，一个以士族为文化主导的时代随之到来。如孔潜于东汉末年避地会稽，遂定居于此，其子孙孔愉、孔坦、孔群等均为当世才俊；又《会稽典录》中记载："沛公桓俨，为世英俊，避地会稽。"① 永嘉南渡后，中原士族的南迁更为江南带来了繁盛的文化。会稽山青，鉴湖水秀，优美自然风光为众多名士所青睐，聚居会稽的名士有王羲之、谢安、孙绰等人，可谓群贤毕至。

六朝时期，玄风劲吹。玄学追求生命意识的自觉与思想的解放，执着于内在的超越以及对存在意义的本源性追索。越地作为乱世中的一片净土，会稽山水为俊彦雅士提供了游心太玄的背景，玄学在越地得以更加自如地绽放。稽山鉴水凭其独特的风光缔造了越地山水审美文化。永和九年三月三日，王羲之聚集名士，修禊于鉴湖之兰亭，流觞曲水，饮酒赋诗，留有一幅被称为"天下第一行书"的《兰亭集序》。

此外，鉴湖山水的婉丽清奇亦使佛道仙踪得以涌现。越地的佛教、道教圣地多依附于秀美山川，鉴湖的山水之美促进了宗教活动的兴盛和宗教义理的开拓。至大唐盛世，文化鼎盛，诗歌盛行。诸多迁客骚人为追慕魏晋遗风，游赏浙东山水，品尝绍兴美酒，陆行则车马，水行则舟楫，流连忘返。

唐代诗人留有数百首名篇，今人谓"浙东唐诗之路"。两宋时期，鉴湖被大范围围垦，逐渐湮没。到了南宋中期，鉴湖早已被"官豪侵占殆尽，填淤益狭，所余仅一衣带水耳"②。南宋诗人陆游曾感叹："吾乡镜湖三百里，为人侵耕几尽。"③ 尽管如此，鉴湖水系孕育和积淀的越地文化未曾因此衰落，陆游寄情山水，其诗词蕴蓄了独特的放翁山水情节，而其爱国之情亦勾起了越文化的柔水特质的慷慨激昂，以至明末清初的王思任曾言："夫越乃报仇雪耻之乡，非藏污纳垢之

---

① （唐）欧阳询：《艺文类聚》卷三十一《赠答》，中华书局1965年版，第545页。
② （清）徐松：《宋会要辑稿》第一百二十三册《食货六》，中华书局1957年版，第4891页。
③ （南宋）陆游：《老学庵笔记》卷二，中华书局1979年出版，第23页。

地也。"① 无论是古越国勾践卧薪尝胆，抑或是南宋遗民的爱国情结，又或是明末王思任的以身殉国，越文化的精神传衍不绝。因此，千年鉴湖渐没，而越文化从未断裂衰败。南宋时期越文化的突进与蓬勃发展，既是历史机遇下的偶然，也是千百年来稽山鉴水格局下造就的必然。

南宋时期，尽管鉴湖水系湮没，但稽山鉴水的格局依然延续。自越州升为绍兴府后，独特的地理位置更是为其稳定发展提供了重要保障。据《绍兴府志·疆域志》记载：

> 越郡正当会稽诸山之中。郡城之外，万峰回合，若连雉环戟而中涵八山。八山者，又会稽诸山之所止也。②

南宋王象之编纂《舆地纪胜》，描述了绍兴的山水胜形：

> 鉴水环其前，卧龙拥其后，稽山出其东，秦望直其南，自浙以东最为胜处。西界制河东奄左海堤封七州，今之会稽，昔日之关中。南面连山万重，北带沧海千里，连山带海。③

从山水形制来看，绍兴可谓群山拥湖、长湖绕山，地形复杂。虽地理位置相对封闭，不利于运输与对外交流，南宋最终未能定都于此，但由于位于越中地区，环境安逸与稳定，有利于绍兴府文化教育繁荣，故文风长盛不衰，有"今之会稽，昔日之关中"一说。

二 文化与教育互动

由于宋室南迁带来新的机遇，加之独特山水格局的蕴蓄，绍兴地区作为越文化的核心区域，其文化中心地位逐渐确立，文化与教育相

---

① （明）王思任：《王季重先生自叙年谱》，《北京图书馆藏珍本年谱丛刊》，影印清初刻本，第283页。
② 万历《绍兴府志》卷一《疆域志》。
③ （南宋）王象之编：《舆地纪胜》卷十《绍兴府》，江苏广陵古籍刻印社1991年版，第150页。

互促进。雍正《浙江通志》云："两浙人文萃于庠序，礼陶乐淑涵，濡于教泽者深矣。"① 南宗孔庙的发展，越地思想学术的多元汇聚，图书刊刻与藏书事业的蔚然成风，均体现了南宋越文化中心地位的确立与绍兴教育的互动。

（一）南宗孔庙与越地儒学的繁荣

孔庙的南迁为越地儒学带来了新的繁荣。孔氏一族自南迁后，定居衢州，受国家的尊崇与支持，于州学中建立家庙、传播儒学、兴办教育，促进学术中心的南移，使越地崇儒之风日盛，有力地推动了越文化和绍兴教育的发展。

1. 南宗孔庙概况

南宋建炎初，孔子四十八代孙衍圣公孔端友率大部分宗室成员随高宗皇帝南迁，几经周折，流寓衢州，在此扎根传衍。天启《衢州府志》载：

> 靖康之变，金虏入犯，端友与从父开国男孔传，扈跸南渡，赐家于衢。高宗诏以衢州学为家庙，计扣量、赐田亩，除蒸尝外，均赡族人并免租税。八年六月壬戌，赐田五顷，奉先圣祠事。②

绍兴六年（1136），高宗"诏权以州学为家庙"③，衢州州学与孔氏家庙合一。自此，孔氏分为衢州与曲阜南北两宗。绍兴八年（1138），宋高宗正式定都临安府后，"六月壬戌，赐衍圣公孔玠衢州田五顷，奉先圣祠事"④。至南宋理宗年间，衢州孔氏一宗备受尊崇。嘉定十七年（1224），"诏以先圣四十九代孙行可为迪功郎"；宝祐二年（1226），"诏以孔子五十二代孙万春袭封衍圣公"；绍定三年

---

① 雍正《浙江通志》卷二五《学校》。
② 天启《衢州府志》卷九《人物志》。
③ 张岱年：《孔子大辞典》，上海辞书出版社 1993 年版，第 47 页。
④ 《宋史》卷二十九《高宗六》，中华书局 1976 年版，第 536 页。

（1230），"诏录用孔子四十九代孙灿补官"①；宝祐四年（1256），"诏袭封衍圣公孙孔洙添差通判吉州，不厘务"②，同年五月，"先圣五十代孙孔元龙赐迪功郎，授初品官"。表3-8为南宋南宗孔氏宗人的传承与仕进情况。

表3-8 南宋时期南宗孔氏人物③

姓名	传承	官职
孔端友	四十八代	徽宗朝，袭封衍圣公，宣和间直秘阁。建炎中寓衢，绍兴中知邯州
孔玠	四十九代	绍兴中，袭封衍圣公，终通直郎
孔搢	五十代	绍兴中，袭封衍圣公，转承事郎，知建昌军，浙东安抚使，参议
孔文元	五十一代	光宗绍熙中，袭封衍圣公，吉州通判
孔万春	五十二代	理宗宝庆中，袭封衍圣公，通判衢州，通判泉州，内外宗正丞
孔洙	五十三代	理宗淳祐中，袭封衍圣公，通判衢州，通判吉州，通判平江，通判信州，元朝祭酒，浙东学校

南宗孔氏数代袭封衍圣公，备受荣宠，据此可见南宋统治者对先圣孔子及其后代的尊崇。重视祭奠先圣先师，亦表明南宋帝王兴学重教、优待儒士之意。

关于衢州孔庙的建置与规模，据明代罗璟撰写的《重修家庙碑记》记载：

---

① 《宋史》卷四十一《理宗一》，中华书局1976年版，第793页。
② 《宋史》卷四十四《理宗四》，中华书局1976年版，第856页。
③ 根据天启《衢州府志》卷九《人物志》整理。

衢州之有孔氏，盖自宋高宗南渡，衍圣公孔端友扈从而南，
侨居衢郡。端友卒，子玠嗣爵。绍兴年间，诏立庙，赐田于衢。
庙之所由始，迄今三百余年矣。庙始建于城北菱塘，规模弘阔，
比拟曲阜。元季毁于兵燹，荡无遗宇。①

南迁的孔氏一族得高宗恩典"立庙赐田于衢"，衢州孔庙"规模弘阔，
比拟曲阜"，其占地之广、规模之大、田地之多，不逊于曲阜孔庙。

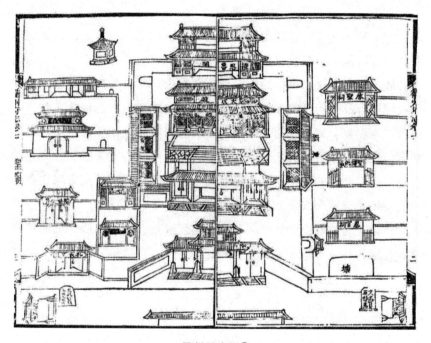

衢州圣庙图②

南宋灭亡后，衢州孔氏宗人远离朝堂，鲜有入仕为官者。元代统
治者对其亦礼遇有加。元世祖曾下诏，让衢州孔氏归鲁并继承衍圣公
爵位。据天启《衢州府志》载：

宋亡，家居不仕，元世祖至元十九年，立孔子后，廷议寓衢

---

① 康熙《衢州府志》卷七《圣庙》。
② 同上。

者乃其宗子，召赴阙载封，归鲁奉祀，洙以庙墓。在衢不忍舍去，义让封爵于曲阜宗弟治承绪。世祖曰："宁违荣而不违亲，真圣人后也。"自端友后六世，衍圣公其罢封自洙始。①

孔氏南宗后人孔洙因先世庙墓在衢，不忍舍去，因此，孔洙将"衍圣公"承袭爵位让于曲阜孔氏的孔治。孔洙的义举为元世祖称赞，而南宗孔氏"衍圣公"爵位的承袭也自此中断。

2. 南宗孔庙与越地儒学的繁荣

南宋越文化的突进与衢州孔庙有着密切关联。一方面，越文化本身就具有着包容、交流以及融合的特性，且越地文化繁荣，因而为南迁孔庙的发展提供了良好的土壤。孔庙在衢州建立后，在与越地文化的交流融合及统治者的支持下日渐辉煌，为越文化中心地的文教事业树起一面旗帜。另一方面，南宋孔庙所蕴藏的文化传承与忠孝仁义等儒家传统起到了教化民众的作用，促进越地儒学的繁荣以及越文化的发展。南宋孔庙的祭祀活动与越地儒学研究的繁荣，是南宋越文化中心地位确立与绍兴教育互动的重要表现之一。

衢州孔庙的祭祀活动经久不衰，典仪隆重，规制明确。据明代罗璟为孔家撰写《重修家庙碑记》中记载：

> 於戏！圣人之泽，万世不斩。方宋之在杭，金人据汴，元人入燕，可谓分裂矣，而孔氏自若。宋则端友，金则孔璠，元则孔洙，皆为衍圣公，不落而反盛。孔子尝曰："某东西南北之人也。"宋儒亦曰："孔子以万世为士。"推今验古，不其然与？抑端友之从高宗而南，可谓忠矣。高宗为之立庙赐田，助其为孝也。君臣之间，可谓两尽。为之子孙者，在乡党而恂恂似不能言。言必忠信，行必笃敬，以守家法。其聪明秀颖者，诵先圣之六经，考诸儒之正论。为臣必忠，为子必孝。庶几乎，无忝神明之胄。不然，则人将有指而议之者矣。因其请，遂书此为记，且

---

① 天启《衢州府志》卷九《人物》。

以为规。能永念之，则亦永有耀焉。①

在古代，祭祀先贤先圣历来受到普遍重视，而祭祀常常作为一种道德教育的教育手段与形式，以先圣先贤本师的道德人品之楷模，来陶冶学生之品德，笃行礼仪道德。南宗孔氏族人"言必忠信，行必笃敬，以守家法"，做到"为臣必忠，为子必孝"，诵读六经，弘扬仁、义、礼、智之儒家传统。

南宋一代，衢州为都城临安的辅郡，以其得天独厚的地理位置，又为东南未遭兵燹的中心地带，使得宋室宗亲、达官名宦、世家望族、理学硕儒纷至沓来，衢州成为当时儒学的研究中心，并为儒学发展和理学传播做出了贡献。② 其时，衢州儒者聚集，开坛讲学者甚多。徐存（逸平先生）曾师从理学家杨时，为程颐再传弟子。南宋初，徐存在衢州江山著述讲学，弟子众多。据《宋元学案》载：

> 徐存，字诚叟，江山人。隐居教授，学者称为逸平先生，从学者至千余人。所著有《五经讲义》。林艾轩、朱子皆敬之。江山向无儒宿，其学统自正介先生周颖受之胡安定，而先生继之。③

徐存的弟子围坐而听者多至千余人，分布于衢州各县，周贲、柴卫、郑升之、郑雍、陆律等，皆为南宋学者，对当时衢州及其周边地域的教育起着重要作用。

（二）思想学术汇聚

南宋自建国（1127）至最终为元所灭（1279），国祚长达一百五十三年之久。尽管南宋偏安一隅，国土较少，国力衰弱，但政权稳定、经济发达、社会繁荣，为思想文化层面的活跃与兴盛提供了良好

① 康熙《衢州府志》卷七《圣庙》。
② 参见沈冬梅、范立舟《浙江通史》第5卷《宋代卷》，浙江人民出版社2005年版，第332页。
③ （清）黄宗羲著，全祖望补修：《宋元学案》卷二十五《龟山学案》，陈金生、梁运华点校，中华书局1982年版，第978页。

的外在条件。南宋时期，学派林立，各臻其妙，名士辈出，思想文化界呈现出生机勃勃之景象。正如南宋黄震在《黄氏日抄》中所言："乾、淳正国家一昌明之会，诸儒彬彬辈出，而说各不同。"① 明末清初思想家黄宗羲曾言："宋之南也，浙东儒学极盛。"②

据宋代倪朴编撰的《倪石陵书》中记载：

> 自东都文献之余，天下士大夫之学日趋于南。或推皇帝王霸之略，或谈道德性命之理，彬彬然一时人才学术之盛，不可胜记。盖东莱吕公，本其伊洛义理之学，且精于史。永康陈公同父，方与之上下颉颃其议论，而独贵于事功。③

越文化中心地是理学思想传播与发扬之地，程朱理学集大成者朱熹曾先后在山阴的稽山书院、上虞的月林书院讲学。此外，浙东事功学派也在尖锐复杂的民族矛盾和阶级矛盾的形式下崛起④，包括以叶适为代表的永嘉学派和以陈亮为代表的永康学派。同时期，以吕祖谦为代表的金华学派亦产生重要影响。汇聚于越中地区的各个学派传播学术、授徒讲学，这既是南宋学术文化发展的突出表现，也彰显了越文化与教育的互动。

1. 理学与书院勃兴

南宋时期，理学思想渐趋成熟，且在越文化区域内得到传承与发展。理学思想的传播与发扬主要是通过书院讲学进行，因而越中书院的勃兴与理学思想的形成密切相关。朱熹是程朱理学的集大成者，而以朱熹为代表的主流派道学在越中地区占有重要地位，其思想与事功之学互争雄长。

---

① （宋）黄震：《慈溪黄氏日抄分类》卷六八《读水心文集》，清乾隆三十三年（1768）刊本。

② （清）黄宗羲著，全祖望补修：《宋元学案》卷四十九《晦翁学案下》，陈金生、梁运华点校，中华书局1982年版，第1599页。

③ 倪朴：《倪石陵书》、宜秋馆刻本，傅增湘校：《宋集珍本丛刊》，线装书局2004年版，第531页。

④ 参见苗春德、赵国权《南宋教育史》，上海古籍出版社2008年版，第36页。

朱熹复兴白鹿洞和岳麓等书院传播其格物致知思想，陆九渊在象山书院主讲心学要义等，他们通过在书院授徒讲学、著书立说，传播并发扬理学思想。在担任提举两浙东路常平茶盐公事时，朱熹曾先后到绍兴的稽山书院、上虞的月林书院、台州的樊川书院、温州的邱会书院题额。朱熹在越地讲学时，四方来学者甚众，月林书院就是在朱熹讲学之所的基础上创建的。据《上虞县志》载：

> 月林书院，在五夫市清风峡，宋潘经略创。宋文公讲道之地也。明潘府《月林书院兴废始末》记：按戴正心《跋朱子与潘恭叔书》，则知晦庵访李庄简于五夫，馆于月林书院。经略公因令诸子友端辈受学焉。予意，朱子最后为浙东提举，必又往来斯地，四方学者辏集，遂为讲道之所。①

《诸暨县志》记载：

> 杨文修，字中理，六世祖都知兵马使洋，由浙院徙枫桥杨蔬园，遂为诸暨人。……晦庵朱子尝以常平使者道枫桥，闻佛子名，延谈名理及医学天文地理之书，数日去。②

朱熹在诸暨时听闻文修的孝德，便邀约文修在义安精舍叙谈。朱熹与文修就孝道、医术、理学、天文、地理，切磋交流。

萧衍的《稽山书院记》载：

> 稽山书院，则九江吴□因文公之祀请之也，盖文公为常平使者，居越不一岁，讲明道学，敷□政化，斯文一大兴起。……后祀文公于明德堂。③

> 逮至文公先生，益浚其源。昭其统，以集大成。先生教，大要自小学应对洒扫，至大学治国平天下，其进也有序，其志也有

---

① （光绪）《上虞县志》卷三十四《学校志下书院》。
② 宣统《诸暨县志》卷二十七《人物》。
③ 李修生主编：《全元文》卷七五二，江苏古籍出版社 1998 年版，第 186 页。

道。……昔者生长见闻，服先生之服，诵先生之言者不加少。①

朱熹在绍兴的鹿门、鼓山、稽山书院都有过讲学活动。朱子浙东书院讲学，引得"四方学者辏集"，"斯文一大兴起"，越中广为理学泽被。

2. 事功学派崛起

南宋兴起的浙东事功学派，以陈亮与叶适为代表。事功学派的学者重事功、讲实际，反对空谈心性，与当时盛行的理学相抗衡，学术思想与政见主张带有鲜明的时代特色。

陈亮（1143—1194），原名汝能，字同甫，号龙川，学者称为龙川先生。婺州永康人，著有《龙川文集》等。他既是南宋后期著名的思想家、文学家、政治家，又是越地颇具影响的教育家。《宋史》中评价陈亮"生而目有光芒，为人才气超迈，喜谈兵，议论风生，下笔数千言立就"②。南宋中后期，金军先后侵犯大宋国土，然而宋王朝国力衰微，居于东南一隅。陈亮竭忧于国事，渴望国家民族之复兴。他曾多次向孝宗上书，反对苟合偏安，认为"今乃委任庸人，笼络小儒，以迁延大有为之岁月"。陈亮力主抗金，讲求"富国强兵之术"，痛批理学家们"皆风痹不知痛痒之人也"③，提出了一系列具有鲜明时代特色的主张与思想。此外，陈亮与朱熹的王霸义利之辩，反映了两种不同的价值观。陈亮从不讳言功利，作为批判理学的先驱，其思想具有重要意义。

叶适（1150—1223），字正则，号水心居士，温州永嘉人，南宋著名思想家、文学家、政论家，世称水心先生。叶适年少时曾求学于陈傅良、薛季宣等著名学者，18岁时在婺州一带游学。叶适曾在浙西任职八年，《宋史》记载："改浙西提刑司干办公事，士多从之游。"④在任职期间，他结交士人，探讨政治、学术等问题。宋宁宗开禧三年

① 李修生主编：《全元文》卷七五二，江苏古籍出版社1998年版，第187页。
② 《宋史》卷四百三十六《儒林六·陈亮传》，中华书局1976年版，第12929页。
③ 同上书，第12938页。
④ 《宋史》卷四百三十四《儒林四·叶适传》，中华书局1976年版，第12889页。

（1207），叶适因韩侂胄一事被罢官。翌年，叶适回家乡永嘉水心村定居，自此潜心学术、著述讲学，逐渐形成了其独特的学术思想体系。叶适曾言："余既沉痼且老，不胜先人之丧，惧即殒灭；而此书虽与一世之论绝异，然其上考前世兴坏之变，接乎今日利害之实，未尝特立意见，创为新说也。"① 可见，叶适不但继承了薛季宣、陈傅良的学术思想与风格，且诸多"新说"丰富与发展了永嘉学说，亦成为永嘉学派集大成的学者。

　　叶适与陈亮生于同一时代，年龄相仿，受时代背景影响，其主张也相近。政治上，叶适也力主抗金，收复失地；学术上，叶适主张功利之学，反对空谈心性；教育方面，旨在培养实用人才，主张将人才培养与匡时救世联系在一起。叶、陈所代表的事功之学不讳言功利，将矛头指向朱熹与陆九渊的道德性命之学，并且具有强烈的爱国情怀，其见解主张与教育实践活动为南宋越文化中心地的思想学术注入了活力，推动着越地学术的繁荣。

　　3. 吕祖谦与金华学派

　　全祖望曾言："宋乾、淳以后，学派分而为三：朱学也、吕学也、陆学也。三家同时，皆不甚合。"② 此处的"吕学"指的是吕祖谦所创立的婺学，即金华学派。吕祖谦（1137—1181），南宋著名的理学家，出身"东莱吕氏"，有深厚的家学渊源。《宋史》记载："吕祖谦，字伯恭，尚书右丞好问之孙也。自其祖始居婺州。祖谦之学本之家庭，有中原文献之传。长从林之奇、汪应辰、胡宪游，既又友张栻、朱熹，讲索益精。"③ 吕祖谦曾师从于林之奇与汪应辰，又与张栻、朱熹等结交，时常进行学术论辩。

　　吕祖谦在婺州著述讲学，创建丽泽书院，《宋史》云："晚年会友之地曰丽泽书院，在金华城中；既殁，郡人即而祠之。"④ 在学术上，

---

① （南宋）叶适：《水心别集·自跋》，清光绪刻本。
② （清）黄宗羲著，全祖望补修：《宋元学案》卷五一《东莱学案》，陈金生、梁运华点校，中华书局1986年版，第1653页。
③ 《宋史》卷四百三十四《儒林四·吕祖谦传》，中华书局1976年版，第12872页。
④ 同上书，第12874页。

诚如全祖望所言："朱学以格物致知，陆学以明心，吕学则兼取其长，而复以中原文献之统润色之。"① 吕祖谦主张明理躬行，学以致用，反对空谈心性。与此同时，吕祖谦无门户偏见，能兼容并蓄，在主持"鹅湖之会"时能求同存异，兼取诸家之长。在长期的教育实践活动中，吕祖谦形成了独特的学术思想体系，开创了金华学派，成为浙东学术的先导。

（三）图书印刻与收藏

宋代，雕版印刷术的普及与活字印刷术的发明，成为文化发展过程中的一项重大突破。正是由于印刷术获得突飞猛进的发展，加之造纸工业的发达与普及，书籍大量印刷与流传，为藏书事业提供了物质条件与技术保障，便于士人的治学与学术研究。南宋时期，越中文化繁荣，图书印刷业发展迅速。绍兴地区出现了许多刻书的机构与个人，印刻大量书籍，民间藏书事业随之兴起，出现许多藏书爱好者，以及由此发展出的藏书世家。书籍的印刷与收藏，扩大和加速了知识的传播，推动了教育事业发展。

藏书为师生教学及治学所必需，藏书的背后实为读书。教育的普及和发展亦推动着图书印刷与藏书事业，藏书文化与教育互惠共荣。诸多藏书世家家学渊源，各州、县学及书院亦贮有书籍。据嘉泰《会稽志》载：

> 越藏书有三家，曰左丞陆氏，尚书石氏，进士诸葛氏。中兴祕府始建，尝于陆氏就传其书，而诸葛氏在绍兴初颇有献焉。可以知其所蓄之富矣。……石氏当尚书亡恙时，书无一不有。又尝纂集前古器为图记，亦无一不具。其后颇弗克守而从子大理正。②

两宋时期，越地以山阴陆氏、山阴诸葛氏、新昌石氏的藏书最为著名。此三家者，家富藏书，读书之风长盛不衰，因而名重一时。

---

① （清）黄宗羲著，全祖望补修：《宋元学案》卷五一《东莱学案》，陈金生、梁运华点校，中华书局 1986 年版，第 1653 页。
② 嘉泰《会稽志》卷十六《藏书》。

1. 藏书世家山阴陆氏

陆氏于五代时期迁至山阴，在北宋初至南宋中期的两百年间以书香世家而闻名，学风深厚，名人辈出。陆游曾言："宋兴，海内一统，祥符中天子东封泰山，于是陆氏乃与时俱兴，百余年间文儒继出，有公有卿，子孙宦学相承，复为宋世家，亦可谓盛矣。"① 陆氏家中藏书宏富，成为两宋时期越地藏书世家的典范。

陆氏家族从陆轸起逐渐兴旺发达，官宦代出。陆轸于宋真宗大中祥符五年（1012）登进士第，官至兵部员外郎、福建转运使。陆轸重视家学，曾建立书院以教养子孙，其第三代孙陆佃，以诗文名重一时。陆佃在《朝奉大夫陆公墓志铭》中言："老犹赋诗，以公馀观史，以俸馀买书，曰：吾以此终身，亦以此遗子孙，可矣。"② 陆佃赞扬其祖父陆轸倾俸禄购书并将藏书作为家业传于子孙，陆氏藏书之风逐渐兴起。此后，陆宰、子陆游，以及陆游之子，继承了藏书事业。

陆宰（1088—1158），曾任直秘阁、淮南计度转运副使等官职。宋室南渡后，陆宰退隐家乡山阴，延续陆氏藏书传统，建双清堂作为藏书之所，广搜天下遗书，成为当时的大藏书家。绍兴十三年（1143），高宗下诏向民间征求遗书，陆宰曾献出藏书一万三千余卷。对此，嘉泰《会稽志》记载：

> 绍兴十三年，始建秘书省于临安天井巷之东，仍诏求遗书于天下，首命绍兴府录朝请大夫直秘阁陆宰家所藏书来上，凡万三千卷有奇，时置局于班春亭，命新信州教授虞（仲琥）、新江东安抚司准备差遣陆（淏）等数人校勘，书手百余人，再阅岁乃毕。③

至陆游（1125—1210）这一代，陆氏一族兴旺更胜以往。陆游不

---

① （明）叶盛：《水东日记》卷十五《陆放翁家训》，魏中平点校，中华书局1980年版，第150页。

② （北宋）陆佃：《陶山集》卷十四《朝奉大夫陆公墓志铭》，中华书局1985年版，第153页。

③ 嘉泰《会稽志》卷十六《藏书》。

仅是南宋著名的爱国诗人，还是绍兴乃至全国的大藏书家。陆游自幼嗜好读书，其诗云："我生学语即耽书，万卷纵横眼欲枯。"受家庭藏书氛围的影响与熏陶，陆游"尝宦西川，出峡不载一物，尽买蜀书以归，其编目日益巨"①。"西川"位于四川一带。四川亦是当时全国的刻书中心之一。陆游宦游蜀地，热衷于搜集当地书籍，大量购置以充实家藏。晚年，陆游曾将居室称为"书巢"，并作对联曰："万卷古今消永日，一窗昏晓送流年。"陆游《书巢记》：

> 吾室之内，或栖于椟，或陈于前，或枕藉于床，俯仰四顾，无非书者。吾饮食起居，疾痛呻吟，悲忧愤叹，未尝不与书俱。宾客不至，妻子不觌，而风雨雷雹之变，有不知也。间有意欲起，而乱书围之，如积槁枝，或至不得行，辄自笑曰：此非吾所谓巢者邪。②

从陆游对其"书巢"的描述来看，家中贮有大量书籍，书桌、柜子、床上、地上均堆满书籍，而陆游亦是遍览藏书。此外，据陆游在《陆放翁家训》中言："余庆藏书阁色色已具，不幸中遭扰乱，至今未能建立，吾寝食未尝去心。"③其家中藏书阁书目繁多，种类齐全，而其爱书与藏书之意亦表露无遗，在藏书阁遭到破坏后，仍期望有朝一日能重建。

陆游之后，其诸子中亦有传承藏书事业者，陆氏一族的藏书事业得以延续。对于两宋时期越地的三大藏书世家，嘉泰《会稽志》中曾作出评价："三家图籍，其二氏尝更废迁，而至今最盛者，唯陆氏。"④凭借其丰富的藏书，山阴陆氏有着良好的家庭教育，以诗礼传家，成为越地望族。陆氏两百年间传衍的藏书文化与教育传统，丰富和发展了越文化，而其藏书文化与家族教育的成功亦是越文化突进过

---

① 嘉泰《会稽志》卷十六《藏书》。
② （南宋）陆游：《陆游集》卷十八《书巢记》，中华书局1976年版，第2143页。
③ （明）叶盛：《水东日记》卷十五《陆放翁家训》，魏中平点校，中华书局1980年版，第156页。
④ 嘉泰《会稽志》卷十六《藏书》。

程中的成果，体现了南宋越文化中心地位与绍兴教育的互动。

2. 藏书世家新昌石氏

新昌石氏除了凭借"科举世家"扬名之外，亦享有"藏书世家"之美名，是两宋时期越地三大藏书世家之一。

北宋时期，石待旦建立"万卷堂"贮书并创建石溪义塾，藏书与义学相结合。据《石溪义塾"万卷堂"记》载：

> 《大明一统志》云："万卷堂"在新昌东南八里，宋待旦公贮书又为义学。旧传杜衍而下七十二人，由此登科。又郡志云："万卷堂"在新昌县石溪，待旦公始创堂贮书又为义学三区，号上、中、下书院，使学者迭升之人，以此勉励成名者，聚傍又置议善阁，占山水之胜。①

与山阴陆氏通过家传藏书传衍家学、研治学问相比，新昌石氏将藏书与义塾相结合，藏书之所建于义塾之中，其藏书面向义塾学子。因此，山阴陆氏的藏书主要为其家庭教育服务，而新昌石氏不仅靠藏书来传衍家学，还贮书以进行社会教化。

新昌石氏传衍至石公弼时，藏书巨富。除藏书外，石公弼还搜集大量古器物。据嘉泰《会稽志》载：

> 石氏当尚书亡恙时，书无一不有，又尝纂集前古器为图记，亦无一不具。其后颇弗克守，而从子大理正（邦圻），尽以金求得之，于是为博古堂博古之所有众矣。②

其中"尚书"是指石公弼（1061—1115），元祐六年（1091）进士，官至兵部尚书。石公弼藏书"无一不有"，从侄石邦圻，用重金将其死后散出的书籍尽数购回，建立藏书楼——博古堂以贮书。

---

① 陈建华、王鹤鸣主编，顾燕整理：《中国家谱资料选编·教育卷》，上海古籍出版社 2013 年版，第 125 页。
② 嘉泰《会稽志》卷十六《藏书》。

新昌石氏的藏书不仅丰富，且藏书楼壮阔宏伟，周边环境清幽雅致，占据山水之胜。北宋文学家晏殊曾作《留题越州石氏山斋》描绘石氏所建的书斋：

> 书仙十阁壮儒宫，灵越山川宝势雄。
> 岫柏亚香侵几席，岩花回影入帘栊。
> 千秋碧锁东南竹，一水清涵旦暮风。
> 文酒雅宜频谦集，谢家兰玉有新丛。①

据晏殊的描述，越州石氏山斋建有宏伟的书阁儒宫，雄壮的灵越山川环绕其周围，书阁旁边有青翠的竹子和清风朝暮吹过的碧水池。诗中指出石氏书阁适宜举办文酒雅会。此外，晏殊还引用六朝谢安家族的典故，对越州石氏山斋的向往溢于言表，足见石氏书斋的环境优美，令人神往，是藏书、读书的好地方。

3. 藏书世家山阴诸葛氏

关于诸葛氏一族，史书与地方志记载不多，其族人事迹亦鲜有记录，但作为越地三大藏书世家之一，诸葛氏颇具盛名，史载："诸葛氏在绍兴初颇有献焉。可以知其所蓄之富矣。"② 诸葛行仁是南宋越地著名的藏书家，原本是"布衣"，身无官职，后通过捐献藏书而获得官职。嘉泰《会稽志》载：

> 绍兴十三年，始建秘书省于临安天井巷之东，仍诏求遗书于天下……先是有布衣诸葛（行仁），亦会稽人，进所藏书八千五百四十六卷，赏以官，实绍兴五年六月也。③

高宗诏求天下遗书，诸葛行仁进献家中藏书八千五百四十六卷，其家中藏书之富可见一斑。至于其后人，史料记载甚少，唯有嘉泰

---

① 北京大学古文献研究所编：《全宋诗》卷一七一，北京大学出版社 1991 年版，第 1940 页。

② 嘉泰《会稽志》卷十六《藏书》。

③ 嘉泰《会稽志》卷十六《求遗书》。

《会稽志》曾云：“诸葛氏以其书入四明，子孙犹能保之。”① 由此可知，诸葛行仁的后人迁居四明，其子孙能守住家中藏书基业并世代延续。

嘉泰《会稽志》在谈及当时绍兴各地大族情况时说：“今宦学最盛者，杜氏、石氏、陆氏、唐氏、诸葛氏。”② 在宋代绍兴的望族中，三大藏书世家均占有一席之地。藏书为研治学问提供了最基本的保障，是治学和研究的基础。藏书之背后实为读书与教育，藏书世家皆发展为绵延不断的文化世家，这也是越地三大藏书世家能跻身望族的重要原因。

除上述陆氏、石氏、诸葛氏以外，越中地区的藏书世家还有上虞李氏、余姚孙氏等。《津逮楼藏书记》记载：“维孙氏藏书之富，远有端绪。……《宋史》虽不言其藏书，而其书满家，可知已。”③ 南宋绍兴地区藏书事业兴盛，由藏书带来的教育、文化的发达，以及文教事业发展对藏书事业的推动，充分显示了越文化中心地位的确立与绍兴教育的互动。

第四节 蒙学与社会教化

自隋唐实行科举制度后，绍兴地区不仅普遍设立地方官学，而且蒙学、社会教化等获得发展，呈现一片欣欣向荣的文教盛况。

一 蒙学

蒙学，是对传统幼儿启蒙教育的统称。古代“小学”即“蒙养”教育，以“蒙以养正”“养正于蒙”为指导思想，就是指当儿童智慧

---

① 嘉泰《会稽志》卷十六《藏书》。
② 嘉泰《会稽志》卷三《姓氏》。
③ 陈建华、王鹤鸣主编，顾燕整理：《中国家谱资料选编·教育卷》，上海古籍出版社 2013 年版，第 416 页。

开蒙之际及时施以正当的教育，或者说，用正当的教育启发儿童，使之健康成长。① 古代儿童七八岁之时开始接受小学"蒙养"教育；至十五六岁，进入州、县学读"四书""五经"，学诗赋等，为日后应试科举做准备。绍兴是人文荟萃之地，蒙学教育实践与教育思想丰富，宋元时期的蒙学教育发达。

（一）蒙学的形式

蒙学作为民间私学的重要组成部分，发展历史悠久，其形式也在不断更新与丰富。越州私学历史悠久，其中的初等私学即进行蒙养教育的学校，常被笼统地称为私塾，具体地可细分为学塾、村塾、家塾、小学等，其教学内容与性质均一致。至宋代，越地蒙学教育逐渐普及，形式多样，不但有常年开课的私塾、义学（义塾）、家塾等，而且有季节性的村塾、冬学等。

1. 村塾

村塾由一村或几个村共同筹资开设，供村中的儿童读书学习。

自唐代开始，越州地区村学已然兴盛，山阴与会稽两县的乡间村学已趋普遍。诗人元稹任浙东观察使兼越州刺史期间，曾在乡间看到村校儿童学习诗歌的情景。宝庆《会稽续志》记载：

> 元稹序《白氏长庆集》云：予尝于平水市中，见村校诸童，竞习歌咏。召而问之，皆对曰："先生教我乐天、微之诗。"固亦不知予之为微之也。其自注云：平水，镜湖旁草市名。②

平水市是会稽县下的集市，其乡村中设有学校，教授幼童诗歌。唐代文学的辉煌，必有广泛的村塾基础，就此而言，元稹所见当并非个案。

2. 义学（义塾）

义学或义塾是地方上出钱聘请教师或官员、乡绅招聘名士，在家

---

① 参见王炳照、郭齐家《中国教育史研究·宋元分卷》，华东师范大学出版社2009年版，第289页。
② 宝庆《会稽续志》卷三《市》。

乡开办的学校，免费教育本族及乡里子弟。范仲淹于苏州天平山创建的范氏义学、越地新昌的石溪义塾、婺州东阳的横城义塾均是典型代表。

表 3-9　　　　　　　　　宋元时期绍兴地区的义学①

地点	义学	概况
山阴	湖门义塾	元至正初，邑人孙敏中创建于华舍镇湖门村
嵊县	渊源堂义塾	两宋更迭时期，邑人周瑜创建于县城东曦门外。塾内辟有富学、辉声、集彦、擢秀、恢义五斋，另有细论堂、蕴秀轩、同襟馆和兰馨室等。远近从学者甚众
嵊县	姚氏义塾	初名姚景崇义塾，为南宋时姚景崇创建
新昌	石溪义塾	宋咸平三年，著名学者石洖、石待旦父子创建于南石溪村并亲自掌教
新昌	桂山西塾	宋嘉泰三年，陈祖创建于县东平壶村。有丽泽堂、众缘楼等十三间
新昌	桂山东塾	宋绍定四年，陈雷继承从祖遗业重建于县东平壶村。建有师友渊源堂三间，书斋六间，左右可列二三百人。除应科举外，还阐以理渊源之学。"两浙诸郡之俊秀，咸在于斯集者凡三百人。"（新昌《陈氏宗谱》）端明殿大学士蔡杭为之作记
诸暨	白门义塾	元大德六年，方镒独资建于花山乡白门里（今山顶乡下宅村），并担负办学经费
诸暨	店口义塾	元大德末至大初，陈志宁偕弟嵩之出田一千亩、山五千亩作资建于店口

① 根据嘉靖《山阴县志》、嘉定《剡录》、万历《新昌县志》、乾隆《诸暨县志》整理。

北宋咸平二年（999），新昌石渥、石待旦父子创建石溪义塾，系绍兴境内创建义塾之肇端。此后，又有两宋更迭时期（1127 年前后）周瑜所创嵊县渊源堂义塾，南宋姚景崇所创嵊县晋溪姚氏义塾，嘉泰三年（1203）、绍定四年（1231）所创新昌县桂山西塾和桂山东塾，元大德六年（1302）所创诸暨白门义塾，大德末至大初（1308 年前后）所创诸暨店口义塾，至正初所创山阴县湖门义塾等。地方志中对义塾记载甚多，现将其中影响较大、史料详尽可考的几个义塾陈述如下。

（1）石溪义塾

据成化《新昌县志》记载：

> 石溪义塾，在县东南八里石溪之上，宋咸平间，邑儒石先生建，分上中下书院，身自设教，后延明道先生典塾事，四方来学者余数百人，登科者七十六人，如丞相文潞公、韩康公、吕申公、杜祈公皆出其自门，自后子孙相继，关设不坠，先志養才。凡七十余年，程伊川、张南轩、朱文公俱有记述。……石溪在诸老之先，而受业者不落于诸老之后，但平生著作无传于世。当时未有纪录之者，而门人弟子又不能发扬盛德与诸老齐驱，遂使石溪事迹与先生姓名几于无闻。[①]

义塾分为三区，称上、中、下书院，分别设教。曾邀请明道先生（程颢）等硕学鸿儒来塾讲学，求学者众多，科举及第者达七十六人，盛极一时，传衍数十年。最后，由于石溪事迹的著作没能流传，门人弟子未有德才出众者，石溪义塾及其声名渐趋湮没。

（2）桂山西塾

宋嘉泰三年，陈祖创桂山西塾于新昌县东平壸村，成化《新昌县志》记述桂山西塾的概况、周边环境、义塾内部构造等甚详。

---

① 成化《新昌县志》卷六《义学》。

桂山西塾，去县东南十五里地，名平壶。宋嘉泰中，邑士陈祖建，有丽泽堂、众缘楼，列一十三斋，有同舍题名录传世。

嘉泰三年，平壶陈君祖希从昔贤，始郎其家，结屋数十间，招台越名士方君秉哲、王君爌、诸葛君兴为之师，负履而趋者踵至。

桂山西塾有丽泽堂、众缘楼等十三间，延聘学者方秉哲、王爌、诸葛兴等讲学，求学者络绎不绝，"负履而趋者踵至"。

新昌邑东十五里有山曰平壶，其乡仙桂，其里书锦，平壶之中是为陈氏义塾，东接沃洲而望百□。夫姥据其南，四明镇其北。山川映带，秀气钟聚，阛阓之所不接，故宽闲足以養其心，水陆之所不□，故淡薄足以安其躯，此学道者之所宜居也。

桂山西塾依山傍水，景色秀丽宜人，是问学修身之佳处。

院历阶而升，曰丽泽堂，堂之左广文居焉。堂之右上□位焉，由阼皆向东，曰学古。学古之后与崇德相距。由实阶而西曰通艺，通艺之侧有乔木森列，而堂前芳桂丛秀，寒泉泓冽，环以脩庑。庑之侧，左曰富文，曰约礼，曰□□。庑之右曰颜道，曰立义，曰上达。自约礼而入，则升楼之道也。其道与神祠相望，楼曰众绿。波光山色，前拱后揖，苍松翠竹，环拥错峙。凭高而望，远足以壮气，榘而快心目，为暇日聚会之地。①

西塾建筑宏富，"学古""崇德""通艺""富文""约礼"名实相符，蕴含越文化之深意。桂山西塾实有书院之气象，乃读书之佳处，泽惠乡里。

（3）桂山东塾

桂山东塾建于南宋理宗绍定年间，由新昌陈雷修建，位于新昌县平壶村。史载：

---

① 成化《新昌县志》卷六《义学》。

从祖之近抚吾家羡事之，惟力是视其相与□乃作东塾于桂山之阳，□□□之有闲百楹，朋自远方来者如归初，延鄞之陈君，自淳祐三年，复延婺之陈君一中，二君璧水胜流。至是，□下余二百人，朝夕讲习，彬彬然有丽泽气象，拔类策励，较嘉泰为尤盛。塾之冗费皆雷左右之，终始无倦色。[1]

桂山东塾创建以来，呈现繁荣气象，较之嘉泰年间的桂山西塾更盛，朝夕讲习、环坐而听者"余二百人"。此外，长期以来，作为桂山东塾的修建者，陈雷一直捐资兴学，以解决东塾的资金问题。

明代儒学训导吴江莫旦在主纂《新昌县志》时曾称赞："耳不意新昌小邑而有能义举者焉！石、陈二氏之尚义，盖有过于文正者也。"[2] 莫旦将新昌石氏、陈氏创办义塾同范仲淹相比，认为石、陈二氏义举较之范文正公更值得称颂，对石氏与陈氏义塾给予了高度评价。

除以上著名的义塾外，越州各地多有学者、义士捐资办学，教育乡里、家族中子弟。乾隆《诸暨县志》载：

> 孝义乡义学，太学生吴树本捐田一百亩，购讲堂、书室共二十五间，延师以课族姓吴氏之先。元义士宗元，号筠西，因颜曰筠西家塾。
>
> 安俗乡义学，贡生毛栋等遵父贡生毛顺遗志，捐田六十亩，构讲堂、书室共二十三间，延师以课来学，额曰集贤书屋，堂额宝林。[3]

地方上的学者、乡贤，往往以捐田的形式筹集资金，出资辟屋，构建讲堂与书室，聘请教师讲学。可见，自北宋以来，越州地区义学逐渐普及，乡中弟子能入学接受教育，尤其蒙养阶段的教育得以保

---

① 成化《新昌县志》卷六《义学》。
② 同上。
③ 乾隆《诸暨县志》卷十二《学校·义学》。

障，蒙学教育发展迅速。

3. 冬学

宋代农村设有季节性的村塾和冬学，让农家儿童在冬季空闲之余上学读书。陆游曾在《秋日郊居》一诗中描述了乡村儿童参加冬学的情景，诗中记载：

儿童冬学闹比邻，据案愚儒却自珍。

授罢村书闭门睡，终年不著面看人。

自注："农家十月乃遣子入学，谓之冬学。所读《杂字》《百家姓》之类，谓之村书。"①

冬学的设置适应了普通农户人家孩童启蒙教育的需要，在乡村教化广被的宋代，绍兴地区冬学的设置当不在少数，惜因资料限制难以举其概要。

（二）蒙学的教学

蒙学一般指儿童十五六岁之前的学习阶段，教学内容主要包括初步的道德行为训练与基本的文化知识学习。每日功课一般是背书、授新书、作对、写字、读诗等项目，其中尤以背书、讲书、写字三项为最基本、最普遍。②

1. 文化知识

蒙学传授简单的基本文化知识，以识字、背书为主。塾师要求学生读、写、背《三字经》《百家姓》《千字文》等识字类教材。在教认过程中，塾师或精略简要地讲解，或完全不讲，主要是领读，领读时注重句读字音，每天教学十至数十个字不等，领读十至数十遍，令学生面读，仔细正音，然后让学生回到座位上读。学生读到会背烂熟的程度后，再到塾师面前背诵，背诵无误后，始教新课。③

---

① （南宋）陆游：《陆游集》卷二十五《秋日郊居》，中华书局 1976 年版。
② 参见毛礼锐等《中国古代教育史》，人民教育出版社 1983 年版，第 376 页。
③ 参见苗春德、赵国权《南宋教育史》，上海古籍出版社 2008 年版，第 100 页。

关于儿童读书与背书，朱熹曾言："读之，须要读得字字响亮，不可误一字，不可少一字，不可多一字，不可倒一字。不可牵强暗记，只是要多诵读遍数，自然上口，久远不忘。"① 可见，在蒙养教育阶段，基本文化知识教学主要通过学生的识字、读书、背书来进行。元初学者程端礼订有"分年读书日程"，影响深远。他所订定的读书次第，一方面是在理学的影响下规定的，一方面也可以反映出当时及以后的实际教学情况。② 程端礼在"分年读书日程"中依据儿童年龄划分阶段并制订读书规划，如八岁未入学前读《性理字训》《童蒙须知》，八岁入学之后依次读《小学》《大学》《论语》等。

2. 道德行为训练

蒙学十分重视培养儿童的道德品质与日常行为规范。关于蒙养教育阶段的道德、仪礼教育，朱熹在其编订的《小学》与《童蒙须知》种均有详细阐述。朱熹认为小学阶段"教人以洒扫、应对、进退之节；爱亲、敬长、隆师、亲友之道"，这些"皆所以为修身、齐家、治国、平天下之本"③，并指出"行有余力，诵诗读书，咏歌舞蹈"④。可见，蒙学首先培养的是儿童的道德礼仪与最基本的日常生活仪节、规范，然后教以简易的识字、读书。

朱熹在《童蒙须知》序中言："夫童蒙之学，始于衣服冠履，次及言语步趋，次及洒扫涓洁，次及读书写文字，及有杂细事宜。皆所当知。今逐目条列，名曰童蒙须知。若其修身、治心、事亲、接物与夫穷理尽性之要，自有圣贤典训，昭然可考。当次第晓达，兹不复详著云。"⑤ 朱熹编订《童蒙须知》，为入学儿童树立规矩，在着装、语言、走路、卫生习惯、读书写字等方面对儿童提出具体的要求，旨在让儿童在"小学"阶段能守规矩、明礼节。

---

① （南宋）朱熹：《童蒙须知》，黄山书社 2003 年版，第 73 页。
② 参见王炳照、郭齐家《中国古代教育史》，人民教育出版社 1983 年版，第 372 页。
③ （南宋）朱熹：《朱子文集》卷十四《题小学》，中华书局 1985 年版，第 497 页。
④ 同上。
⑤ （南宋）朱熹：《童蒙须知》，黄山书社 2003 年版，第 65 页。

（三）蒙学的教材与读物

中国古代非常重视蒙学教材与读物的编写。由于蒙养阶段的教育任务主要是初步的道德行为训练与基本的文化知识学习，因此，蒙学教材与读物的内容主要是识字课本，其中蕴含伦常道德、日常行为规范以及一般基础知识，还有一些教材和读物涉及自然知识、生活常识、历史知识等。

纵观隋唐宋元时期，各朝各代均编有童蒙教材与读物，唐及唐五代主要以识字为主，属于综合性的居多。宋代的蒙学教材和读物有分类专写的倾向，如道德教育、历史故事、典章名物、诗词歌赋，各有专书。①

1. 蒙学教材与读物的类别

宋代的蒙学教材与读物大致可以分为五类。②

第一类是综合性的，主要是识字、传授一般知识的课本。如《三字经》《百家姓》《千字文》一类的，这三者一般合称"三、百、千"。其中，《三字经》最具代表性，流传时间最长、范围最广，影响也最大。《三字经》由宋代著名学者王应麟编撰。③ 王应麟，庆元府鄞县人，宋理宗淳祐元年进士，宝祐四年复中博学宏词科。历官太常寺主簿、通判台州，召为秘节监、权中书舍人。王应麟在《三字训》的基础上编成《三字经》，全书共一千一百余字，每三字一句，四句一组。其结构紧凑，富有韵律，诵读起来有如儿歌。时人用其教育儿童，广为流传，因而成为我国古代蒙学教材的经典读物。

第二类是道德伦理性的，培养儿童的道德品质，训练日常行为规范，学习如何立身处世、待人接物等。宋代是理学发展与逐渐成熟的时期，理学思想渗透至社会生活的各个层面，培养封建道德意识、伦

---

① 参见王炳照、郭齐家《中国教育史研究·宋元分卷》，华东师范大学出版社 2008 年版，第 294 页。

② 此处分类参考王炳照、郭齐家主编的《中国教育史研究·宋元分卷》和毛礼锐等编的《中国古代教育史》。

③ 关于《三字经》的作者学术界存有争议，但一般认为是王应麟。

理纲常教化备受重视，是教育的中心内容。理学家们十分重视蒙养阶段的教育，伦理道德类的蒙学教材和读物所占比重较大。吕本中的《童蒙训》、吕祖谦的《少仪外传》、陈淳的《小学诗礼》、程端蒙的《性理字训》均属此类。

第三类是历史读物，通过历史典故与历史人物的嘉言善行对儿童进行道德教育，同时又切合了儿童喜欢听故事的天性，能有效激发儿童的学习兴趣。其代表教材与读物有：宋代王令的《十七史蒙求》、胡寅的《叙古千文》。

第四类是诗歌。诗歌富有韵律，诵读起来朗朗上口，易于记忆。这类的教材符合儿童的身心发展特点与规律，易为儿童接受。《神童诗》与《千家诗》都是此类教材。其中，《神童诗》中皆为格律工整的五言绝句，篇幅短小，通俗易懂，是适合儿童学诗的范本。

第五类是专讲名物的教材。代表著作是宋代方逢辰的《名物蒙求》，其内容涉及天文、地理、人事等，包括各类实用知识与日用常识。

2. 蒙学教材与读物

隋唐宋元时期，浙江地区的教育兴盛，是思想学术汇聚之地，因而蒙学教育亦相当发达。绍兴地区采用的蒙学教材除了有当时全国普遍流行的《三字经》《百家姓》《千字文》《小学》等，还有两浙区域内盛行的教材与读物，如吕本中的《童蒙训》、吕祖谦的《少仪外传》、汪洙的《神童诗》、方逢辰的《名物蒙求》等。这些蒙学教材与读物均是由两浙地区的学者所编撰，最初用于家塾教育，后得以普及。

《童蒙训》与《少仪外传》均为东莱吕氏家族的蒙学著作。东莱吕氏家族具有深厚的家学渊源，是宋代著名的文化世家、政治世家。北宋名相王珪曾言："天下之谈衣冠之盛者，必以吕氏为世家。"[1] 其家族注重家塾。自南宋时期吕氏家族第五代——吕本中迁

---

[1] 黄文翰、吕明月：《洛阳吕氏金石列传》，偃师相公庄吕氏文化研究组1998年版，第70页。

家于婺州后，吕氏在浙江婺州传衍，吕氏族人积极投身学术文化，此后吕祖谦开创浙东"婺学"之先声，成为浙东学术的重要组成部分。《童蒙训》又称《吕氏童蒙训》，由吕本中编撰，是吕氏家塾的重要教材。《童蒙训》共三卷，其中汇集了北宋以来典范人物的事迹与言论，包括程颢、程颐、胡瑗等学者的事迹，既是伦理道德类，又是历史类蒙学读物。如在记述程颢与程颐事迹时，《童蒙训》中言道："二程先生自小刻励，推明道要，以圣学为己任，学者靡然从之，当时谓之'二程'。"[1] 吕本中的蒙学教育思想对吕祖谦产生了重大影响，吕祖谦取《礼记·少仪》以为书名，编写了《少仪外传》，对儿童进行道德教育。然《少仪外传》中大量引用儒家经典与正史的内容，较为深刻，不易于儿童理解，因而普及程度与影响力不及《童蒙训》。

《神童诗》是诗歌类童蒙读物的典型代表，最早为北宋汪洙撰写，此后经历代编订，不断添加诗歌。汪洙，浙江鄞县人，九岁时即赋诗，因而有"神童"之称。其诗多为五言绝句，富有韵律，浅显易懂，被收录成集，题为《汪神童诗》，即后来广为流传的《神童诗》。有诸多耳熟能详、朗朗上口的诗句都出自《神童诗》，如：

> 天子重英豪，文章教尔曹。
> 万般皆下品，唯有读书高。

再如这首激励少年发愤图强的诗：

> 朝为田舍郎，暮登天子堂。
> 将相本无种，男儿当自强。

还有一首记述人生四大喜事的诗：

---

[1] （北宋）吕本中：《童蒙训》，商务印书馆 1937 年版，第 1 页。

久旱逢甘霖，他乡遇故知。

洞房花烛夜，金榜题名时。①

《神童诗》诸如此类的诗歌数不胜数，音韵和谐，短小精悍，同时又蕴含浅易的道理与哲理，有助于儿童学习诗歌，因而广为传颂，成为两浙地区乃至全国蒙学读物中的佳作。

《名物蒙求》为南宋临安府淳安县方逢辰所作，在当时专讲名物常识的蒙学教材中最为流行。方逢辰曾在婺州讲学授徒，又曾在家乡淳安县创办家塾，是南宋著名的教育家，十分重视蒙养教育，编撰了《名物蒙求》，帮助儿童学习自然和社会的各种名物知识。

二　社会教化

社会教化主要是在学校外对民众实施的"教化"与"训俗"活动，以达到"化民成俗"的目的。在中国几千年的传统社会中，社会教化具有重要的功能与作用，形式丰富，范围广阔，渗透至各个阶层。社会教化既是统治者巩固政治秩序与重振伦常纲纪的需要，也是个体在社会中生存、发展和生产的需要。社会教化的主要内容，一是劝生产，二是进行伦理纲常的规训。社会教化形式多样，既包括诏令、文告、圣谕广训等政教活动，又融入祭祀、家规族法、乡约等民俗之中。

（一）循吏

在中国古代社会，统治者往往会通过设官来行政，而其中循吏则发挥着重要作用。循吏之名最早见于《史记》，《史记·太史公自序》云："奉法循理之吏，不伐功矜能，百姓无称，亦无过行，作循吏列传。"② 此后正史以及地方志史料中均有循吏传或者相关条目。从汉代的《史记》《汉书》《后汉书》，直至民国初的《清史稿》，均有关于

---

① 徐海荣主编：《神童诗·小学诗·千家诗》，华夏出版社2002年版，第4页。
② 《史记》卷一百三十《太史公自序》，中华书局2006年版，第768页。

循吏的详细记载。据《史记·循吏列传》记载："法令所以导民也；刑罚所以禁奸也。文武不备，良民惧然身修者，官未曾乱也。奉职循理，亦可以为治，何必威严哉？"① 可见，自古以来，循吏并非以严刑峻法治民的酷吏，循吏更重视化民成俗，以教化为本，其社会教化功能影响力更大。因此，要探究绍兴的社会教化，需对历史上该地区的循吏做出一番考察。

隋唐宋元时期，朝廷的各级官吏多由科举出身，来自研读儒经的士阶层，能注重社会教化功能，宋代的士大夫文化更以"明天理"为治理目标。据《宋史·循吏传》记载：

> 承平之世，州县吏谨守法度以修其职业者，实多其人。其间必有绝异之绩，然后别于赏令，或自州县善最，他日遂为名臣，则抚字之长又不足以尽其平生，故始终三百余年，循吏载诸简策者十二人。②

可见，为政一方的循吏往往自身能谨守法度，清廉公正，且在治理地方上时能够兴教化、劝生产，使百姓生活富裕，取得卓越政绩，更有部分循吏最终成为一代名臣，名载史册。

绍兴自古文教兴盛，重视教化，"濡于教泽者深矣"③，因而民风温柔敦厚，社会安定。由于"循吏"既非官职，又非封号，仅是正史中用于记述那些重农宣教、公正廉洁、政绩卓越的州县级地方官的体例，因而难以对绍兴地区的循吏做出统计。雍正《浙江通志》对唐宋元时期出自绍兴府的循吏有明确记录，共计14人，分别是：罗珦、王丝、齐廓、唐翊、王琰、杜褒、贝钦世、孙应时、胡搏、唐阅、俞亨宗、孙子秀、孙炳炎、王艮，籍贯统计见表3-10。

---

① 《史记》卷一百一十《循吏列传》，中华书局2006年版，第694页。
② 《宋史》卷四二六《循吏传》，中华书局1975年版，第12691页。
③ 雍正《浙江通志》卷二十五《学校》。

3-10　　　　　　　　　唐宋元时期绍兴籍循吏人数统计①

县籍 朝代	会稽	山阴	诸暨	新昌	余姚	剡	上虞	萧山	总计
唐代	1								1
宋代	2	3	1		4		2		12
元代			1						1

从上表可以看出，绍兴的循吏人数宋代最多，达 12 人，唐代与元代各 1 人。出自绍兴地区的 14 位循吏中，大部分被列入正史，如罗珦、齐廓、孙子秀、王艮等。

除了表中所列绍兴籍循吏外，隋唐宋元时期治越的地方官亦数不胜数，而其中有诸多政绩突出者，他们重教化、倡文明，关注民生，确能造福一方，发挥循吏应有的教化功能。北宋范仲淹以吏部侍郎的身份遭贬谪来越州任知州，范仲淹为官清正廉洁，重视地方教化，深受百姓爱戴。乾隆《绍兴府志》载：

> 范仲淹，字希文，苏州人，以礼部侍郎知越州，有惠政，尝作《清白堂记》以见意。既去，越人祠祀之。至今郡中有泉曰"清白"，有亭曰"希范"。郡前有坊曰"百代师表"，盖久而不忘如此。②

范仲淹在越州主政时关心民生疾苦，施以惠政。在范仲淹的倡导下，越州办学之风大兴，各类学堂、私塾盛行。越州百姓在范仲淹调任离越后，在郡前为其立"百代师表"的牌坊，永志纪念。陆游曾作诗称赞范仲淹："有越逾千载，何人不宦游。向来惟一范，真足壮吾州。"③据此可见，范仲淹在越州为官期间重视教化，身体力行，政绩卓越。

① 根据雍正《浙江通志》卷一百六十九《循吏》统计。
② 乾隆《绍兴府志》卷四十二《人物志》。
③ （南宋）陆游：《陆游集》第一册《剑南诗稿》，中华书局 1976 年版，第 13 页。

张友直，北宋政治家、文学家张士逊之子，曾在越州为官，期间，张友直正风气、重教化，颇有建树。乾隆《绍兴府志》载：

> 张友直，字益之，家阴城。赐进士出身，累迁工部郎中，知越州。州民每春敛财，大集僧道士女，谓之"祭天"。友直下令禁绝，取所敛财建学以延诸生。①

张友直在越州任官时禁止淫祀敛财的恶行，并将敛财所得资金用以兴办学校，颇有"西门豹治邺"之遗风、循吏之举。

此外，陈靖在越州任官期间"尤重农事"；苏寿则是"明刚柔，审厉害，人称其治"；王逵致力兴革，"大为曾巩所推服"；而沈遘在治越时"锄治奸蠹，所禁无不改"。②

以上事迹，《绍兴府志》中均有详细记载：

> 陈靖，字道卿，莆田人，历京东西转运使，知越州。平生多建画，尤重农事。
>
> 苏寿，武功人，祥符初，以大理丞出知萧山，明刚柔，审利害，人称其治。天圣九年夏，知越州，推强照弊，曾未期月，威声大振。
>
> 王逵，濮阳人。皇祐初，知越州，濬治城隍，布宣政令，志有执，持果于兴革，大为曾巩所推服。西园有池，名曰：王公。盖越人致其思云。
>
> 沈遘，钱塘人，仁宗朝进士，以知制诰知越州。锄治奸蠹，所禁无不改。崇奖贤知，得其欢心，州人画像事之。③

为政期间能身体力行，劝农、劝学、正风俗、明伦理的越州循吏不胜枚举，他们推行社会教化，使越地儒风浓郁，乡俗敦厚。

---

① 乾隆《绍兴府志》卷四十二《人物志》。
② 同上。
③ 同上。

（二）诏、诰、劝谕等

在古代社会，吏治常用诏令、文告、劝谕、圣谕的形式，对臣民讲明义理，进行伦常与礼义教化，宋代最为兴盛。这些诏、诰、劝谕之类的公文内容涉及劝农桑、劝学、忠君爱国等。由于诏、诰、劝谕是自上而下以张贴榜文形式公布，内容符合统治者意志，传播范围广，宣扬力度大，因而往往能引领世风，将儒家伦理道德渗入下层百姓的思想意识中，起到社会教化的作用。

自隋唐始，国家崇尚儒术，宋代尤盛。政府通过颁布各类兴学、设学官的诏令、谕文，官吏撰写劝学文、修学碑记等形式，以广教化。

隋文帝颁布的《劝学行礼诏》开启劝学之风。隋开皇初，名臣柳昂曾上表劝学行礼，文帝"览而善之"，因而下诏劝学。《劝学行礼诏》言：

> 建国重道，莫先于学，尊主庇民，莫先于礼。……朕受命于天，财成万物，去华夷之乱，求风化之宜。戒奢崇俭，率先百辟，轻徭薄赋，冀以宽弘。而积习生常，未能惩革，间阎士庶，吉凶之礼，动悉乖方，不依制度。执宪之职，似塞耳而无闻，莅民之官，犹蔽目而不察。宣扬朝化，其若是乎？古人之学，且耕且养。今者民丁非役之日，农亩时候之余，若敦以学业，劝以经礼，自可家慕大道，人希至德。岂止知礼节，识廉耻，父慈子孝，兄恭弟顺者乎？始自京师，爰及州郡，宜祗朕意，劝学行礼。[1]

诏书体现了统治者对"学"与"礼"的重视，主张百姓在农耕之余学习经义、礼节，从而宣扬教化，引领社会风气。

中国古代以农立国，劝导生产是社会教化中的重要内容。历代皇帝劝课农桑的诏令屡见不鲜，地方官员也常发布劝农的文告，进行劝

---

[1] 《隋书》卷四十七《柳昂传》，中华书局1973年版，第1278页。

农、兴农的活动，督促与指导生产。宋代薛季宣在越州劝农时，曾作《劝农文》，要求百姓"毋失天时，毋事末作"。《劝农文》内容如下：

> 洪惟我国家惇俗重农时、务本，发号施令，罔非民事之攸急，肆监司帅守越我邑之令，佐凡厥字民，任举曰：劝农，司营田小臣只领县条教敢不供天子之明，诏简乃赋役，勿敢急于追，须图惟尔之力，田成劝农之实务，乃中春几望东，作方兴说于农郊，相稽事尔尚一，乃心力莳，乃稻粱，毋失天时，毋事末作，靖共尔职，迟厥有秋岁之丰，则于尔躬有获，乃其或馑室家胥免于流亡，于乎念哉，弗种胡获，弗为胡成，业荒于嬉，勤乃克降，年有稔有不稔。若其知此之，云忧律，乃子孙克勤克俭，节乃用思，惟永尔思不永时惟尔家有恤。①

南宋陈著知嵊县时，关注农事，作《嵊县劝农文》，劝勉百姓"以勤为本"，并阐述了嵊县"山多水浅"的水土情况，指出只有勤于耕作才能致富，而懒惰只会使人更加贫困：

> 告民以勤为本，嵊之民当加勤。嵊山多水浅，其土瘠，土瘠故物不滋润，物不滋故种薄，攻种薄收故民多贫。彼富者食肥饶犹云不给，今反此而不加勤，可乎？勤则瘠可肥，贫可富，不勤则瘠愈瘠，贫愈贫，其何以生？②

由此可见，地方官吏为政之时积极劝导生产，勉励百姓勤力耕作，以农为本，从而推进农业发展。

（三）家规宗约

中国古代社会是乡土社会，宗族、家庭是最基本的结构，社会底层的教化，往往需要依靠宗族、家庭的力量进行。宗族、家庭作为基层组织，无论是其有形制度下的族规、家训，还是无形中的家学门

---

① 薛季宣：《浪语集》卷十五《越州劝农文》，《宋集珍本丛刊》，第126页。
② 陈著：《本堂集》卷五十二《嵊县劝农文》，文渊阁《四库全书》本。

风、教育传统，都能有效地在宗族聚居地对族人进行封建伦常、忠君爱国、遵规守法、尊师敬学等方面的教育。

1. 义门裘氏

在朝廷的倡导下，宋代开始出现许多数世同居的大家庭，其中的典范被旌表为"义门"。会稽裘氏累世同居，宗族规训严明，重视教化，且"世勤耕桑，家积仁义"，宋真宗曾"诏下会稽，旌表裘氏门间，从守臣之请，褒孝义，励风俗也"①。

裘氏一族历史悠久，于永嘉南渡之时避地婺州，随后又迁居会稽，在会稽传衍发展。据宝庆《会稽续志》载：

> 昔裘牧为大夫，世居中国。至十七代孙睿仕西晋，值永嘉之乱，乃随元帝渡江，避地婺女，遂隐不仕。其子尚，义熙中徙会稽南三十里，世勤耕桑，家积仁义……大中祥符四年，郡邑始能知，裘氏尚至可暄已十九世矣。②

嘉泰《会稽志》载：

> 平水、云门之间，有裘氏，自齐、梁以来七百余年无异爨，子弟或为士，或为农，乡党称其行。大中祥符四年，裘氏义居已十有九世，其族长曰承询。此后二百三十六年，其号义门如故。至嘉泰初，又五六世矣，犹如故，聚族亦加于昔。③

裘氏自东晋定居会稽云门，子孙繁衍，孝义传家，被旌表为"义门"，其时，已义居七百余年，此后又传承八九世，历东晋、南朝，后又传至唐、北宋、南宋。其义居年代之久，传承时间之长，实为历史上义门之典型。

裘氏数百年来宗族人丁兴旺，为农为士者皆有，笃行孝义，勤俭持

---

① 宝庆《会稽续志》卷八《杂记》。
② 同上。
③ 嘉泰《会稽志》卷十三《义门》。

家，为当地人所称赞。在这样的大宗族组织中，设有族长，立有相应的规矩，通过族训、族规、族学以及宗族传统等对族人施加约束与教化。

据《燕翼诒谋录》卷五《越州裘氏义门旌表》所载：

> 族人虽异居，同在一村中，世推一人为长，有事取决，则坐于听事。有竹算亦世相授矣，族长欲挞有罪者，则用之。岁时会拜，同族咸在。①

宗族内部实行大家长制式的严格管理。对于有过失的族人，族长会用世代相传的竹算来实施惩罚，给以鞭笞。王栐曾评价："裘氏虽无显者，子孙世守其业，犹为大族，胜于乍盛乍衰多矣。"② 裘氏一族数百年间未有达官显贵、巨商豪贾，但凭借其严明的宗族教化，重孝义、勤耕桑、守规训，故能传承数代，守住其望族的地位。有诗云："夫何于会稽，卓然有裘氏；同居六百年，相聚三千指。昔贤钦义方，列奏闻天子；诏因表闾门，光华映梓里。"③

2. 上虞章氏

上虞雁埠章氏传有《家训》，其作者是五代初期曾任吴国检校太傅等职的章仔钧。《章氏家训》中训诫子孙应如何勤俭持家、立身行己、待人接物、传承祖业等，其主要内容包括：忠君上、孝父母、友兄弟、别夫妇、睦亲族、教子孙、继绝世、正业术、勤本职、崇俭约、励廉隅、谨言动、敦谦让、慎婚配、重丧祭、建祠宇、治葬地、立墓碑、置祭田、保荫木、禁盗卖、戒争讼、除凶暴。④

章氏一族的《家训》除了内容翔实、引经据典，还有相应的规训与惩戒措施，指出族人若违反规训或教令应受到惩处。例如"除凶暴"一条规定：

---

① （宋）王栐：《燕翼诒谋录》卷五《越州裘氏义门旌表》，中华书局 1981 年版，第47 页。
② 同上。
③ 康熙《会稽志》卷二十五《孝义》。
④ 参见费成康主编《中国的家法族规》，上海社会科学院出版社 1998 年出版，第246—252 页。

特血气之勇，凌人傲物，侮慢尊长，欺压孤懦，深可痛恨。甚至酗酒撒泼，以为得志，无赖极矣。不知忘其身祸且及亲，亲亦何辜。吾族有此，房长惩饬不悛，合族严加重处。①

再如"禁盗卖"一条规定：

《礼》："君子为宫室，不斩邱木。"邱木且不可斩，忍将祖坟田地售诸他姓及被侵占乎？有此等事，呈官究治外，削谱革籍，吾族断不容恕。②

《家训》中对违规、违训者惩戒措施明确，便于实行，能确保子孙循规蹈矩，数百年间家风不堕。

3. 新昌石氏

明代儒学训导莫旦在修纂《新昌县志》时曾言："氏族，世之所尚，非徒以其富且贵而豪且强也。有贤祖宗以启之于前，有贤子孙以继之于后，修仁树义于冥冥之中而流芳衍庆于昭昭之表，斯是之谓故家，斯是之谓世族云耳。"③ 与会稽裘氏累世同居、上虞章氏规训传家不同，新昌石氏更注重兴学、科第，因而石门科第相连，名士辈出，既有达官显贵者，亦有忠义守节之辈。据《新昌县志》记载：

凡七人俱入乡贤祠，其余状元三人、榜眼二人、进士四十二人、登显官者百二十余人，忠臣义士、烈妇孝女无不有焉，俱在宋三百年之间，故家文献莫有能及之者也。④

正是由于良好家学门风的传承、重教兴学传统的延续，新昌石氏于数百年间绵延不绝，传为佳话。

---

① 参见费成康主编《中国的家法族规》，上海社会科学院出版社1998年出版，第252页。
② 同上书，第251页。
③ 成化《新昌县志》卷十一《氏族》。
④ 同上书。

第四章　禁锢与创新：明至清中叶的绍兴教育

明清时期，中央皇权空前强化①，科举制度发展到鼎盛，地方教育逐渐与科举合流。另一方面，随着专制皇权的恶化，促成了儒学的异化②，加之社会经济结构的改变，思想界出现了诸多新变化，特别是以浙东学人为代表的"王学""实学"与"史学"的勃发，标志着越文化再次走向新高度。而这一切都对明清时期的绍兴教育产生了重要影响，同时也是绍兴教育与之互动的结果。

本章重点围绕科举与府县儒学、阳明"心学"与浙东"王学"及其教育活动、乡村教化、教育思想的创新及影响等主题，阐释明至清中叶的绍兴教育。

---

① 钱穆在《国史大纲》中指出：明代的废相与不惜严刑酷法来对待士大夫，遂成绝对君主独裁的局面。清代则有过之。

② 余英时认为：十五、十六世纪儒学的转形移步是一个十分复杂的历史现象。大体言之，这是儒学的内在动力和社会、政治的变动交互影响的结果。以外缘的影响而论，特别值得注意的是"弃儒就贾"的社会运动和专制皇权恶化所造成的政治僵局。这二者又是相互联系的：前者以财富开拓了民间社会，因而为儒家的社会生活创造了新条件；后者则堵塞了儒家凭借朝廷以改革政治的旧途径。这两种力量，一迎一拒，儒学的转向遂成定局。（参见余英时《士与中国文化》，上海人民出版社 2003 年版，第 528 页）

第一节　科举与府县儒学

明清时期是科举制度的鼎盛时期，也是地方官学发展的繁盛阶段。与前代相比，明清时期的学校教育制度完整而严密。中央设国学，地方各级设府县学，社学、武学等各类学校也获得发展，覆盖广泛，管理完备。学校教育与科举制度进一步融合，最终学校与科举合流。在这一背景下，绍兴地区府、县学发展迅速，科举人才辈出，在明代成化至隆庆年间，一度成为全国的科举重心。

一　官学教育概况

1367 年，朱元璋亲取婺州，胜利在即。下诏令曰：

> 今天下初定，所急者衣食，所重者教化。衣食给而民生遂，教化行而习俗美。足衣食在于劝农桑，明教化在于兴学校。学校兴，则君子务德；农桑举，在小人务本。如是为治，则不劳而政举矣。①

在明代尚未正式建国时，朱元璋已明确了人才与教化的重要性，而"明教化在于兴学校"，学校教育得到了明代统治者的高度重视，于中央设国子学，地方府、州、县各级均设儒学，形成了以中央官学和地方儒学为核心的儒学教育系统。

（一）国子学的发展

明洪武十五年（1382），朝廷新建国子学，确立其规模。1403年，明成祖朱棣即位，于永乐元年改北平府儒学为北京国子监。永乐十八年（1420），改北京国子监为国子监。1441 年，重建南京国子

---

① 《明太祖实录》卷二十六，"中研院"历史语言研究所 1968 年影印本，第 387—388 页。

监。自此，南北二监并行。清顺治七年（1650），改明南京国子监为江宁府学，北京国子监作为全国最高学府与最高行政部门保留下来，直至 1905 年被学部取代。

明代国子学的对象始为皇室子弟与功臣子弟，后太祖增设太学人数，下令于府州县学中挑选监生，自此，明代的国学教育向民间子弟打开了大门。除了官家子弟之外，按照明代国子监生出身的不同，可以将其分为贡监、举监、荫监和例监四类。贡监，即全国各府、州、县学按照学额向国子监选送太学学生。举监是太学生员的另一主要来源，即科举会试举人落第选送监生。所谓荫监，即凭借祖、父之品官、功劳，无须经过考选即可获得资格进入太学。到了明景泰年间有了通过捐纳形式进入国子监的形式，即例监。

明清时期，国子监生员的待遇十分优厚。国子监向监生发补每日餐费，提供各类生活必需物品、学习考试用品，监生回乡探亲补助差旅费，遇到家中变故还提供周济。同时，明清时期对国子监生的管理也十分严格。对监生日常过失行为有专门的记录与对应的惩罚，设立诸多国子监规，规范监生行为与思想。设历事之制①，行积分之法，积满八分者为及格，给予出身。

通过国子监的学习及监外历练之后，一部分监生选择经由吏部筛选入仕，获得一官半职。但随着明代科举日盛，直接入仕愈加困难，越来越多的监生选择通过科举来谋取出身。监生日益急于追求功名，国子监的地位受到了动摇。清嘉庆年间，国子监已空有其名，逐渐演变成为科举的预备机构。

（二）府县儒学的发展

明清时期，统治者实行"重教兴学""以学兴教"的文教政策，府、州、县各级地方行政单位均设儒学，并建立了一套较完备的地方学校教育制度。"盖无地而不设之学，无人而不纳之教。"② 明清学校

---

① 监生历事：明代国子监生学习完国子监规定的所有文化课程之后，为了培养其政务实践能力而实行的实习制度。

② 《明史》卷六十九《选举志一》，中华书局 1974 年版，第 1686 页。

之盛为唐宋所不及，地方教育迅速发展，"庠声序音，重规叠矩，无间于下邑荒徼，山陬海涯"①。绍兴地区也不例外。

明代通过地方行政改革，形成了省、府、州、县四级制与省、州、县三级制并存的行政格局。明代绍兴府隶浙江行省布政使司，绍兴以府统县，共辖8县：山阴县、会稽县、上虞县、新昌县、诸暨县、萧山县、余姚县和嵊县。②清代，绍兴府的行政辖域沿袭明制，基本没有变化。考察明清时期绍兴地区府县儒学，主要围绕绍兴府和山阴、会稽等8县展开。

1. 建置

绍兴地区的府、县学大多建于宋代，其格局基本定型。明清时期，统治者极大地关注地方府、州、县学的设置，"无地而不设之学"之盛况在绍兴地区也体现出来，绍兴府有府学，府下所属八县皆有县学。

康熙五十七年（1718），绍兴府学扩修后，占地九十亩，号称"浙中诸庠第一"③。乾隆《绍兴府志》载：

> 戟门三座；官河桥在戟门内；文庙门即棂星门，在官河桥后，一座三间；泮池在文庙内；大成门三间，在泮池后；大成殿五间，殿前阶级三层，有石栏、月台、甬道，旧名孔子殿，乾隆十六年有碑，上悬万世师表；明伦堂五间，在大成殿后；尊经阁七间，在明伦堂后，旧名稽古阁，乾隆五十六年知府李亨特重建；敬一亭今废；儒学门在戟门东；泮桥在儒学门内；文昌阁三间，在大成门东旁，雍正六年建有碑；崇圣祠三间，在文昌阁后，有头门一间二间三间；东谒圣门在棂星门东旁；西谒圣门在棂星门西旁；官厅三间，在棂星门东旁；茶房一间，在官厅东旁；名宦祠三间，在棂星门西旁，与官厅相对；东朝房三间，又名宰牲房，在大成门东旁；东庑九间在东朝房东旁；

---

① 《明史》卷六十九《选举志一》，中华书局1974年版，第1686页。
② 乾隆《绍兴府志》卷二《地理志》。
③ 乾隆《绍兴府志》卷二十《学校志·学宫》。

西朝房三间在大成门西旁；西庑九间在西朝房西旁；东厨在大
成殿东旁；东斋房在东厨房后；礼门一间在东厨后；西库在大
成殿西旁；与东厨对；西斋房三间，在西库后；乡贤祠三间，
在名宦祠西；土地祠在训导署东，正殿三间，头门一间；教授
署在乡贤祠后，大门三间，大堂三间，讲堂三间；东、西书房
各三间，左右厢东西首住房各三间，厨房二间；训导署在棂星
门东；鳌池在训导署东。①

见其建置与规模，实在不愧为浙中第一庠。

随着科举制度在明清时期的繁荣发展，地方官学的生员也日渐众
多，原有的学宫、校舍不能满足儒生求学的需要，各府县学在原有的
建置之上得以扩建。

由于风雨侵蚀日久以及各种天灾人祸，明清时期绍兴府县儒学的
重建、修缮工作频繁。关于绍兴府县学的建置、重建与修缮工作，地
方史料均有记载，具体情况整理如表 4 - 1。

表 4 - 1　　　　　　　　　　明清绍兴府县学建置②

府、县	建置沿革	明清建置
绍兴府	在府治东南，宋嘉祐中迁建	明正统十二年至成化五年（1447—1469），知府白玉、吉惠重修，并建乡贤祠于戟门西侧。万历九年（1581），移入名宦祠，与乡贤祠东西相对。清顺治四年重修。康熙六年重建明伦堂，修大成殿。康熙年间后三修，雍正八年增修稽古阁，乾隆十八年知府舒宁安同知汤大宾修葺。乾隆五十六年，殿宇学舍俱倾圮，知府李亨特倡捐重建。同治九年，知府海霑重修

---

① 乾隆《绍兴府志》卷二十《学校志·学宫》。
② 主要根据乾隆《绍兴府志》等地方志整理。

府、县	建置沿革	明清建置
会稽县	在县治南，南宋崇宁中建	［万历志］明天顺八年知县彭谊以城中隙地易还之，仍出俸余为迁徙费，又建两斋仓库庖厨。成化嘉靖隆庆万历间相继葺之。［俞志］国朝康熙间贡生孟学思、乡官姚启圣重葺，后复圮。五十三年重修大成殿。［学宫册］乾隆二十四年县令彭元玮、教谕汤以珪、训导王张标、典史王道同建修
山阴县	在县治南，南宋崇宁中建	［万历志］明正德间知府戴琥、知县李良相继买民居拓之。嘉靖十八年知府汤绍恩移置。［俞志］隆庆万历天启间重修，又建文昌阁于集贤门内。国朝顺治二年修启圣宫。康熙二年贡生刘匡之、生员沈麟趾修明伦堂。八年大成殿坏，重修。［学宫册］乾隆四十七年大殿朽，前县庄文进易之，今规模虽具徙，已倾圮
嵊县	在县治西南，明嘉靖中迁建	［嵊县志］雍正间修。乾隆元年教谕沈谕培、训导谢超详请捐修。二年重建。［嵊县册］乾隆二十三年重建。二十八年教谕汪埔、训导孙昇捐俸倡修明伦堂。乾隆五十四年喻大中捐资重建义门
诸暨县	在县治西南，宋淳熙六年建	［万历志］明洪武初重建。［诸暨县志］雍正七年殿宇朽坏，知县张长庠修。乾隆五年尊经阁圮，重建。二十四年，庙庑祠衙斋俱倾圮，知县张端木举邑绅士十二人捐重建
余姚县	在县南新城中，宋元丰年间建	［俞志］国朝顺治间重建。［浙江通志］康熙六年重建。二十九年大圮。知县康如连等倡协劝捐修。［余姚县志］乾隆三十年诸生重建。三十九年绅士增置前轩三楹，缭以围墙。乾隆二十七年新建文昌阁。乾隆三十三年训导唐华募建屋五间、东西厢房各二间

续　表

府、县	建置沿革	明清建置
上虞县	在县治东南，宋庆历中建	［俞志］国朝康熙八年署县孙鲁、知县郑桥共建之。不久辄圮，贡生冯辰锦于五十二年捐八百金独建明伦堂。［上虞县志］乾隆四十年间修葺添造文武阁
萧山县	在县南门外，宋绍兴间建	［万历志］绍兴间始移于今南门内地。明嘉靖十八年御史张元德买民田扩之。万历十三年知县刘会建三元阁于学。［俞志］国朝县令韩昌等人修葺。［萧山县志］雍正二年知县门钰、教谕沈汉生等大修之。乾隆六年邑人陆巡捐资增设斋宿所。七年复修。［学宫册］乾隆二十八年邑人赵锟捐资重建明伦堂。四十八年邑人陈铣捐千金修之
新昌县	在县治东南，宋绍兴中建	［俞志］国朝知县刘作梁重葺。［新昌县学宫册］雍正年间修大成殿，创建文昌阁。乾隆二年重建尊经阁。十四年重建明伦堂。四十七年贡生吕基绪重修大成殿

如表4-1所示，明清两代绍兴府学与会稽、山阴县等县学的修建工作频繁。地方儒学的修建工作不仅有政府支挪公费支持，也得到了民间积极捐资、捐地的援助。光绪《上虞县志》中对明清时期上虞县学的修缮工作有以下记载：

崇祯间，岁久殿庑圮坏、不蔽风雨，七十二贤神位圮。八年署县孙鲁、教谕楼立尊捐营修。十年知县郑桥捐俸加修，委典史张凤麟督工。（《康熙志》）

五十五邑人冯辰锦捐八百金建修明伦堂。乾隆初，邑人钱仪吉等捐修大成殿。四十年又圮。知县郑云龙筹资修葺者民沈仪彬独建。先师暨四配十哲神座。嘉庆三年大柱朽。邑人朱文绍捐资易之。（《嘉庆志》）

道光元年知县李宗傅重葺殿宇。邑人谢绯、姚望杰、陈魁秀等缗助之。①

由此可见，除了官方行政支出以及地方儒官捐俸捐田，民间邑人也积极捐银捐田支持县学的修缮与重建工作，这为明清绍兴府县儒学的发展提供了良好的物质条件。

2. 府县儒学的教学与管理

明清时期，地方学校教育已经形成了一套完备的教学与管理制度。

（1）入学制度

明代府县儒学在入学上实行"孔子有教无类之意"②，士农工商军子弟均可入学，入学年龄为十五岁以上。但这并不意味着进入府县学是一件易事。

童试是明清府县儒学的入学考试，又称童子试，分为县试、府试、院试三级。儒童只有通过了这三级考试，才能获得进入府县儒学学习的资格。县试是童子试的第一步，一般由地方知县主持，分为五场，每场一天。府试由知府主持，通过即可参加院试。院试是决定儒生是否能取得生员资格的大试，通常由各省学政主持，有专门的考场与制度。可见，府县儒学的入学制度十分严格，有不少人被童子试拒之门外。到了明代后期，有了援纳之例入补生员。

府县儒学对生徒额数也有明确规定。不同时期，府县儒学生员的名额均有定数。《明史》中对此有所记载：

> 生员之数，府学四十人，州、县以次减十。师生月廪食米，人六斗，有司给以鱼肉。……生员虽定数于国初，未几即命增广，不拘额数。宣德中，定增广之额：在京府学六十人，在外府学四十人，州、县以次减十……增广既多，于是初设食廪者谓之廪膳生员，增广者谓之增广生员。及其既久，人才愈多，又于额

① 光绪《上虞县志》卷三十三《学宫》。
② 《明太祖实录》卷二百二十五，"中研院"历史语言研究所 1968 年影印本，第3308 页。

外增取，附于诸生之末，谓之附学生员。凡初入学者，止谓之附学，而廪膳、增广，以岁科两试等第高者补充之。非廪生久次者，不得充岁贡也。①

明洪武二年（1369），政府明确规定府学学额40人，州学30人，县学20人，并给予生员廪膳。洪武二十年（1387），设增广生员，且不定额数。明宣德三年（1428），又定增广学额与廪膳学额相同。清乾隆《绍兴府志》中对清绍兴府学及各县学的学额有详细记载：

> 绍兴府学额进二十五名、廪生四十名、增生四十名、一年一贡。山阴县学、会稽县学、萧山县学、诸暨县学、余姚县学各额进二十五名、廪生二十名、增生二十名、二年一贡。上虞县学、新昌县学、嵊县学各额进二十名、廪生二十名、增生二十名、二年一贡。②

这一时期，学额制度成为政府控制地方生员膨胀、限制冒籍的有效措施，有利于提高府县儒学的生员质量，为科举制度选送人才。

（2）教学制度

明清时期，地方官学的教学目标以培养国家官吏为主。统治者不仅重视生员文化知识的教育，而且重视其行政能力的培养与道德情操的养成。各府县学均分科设教，"生员专治一经，以礼、乐、射、御、书、数设科分教"③。《皇明立学设科分教格式》中规定："……礼、律、书共为一科，训导二员，掌教礼、教律、教写字；……乐、射、算共为一科，训导二员，掌教乐、教算、教射。"④ 清代主要分为礼、射、书、数四科。

学习课程以儒家经典为主。明初，地方官学教学内容以经、史、

---

① 《明史》卷六十九《选举志一》，中华书局1974年版，第1686—1687页。
② 乾隆《绍兴府志》卷二十《学额》。
③ 《明史》卷六十九《选举志一》，中华书局1974年版，第1686页。
④ 引自熊明安、熊焰《中国古代教学活动简史》，重庆出版社2013年版，第281页。

律、诰、礼、射、书、数为主，"朝廷颁行经史、律诰、礼仪等书，生员务要熟读精通，以备科、贡考试。……遇朔望，习射于射圃……习书依名人法帖，日五百字以上……数务在精通九章之法"①。之后，儒学教学内容稍有调整，教材仍以《性理大全》《四书》《十三经》等儒家经典为主。初有行政及律令课程的学习，后由于科举制度日盛，府县学的课程内容日渐空疏，学习内容完全以科举为导向，府县儒学成了科举考试制度的预备学习机构。

明朝政府规定，于府学设教授一人，训导四人；州学设学正一人，训导三人；县学设教谕一人，训导二人。所有教师都是由政府委派的官员，称为"儒官"。到了清代，政府规定府学设教授、训导各一员，县学置教谕、训导各一员。清乾隆《绍兴府志》中对此也有详细记载：

> 绍兴府教授一员，复设训导一员。山阴县教谕一员，复设训导一员；会稽县教谕一员，复设训导一员；萧山县教谕一员，复设训导一员；诸暨县教谕一员，复设训导一员；余姚县教谕一员，复设训导一员；上虞县教谕一员，复设训导一员；嵊县教谕一员，复设训导一员；新昌县教谕一员，复设训导一员。②

这一时期，地方儒官主要负责督促生员学习，背读经史、讲通大义，记载生员学习进程，配合地方管理等。清嘉庆后，地方府县学的教学活动很少，以对生员的日常考核为主。

生员的考核制度以月课季考、岁考和科考为主。月课季考是对生员的一种日常考察，主要为了督促生员学习，在清代还有每月讲解律法和背诵卧碑文的规定。岁考起初时间不一，到了清代每三年一次，全体生员都需参加。明代岁考实行"六等试诸生优劣"，"一等前列者，视廪膳生有缺，依次充补，其次补增广生。……继取一二等为科

---

① 《明会典》卷七十八，《明太祖实录》卷二百一十六，转引自宗韵主编《中国教育通史》（明代卷），北京师范大学出版社 2013 年版，第 384 页。
② 乾隆《绍兴府志》卷二十《学官》。

举生员，俾应乡试，谓之科考。其充补廪、增给赏，悉如岁试"①。在此基础上，清代推行"六等黜陟法"②，即根据岁考成绩将生员分为六等，按照等级进行奖惩。以上两种考核主要为了对生员的学习进行监督与奖惩，而科考则以选取参加乡试人才为主，并在一定程度上能够控制应试人数，为乡试选取优秀考生。

（3）管理制度

明清时期，地方学校得到了历代统治者的高度重视，加强对地方学校的管理与控制是其中重要一部分。

明初，"十五年，颁禁例于天下学校，镌勒碑石，置于明堂之左，永为遵守"③。此即明太祖朱元璋为天下生员立学校禁例十二款，并命镌勒碑石，置于明伦堂左侧，以戒谕诸生。此举之后，历代政府皆为天下儒学生员制定学规。"卧碑制书"之举在各地方史志学宫记载中，皆有提及。清代在此基础上加强对地方生员的思想、言行控制，"每月朔望，令儒学教官传集该学生员宣读训饬，务令遵守。如有不遵者，责令教官并地方官详革从重治罪"④。

明清地方学规主要对生员的学习、品行两方面予以警戒和教谕，并对惩戒做出明确规定。除此之外，还告诫教官要加强对学生的监督与考核等。明清政府通过设立学规、镌立卧碑等措施，一方面对府县儒学生员的学习与品行提出了明确的要求，另一方面也极大地钳制了士人的思想与言论，为高度中央集权的统治服务。

虽然明清学校之盛，为唐宋以来所不及，但明清时期，政府并没有为教育专列经费。地方学校的教育经费主要依赖地方长官自行筹措，以及一定的民间捐助。明代官方教育经费主要来自学田，以其收益作为日常教育开支的来源。现将乾隆《绍兴府》志中明清府、县学学田情况整理如表 4 - 2：

---

① 《明史》卷六十九《选举志一》，中华书局 1974 年版，第 1687 页。

② 《清史稿》卷一百六《选举志一》，中华书局 1977 年版，第 3117 页。

③ （明）申时行：《明会典》卷七八《学校 学规》，中华书局 1989 年万历朝重修本，第 452 页。

④ 康熙《圣谕十六条》。

表4-2 明清绍兴府、县学学田①

府、县学	学田情况
绍兴府	明嘉靖十五年陶侍郎《谐学记》云太守杨公垦田一一以赡诸生，后复增置，今共田一百八十三亩六分二厘一毫
山阴县	《万历志》三十四亩四分七厘。乾隆二年生员陈鲁梅捐学田十五亩
会稽县	《万历志》旧田一十七亩七分八厘。明弘治五年知县陈尧弼置其后渐失六亩二分八厘。嘉靖九年西知府洪珠用以买拓棂星门外地。二十六年知县王教复置田七十九亩二分九厘二毫四丝、地六分三厘七毫，立石以记。近复增田共田一百九十六亩八分三厘九毫。《学宫册》乾隆二年生员陈鲁梅捐学田十五亩
萧山县	《万历志》自嘉靖十九年知县林策创置学田以山为之。凡二百五十五亩，未几还之于民。隆庆四年教谕雷沛诸生醵金五十两置田五亩九分，立有碑记。知县许承周复给人官田二十亩。万历三年教谕黄时济募工开田一亩一分。四年知县王一乾又给七亩九分六厘共三十五亩。《萧山县志》乾隆十六年间共学田三十七亩八分九厘。乾隆五十七年核实共学田二百一十二亩三分零
诸暨县	《万历志》九十三亩五分一厘四毫、山一百亩。《诸暨县志》康熙后增学田二百有七亩零
余姚县	《万历志》山七十三亩六厘三毫六丝。《余姚县志》乾隆四十三年知县唐若瀛核实学田三百有四亩八分五厘三毫

---

① 根据乾隆《绍兴府志》等地方志整理。

府、县学	学田情况
上虞县	《万历志》旧田七亩五分，又朱文公祭天七亩零亦属学。万历十二年，知县朱维藩复永泽书院，乃以没人澄照寺田五十亩给学供书院祭祀修理之费，皆赡诸生。嘉靖二十三年教谕严潮清理还学、立碑记之。《上虞县志》乾隆间继增驹字号田三十亩零，作诸生乡试试册卷之费。
嵊县	《万历志》旧田六亩三分。嘉靖四十年庠生尹绍元以易官山若干亩。隆庆元年耆民郑廷谐捐田十亩
新昌县	《万历志》旧田六亩。明嘉靖中绍兴推官陈让给金庭观田九十亩。又邑民俞则时捐田十亩

由表 4 - 2 可知，官民私人捐田的现象在明清绍兴地区比较普遍。虽然已有学田的租息收益供给教育支出，但随着儒学生员的日益增多，所需教育经费也日渐增长。地方儒官以私人名义捐俸捐田、积极倡捐，民间邑人、儒学生员捐银捐物也是明清地方官学教育经费的重要来源。

教育经费是维持地方学校正常教育活动的物质保证，主要用于教官俸粮、生员廪膳、学校管理以及补充学校日用等方面。万历《新昌县志》中对绍兴府学、新昌县学经费支出有以下记载，现整理如表 4 - 3：

表 4 - 3　　　　　　　　　明代新昌县学教育经费支出①

类目		费用
考试费用	季考生员试卷笔墨	二十两
	岁考生员试卷笔墨	三十两
	起送科举生员路费	十九两六钱一分
	起送会试举人路费	九两三钱三分
	武举银	一钱五分
	观风考试	十七两
	岁贡生员路费	三十四两五钱
贺典费用	举人报捷旗匾酒席	四两
	进士旗匾酒席	三两三钱三分
管理费用	修儒学	八两
	儒学斋夫	六名，七十二两
	儒学膳夫	八名，八十两
	门子	三名，二十两六钱
	库子	两名，十四两四钱
	启圣祠门子	一名，七两二钱
	教官家火银	十二两

---

① 此表主要参考赵子富《明代学校与科举制度研究》，北京燕山出版社 2008 年版，第 89—92 页。

如上表所示，明代新昌县学的教育经费除了用于廪膳生员之外，主要用于生员考试和学校管理，其中管理费用中的人员工资占绝大多数。除此之外，府县学的修缮也是财政支出的主要方面（参见表 4 - 1）。

二　科举制度的兴衰

明清时期科举体系完备、严密，达到了巅峰状态。但科举制度日益僵化，其弊端日渐暴露，开始盛极而衰。

（一）明清科举考试制度

明代科举制度始于洪武三年（1370），太祖诏曰："使中外文臣皆由科举而进，非科举者毋得与官。"① 而后不久又停科举，行荐举。洪武十五年（1382），复下令恢复科举："设科举取士，今天下学校期三年试之，著为定例。"②

明清时期的科举考试分为童试、乡试、会试、殿试四级，每三年举行一次（特殊情况除外），称"三年大比"。子、午、卯、酉年乡试，届年八月在各省举行，又称"秋闱"，考中即为举人。次年二月，举人再参加由礼部主持的考试，称为会试。会试在京师举行，又称"春闱"，考中即为贡士。贡士再参加下一级由皇帝亲策的廷试，廷试在奉天殿举行，又称"殿试"。

1. 乡试、会试

为保证科举生源的质量，"各处应试生儒人等，从提学官考送"③。各府县学生员参加科举考试，必须通过提学官主持的"科考"才能获得申送。

乡试、会试在考试内容与考试方法上基本相同。"乡试以八月，会试以二月，皆初九日为第一场，又三日为第二场，又三日为第三

---

① 《明史》卷七十《选举志二》，中华书局 1974 年版，第 1695—1696 页。
② 《明太祖实录》卷一四七，"中研院"历史语言研究所 1968 年影印本，第 2299 页。
③ （明）申时行：《明会典》卷七七《科举》，中华书局 1989 年万历朝重修本，第450 页。

场。"① 第一场试四书经义，第二场试论、诏、诰、表，第三场试经史策论。② 三场之中以首场为重，首场经义内容固定且有指定的注疏依据，基本采用八股文的形式写作。

八股文，又称四书文，是明代科举考试制度的重要特点之一。它有着固定的内容结构、写作次序以及行文格式。清代文学家刘熙载认为："经义试士，自宋神宗始行之。神宗用王安石及中书门下之言定科举法，使士各专治《易》《诗》《书》《周礼》《礼记》一经，兼《论语》《孟子》。初试本经，次兼经大义，而经义遂为定制。"③ 八股文起初用于经义的注疏，而后成为明代科举考试的主要文体。明代中后期，独重八股的趋势愈烈，八股文的写作更加严密与苛刻，最终走向了僵化。

乡试参试人员主要是府州县学生员、国子监生和贡生，以及个别平民。乡试中式者称为举人。乡试举人可以进入下一级会试，还获得了入监肄业和待选官职的资格。

会试，即集中于京师会考，是一种全国性考试，各省举人均参加考试。大体每三年一次，如遇皇室庆典，则开恩科。会试中式者即为贡士，获得殿试的参考资格。会试落第者，去向不一。有的成绩优秀但因为名额限制的落榜举人，有被录为副榜的机会。副榜举人以充教职，授予地方学官。有的举人入监肄业，按制经过历时实习之后，可获选官资格。也有的落第举人潜心学问，四处讲学。也有的一心向考，屡试不弃，抱憾而终。

2. 殿试

殿试，又称廷试，由皇帝亲自主持的考试，通常在会试次月进行，参考人员为会试中式者。殿试是科举考试的最后一级考试，也是科举考试中最高规格的一级考试。殿试策题一般为皇帝亲自拟定，或由皇帝钦定。会试中式者皆赐进士，再由读卷官根据殿试成绩初拟

---

① 《明史》卷七十《选举志二》，中华书局 1974 年版，第 1693 页。
② 参见《明史》卷七十《选举志二》，中华书局 1974 年版，第 1693 页。
③ （清）刘熙载：《艺概》卷六《经义概》，上海古籍出版社 1978 年版，第 172 页。

一、二、三甲，并向皇帝推举，最终结果由皇帝钦定。初拟三甲与最终钦定的三甲可能不同，皇帝为最终决定者。

殿试举出三甲，一甲三人分别为状元、榜眼、探花，均赐予进士及第，授官于翰林院，官品有别；二、三甲若干，分别赐予进士出身、同进士出身。二、三甲进士"观政于诸司"①，观政周期不定，根据其表现给予官职。这种选拔优秀进士进行专门培养，且将其培养成高级官员的做法，后来发展成为"庶吉士制度"，这类进士称为"庶吉士"。庶吉士制度后来发展成为明清翰林院制度中的重要部分。

3. 武举

武举，科举制度中选拔武艺人才的科目。武举始于唐代武则天，"武举，盖其起于武后之时。长安二年，始置武举"②。宋代，武举分为比试、解试、省试和殿试四级，逐渐形成了比较完善的武举制度体系。到了元代，"不设武举，专事承袭"③。

明代武举始于明英宗八年（1464），"天顺八年，令天下文武衙门、各询访所属官员军民人等，有通晓兵法、谋勇出众者，从公保举"④。明代，武举每三年一次，起初只有乡试、会试，崇祯四年（1631）开始实行殿试。⑤ 武举乡试中式者称为武举人，会试中式者称为武进士。殿试取一甲三人。

清代在明代武举的基础上有所发展，在地方府县学中设武生名额。想要成为武生，也须经过县试、府试、院试三级考试，逐级通过方可参加乡试、会试以及殿试。其程序基本同文科科举。

（二）绍兴地区科举的实施

明清两代皆有纂修《乡试录》《会试录》的制度，即刊刻科举考试中式者、考官、考题和执事官等具体信息，再由礼部刊行。这种纂

---

① 《明史》卷七十《选举志二》，中华书局 1974 年版，第 1696 页。

② 《新唐书》卷四十四《选举志》，中华书局 1975 年版，第 1170 页。

③ 《续文献通考》卷二十八《选举考》。

④ （明）申时行：《明会典》卷一百三十五《兵部·武举》，中华书局 1989 年万历朝重修本，第 695 页。

⑤ 参见《明史》卷七十《选举志二》，中华书局 1974 年版，第 1693 页。

修科举录的制度，保留下来了丰富的科举资料。荣登科举录不仅是当时科举人员的骄傲，也是天下儒生学习的榜样，更为后代研究明清科举、明清教育等留下了丰富的历史材料。

《浙江通志》《绍兴府志》以及各县志中，对明至清中叶绍兴地区科举情况均有确切记载，其中历代进士名录详尽，能较为客观地反映出这一时期绍兴地区科举的实施以及科举取士的情况。

1. 三鼎甲概况

根据各方志县志史料，对明清时期绍兴地区三鼎甲人物进行整理与统计，具体见表4-4。

表4-4　　　　　　　　明清时期绍兴地区三鼎甲名录①

朝代	科别	年代	姓名	县籍	名次
明代	文科	洪武三十年	刘仕谔	山阴县	第三人
		永乐十年	王钰	诸暨县	第三人
		成化十一年	谢迁	余姚县	状元
		成化十七年	王华	余姚县	状元
		成化十七年	黄珣	余姚县	第二人
		弘治十四年	谢丕	余姚县	第三人
		弘治十五年	孙清	余姚县	第二人
		弘治十八年	董玘	会稽县	第二人
		嘉靖十四年	韩应龙	余姚县	状元
		嘉靖十四年	孙升	余姚县	第二人

① 此表主要根据雍正《浙江通志》、万历《绍兴府志》，及参考江庆柏编著的《清朝进士题名录》整理。

续　表

朝代	科别	年代	姓名	县籍	名次
明代	文科	嘉靖十九年	潘晟	新昌县	第二人
		嘉靖二十六年	胡正蒙	余姚县	第三人
		嘉靖三十五年	诸大绶	山阴县	状元
		嘉靖三十五年	陶大临	会稽县	第二人
		嘉靖三十八年	毛敦元	余姚县	第二人
		隆庆二年	罗万化	会稽县	状元
		隆庆五年	张元忭	山阴县	状元
		万历十七年	陶望龄	会稽县	第三人
		天启五年	余煌	会稽县	状元
	武科	嘉靖五年	孙堪	余姚县	状元
清代	文科	康熙五十四年	傅王露	会稽县	第三人
		乾隆十三年	梁国治	会稽县	状元
		乾隆十七年	卢文弨	余姚县	第三人
		乾隆二十五年	诸重光	余姚县	第二人
		乾隆三十六年	王增	会稽县	第二人
		乾隆三十六年	范衷	上虞县	第三人
		乾隆四十九年	茹棻	会稽县	状元
		乾隆四十九年	邵瑛	余姚县	第二人

续　表

朝代	科别	年代	姓名	县籍	名次
清代	文科	乾隆五十二年	史致光	山阴县	状元
		乾隆六十年	莫晋	会稽县	第二人
		道光九年	朱兰	余姚县	第三人
		道光十二年	朱凤标	萧山县	第二人
		道光二十年	张百揆	萧山人	第三人
		咸丰九年	孙念祖	会稽县	第二人
		同治十年	郁崑	萧山县	第三人
		光绪九年	陈冕	山阴县	状元
	武科	顺治六年	茹罴	山阴县	状元
		顺治十五年	刘炎	山阴县	状元
		康熙十二年	赵文璧	萧山县	第三人
		康熙十二年	郎天诈	山阴县	状元
		康熙十五年	何天培	山阴县	第二人
		康熙十八年	罗琪	会稽县	状元
		康熙二十一年	徐启瑞	会稽县	第二人

如表4-4显示，明清时期，绍兴地区科举三鼎甲共计43人，其中文科35人，武科8人；明代20人，清代23人。就各地情况来看，绍兴三鼎甲地理分布如表4-5所示。

表 4－5　　　　明清时期绍兴地区三鼎甲地理分布情况①

	会稽县	山阴县	余姚县	诸暨县	新昌县	萧山县	嵊县	上虞县	合计
明代	5	3	10	1	1	0	0	0	20
清代	8	6	4	0	0	4	0	1	23
合计	13	9	14	1	1	4	0	1	43

上表所示，三鼎甲以会稽、山阴、余姚三县人数尤多，人才鼎盛。明代，余姚县三鼎甲数量居首位，占明代绍兴地区三鼎甲的半数；清代，会稽县居首位。

2. 进士概况

《浙江通志》《绍兴府志》《会稽志》等地方志中都有绍兴进士的记载，但由于诸多原因，各文献中不免有部分出入，难以作精确统计。现依据《浙江通志》与《绍兴府志》，对明清时期绍兴进士人数统计如表 4－6。

表 4－6　　　　明至清中叶绍兴进士人数统计②

	绍兴府	会稽	山阴	嵊	诸暨	余姚	上虞	萧山	新昌	合计
明代 （1368—1644）		105	185	16	23	344	78	41	27	819
清中叶 （1644—1735③）	1	52	79	3	13	18	10	17	2	195
合计	1	157	264	19	36	362	88	58	29	1014

---

① 此表主要根据雍正《浙江通志》、万历《绍兴府志》，及参考江庆柏编著的《清朝进士题名录》整理。
② 根据雍正《浙江通志》、万历《绍兴府志》整理，以雍正《浙江通志》为主。
③ 由于进士统计数据主要来自雍正《浙江通志》，统计时间则截止为雍正年间。

表4-6显示，明至清中叶绍兴地区进士共计1014人，其中明代
819人，清初至雍正年间共计195人。在绍兴诸领县中，进士及第人
数以余姚、山阴、会稽为多，其余各县人数比之甚少。

从表4-6的统计数据来看，绍兴地区登进士科者多集中在明代，
达819人，而清代登科者人数较少。这主要因为：第一，统计时段差
异。表中清代只统计到1735年，不足百年；第二，政治因素。由于
清初江南士大夫抵抗满族统治，且大多采取不合作态度，清政府在科
举名额上亦对江南地区予以较大限制，导致绍兴科举及第人数减少。

为清晰把握明清时期绍兴地区的科举情况，有必要将进士及第人
数与浙江乃至全国进士的人数分布进行比较。

表4-7为明清时期全国各布政司进士数量一览，从中可以看出
浙江地区的科举登第情况。

表4-7　　　　　　　明清时期全国各布政司进士数量一览①

地区	明代		清代		合计人数
	进士数量	占全国比重	进士数量	占全国比重	
江苏	2721	11.84%	2920	10.92%	5641
安徽	1036	4.51%	1189	4.45%	2225
浙江	3280	14.27%	2808	10.50%	6088
江西	2400	10.44%	1895	7.08%	4295
河北	1898	8.26%	2701	10.13%	4599
福建	2116	9.21%	1399	5.23%	3515

① 表中明代、清代全国各地区的进士数量根据何炳棣《明清社会史论》，第283—284
页统计数据整理。

续　表

地区	明代		清代		合计人数
	进士数量	占全国比重	进士数量	占全国比重	
山东	1723	7.50%	2260	8.45%	3983
河南	1598	6.95%	1693	6.33%	3291
湖北	968	4.21%	1221	4.56%	2189
湖南	426	1.85%	726	2.71%	1152
四川	1377	3.44%	763	2.85%	2140
山西	1109	4.83%	1430	5.35%	2539
陕西	981	4.27%	1385	5.18%	2366
广东	791	5.99%	1012	7.08%	1803
云南	241	1.05%	693	2.59%	934
广西	173	0.75%	570	2.13%	743
贵州	85	0.37%	599	2.24%	684
辽东	57	0.25%	183	0.68%	240
旗籍	—	—	1300	4.86%	1300
全国总数	22980		26747		49727

备注：1. 上表统计出的明代全国进士共22980名，清代全国进士26747名，主要根据明清进士题名碑整理（何炳棣统计结果）。

2. 表中明、清各地区进士占全国比重，按照登科年份明确的人数进行统计和计算，年份不明者未算入内。

上表显示，明代与清代的进士主要集中在浙江、江苏一带。明代，浙江进士共 3280 人，占全国总数的 14.27%，位居第一。清代，浙江进士计 2808 人，占全国总数的 10.50%，仅次于江苏，位居第二。此外，从明代与清代进士总人数来看，两浙地区共 6088 人，位居第一。由此可以看出，与两宋时期相比，明清时期，浙江地区的文教与科举仍位于全国首位。

明清两代浙江布政司辖属宁波府、绍兴府、嘉兴府、杭州府、台州府、湖州府、温州府、金华府、衢州府、严州府、处州府 11 府的区域，各地进士数量统计如表 4－8 所示。

表 4－8　　　　　　明清浙江地区进士数量一览①

地区	明代		清代		合计人数
	进士数量	占两浙比重	进士数量	占两浙比重	
宁波府	541	15.71%	255	9.08%	796
绍兴府	836	24.27%	483	17.20%	1319
嘉兴府	440	12.78%	535	19.05%	975
杭州府	429	12.45%	868	30.91%	1297
台州府	245	7.11%	48	1.70%	293
湖州府	274	7.96%	399	14.20%	673
温州府	132	3.83%	34	1.21%	166
金华府	210	6.10%	88	3.13%	298

① 明代浙江进士数量主要根据吴宣德《明代进士的地理分布》整理。清代浙江进士数量主要参考朱海滨《近世浙江文化地理研究》的统计整理。

续　表

地区	明代		清代		合计人数
	进士数量	占两浙比重	进士数量	占两浙比重	
衢州府	128	3.72%	33	1.17%	161
严州府	109	3.16%	53	1.88%	162
处州府	100	2.90%	12	0.42%	112
合计	3444		2808		6252

　　从上表看，明代浙江进士共3444人，清代浙江进士共2808人。就绍兴府而言，明代进士人数836人，占全浙24.27%，远超过位居第二的宁波府；清代进士人数483人，位居浙省第三；统计的明清两代时间内，绍兴府进士人数共计1319人，占浙江全省进士总数的21.10%，位居第一。表中统计数据及与全浙的对比结果，再次展现了绍兴文教之盛、人才之殷。

　　表4－9为明至清中叶绍兴府分县进士数量及所占全府比例一览，以直观呈现各地科举人才情况。

表4－9　　　　　　　明至清中叶绍兴府进士数量一览①

地区	明代		清中叶		合计人数
	进士数量	占府比重	进士数量	占府比重	
会稽	105	12.82%	52	2.67%	157
山阴	185	22.59%	79	40.51%	264
嵊	16	1.95%	3	1.54%	19

---

①　根据雍正《浙江通志》、万历《绍兴府志》整理，以雍正《浙江通志》为主。

续　表

地区	明代		清中叶		合计人数
	进士数量	占府比重	进士数量	占府比重	
诸暨	23	2.80%	13	6.67%	36
余姚	344	42.00%	18	9.23%	362
上虞	78	9.53%	10	5.13%	88
萧山	41	5.00%	17	8.71%	58
新昌	27	3.30%	2	1.03%	29
绍兴府	0	－	1	0.51%	1
合计	819	－	195	－	1014

备注：以上各表数据来源不完全一致，各表在进士总数上略有出入。

　　上表显示，明至清中叶绍兴进士主要分布在会稽、山阴、余姚三县，嵊县、新昌、诸暨人数较少。其中，明代余姚县进士人数达到了344人，占全绍兴府的42%，甚至大于会稽、山阴二县的进士之和。明末清初文学家、史学家张岱在其《琅嬛文集》中有云："余因想吾越，惟余姚风俗，后生小子无不读书，及至二十无成，然后习为手艺。"① 余姚、山阴、会稽、上虞、萧山五县位于宁绍平原，地灵人杰，进士人数远多于位于山区的诸暨、嵊、新昌，其地理优势与文化氛围的优势尽显。

　　清初至雍正年间，山阴县的进士人数达到了79人，占全绍兴府的40.51%，位居第一，远超位居第二的余姚。

　　由此可见，明清时期，余姚、山阴二县是绍兴地区主要的人才聚

---

① （明）张岱：《琅嬛文集》，浙江古籍出版社2013年版，第28页。

集地。在此期间，各地出现了许多科举家族，如会稽陶堰陶氏、余姚梅川孙氏、余姚清风邵氏、上虞横溪徐氏等，这些家族科第兴盛，连续数代及第登科，对当地科举文化产生重要影响。

明代成化至隆庆年间，全国科举重心转移到了浙东宁绍地区，大量科举人才及官宦人才涌现。他们不仅在科第、官宦方面杰出，在文学、艺术等方面也颇有造诣。其中以余姚四门谢氏、会稽陶堰陶氏、余姚烛湖孙氏等最为杰出。

余姚四门谢氏以谢迁、谢丕为代表，谢迁为明成化十年（1474）解元、成化十一年（1475）状元，官居宰相。据《明史》载：

> 迁仪观俊伟，秉节直亮。与刘健、李东阳同辅政，而迁见事明敏，善持论。时人为之语曰："李公谋，刘公断，谢公尤侃侃。"天下称贤相。①

谢迁与刘健、李东阳被并称为"天下三贤相"，正所谓"有明贤宰辅，自三杨外，前有彭、商，后称刘、谢，庶乎以道事君者欤"②。

谢丕为谢迁之子，弘治十四年（1501）解元、弘治十八年（1505）探花。父子二人皆为鼎甲，通观明代也仅四例。

会稽陶堰陶氏以陶谐、陶大临、陶望龄为代表，分别为明弘治八年（1495）解元、嘉靖三十五（1556）榜眼、万历十七年（1589）会元兼探花。

余姚烛湖孙氏以孙陛、孙铤、孙矿为代表，分别为嘉靖十四年（1535）榜眼，嘉靖二十八年（1549）解元，万历二年（1574）会元。

清嘉庆至光绪年间（1796—1908），清史列传中萧山、上虞两县进士、举人有传者，按姓氏统计如下：

---

① 《明史》卷一百八十一《列传》第六十九，中华书局1974年版，第4819页。
② 同上书，第4829页。

表4－10　　　绍兴府萧山、上虞19世纪中进士举人姓氏表①

地区		萧山							上虞		
姓氏		陈	王	蔡	来	陆	何	沈	钱	陈	徐
人数	进士	4	4	4	6	7	4	4	2	2	2
	举人	34	30	26	24	14	17	16	12	11	10

一个家族能在短期内获得如此辉煌的科举成就，着实令人惊叹，这除了与家族家学门风渊源深广、重视举业有关，亦得益于绍兴自古文风昌盛、人才鼎盛的地域环境。

三　科举取士与学校教育

科举制度的功能多样化，是"一项集文化、教育、政治、社会等多方面功能的基本体制，它上及官方之政教，下系士人之耕读，使整个社会处于一种循环的流动之中，在中国社会结构中起着重要的联系和中介作用"②，它也是维系皇权统治的重要手段，从诞生至废除的每一阶段，无不体现着国家（皇权）意志。

明清时期，科举的考试程序、考试内容、考场监督与考卷评阅等方面更加规范、严密，一方面强化了科举考试制度的筛选功能，另一方面也大大加速了社会流动，使得社会较低阶层的人员有向上流动的机会与途径，最大限度地保证了科举选拔的公平公正，起到了稳定社会秩序、维护封建统治的作用。

明初，太祖朱元璋实行"重教兴学"的文教政策。据《明史》记载："明制，科目为盛，卿相皆由此出，学校则储才以应科目者也。……科举必由学校，而学校起家者可不由科举。"③ 从此，学校

---

① 资料来源：《萧山县志稿·选举志》、《上虞志·选举志》。
② 罗志田：《清季科举制改革的社会影响》，《中国社会科学》1998年第4期。
③ 《明史》卷六十九《选举志一》，中华书局1974年版，第1675页。

教育、考试、选士三者紧密结合起来，地方府、县学的入学考试与毕业考试都成为了科举考试制度中的组成部分。一方面，选士、用士有了固定的程序，考试也有了固定的标准，在一定程度上解决了养士、选士、用士的问题；但另一方面，地方官学开始纳入科举轨道，科举考试也给地方学校教育带来了诸多弊端，地方学校教育逐渐成为科举的附庸。

（清）贺长龄辑：《皇朝经世文续编》中记载："自明科举之法兴，而学校之教废矣。国学、府学、县学，徒有学校之名耳。考其学业，科举之法外，无他业也；窥其志虑，求取科名之外，无他志也。"① 学校教育的培养目标、教学内容、评价方法皆以科举考试为依据。"三场之学，在今时出身之阶梯也。然足以知圣贤之言、之奥、古今事物之伙精，亦不多矣。"② 儒学生员进入府、县学的目的就是参加科举考试，走上仕途，学习内容皆以科举考试内容为纲，众多儒生被禁锢于八股章句之中，很难培养出真正的有才之士。

科举作为一种通过考试选拔人才的考试制度，其本身具有重要的教育功能。科举对全国上下儒生有着巨大吸引力，也不断吸引着普通平民步入学校学习，极大地提高了社会识字率，培养出了许多科举人才。根据吴宣德的统计，明代绍兴府所属各县中，余姚、山阴、会稽、上虞、萧山、新昌、诸暨七县的人口，每万人中为进士的数量均超过了 15 人，其中以余姚县的进士比率最高，人口总数为 158392，进士数量为 323，进士比率位列浙江第三。③

因此，考察科举制度是审视明清时期绍兴府、州、县学的重要窗口，科举人才的兴衰在相当的意义上显示了教育的起伏。

---

①　（清）贺长龄辑：《皇朝经世文续编》卷六十五《礼政五》。
②　（明）曹安：《谰言长语》卷上，中华书局 1992 年影印本，第 2 页。
③　参见吴宣德《明代进士的地理分布》，香港中文大学出版社 2009 年版，第 207 页。

第二节　阳明"心学"与浙东"王学"及其教育活动

王阳明（1472—1528），名守仁，字伯安，会稽余姚人，因曾筑室于四明山的阳明洞，自号"阳明子"，故学者称其为"阳明先生"。明初以来，理学日益走入死板僵化，学风与士风萎顿，时弊丛生。在理学已然成为主流学说的时代，王阳明的异军突起则显然是以理学为解构对象的。[①] 阳明"心学"对理学产生巨大冲击，为越地乃至全国学术文化与教育思想的发展注入了新鲜血液。

王阳明逝世后，一大批王门后学肩负起传道重任，申述师说，著述讲学。王门支派众多，浙东"王学"日渐发展为一个声势较大的学术群体，名士辈出。作为阳明"心学"的继承与新变，浙东"王学"通过主持书院或讲学对绍兴教育产生了重要影响。

一　阳明"心学"

宋元以降，程朱理学的正统地位逐渐确立，理学传统得以延续并发展。明中叶，阳明"心学"崛起，其学术思想成为浙东学术的一座重镇，门徒遍及天下，学说广为流传。王阳明承接陆九渊的"心学"，提出"致良知""知行合一"的思想，是继张载、朱熹之后的宋明理学全程中的关键人物；张建立（理学），朱集大成，王使之瓦解。[②]作为有异于官方意识形态的学说，阳明"心学"与南宋朱子学背道而驰，对程朱理学产生巨大冲击，在明中后期影响深远。

（一）宋明理学的发展与阳明"心学"的产生

自宋代以来，理学逐渐成为官方认可的学说，进入主流意识形态。一方面，理学渗透进权力中心，"道统"在"政统"中的合法性

---

① 参见叶岗、陈民镇、王海雷《越文化发展论》，中华书局 2015 年版，第 275 页。
② 参见李泽厚《中国古代思想史论》，生活·读书·新知三联书店 2008 年版，第 254 页。

日渐确立；另一方面，理学笼罩下的社会生活开始了伦理道德秩序的建构。自此，理学成了知识界思想与学问的趋向，改变了文化的主流和基调，并建构和确立了以后几百年间中国知识、思想与信仰世界的主要风景。①

1. 宋明理学的发展

阳明"心学"是特殊时代背景下产生的匡时救世的思想学说，同时也是宋明理学内在矛盾发展的产物。因此，探究阳明"心学"的缘起与内涵，就必须考察宋明理学的发展路径及其内在矛盾。

从整体上看，宋明理学可分为奠基、成熟与瓦解三个时期，张载、朱熹、王阳明为关键代表，各以"气""理""心"为中心范畴。②

理学产生于北宋。在宋明理学的奠基时期，以号称"北宋五子"的周敦颐、程颢、程颐、邵雍、张载为代表，他们亦被视为理学的创始者。周敦颐、邵雍开始将儒家的伦常要求同道教的宇宙图式相联结，为理学的产生与发展起到了开端发引的作用。张载在本体论上是"气"一元论的唯物主义者，他提出的关于"天人合一"的唯心主义观点及其道德修养学说，对后来的理学家产生重大影响，从而真正为宋明理学奠定基础。

理学在南宋时期演绎为以朱熹、陈亮、陆九渊等为首的诸多内在派别，原本似乎具有同一性的理学学说出现分裂。南宋理学思想繁盛，程朱理学强调通过道德自觉达到理想人格的建树；事功学说的代表陈亮、叶适考虑现实政治与实用事功，"义利双行，王霸并用"；陆象山注重心灵，提出"心即理"的哲学命题。

在所有理学家中，朱熹占据中心位置，为理学之集大成者，建构了宋代新儒学的体系。朱熹相信外在的现象世界中蕴含着一个贯穿万事万物的"理"，因而需要对各类事物与现象有深入体察。对此，朱熹强调"格物致知""即物穷理"，他主张通过"遍格众物"的办法，

---

①　参见葛兆光《中国思想史》（第2卷），复旦大学出版社2016年版，第224页。

②　此处对宋明理学的阶段划分与理解参见李泽厚《中国古代思想史论》有关内容。

从而达到"穷理"的目的。对于"格物致知"和"穷理"，朱熹有如下论述：

> 格，至也。物，犹事也。穷至事物之理，欲其极处无不到也。①
>
> 天下之物，则必有所以然之故与其所当然之则，所谓理也。②
>
> 致知，则理在物，而推吾之知以知之也；知至，则理在物，而吾心之知已得其极也。③
>
> 事事物物皆有其理，事物可见而其理难知，即事即物便要见得此理。④

在朱熹看来，格物是穷理的过程，格物的最终目的便是穷理。

极力主张内心超越的陆九渊，一反朱熹关于"格物致知"的见解，认为"心"是一切的本源，并将"人心"提升至与"天理"等同的地位，"宇宙便是吾心，吾心便是宇宙"，指出做学问应向内体察。在理学学说的内部，陆九渊十分强调"心灵"的意义，形成了"心学"体系。南宋时期，鹅湖之会中的朱陆之辩展现了朱熹理学同陆九渊心学的区别，据记载：

> 元晦（朱熹）之意，欲令人泛观博览而后归之约，二陆之意，先发明人之本心而后使之博览，朱以陆之教人为太简，陆以朱之教人为支离。⑤

朱陆学说的异同，由此可见。

2. 阳明"心学"的渊源

宋儒陆象山曾言："宇宙便是吾心，吾心便是宇宙。"他将人心提

---

① （宋）朱熹：《四书章句集注》，中华书局1983年版，第4页。
② 同上。
③ （宋）黎靖德编：《朱子语类》（第2册）卷十六，中华书局1986年版，第324页。
④ 同上书，第392页。
⑤ （宋）陆九渊：《陆九渊集》卷三六《年谱》，钟哲点校，中华书局1980年版，第491页。

升到至高地位，把整个宇宙的真理纳入人心之中，认为真理就存于心中。后来王阳明提出"心外无物，心外无理"之言，同陆象山言论相仿，世人将二者并称"陆王"，而提及心学，也有"陆王心学"之说。追溯阳明学说渊源的人，大多以为阳明承接象山的余绪，而有所传承与发扬，因此，阳明"心学"与陆象山之学有着相应的承接关系，阳明"心学"汲取了陆学的精髓。

对于王阳明心学的产生及渊源，《明史》中有详细记载：

> 游九华归，筑室阳明洞中。泛滥二氏学，数年无所得。谪龙场，穷荒无书，日绎旧闻。忽悟格物致知，当自求诸心，不当求诸事物，喟然曰："道在是矣。"遂笃信不疑。其为教，专以致良知为主。谓宋周、程二子后，惟象山陆氏简易直捷，有以接孟氏之传。而朱子《集注》《或问》之类，乃中年未定之说。学者翕然从之，世遂有"阳明学"云。①

王阳明在龙场悟道后，一反朱熹的"格物致知"理论，转向"自求诸心"。阳明学说之所以与象山心学一脉相承，是因为陆象山的心学"简易直捷"，上接孟子所传。由此可见，王阳明学说的真正渊源，还应追溯至孔孟。所以阳明学说确是原本孔孟的儒学，体悟到孔孟的真精神，把握住孔孟的真血脉，而发挥得更透彻，且有更具体的理论，更确切的实践，足以启示圣学的精奥。②

（二）阳明"心学"思想体系

王阳明学说的根本，在于直接从人的本心上用功夫，因而被冠以"心学"之名。对于王阳明的学说体系，黄宗羲有这样一段评述：

> 先生以圣人之学，心学也，心即理也。故于致知格物之训，不得不言致吾心之天理于事事物物。以知识为知，则轻浮而不

---

① 《明史》卷一九五《王守仁传》，中华书局 1974 年版，第 5168 页。
② 参见王寿南主编《中国历代思想家·宋明 3》，九州出版社 2011 年版，第 36 页。

实，故必以力行为功夫。良知感应神速，无有等待，本心之明即知，不欺负本心之明即行也，不得不言，知行合一，此其立言之大旨。①

阳明"心学"的思想体系，是由"心即理""知行合一""致良知"三部分构成，此三者亦为阳明学说的精义。

1. 心即理说

王阳明对笼罩当时知识界的朱子之学的修正，首先是从对"心"的重新定义开始的，而"心"也是王阳明学术思想最基本的概念。《传习录》中他回答徐爱关于"至善只求诸心，恐于天下事理有不能尽"的疑问时说："心即理也。天下又有心外之事，心外之理乎?"②王阳明主张"心外无物""心外无理""心即理"。

首先，对于"心"，王阳明在《传习录》中有详细解说：

> 身之主宰便是心，心之所发便是意，意之本体便是知，意之所在便是物。(《传习录》上)③
>
> 夫心之本体，即天理也；天理之昭明灵觉，所谓良知也。(《答舒国用》)④
>
> 心不是一块血肉，凡知觉处便是心，如耳目之知视听，手足之知痛痒，此知觉便是心也。(《传习录》下)⑤

第一，王阳明阐述了"心"与"身""意"的关系，强调"心"是身之主宰，给予了"心"至高地位。第二，"心"的本体就是"天理"。第三，从性质上看，心并非具体事物，但人体各项具体的感官活动均由心支配。人的行动受一定意识的支配，从这个意义上看，可

---

① （清）黄宗羲：《明儒学案》卷十《姚江学案》，沈芝盈点校，中华书局1985年版，第182页。
② 葛兆光：《中国思想史》（第2卷），复旦大学出版社2016年版，第269页。
③ （明）王阳明著、阎韬注评：《传习录》，江苏古籍出版社2001年版，第13页。
④ （明）王守仁：《王阳明全集》，中央编译出版社2014年版，第175页。
⑤ （明）王阳明著：阎韬注评：《传习录》，江苏古籍出版社2001年版，第332页。

以将"心"称之为"主宰"。然而，王阳明将人的主观能动性无限放
大，他曾说：

> 人者，天地万物之心也。心者，天地万物之主也。心即天，
> 言心则天地万物皆举之矣，而又亲切简易，故不若言人之为学，
> 求尽乎心而已。(《答季明德》)①

> 是故君子之学，惟求得其心，虽至于位天地，育万物，未有
> 出于吾心之外也。(《紫阳书院集序》)②

由此可见，王阳明把"心"的"主宰"作用绝对化，片面夸大
意识的能动作用，认为天地之间"未有出于吾心之外"的事物。

其次，关于"理"，王阳明所谓的"理"或"天理"，是指封建
社会的伦理道德原则。这是宋明理学的共同观点，但王阳明的阐述更
加明确、绝对。他指出，《传习录》中有王阳明对于"理"的解读：

> 《大学》所谓厚薄，是良知上自然的条理，不可逾越，此便
> 谓之义；顺这个条理，便谓之礼；知此条理，便谓之智；终始是
> 这条理，便谓之信。③

在王阳明看来，"理"即是仁、义、礼、智、信等封建道德的
"条理"，这种"理"是存于心中的，"心即理"。王阳明的"心即理"
是针对宋儒"格物"理论之弊而阐发的，所强调的是道德教育应从
"人心"上用功，所以他谓"格物"为"格心"或"正心"。④

2. 致良知说

王阳明曾自称：⑤

---

① （明）王守仁著：《王阳明全集》，中央编译出版社 2014 年版，第 196 页。
② 同上书，第 219 页。
③ 《王阳明全集》，上海古籍出版社 1992 年版，第 108 页。
④ 参见王炳照、阎国华主编《中国教育思想通史》第 4 卷，湖南教育出版社 1994 年
版，第 52 页。
⑤ 吴光等编校：《王阳明全集》，上海古籍出版社 1992 年版，第 990 页。

吾生平讲学，只是致良知三字。(《寄正宪男手墨二卷》)

"良知"二字出自《孟子·尽心》。孟子言道："人之所不学而能者，其良能也；所不虑而知者，其良知也。孩提之童无不知爱其亲者，及其长也，无不知敬其兄也。亲亲，仁也；敬长，义也；无他，达之天下也。"① 可见，"良知"指不待思考便会知道的道德观念。

"致良知"主要的不是在外部世界的知识中寻找道德提升和心灵澄明的途径，而是发掘内在心灵自有的灵明，这是王阳明相当核心的一个思想。②

3. 知行合一说

"知行合一"说是在"心即理"的基础上提出的。此前理学家主张向外在事物穷理，他们往往会强调，要先知道事物的道理，然后依理去践行。在王阳明看来，这显然是将知与行分作两段，知行是一回事，不能分为"两截"。王阳明对知与行的关系有详细论述：

知之真切笃实处即是行，行之明觉精察处即是知。知行功夫，本不可离。只为后世学者分作两截用功，失却知行本体，故有合一并进之说。③

为针砭当时学者知而不行，或行得不够笃实的通病，王阳明在龙场悟道的次年，应贵州提督学政席元山的聘请，主讲于贵阳书院时，始提出"知行合一"的学说。据《刻文录叙说》记载：

先生之学凡三变，其教也亦三变：少之时，驰骋于辞章；已而出入二氏；继乃居夷处困，豁然有得于圣贤之旨：是三变而至道也。居贵阳时，首与学者为"知行合一"之说；自滁阳后，多教学者静坐；江右以来，始单提"致良知"三字，直指本体，令

① 杨伯峻译注：《孟子译注》，中华书局 2010 年版，第 283 页。
② 葛兆光：《中国思想史》(第 2 卷)，复旦大学出版社 2016 年版，第 272 页。
③ (明)王阳明：《传习录》中卷《答顾东桥书》，中州古籍出版社 2004 年版，第 129 页。

学者言下有悟：是教亦三变也。①

这是王阳明"学凡三变"与"教亦三变"的思想发展历程。明武宗正德三年（1508），王阳明在贵阳文明书院讲学，首次提出知行合一说。其中，"知"，主要指道德意识和思想意念，而"行"，则是指人的道德践履和实际行动。

对于"知行合一"的内容，王阳明论述甚详：

> 某尝说，知是行的主意，行是知的功夫。知是行之始，行是知之成。若会得时，只说一个知，已自有行在，只说一个行，已自有知在。古人所以既说一个知又说一个行者，只为世间有一种人，懵懵懂懂的任意去做，全不解思维省察，也只是个冥行妄作，所以必说个知，方才行得是；又有一种人，茫茫荡荡，悬空去思索，全不肯着实躬行，也只是个揣摸影响，所以必说一个行，方才知得真。②

> 今人却就将知行分作两件去做，以为必先知了然后能行，我如今且去讲习讨论做知的工夫，待知得真了方去做行的功夫，故遂终身不行，亦遂终身不知。此不是小病痛，其来已非一日矣。某今说个知行合一，正是对病的药。③

由此看来，王阳明倡导"知行合一"说，批判那些不知不行的学者，更是一反朱熹"先知后行"说，认为行而不知，只是个"冥行妄作"；知而不行，只是个"揣摸影响"，强调知行不可分作两件去做，必须达到"知行合一"的统一境界。

冯友兰在《中国哲学史》中对"知行合一"的阐述如下："良知是知；致良知是行。吾人必致良知于行事，而后良知之知，方为完

---

① 《王阳明全集》，上海古籍出版社1992年版，第1574页。
② 王阳明：《传习录》上，阎韬注评，江苏古籍出版社2001年版，第10页。
③ 同上。

成。此阳明知行合一之说之主要意思也。"①

"知"即是"行"，"行"不离"知"，"知是行之始，行是知之成"；"知"在这里就不同于朱熹"格物致知"的客观认识，而完全成为道德意识的纯粹自觉。②

"知行合一"之教，从教育哲学的角度揭橥了道德修养与道德教育过程的"知"与"行"关系，以全新的知行观回答了解决程朱理学教育流弊的知行分离问题，体现了儒家的实习实行精神，具有经世致用的功利主义倾向和人本主义意义。③

二 浙东"王学"及其教育活动

浙东为王阳明出生与讲学著述之地，嫡传弟子众多，他们设立书院，招收学生，传授师说，浙东"王学"由此大兴。

（一）浙东"王学"形成

浙东"王学"这一说法，可从地缘与学缘两方面给出界定。从地缘上看，浙江自古就有"两浙"之称，分浙东与浙西。从学缘上看，章学诚首次把"浙学"区分为"浙东之学"与"浙西之学"。④ 在他看来，浙东学术多承接陆、王一脉。自阳明开创"姚江学派"，心学体系得以建立，其学说广为传播，衍生出诸多学术流派。《明儒学案》将阳明学派的支派分为姚江、浙中、江右、南中、北方、闽粤、止修、泰州等。⑤ 阳明学说在浙江兴盛一时，浙东"王学"成为辉耀学坛的学统。

浙东"王学"是在阳明"心学"发展、传播与变迁中产生的，是明清浙东学术的重要组成部分。明中叶以后，阳明学说成为风行南北的学术主流。绍兴余姚是王阳明的出生与讲学之地，阳明"心学"

---

① 冯友兰：《中国哲学史》下册，华东师范大学出版社 2011 年版，第 223 页。
② 参见李泽厚《中国古代思想史论》，生活·读书·新知三联书店 2008 年版，第 256 页。
③ 参见李国钧、金林祥主编《中国教育思想通史》第 4 卷，湖南教育出版社 1994 年版，第 53 页。
④ 参见钱明《浙中王学研究》，中国人民大学出版社 2009 年版，第 6 页。
⑤ 参见黄宗羲《明儒学案》，沈芝盈点校，中华书局 1985 年版，目录页。

在此发端、传衍。阳明在绍兴讲学时间之久、规模之大、听众之多，均为其学说的传承奠定了基础。据《明儒学案》记载：

> 姚江之教，自近而远，其最初学者，不过郡邑之士耳。龙场而后，四方弟子始益进焉。郡邑之以学鸣者，亦仅仅绪山、龙溪，此外则椎轮积水耳。然一时之盛，吾越尚讲诵、习礼乐，绞歌之音不绝，其儒者不能一二数。①

因余姚县南面有川流名曰姚江，因而时人称阳明一派学说为姚江学派。阳明"心学"盛极一时，其门下弟子众多，分布地域广阔，无怪乎《明史》评价："阳明弟子盈天下。"其知名弟子有王畿、王艮、钱德洪、邹守益、罗洪先等。黄梨洲著《明儒学案》，除阳明本人立《姚江学案》外，依据其弟子的地域分布，列有《浙中王门》《江右王门》《南中王门》等各个学案，记述了阳明众多弟子的生平与学术观点。

表 4-11　　　　　　　明朝浙江学者府籍统计②

学派\府别	理学		心学		其他		总计	
	人数	%	人数	%	人数	%	人数	%
杭州府	0	0	1	2.44	0	0	1	1.79
嘉兴府	1	7.14	2	4.88	0	0	3	5.36
湖州府	0	0	5	12.2	0	0	5	8.93
宁波府	2	14.29	2	4.88	0	0	4	7.14

---

① （清）黄宗羲：《明儒学案》卷十一《浙中王门学案一》，沈芝盈点校，中华书局1985年版，第220页。

② 资料来源于黄宗羲《明儒学案》，引自汪林茂《从传统到近代：晚清浙江学术的转型》，中国社会科学出版社2011年版，第40页。

学派 府别	理学		心学		其他		总计	
	人数	%	人数	%	人数	%	人数	%
绍兴府	3	21.43	17	41.46	0	0	20	35.71
台州府	2	14.29	4	9.76	1	100	7	12.5
金华府	5	35.71	10	24.39	0	0	15	26.79
衢州府	1	7.14	0	0	0	0	1	1.79
严州府	0	0	0	0	0	0	0	0
温州府	0	0	0	0	0	0	0	0
处州府	0	0	0	0	0	0	0	0
总计	14	100	41	100	1	100	56	100

上表显示，无论是研究理学还是心学的学者，主要集中在浙东的绍兴府、金华府。浙东地域儒者汇聚，学派林立，实为明清时期思想学术之重镇。此外，研究阳明"心学"的学者共 41 人，其中绍兴府 17 人，占 41.46%；金华府 10 人，占 24.39%。由此可见，阳明之学者主要聚集在绍兴、金华。

梁启超曾对王门后学给予高度评价：

> 阳明死后，他的门生，在朝者，如邹东廓（守益）、欧阳南野（德）；在野者，如钱绪山（德洪）、王龙溪（畿）、罗近溪（汝芳）、王心斋（艮），都有绝大气魄，能把师门宗旨发挥光大，势力笼盖全国……①

---

① 梁启超：《中国近三百年学术史》，上海古籍出版社 2013 年版，第 3 页。

清代，王学盛况不复，但浙东地域王学依旧有影响力。梁启超曾阐述原因："阳明、蕺山、梨洲，皆浙东人。所以王学入到清代，各处都渐渐衰息，惟浙东的流风余韵，还传衍得很长。"①

（二）浙东"王学"代表人物

浙东地域的王门后学以王氏嫡传自命，致力于传播师说。他们适应思想解放潮流，大胆冲破程朱理学的禁锢，争取个性解放和宣扬人的主观能动性，对阳明之学进行了修正、完善与发展。在此过程中，王门后学杰出之士也逐渐形成各自的学术观点与教育思想，代表人物有徐爱、王畿、钱德洪、张元忭等。

1. 徐爱

徐爱（1487—1518），字曰仁，号横山，余姚人。明正德三年（1508）进士及第。曾任祁州知州、南京兵部员外郎、南京工部郎中等职务。徐爱为阳明最早的入室弟子之一，亦是阳明的妹夫。据《明史》记载：

> 初，守仁倡道，其乡邻境从游者甚众，德洪、畿为之首。其最初受业者，则有余姚徐爱，山阴蔡宗衮、朱节及应良、卢可久、应典、董沄之属。
>
> 爱，字曰仁，守仁女弟夫也。正德三年进士。官至南京工部郎中。良知之说，学者初多未信，爱为疏通辨析，畅其指要。守仁言："徐生之温恭，蔡生之沉潜，朱生之明敏，皆我所不逮。"爱卒，年三十一，守仁哭之恸。一日讲毕，叹曰："安得起曰仁九泉闻斯言乎！"率门人之其墓所，酹酒告之。②

在阳明众多弟子中，黄宗羲称徐爱得其师真传。初阳明学说未被学者所接受时，徐爱为之疏通辨析，对早期阳明学说的传播做出重要贡献。

---

① 梁启超：《中国近三百年学术史》，上海古籍出版社 2013 年版，第 54 页。
② 《明史》卷二百八十三《儒林二·徐爱传》，中华书局 1974 年版，第 7272 页。

徐爱曾在编撰《传习录》时云：

> 今备录先生之语，固非先生之所欲，使吾侪常在先生之门，亦何事于此，惟或有时而去侧，同门之友又皆离群索居。当是之时，仪刑既远而规切无闻，如爱之驽劣，非得先生之言时时对越警发之，其不摧堕废者几希矣。吾侪于先生之言，苟徒入耳出口，不体诸身，则爱之录此，实先生之罪人矣；使能得之言意之表，而诚诸践履之实，则斯录也，固先生终日言之之心也，可少乎哉？[①]

可见，徐爱对阳明学说倍加尊崇，与同门不能常伴阳明左右，不能时刻聆听先生教诲，因而将阳明所述记录下来，以供学习。此外，徐爱强调，对于阳明先生的话，不但要"入耳"，更要"诚诸践履"，实为对阳明"知行合一"说的继承。

惜徐爱早逝，他的学术思想尚未成熟，学说体系也不健全。其思想主要是对王阳明学说的继承，对王学早期的传播与发展做出了贡献。

2. 王畿

王畿，字汝中，号龙溪，山阴人。王畿天资聪颖，"弱冠举于乡，嘉靖癸未下第归而受业于文成"[②]。王阳明蛰居余姚讲学时，二十岁的王畿始入王门，同钱德洪等朝夕侍于阳明身旁，协助指导后学，时有"教授师"之称。王畿为王阳明最赏识的弟子之一，著有《龙溪全集》二十卷，为王门七派中"浙中派"的创始人。

据《明儒学案》载：

> 阳明殁，诸弟子纷纷互讲良知之学，其最盛者山阴王汝中、泰州王汝止、安福刘君亮、永丰聂文蔚，四家各有疏说，骎骎立

---

① 《王阳明全集》卷四十一，上海古籍出版社1992年版，第1567页。
② （清）黄宗羲：《明儒学案》卷十二《浙中王门学案二》，沈芝盈点校，中华书局1985年版，第238页。

为门户，于是海内议者群起。①

由此可见，王阳明逝世后，其弟子传播师说，其中以王畿、王艮、刘邦采、聂豹四人最盛。

作为浙东王门的两大及门高弟，王畿与钱德洪对师说的理解有分歧，区别主要源于对"王门四句教"的理解不同。王阳明曾留有四句立教之言：

> 无善无恶是心之体，有善有恶是意之动，知善知恶是良知，为善去恶是格物。②

王畿认为：

> 心体既是无善无恶，意亦是无善无恶，知亦是无善无恶，物亦是无善无恶。若说意有善有恶，毕竟心亦未是无善无恶。③

钱德洪则认为：

> 心体原来无善无恶，今习染既久，觉心体上见有善恶在，为善去恶正是复那本体功夫。若见得本体如此，只说无功夫可用，恐只见耳。④

由此看来，王畿在继承王学的同时，又依据自己的理解对其进行了改造与发挥。王畿主张"无善无恶"，认为心、意、知、物都是无善无恶的，完全凭自己在"心"的本体上用功夫，任心之自然流行。

据《明儒学案》记载：

---

① （清）黄宗羲：《明儒学案》卷十五《浙中王门学案五》，沈芝盈点校，中华书局1985年版，第330页。
② （明）王阳明：《王文成公全书》卷三四，四部丛刊初编集部，上海商务印书馆缩印明隆庆刊本，第975页。
③ 同上书，第974页。
④ 同上。

阳明先生之学，有泰州（心斋）龙溪而风行天下，亦因泰州龙溪而渐失其传。泰州龙溪时时不满其师说，益启瞿昙之秘而归之师，盖跻阳明而为禅矣。①

冯友兰曾言："阳明弟子中之更近禅者，普通推王龙溪、王心斋。"②

3. 钱德洪

钱德洪（1496—1554），字洪甫，号绪山，余姚人。当王阳明平定宸濠兵变归来，钱德洪与同县数十人求学于王阳明。据《明史》记载："王守仁自尚书归里，德洪偕数十人共学焉。"③ 光绪《余姚县志》中亦有记载："王守仁平濠归越，德洪与同邑范引年、管州、郑寅、柴凤、徐珊、吴仁数十人会于中天阁，同禀学焉。"④ 嘉靖十一年（1532），钱德洪中进士，在京任职。

钱德洪是王阳明晚年居家讲学时的得意高足，在浙东"王学"以及整个阳明后学中居于重要地位。阳明晚年，门人日进，不能遍授，曾让钱德洪与王畿疏通其大旨，主讲书院。王阳明除在中天阁朔望、初八、廿三四日讲学之外，其他时间都由钱德洪主授王学，学生称其为教授师。官场失意后，钱德洪在苏、浙、皖、赣、粤各地讲学，传播阳明学说，培养了大批王学中坚。

在道德修养方面，钱德洪致力于王阳明"事上磨练"的功夫，要求内在功夫与外在功夫相统一。内在功夫即"实心磨练"，外在功夫即"实事磨练"。《明儒学案》中阐述了钱德洪的思想：

去恶必穷其根，为善不居其有，格物之则也，然非究极本体，止于至善之学也。善恶之机，纵其生灭相寻于无穷，是藏其根而恶其萌蘖之生，浊其源而辨其末流之清也；是以知善、知恶

① （清）黄宗羲：《明儒学案》卷三二《泰州学案一》，沈芝盈点校，中华书局1985年版，第703页。
② 冯友兰：《中国哲学史》下册，华东师范大学出版社2011年版，第230页。
③ 《明史》卷二百八十三《儒林二·钱德洪传》，中华书局1974年版，第7271页。
④ 光绪《余姚县志》卷二三《钱德洪传》。

为知之极，而不知良知之体本无善恶也；有为、有去之为功，而不知究极本体，施功于无为，乃真功也。①

钱德洪赞成王守仁的"实心磨练"，即在本体上下功夫，在一念之动上正心诚意，因为本体功夫的发挥必须排除意念的障碍，只有本体彻明，才能见到本体的功夫。②

4. 张元忭

张元忭（1538—1588），字子荩，号阳和，山阴人。明隆庆五年（1571）状元，授翰林院修撰。万历中为左谕德兼侍读。张元忭为王畿的弟子，黄宗羲作《明儒学案》将其列入浙中王门派系。据《明儒学案》记载：

> 先生之学，从龙溪得其绪论，故笃信阳明四有教法。龙溪谈本体而讳言功夫，识得本体，便是功夫。先生不信，而谓"本体本无可说，凡可说者皆功夫也"。……先生谈文成之学，而究竟不出于朱子，恐于本体终有所未明也。③

张元忭在理论上接受王守仁的"四句教"，并把它作为致良知功夫论的基础，认为主观道德实践要在一念之发上下功夫。

据《明史》记载：

> 以赟、元忭自未第时即从王畿游，传良知之学，然皆笃于孝行，躬行实践。以赟品端志洁，而元忭矩矱俨然，无流入禅寂之弊。④

---

① （清）黄宗羲：《明儒学案》卷十一《浙中王门学案一》，沈芝盈点校，中华书局1985年版，第229页。

② 参见李国钧、金林祥主编《中国教育思想通史·第四卷》，湖南教育出版社1994年版，第96页。

③ （清）黄宗羲：《明儒学案》卷十五《浙中王门学案五》，沈芝盈点校，中华书局1985年版，第324页。

④ 《明史》卷二百八十三《儒林二·张元忭传》，中华书局1974年版，第7289页。

由此可见，张元忭与邓以赞师从王畿，均"笃于孝行""躬行实践"，邓以赞品性端正、志向高洁，而张元忭则是严守规矩与法度，庄重严肃，治学严谨。

（三）浙东"王学"教育活动

作为王门嫡传，浙东"王学"群体中的诸多学者传承师说，以传道授业为己任，其教育活动的开展以书院讲学为主，《明史·儒林传序》中评价道："宗守仁者曰姚江之学，别立宗旨，显与朱子背驰。门徒遍天下，流传逾百年，其教大行。"[1] 可见通过讲学授徒，王学在民间大为盛行。

1. 王畿——"无日不讲学"

王畿自述："余自闻阳明夫子良知之教，无日不讲学，无日不与四方同志相往来聚处。"[2] 从王畿的教育活动来看，其一生可分为四个时期：受业于阳明时期（1521—1531）；两京居官讲学时期（1532—1542）；林下讲学时期（1543—1566）；晚年讲学时期（1567—1583）。

第一，受业于阳明时期。王阳明蛰居余姚讲学之时，求学于阳明的人与日俱增，无法一一讲授，因而当时由王畿对初入门的弟子进行教导。徐阶在《龙王先生传》中云：

> （王畿）廷试而归，文成见而喜之。后师门来学者众，文成不能遍指授，则属龙溪与绪山分教之。[3]

正是由于王阳明在教学上有让门下高足接引来学之传统，故王畿与钱德洪等在受业之时便已有讲学、教导的经历了。

第二，两京居官讲学时期。王畿与钱德洪到京师延对后，在吏部"观政"。期间，他们参与王门讲学活动，与同门的林春、林大钦、朱

---

① 《明史》卷二百八十二《儒林传序》，中华书局1974年版，第7222页。

② （明）王畿：《王龙溪先生全集》卷二十《亡室纯懿安人张氏哀辞》，华文书局1970年版，第1533页。

③ （明）王畿：《王龙溪先生全集》卷首《龙溪王先生传》，华文书局1970年版，第21页。

衡等学者举行每月一次的讲会。此后在钱德洪离京后，讲会中但凡有分歧，均由王畿折中，王畿自述：

> 众谬信谓余得师门晚年宗说，凡有疑义，必归重于余，若为折中者。①

王畿在京期间积极参与王门学术活动。作为王阳明晚年的及门高第，王畿常被邀作折中者。

第三，林下讲学时期。王畿落职离京后，才真正开始其讲学之路。王畿林下讲学，自嘉靖二十二年至嘉靖四十五年（46 岁至 69 岁），共 23 年，是其学术思想丰富、发展的重要时期。

《明史》中对这一时期王畿的讲学活动有详细记载：

> 畿既废，益务讲学，足迹遍东南，吴、楚、闽、越皆有讲舍，年八十余不肯已。善谈说，能动人，所至听者云集。每讲，杂以禅机，亦不自讳也。学者称龙溪先生。其后，士之浮诞不逞者，率自名龙溪弟子。而泰州王艮亦受业守仁，门徒之盛，与畿相埒，学者称心斋先生。阳明学派，以龙溪、心斋为得其宗。②

黄宗羲在《明儒学案》中云：

> 先生林下四十余年，无日不讲学，自两都及吴、楚、闽、越、江、浙，皆有讲舍，莫不以先生为宗盟。③

由此看来，王畿的足迹遍布东南一带，各地均有讲舍，而王畿"无日不讲学"，诲人不倦，其讲学精神为后世学者赞扬。同时，王畿也通过书院讲学，培养出一批杰出弟子，呈现"听者云集""门徒之

---

① （明）王畿：《王龙溪全集》卷二十《中宪大夫督察院金都御史在庵王公墓表》，华文书局 1970 年版，第 1507 页。
② 《明史》卷二百八十三《儒林二·王畿传》，中华书局 1974 年版，第 7274 页。
③ （清）黄宗羲：《明儒学案》卷十二《浙中王门学案二》，沈芝盈点校，中华书局 1985 年版，第 238 页。

盛"的情景。

第四，晚年讲学时期。王畿 70 岁至 86 岁逝世前，仍然坚持讲学。隆庆四年（1570），赴绍兴嵊县讲学。

2. 沈求如与姚江书院

沈国模（1575—1656），字叔则，号求如，余姚人，因晚年居住横溪石浪山，又号石浪老樵。沈求如为钱德洪的再传弟子，实为浙东王学的嫡系传人。沈求如致力于讲学，为阳明之学的传播与发展做出重要贡献。

据《清史》记载：

> 余姚自王守仁讲致良知之学，弟子遍天下。同邑传其学者，推徐爱、钱德洪、胡瀚、闻人诠，再传而得国模。少以明道为己任。尝预刘宗周证人讲会，归而辟姚江书院，与同里管宗圣、史孝咸辈，讲明良知之说。其所学或以为近禅，而言行敦洁，较然不欺其志，故推纯儒。①

清代史学家邵廷采曾作《姚江书院传》，其中记述了姚江书院的发端以及沈求如的讲学活动：

> （沈求如）愤举业陷天下之人不知圣学，奋然弃诸生，倡明之。初入嵊，见周海门汝登，既与念台刘子会讲证人社，归而建义学于半霖。同志者管先生霞标，史先生拙修、退修兄弟。其学以求仁为宗，教人当下察，取本心扩克治。遇有向道者，泥首鼓劝，虽在龆龀，提耳训告。姚江讲学之盛，前称徐钱，后称沈史焉。②

沈求如自幼以明道为己任，创建姚江书院，与管宗圣、史孝咸等学者

---

① 《清史稿》卷四八〇《儒林·沈国模传》，中华书局 1977 年版，第 13110 页。
② （清）邵廷采：《思复堂文集》卷一《姚江书院传》，浙江古籍出版社 1987 年版，第 53 页。

一起讲授阳明学说。他所学习的，或以为近于禅道，但他言行敦厚高洁，不蒙骗自己的志向，推为纯儒。继徐爱、钱德洪之后，姚江讲学之风又因沈求如、史孝咸而繁盛。

据光绪《余姚县志》记载：

> 姚江书院在南城东南隅巽水门内。明崇正十二年，县人沈国模、史孝咸讲学于半霖，从学苏元璞，因建义学，祀先贤王文成，旋改为姚江书院。
>
> 案：今书院中奉文成公像，旁列及门弟子暨私淑诸人，并有功书院者皆祔焉。①

梁启超评价：

> 阳明同县（余姚）人著籍弟子最显者，曰徐曰仁（爱）、钱绪山（德洪）。明清之交名其学者，则梨洲与沈求如（国模）。求如亲受业绪山，年辈在梨洲上，国变时已八十余岁了。……余姚之姚江书院，实求如所创。②

崇祯十二年（1639）九月，沈求如同管宗圣、史孝咸、史孝复等，在城南买下沈氏旧宅作校舍，创立"义学"，即姚江书院的前身，至顺治十四年，正式定名为姚江书院。

清代史学家邵廷采在《姚江书院传》中记述了姚江书院的讲学盛况：

> 崇祯末，沈、管、史诸特起姚江书院，讲阳明之学。其人皆能严立志节，循理处善，世以辈金、许之于朱。虽未涉昆仑之巅，倾云汉之波，要亦涉其末流，不至于溺焉者。后之人放寻遗绪，固于此有取尔也。惜其文章语录久多湮落，又师资所承颇

---

① 光绪《余姚县志》卷十《学校》。

② 梁启超：《中国近三百年学术史》，上海古籍出版社 2013 年版，第 54 页。

众，不能详载，特著其关世教、裨圣路者见于篇。①

由此看来，沈求如等一批学者"严立志节"，信奉"王学"，宣扬"良知"学说，讲学益勤。姚江书院一度成为浙东王学的聚会之地和学术交流场所。

第三节　乡村教化：社学、义塾与族学

乡村社会是封建统治的根基，明清统治者高度重视乡村教化在维持封建秩序中的作用，除官方兴办学校教育之外，还积极发挥民间教化组织在乡村社会治理中的作用。义塾与族学的大量设置、乡约的推行等，极大地促进了乡村教化的发展。明清时期，绍兴地区文教兴盛，社学、义塾、族学遍布各县乡，民间向学之风盛行。

一　社学

社学作为官办乡村学校，始于元代，明清获得较大发展，成为乡村教化的主要机构。明洪武元年（1368），诏令每里设社学 1 所；正统元年（1436），严令不许废弛社学，其有俊秀向学者，许补儒学生员；弘治十七年（1504），规定 15 岁以下生童均须进社学。② 清顺治九年（1652），令每乡各置社学 1 所；雍正元年（1723），又令州县于大乡巨堡（保）置社学 1 所，择生员中学优行端者为师。③ 诏令中"有俊秀向学者，许补儒学生员"的规定，使社学在学制上得与地方官学连通；"15 岁以下生童均须进社学"的要求，推动了各地社学的发展。

---

① （清）邵廷采：《思复堂文集》卷一《姚江书院传》，浙江古籍出版社 1987 年版，第53 页。

② （明）申时行：《明会典》卷七十八《学校·社学》，中华书局 1989 年万历朝重修本，第 455 页。

③ 参见《钦定礼部则例》卷八十二。

明代的绍兴府城及各县社学情况如下①：

府城内：明嘉靖四年（1525），知府南大吉利用如坻仓西南空地创建。不久，次任知府洪珠在舍子桥创办古小学，此学废。一在谢公桥南越王庙故址，系洪珠所建。一在西光相坊越王庙西。

山阴社学：明初，每里设 1 所。全县共有社学 50 所，教养乡中蒙童。

会稽社学：明正统四年（1439），每里设社学 1 所。全县共有社学 28 所。

上虞社学：明嘉靖三年（1524），知县杨绍芳创建。学址丰惠宣化坊旧县署西。嘉靖十四年（1535），遭火。县令张光祖重建后改办古小学。

嵊县社学：明洪武八年（1375），全县有社学 6 所。成化间（1472—1476），知县许岳英主持重建。崇祯十一年（1638），知县刘永祚建小学于城隍庙西，兼祀朱文公，曾聘布衣尹南庸、张仲远为师。

新昌社学：明初每里设 1 所，全县共 42 所。永乐元年（1403），复设讲读大诰乡学 1 所，后废。成化十年（1474），知府戴琥令庠生张琰选民间生徒集石佛寺训诲，提调官每月考督。后时办时辍，至清康熙年间废。

诸暨社学：在南门内旧紫阳祠原址。创办时间不详。清乾隆年间不存。

萧山社学：在凤堰市，旧申明亭址。嘉靖中，知县林策建萧山县志久倾废。

余姚社学：社学久废，不得其址。

---

① 根据绍兴市地方志编纂委员会编《绍兴市志》第 33 卷、乾隆《绍兴府志》卷二十《学校志》整理。

由官方设以教养乡间蒙童立的社学，绍兴各地均有设置，多者如山阴县达50所。社学的入学年龄，一般在8—14岁之间；教学内容，除传统小学所授的《三字经》《百家姓》《千字文》，以及《孝经》"四书"之外，特别强调讲习冠婚丧祭之礼，使学童自幼懂得封建社会的礼仪制度。①

二 义塾

义塾是国家正式教育系统之外提供免费教育的机构，又称义学。宋元时期，官办、民办、官民合办与官督民办等形式的义塾纷纷出现，发展迅速。

明初，太祖朱元璋重视兴办地方学校，而"义学者，即以补官学之所不及"②。明中期，府县学、社学普遍设立，义学的官学化色彩渐浓，官方义学与民间义学并存。到明后期，科举鼎盛，学校教育与之合流，尊师重教之风盛行，民间向学之风盛起，义塾数量也随之增多。

清代是绍兴义学发展的鼎盛时期。统治者为加强社会教化、稳定社会秩序，大力倡导创设义塾。据《清文献通考》和《皇朝续文献通考》记载，自顺治帝始，清廷有关设立义学的诏令共发布14次，其中康熙、乾隆、道光朝各三次，"凡愿就学者，不论乡城、不拘长幼，俱令赴学肄业"③。康熙年间，义学已推广至全国，"各省府州县，令多立义学，延请名师，聚集孤寒生童，励志读书"④。清朝政府大力提倡，官民、乡绅也积极响应，逐渐形成了基本覆盖全国的义学体系，义塾成为清代蒙学的重要组成部分。

明清绍兴义塾办学方式多样，有地方官员出资兴办、乡绅出资兴办、地方儒生出资兴办和多方联合兴办等。据民国《嵊县志》记载：

---

① 参见毛礼锐、沈灌群主编《中国教育通史》第3卷，山东教育出版社1987年版，第444页。

② （清）王韬：《香山南屏乡义学序》，《中国社会思想史资料选辑》，广西人民出版社2007年版，第61页。

③ 《清会典事例》卷三九六《学校·各省义学》，中华书局1991年影印本。

④ 同上。

剡溪义学在东门内聊桂坊。乾隆四年知县杨玉生倡捐，绅士协力落成。计中厅三间、门楼三间，石坊一座。则宋尹氏偕子睿粲捐地建也。[①]

　　地方官员出资创办的义塾，大多面向贫困子弟开放，为有心向学者提供就学的机会。地方乡绅创办的义学，起始只供本族子弟读书，后也逐渐招收乡邻子弟入学。此外，明代科举鼎盛而录取名额有限，许多科场落第之士回乡创办义学，既为谋生，亦为乡村子弟提供就学之所。

　　义塾作为一种慈善性学校，大多由祠堂、寺庙、书院等公共场所改建而成，主要从事启蒙教育。受到场所等教学条件限制，义塾生员名额一般较少，学生入学也有一定选拔标准和程序。

　　义塾的教学内容以各类蒙学教材为主，如《三字经》《小学》"四书"等。清代还把《圣谕广训》置于义塾教学之中，以加强统治意识的灌输，可见义塾不仅实施基本文化知识与道德教育，还承担着社会教化的功能。明清时期，绍兴较有影响的义塾以会稽惜阴义塾、余姚四门谢氏义学为代表。

　　会稽惜阴义塾原为明代进士陶允宜于陶堰所创的念斋书院，供族人读书。陶允宜（1550—1613），字懋中，号兰亭，明代万历二年甲戌科进士，官至兵部车驾司员外郎。其曾祖陶谐、其父陶大临皆为明代进士。书院之名"念斋"为其父陶大临之号。

　　清康熙年间，陶氏捐置学田80亩左右，改族中念斋书院为义塾。

　　嘉庆二十五年（1820），陶氏族人再次集资增捐学田40亩，并建精舍数楹，定名惜阴义塾。"惜阴"之名来源于陶氏东晋大将军陶侃，"大禹圣者，乃惜寸阴，至于众人，当惜分阴"[②]，意在告诫子孙珍惜光阴，切勿"游逸荒醉"。

　　嘉庆年间，惜阴义塾"延聘名师，劝学考艺，成人小子咸知矜

---

①　民国丁谦等：《嵊县志》卷五《学校志》。
②　《晋书》卷六十六《陶侃传》，吉林人民出版社1995年版，第1054页。

奋。是其述祖德，振宗英，经明行修，扬于王庭无难矣"①。收族中及外姓子弟入学，陶姓子弟可免费入学，贫寒子弟还可获得补助。

光绪十至十二年（1884—1886），清末民主革命家陶成章在此执教。光绪二十八年（1902），义塾改办浔阳学堂。民初，陶氏族人又改浔阳学堂为浔阳小学，该校是当时绍兴全县中规模最大、校产最多、教学最严谨的学校。惜阴义塾在三百余年时间内，启蒙教化陶氏族裔及乡邻子弟、塑造良风美俗，居功甚伟。

余姚四门谢氏义学由明弘治年间科举三鼎甲谢丕所建。为教授族中子弟，他在泗门济美桥西北建谢氏义学，其父谢迁亲自题额"东山书院"。《四门谢氏二房谱》记载：

> 时文正家居，喜接进侍郎公尤加意奖掖，如刑部侍郎邹绚，苑马卿胡安，侍郎徐九皋同里诸理斋燮，皆一时之隽才，而赠阁学，吕正之寓四门，亦命其子就学焉。②

谢氏义学不仅招收族内子弟，还向外族向学之士打开大门，并培养了许多隽异之材。可见，义学将宗风与义行结合起来，展宗族风范，提升宗族地位。

乾隆年间，会稽孙廷训创建嘉读书屋，旧址在孙端镇北黄庵溇南岸。嘉读书屋设文、武两科，供族人读书学习。道光十四年（1834），孙廷训子巡一、庶康等将嘉读书屋捐入孙氏宗祠，改名孙氏义塾。废武科，设内、外两斋，内斋读五经、习八股文，外斋读四书。除了族人可于塾内读书学习，贫寒子弟也有得就读之所。③

绍兴历代地方史志对义塾的记载甚多，现将部分义塾情况整理如下表。

---

① 《惜阴家族碑记》，引自陶友之《求索之路 从工人到教授》，上海社会科学院出版社2013年版，第7页。

② 谢嗣庚等：《四门谢氏二房谱》卷七《遗迹 谢氏义学》，民国七年葆光堂木活字印本。

③ 参见孙钧泰：《会稽孙氏宗谱》卷一，同治三年垂裕堂木活字印本。

表 4 – 12　　　　　　　　　明清时期绍兴地区部分义塾一览①

地点	义学	概况
会稽县	敬敷义塾	明代中叶，创建于昌安门外一古庵内。创建人不详
	惜阴义塾	前身为念斋书院。清康熙年间，陶姓捐置学田八十亩左右举办义塾
	孙氏义塾	清乾隆年间，孙廷训建，曰嘉读书屋。道光十四年，其子将书屋捐入孙氏宗祠，改名孙氏义塾
	杨氏义塾	清道光二十六年，杨国栋创建于沥海所西门。设经蒙两馆。捐田六十亩，作教师束脩、伙食之用，又助田二十五亩余，作杨氏子弟科考费用。后改办继光学堂
	骆氏义塾	清光绪七年，历任河南临漳等县知县骆文光创建于尚巷村
山阴县	庞公祠义学	知府李铎改祠建。
	周氏义学	邑人周廷泽创建。明嘉靖十四年其子周祚复购废驿地广之，有屋八间，田三十亩
	春山义塾	在十四都阳嘉龙前，即水竹庵址。乾隆四十八年，绅士孙游、孙渭等改建，将庵田拨入龙山书院留田四亩零作义学之费
余姚县	谢氏义学	正德年间，明代宰相谢丕于泗门济美桥西北创建，由其父谢迁题额"东山书院"
	吕氏义学	宋吕次姚建于东北隅，明黄伯川建于通德乡

————————

① 根据乾隆《山阴县志》、万历《余姚县志》、同治《嵊县志》、乾隆《萧山县志》等县志整理。

地点	义学	概况
诸暨县	孝义乡义学	太学生吴树本捐田一百亩，构讲堂书室共二十五间，延师以课
	安俗乡义学	贡生毛栋等遵父贡生毛顺遗志，捐田六十亩，构讲堂书室共二十三间，延师以课
	浬浦乡义学	生员孟经捐田四十亩，后董其事者，继置二十构讲堂书室一十六间，颜曰夫山书舍
	璜山义学	明嘉靖中太仓州判黄池立田二十四亩，屋五间，颜曰屏山草堂。黄池六世孙监生居恺妻陈氏孀捐田二十余亩、书舍五间，颜曰养正书屋，改为义学
	枫桥义塾	太学生楼宗夏捐田五十亩，建于枫桥镇，子赓荣、孙克岐、国柱续置田三十亩作办学之资。清雍正七年，申报督抚批准，每年聘请经、蒙两师施教
	乌岩义塾	清康熙年间，生员蔡广生发起，建于开化乡
上虞县	方山义塾	明正德年间，徐文彪创建于县南二十都下管，拨良田十一亩，作教师束脩膳费
	王氏义塾	在县西南十二都。康熙间王承谟筹建，并置田二十亩以充塾中诸费
	谢氏义塾	在县北五都，谢家塘谢兆兰奉母罗氏命建
	杨氏义塾	在县北七都，杨国栋建。设经蒙二馆，延师教读。田六十亩以资束脩膏火，并助田二十五亩零，以给杨氏子弟应试费。道光二十六请宪立碑

续　表

地点	义学	概况
上虞县	经氏义塾	在县北三都，驿亭经仲沟。咸丰六年邑人经纬出己资建，并置田三百六十余亩，为族中延师教读赡老之用
	介祉义塾	在县北三都，小越袁氏家庙内。咸丰九年创立
	丁氏养正义塾	在县南十八都湖溪村。道光二十九年丁文秀捐建
嵊县	鹿门义塾	在贵门山。宋吕规叔建。嘉庆间吕氏重建
	剡溪义学	在东门内聊桂坊。乾隆四年知县杨玉生倡捐，绅士协力落成。计中厅三间、门楼三间。石坊一座，则宋尹氏偕子睿粲捐地建也
新昌县	金岩义塾	建于明代，塾址县南韩妃村

表中信息显示，绍兴各地义塾多为乡绅捐资兴建，已知建置时间的义塾以清代设立者为多。这表明，清代民间教化更为发达，士绅在基层社会的文化影响力甚广。

三　族学

族学即教育宗族子弟的学校。族学的创办与发展，不仅关系到宗族内部子弟的教育，对于加强宗族凝聚力、提高本族的宗族地位、保护宗族利益有着关键作用，而且亦关乎社会稳定，对于教化良民、养成良好社会风气、维系封建统治有重要意义。

明清时期，浙江成为族学最兴盛的省份之一。宗族大兴"置塾讲业"之风，各族置族田、开族学、聘塾师，族学作为宗族制度中的一部分得到了强化。清朝统治者更在《圣谕广训》中明确规定"立家庙以荐蒸尝，设家塾以课子弟，置义田以赡贫乏，修族谱以联疏远"①，创办族学成为宗族活动中的重要部分。绍兴地区私学发达，族学数量不断增加，族学教育内容丰富，宗族教化之风蔚然大兴。

各方志县志、家谱族谱中对族学多有记载，表4-13为明清时期绍兴地区部分族学一览。

表4-13 明清时期绍兴地区部分族学一览②

地点	族学名称	时间	资料出处
余姚县	谢氏东山书院	正德	民国《四门谢氏二房谱》
嵊县	王氏心传书院	万历	道光《嵊县志》
会稽县	陶氏念斋书院	万历	光绪《会稽陶氏族谱》
	孙氏义塾	道光	《会稽孙氏宗谱》卷一
	张氏义塾	道光	道光《重修登荣张氏族谱》
山阴县	孙氏春山家塾	乾隆	道光《阳川孙氏宗谱》卷三八《家塾录》
	高氏义学	嘉庆	嘉庆《越州山阴高氏家谱》卷一九《义庄条规》
	徐氏文海家塾	嘉庆	光绪《山阴安昌徐氏宗谱》、道光《文海家塾记》
	朱氏义塾	光绪	光绪《山阴白洋朱氏宗谱》卷五《义仓条规》

---

① 雍正《圣谕广训》。

② 主要根据嘉庆《山阴县志》、道光《嵊县志》、乾隆《萧山县志》整理，并参考常建华《试论宋代以降的宗族之学》，载《中国社会历史评论》第1卷，商务印书馆2007年版，第61页。

续　表

地点	族学名称	时间	资料出处
萧山县	笔花书院	乾隆	乾隆《萧山县志》
	汤氏家塾	乾隆	民国《萧山夏孝汤氏家谱》
	朱氏义塾	道光	道光《萧山朱家坛朱氏宗谱》《休上村朱军义学记》
诸暨县	斯氏家塾	道光	民国《暨阳上林斯氏宗谱》

家塾是明清族学最普遍的一种形式。根据创建家塾的资金来源，可以将家塾分为族产资助、族人捐助和官民合办几种类型。

明清时期宗族兴盛，族学的创建与维持已有固定的资金来源。稍成规模的家族会将族产中的一部分用作学产，如学田、庙庵等。一些家族还专门拟定章程，保护学产的地位，保证族学的正常运行。如绍兴萧山欢潭田氏，制定族学章程，对子孙读书，生员或举人、监生读书、应试、中式都视具体情节予以不同的补助，但"纳粟入监或捐班出仕不准给费"[1]。

萧山笔花书院，前身为萧山陆氏家塾，后应萧山知县黄钰兴建义学之号召，陆巡将其家塾笔花居捐出，改为笔花书院。乾隆《萧山县志》记载：

> 乾隆十三年八月，知县黄钰议建义学，邑人陆巡捐家塾笔花居，改建书院。复输资购吴姓园地以拓之。……捐俸延师，集生肄业，每月二课，供午饭，试高等者奖以纸笔费，贫者给以月粱膏火。乾隆十五年，邑人沈铉捐田二十亩四分四毫，又同年邑人戴嘉乐妻赵氏二十九亩五分五厘一号。又陈之濂捐笔花书院田二

---

① 《欢潭田氏宗谱》，转引自韩凝春《清代江浙族学研究》，《中国社会历史评论》第1卷，商务印书馆2007年版，第81页。

十亩二分五厘四毫。①

萧山陆氏家塾后衍变为笔花书院，由一族之学而成为一邑书院，既有官家推动的原因，更是陆氏宗族文化泽被乡里的义举。

不少族学设在宗祠或邻近祠堂，称之为祠学。宗祠是宗族内部供奉祖先的空间，也是族内祭祀、诉讼、礼仪、赈济的场所。宗祠承担了家族生存和发展的各种功能，也成为中国传统儒教文化的代表。而祠学通常与宗祠紧密联系，承担着宗族文化教育与道德教化功能；祠学将教育场域与宗族祭祀空间重叠，有利于将宗族传统文化、社会、道德等资源转化为教育资源。这种以"庙学合一"为特征的传统教育形式所发挥的多重教化功能，体现了中国乡村社会的"乡土文明"之特质。正如绍兴《钟氏北祠义塾记》所言，"古今家族言宗法者，不外承前启后二事，而启后不外教养二端，此家塾所由与宗祠并重也"。基于此，钟氏族人钟念祖"屡捐清俸寄籍"，以宗族羡地"增筑楼三间"，子孙"相与勤修学业"，以"连篇鹊起，大起我族"②。

族学作为宗族制度中的重要部分，其教学、管理等都带有明显的宗族色彩。

1. 教学内容

宗族办学首先是为了教化族人，养成良好的家风、族风，维持宗族内部稳定，其次是为了培养宗族人才，提高宗族地位。随着明清时期科举制度的高度发展，科举仕途成为光门耀族之必选途径。据此，族学的教学内容主要有文化知识、道德伦理、科举应试。

族学数量虽多，但大多规模狭小，这类族学教学多以启蒙为主，教授蒙学常识类如《三字经》《小学》等，伦理类如《二十四孝》《弟子规》等，以及科举类如"四书"等儒家诸经。规模较大的族学则有书馆（小学）、经馆（大学）两级教学。③

---

① 乾隆《萧山县志》卷七《学校》。
② 钟荣等：《钟氏家谱》《钟氏北祠义塾记》，民国十二年本。
③ 参见常建华《中华文化通志·宗族志》，上海人民出版社 1998 年版，第 412—417 页。

2. 塾师与生源

族学塾师来源有两种，一是直接聘任族内文化素质、道德品行优秀者为师，如绍兴余姚县姜氏"立宗学以教族人之子弟，选宗族之有学行者为之师"①。二是从外族中聘请塾师，如绍兴山阴县安昌徐氏族学明确规定，"义塾经师须品学兼优者，详访敦请"②。关于族学塾师报酬，各族之间差异较大。下表为会稽、山阴几所族学塾师报酬情况。

表 4-14　　　　　　　　绍兴族学塾师报酬举例③

地点	时间	塾师报酬	资料出处
会稽县	道光	请蒙师修费二千文	道光《重修登荣张氏族谱》卷一九
	道光	以一百二十千文延经席	同治《会稽孙氏宗谱》卷一
山阴县	光绪	每岁修金五十千文，米油柴仓中供给	光绪《山阴安昌徐氏宗谱》卷二
	光绪	每岁送修金三十千文	光绪《山阴白洋朱氏宗谱》卷五

各族族学塾师报酬多少及发放方式均有所不同。年修金一般为五十千文至八十千文，但实际情况根据各族经济及重视程度而定。由上表可见，会稽孙氏族学聘师修金较高。山阴安昌徐氏除了发放修金外，还供给塾师米油柴。

族学生员也大多分为两类，一类是本族人员，一类是社会贫苦向学之士，如会稽县登荣张氏族学"设蒙塾一所，训无力延师者"④。

---

① 民国《姜氏家乘》《姜氏宗约》。
② 徐澍咸：《山阴安昌徐氏宗谱》《徐氏义仓条规》，光绪十年持敬堂木活字本。
③ 常建华：《中华文化通志·宗族志》，上海人民出版社 1998 年版，第 406—407 页。
④ 张景焘：《重修登荣张氏族谱》卷一九《义田条规》，道光二十年木活字印本。

族学生员一般人数较少，少则五六人，多则十几二十人。如山阴县徐氏族塾"塾内生徒以六人为限，多则添设两馆"①。族学生员较少，一方面是由于族学规模限制，另一方面较少的生员又能够在一定程度上保证族学良好的教育质量。

明清时期绍兴地区人才辈出，不乏有才之士出于族学教育之中。如上文提及的余姚四门谢氏谢丕，曾建丛桂书院，纳县内外学子入学，就学者如邹绚、胡安、徐九皋、吕本等，皆为隽异之材。②

3. 族学管理

族学管理属于宗族管理工作中的一部分，基本掌握在宗祠或义庄手中。各族对族学的管理方式有所差异，但一般皆设有专门管理人员。《会稽孙氏宗谱》中对其族学管理有如下记载：

> 董事立正副二人，三年一调，期满以副作正，另择一人作副。正董事收家塾户田亩，专管延师等务，按节选修，副董事收义庄、岁修、勤课三户田亩，专管国课、岁修、安葬等事。③

可见，明清绍兴地区族学管理已有明文规定，且由专人负责，管理人员分为董事与副董事二人，其任职每三年一更，职责明确。

四 乡村教化的其他形式

教化既是个人发展与社会化的需求，也是维持社会稳定、促进社会发展的需要。乡村社会是封建统治的根基，明清社会教化体系将其纳入其中，通过乡约、家规族法等教化形式，以达"化民成俗"之目的。

（一）乡约

乡约，即乡规民约。明代政府对乡村社会的治理很大程度上借助

---

① 徐澍咸：《山阴安昌徐氏宗谱》卷二，光绪十年持敬堂木活字本。
② 参见谢嗣庚等《四门谢氏二房谱》卷七《遗迹 谢氏义学》，民国七年葆光堂木活字印本。
③ 孙钧泰：《会稽孙氏宗谱》卷一，同治三年垂裕堂木活字印本影印版。

乡约的推行得以实现。清代在明代的基础上，进一步发展地方乡约的作用，加强对乡村社会的宣教。

乡约来源于《周礼》中的"教法""保法"和"乡法"。以宋代《吕氏乡约》为滥觞，士大夫阶层自觉于乡村之间建立乡约组织，向民众示以教化。明初，太祖朱元璋依据《吕氏乡约》的内容，颁布了著名的"圣谕六言"，即：孝顺父母，恭敬长上，和睦乡里，教训子孙，各安生理，毋作非为，以此作为地方教化的宣讲内容。

明代乡约推行在一定程度上依赖于地方官员和宗族的实践。嘉靖六年，绍兴萧山人黄怿任福建省安溪县知县时，"申明圣谕，及仿蓝田吕氏、古灵陈氏作《乡约》一篇，颁示居民读《约》法。……是皆责之约正，用以督劝"①。黄怿在读约法中，明确设定了读约的程序："首读圣谕；次读蓝天吕氏乡约；次又读古灵陈氏教词；终读本县禁约。"②

明成化年间，绍兴嵊县邑令许岳英"知嵊清慎警敏为政，以风俗教化为急，当春出郊劝农，举行蓝田乡约，崇墨节孝"③。除了进行风俗教化，使民众安务本业、遵纪守法之外，乡约还有调解纠纷、处理诉讼的功能。如绍兴嵊县人周汝登曾为"商民皆健讼、不习礼"而兴讲乡约，"刻四礼图说训之"④。此时，乡约的推行虽还未普遍实现，但统治阶级的意识形态通过宣讲乡约已进入到乡村社会之中。

雍正二年（1724），清政府颁布《圣谕广训》，规定：

> 凡直省州县乡村巨堡及番寨土司地方，设立讲约处所，拣选老成者一人，以为约正，再择朴实谨受者三四人，以为值月，每月朔望，齐集乡老人等，宣读圣谕广训，钦定律条，务令明白讲解，家喻户晓。⑤

---

① 嘉靖《安溪县志》卷一《地舆类》。
② 同上。
③ 乾隆《绍兴府志》卷四十三《人物志三》。
④ 同治《嵊县志》卷十三《人物志·乡贤》。
⑤ 《钦定大清会典事例》卷三百十八《礼部》。

乡约本是基层道德教化的民间组织与制度，而在政府的明文推动之下，保证了《圣谕广训》与各钦定律条宣讲的合法性，是加强基层教化的重要措施。明清时期乡约的官方化色彩越来越突出，乡约与宗族、乡绅之间的关系也逐渐紧密。

（二）家规族法

家规族法，是指由族内尊长或父祖长辈制定、族内人员及后代子孙共同遵守的各种行为规范的总称。宗族组织作为中国古代社会的基本单位，在明清时期社会教化体系中扮演着无可替代的角色。宗族教化的途径主要有两种，一是族学，二是家规族法。

1. 家规族法的内容

明清时期，随着宗族的迅速发展，原本只有少数名门望族才会制定的家规族法也逐渐进入普通宗族之中。

家规族法一般对子弟的道德、言行、学习等方面进行规范与禁戒。家规族法往往是族风的集中体现，如明代余姚人谢莹曾拟定《四十世祖莹家训二十四条》，作为谢氏子弟道德、言行、礼仪等方面的向导与规范。"作善降之百祥，作不善降之百殃。勿以善小而不为，勿以恶小而为之。此四语，当终身服膺"，体现了余姚四门谢氏以善为先的族风；言行举止方面，"举止要安和，毋急遽怠缓；言语要诚实，毋欺妄躁率"；交友方面，"须亲直谅、多闻者，远便僻、柔佞者"，"交友，所以辅德也"；学习方面，"治家之余，日取经史传记三五百言读之，以养德性，以长识见。毋博弈嬉戏，虚费时日"。另外，族规家训也明确了子弟禁戒之行，如"饮酒随量，不可过度，以灭德丧仪"，"不可习学吏事，为人写状害人，以干阴谴"等。①

2. 家规族法乡约化

明清时期，绍兴地区家规族法朝着乡约化的方向发展，其内容不仅局限于本族人员的教化，也逐渐有了官方化和社会化的色彩。

明代绍兴余姚江南徐氏，就将明太祖的圣谕写入家族宗约，告示

---

① 谢嗣庚等：《四门谢氏二房谱》卷五《四十世祖莹家训二十四条》，民国七年葆光堂木活字印本。

徐氏子弟要及时行孝："伏睹太祖圣谕：'孝顺父母，尊敬长上。'务要子供子职，及时孝养，毋遗风木之悔。"并规定了《宗约》的宣讲制度："族长于每季孟月之旦，督率各家长率子侄谒祖，令年壮子弟宣《谕族文》一遍，并《宗范》各条。如有犯教令者，备书其过于副谱之上，然后量其犯之大小，而示罚焉。"① 这种宣讲圣谕、宗约的规定，反映了明清时期宗族与乡约之间的紧密关系，一定程度上体现了宗族发展组织化、宗族乡约化的特征。

（三）女性与乡村教化

回顾中国教育史，女性在整个历史进程中的地位都不高，女子往往没有受教育的机会。但从维系家庭关系、维护封建社会秩序方面来说，教化女子"关风化之盛衰，见政治之得失"②，女性在家庭及社会教化中显得十分重要。

明清时期，普通家庭女子没有接受正式教育的途径，只能在日常生活中接受教育，或是自读一些女范教材，如明成祖仁孝皇后的《内训》、明代吕坤所辑的《闺范》等，皆为当时常见的女范教材；或是树立节妇义女榜样，从家规族法中对女子道德、言行等各做出规范。如余姚江南徐氏《宗范》：

> 宗妇不幸少年丧夫，清苦自持，节行凛然，终身无玷者，族长务要会众呈报司府，以闻于朝，旌表其节。或势有不能，亦当征聘名卿硕儒，传于谱，以励奖。……本宗冢介之妇，有能修行内政，辅夫教子，足以仪形闺阃者，族长会众激扬之。③

对具备女德之人，宗族内部有相应的奖励措施，载入族谱，以传后世子孙。另一方面，由余姚江南徐氏《宗范》的女性教化条例可窥见女性教化之内容，即"清苦自持""节行凛然""终身无玷""修行内政""辅夫教子"等，概括地说，即贞、节、孝。

---

① 《余姚江南徐氏宗谱》卷八《族谱宗范》。
② 万历《新昌县志》卷十二《女德志》。
③ 《余姚江南徐氏宗谱》卷八《族谱宗范》。

清代，教化女性之风盛行。一方面，教化女性的书籍流传于乡村，如《闺范》《闺训千字文》《闺阁箴》《女论语》等；另一方面，家庭、社会对女性的道德、行为方面的要求也更加细致，女性在家庭中扮演着重要角色，既是孝女、良母，又是贤妻、贞妇。

如《闺范》中对女性为母之道就做出了详细要求。母道分为礼母、正母、仁母、公母、廉母、严母、智母、慈继母、慈乳母九大类，且有具体要求如下：

> 礼母："教子以礼，正家以礼者也。"正母："望子以正者也，无二女子之情，惟道义是责。"仁母："以慈祥教子者也，一念阴德，及于万姓。"公母："责子而不责人者也。世皆私其女，而尤人无己，不公甚矣。"廉母："以贪戒子者也。"严母："威克厥爱者也，有父道焉。"智母："达于利害之故者也。"慈继母："恩及前子者也。"慈乳母："为人保子。"①

由此可见明清女性教化内容之详细。女性不单受到家族内部的教化，也受到来自社会方面的影响。女性群体的教化问题关系到维系家族和睦、社会稳定以及维护封建统治，明清时期备受各宗族重视。

第四节　教育思想的创新：王学·实学·史学

学术上的争鸣与流派的发展，往往以讲学著述为主要途径。在明清浙东学术的流变与转向下，越地教育思想生机勃勃。蕺山学派以"慎独"学说践行道德教育；实学教育家力倡经世之学，主张培养实功、实用之人才；浙东史学家的治史态度与研究路径，都为越地教育思想注入了新的活力与生机。

---

① （明）吕坤：《闺范》，引自王有英《清前社会教化研究》，上海人民出版社 2009 年版，第 215 页。

一 浙东王学教育思想

浙东王学继徐爱、王畿、钱德洪等学者之后，以蕺山学派最盛。明清之际，蕺山学派以其理论辨析的独特性与系统性引人注目，极大地推进了浙东学术的发展嬗变与历史转向。

梁启超在《中国近三百年学术史》中言道：

> 王学在万历、天启间，几已与禅宗打成一片。东林领袖顾泾阳（宪成）、高景逸（攀龙）提倡格物，以救空谈之弊，算是第一次修正。刘蕺山（宋周）晚出，提倡慎独，以救放纵之弊，算是第二次修正。明清嬗代之际，王门下唯蕺山一派独盛，学风已渐趋健实。①

蕺山学派的开创者刘宗周，因讲学于蕺山，被称为蕺山先生。他是明代最后一位儒学大师，也是浙东王学的传人，清代名儒黄宗羲、陈确、张履祥等皆出自蕺山门下。

刘宗周（1578—1645），字起东，别号念台，绍兴府山阴人。明万历二十九年（1601）进士，官至顺天府尹、工部侍郎。刘宗周为人清廉正直，针砭时弊，屡遭贬谪，不改其志向。明亡后，清军南下入浙，他在家乡绝食殉节。刘宗周的一生，从政时间很短，大半生致力于讲学育才。刘宗周"上承濂洛，下贯朱王"，集众家之长，创立了独具特色的蕺山学派。在长期教育实践中，刘宗周对教育问题形成了独到见解，具有实际意义。

1. "慎独说"与道德教育

刘宗周以克己慎独之学，上承孔孟之道，以正王门后学流于空泛虚玄之弊的思想路径。黄宗羲对于"慎独说"给予了很高评价："先生之学，以慎独为宗，儒者人人言慎独，唯先生始得其真。"②

① 梁启超：《中国近三百年学术史》，上海古籍出版社 2013 年版，第 44 页。
② （清）黄宗羲：《明儒学案》卷六二《蕺山学案》，沈芝盈点校，中华书局 1985 年版，第 1512 页。

刘宗周对前人的慎独理论作了进一步发挥，充分肯定"慎独"的重要性。据《刘子全书》卷五《圣学宗要》记载：

> 愚按孔门之学其精者见于《中庸》一书，而慎独二字最为居要，即《太极图说》之张本也。乃知圣贤千言万语，说本体，说工夫，总不离慎独二字。独即天命之性所藏精处，而慎独即尽性之学。①

在刘宗周看来，"慎独"包含了个人道德修养等一切重要学问与为人处世的道理在内。

> 慎独是学问第一义。言慎独而身、心、意、知、家、国、天下一齐俱到。故在《大学》为格物下手处，在《中庸》为上达天德统宗、彻上彻下之道也。②
>
> 《大学》之道，一言以蔽之，曰慎独而已矣。《大学》言慎独，《中庸》亦言慎独。慎独之外，别无学也。③

慎独修养是儒家始终倡导的修身原则，因而刘宗周在论述道德修养方面，基本围绕"慎独说"展开。

首先，刘宗周明确提出"独之外，别无本体；慎独之外，别无功夫"④。所谓"独"，即"本心"。他对"独"做出了详细解读：

> 独者，位天地、育万物之柁牙也。⑤
>
> 名曰独，其为何物乎？本无一物之中而物物具焉，此至善所统会也。致知在格物，格此而已。独者，物之本，而慎独者，格

① （明）刘宗周：《刘子全书》卷五《圣学宗要》，华文书局1968年版，第411页。
② （明）刘宗周：《刘子全书》卷十《学言》上，华文书局1968年版，第623页。
③ （明）刘宗周：《刘子全书》卷三八《大学古记约文》，华文书局1968年版，第3363页。
④ （明）刘宗周：《刘子全书》卷八《中庸首章说》，华文书局1968年版，第480页。
⑤ （明）刘宗周：《刘子全书续编》卷一《证人社语录》，光绪十八年补刻本。

之始事也。①

　　"独"中具有喜、怒、哀、乐。四者，即仁、义、礼、智之别名。②

　　千古相传只慎独二字要诀，先生言致良知，正指此。但此"独"字换"良"字，觉于学者好易下手耳。③

　　圣学之要，只在慎独。独者，静之神，动之机也。动而无妄曰静，慎之至也，是谓主静立极。④

　　"独"与王阳明所言的"心""良知"颇为相似，天地万物、道德准则，均在人心中。"慎独"与个人道德修养紧密联系，因此他高度重视个人品性气节。

　　其次，刘宗周倡导通过"慎独"将个体道德提升至"中和"境界。"中和"一词，出于《中庸》："中也者，无下之大本也；和也者，天下之达道也。致中和，天地位焉，万物育焉。"通过"中和"，世间万物达和谐发展，各得其所。对于人而言，"喜怒哀乐之未发谓之中，发而皆中节谓之和"，个人情绪、情感的流露应适度，不偏不倚，有所节制，符合基本的道德准则。刘宗周将"慎独"之说与"中和"思想紧密联系起来，他曾言：

　　喜怒哀乐之未发，谓之中，先儒教人看此气象，正要人在慎独上做工夫，非想象恍惚而已。⑤

　　慎独之学，即中和、即位育，此千圣学脉也。⑥

　　盖独不离中和，延平姑即中以求独体，而和在其中，此慎独真方便门也。⑦

---

① （明）刘宗周：《刘子全书》卷一三《会录》，华文书局 1968 年版，第 749 页。
② （明）刘宗周：《刘子全书》卷五《圣学宗要》，华文书局 1968 年版，第 411 页。
③ （明）刘宗周：《刘子全书》卷一三《会录》，华文书局 1968 年版，第 777 页。
④ （明）刘宗周：《刘子全书》卷十《学言》上，华文书局 1968 年版，第 564 页。
⑤ 同上书，第 582 页。
⑥ （明）刘宗周：《刘子全书》卷十一《学言》下，华文书局 1968 年版，第 653 页。
⑦ 同上书，第 647 页。

"慎独"即"中和"，除了"独"以外别无功夫，因而他主张通过"慎独"，内心省察，提高道德修养，最终达到"中庸之道"的境界。

第三，刘宗周论述"慎独"之说时，与"敬诚"相联系，以至诚、居敬的精神状态省察自身，追寻道德的自我完善。

黄宗羲曾评价道：

> 先生宗旨为慎独，始从主敬入门，中年专用慎独功夫，慎则敬，敬则诚。晚年愈精微、愈平实。本体只是些子，工夫只是些子，仍不分此为本体，彼为工夫。①

可见，"敬诚"思想与"慎独"之说相通。

刘宗周曾批判朱熹只讲"敬"而不讲"慎独"：

> 朱子一生学问，半得力于主敬，今不从慎独二字认取，而欲掇敬于格物之前，真所谓握灯而索照也。②

朱熹的学问得力于主敬甚多，但不讲慎独，将敬置于格物前，就像握灯而索照，必然昏黑无所见。刘宗周则强调要将"主敬"与"慎独"相结合，不可一分为二。

2. 论治学

以刘宗周为代表的蕺山学派，治学严谨，在长期书院教学实践中形成自己特有的治学路径与学习方法。

第一，为学应先立志。刘宗周主张为学应树立明确的目标并能持之以恒。刘宗周撰有《立志说》，以此阐述立志的重要性：

> 子曰："三军可夺帅也，匹夫不可夺志也。"人有生以来，有知觉便有意向，意向渐尝而渐熟，则习与性成而志立焉。人虽匹

_____

① （明）刘宗周：《刘子全书》卷三九《子刘子行状》，华文书局1968年版，第3395页。

② （明）刘宗周：《刘子全书》卷十二《学言》下，华文书局1968年版，第712页。

夫，必有志也。①

男儿负七尺躯，读圣贤书，所学何事不思顶天立地做第一流人，直欲与蝇头争得蜗角，争斗混厕之中争臭味，岂不甚可悲乎！②

无论治学还是做人，必须立志。为学者，读圣贤书，应顶天立地，做第一流人。

第二，博学与质疑相结合。在刘宗周看来，治学的前提是博学，即广泛地涉猎知识。他的学问便是集各家之大成，其弟子陈确曾在《书祝开美师门问答后》中言：

先生立朝，前后所上不下百疏，皆废其稿不存；于五经诸子百家无不精究，皆有所论述。……盖先生之学如洪钟，大叩之大应，小叩之小应。③

从陈确的评价来看，刘宗周治学涉猎广泛，"五经诸子百家无不精究"，而刘宗周自己亦曾提出"不博不可以言学"④。

此外，在治学过程中，质疑也同样重要。刘宗周在《原旨·原学上》中论述了"学"与"疑"的关系及学习的整体进程：

学然后知疑，乃授之以问。问以问此善，故曰审问。然后致疑，乃授之以思。思所以思此善，故曰慎思。然后愈疑，乃授之以辩。辩以辩此善，故曰明辩。然后明，乃授之以行。行以行此善，故曰笃行，则进于德矣。⑤

指出了博学与质疑是相联系的，通过广泛学习产生疑问，进而开始了

---

① （明）刘宗周：《刘子全书》卷八《立志说》，华文书局1968年版，第511页。
② 同上书，第511—512页。
③ 侯外庐等编：《陈确哲学选集》，科学出版社1959年版，第133页。
④ （明）刘宗周：《刘子全书》卷七《原旨》，华文书局1968年版，第451页。
⑤ 同上。

问、思、辩、行的过程。

二　浙东实学教育思潮

自明万历中期始，受时局影响，王廷相、吴廷翰、顾宪成等学者批判程朱理学的思想禁锢与心学的空疏无用，倡导实用的实学教育思潮逐渐兴起。

1644年以后，提倡道德人格完善之风急剧衰退，这标志着新儒学的崩溃。明遗民及其支持者认为，具有实用性的经世之学才是儒学遗产的基本内容。他们讨论的经世之学范围比纯粹的政治概念广泛。在他们看来，经世之学涉及众多不同的专业领域，包括有关历法改革的天文学、治理洪水必需的水利学、军事需要的炮术及其他学科。[①]

明清之际，社会批判思想运动和实学思潮的兴起，是王阳明心学由盛而式微和社会政治、经济巨变的必然结果。越地作为人文渊薮与学术重镇，涌现出以黄梨洲、朱舜水为代表的一批重要的思想家与教育家。他们继承和发展了先秦以来务实、重人、重经世致用的学术观点，并结合当时的时代要求，在阐述哲学、历史、社会政治观点的同时，提出了别开生面的教育思想。[②]

梁启超曾言：

> 这些学者虽生长在阳明学派空气之下，因为时势突变，他们的思想也像蚕蛾一般，经蜕化而得一新生命。他们对于明朝之亡，认为是学者社会的大耻辱、大罪责，于是抛弃明心见性的空谈，专讲经世致用的实务。……黄梨洲、顾亭林、王船山、朱舜水，便是这时候代表人物。他们的学风，都在这种环境中间发生出来。[③]

---

① 参见［美］艾尔曼《从理学到朴学：中华帝国晚期思想与社会变化面面观》，赵刚译，江苏人民出版社2012年版，第41—42页。

② 参见张彬等《浙江教育发展史》，杭州出版社2008年版，第141页。

③ 梁启超：《中国近三百年学术史》，上海古籍出版社2013年版，第14页。

时局的变动对这些明末遗民影响重大，颜元痛陈"无事袖手谈心性，临危一死报君王"，喊出了同时期学者的心声。他们鄙弃理学教育的空疏无用，提倡"明道救世"；揭露科举制度的腐朽落后，要求变革人才选拔制度；抨击理欲对立，主张理欲统一；反对空谈心性，强调学习经世之学，等等。①

明清之际提倡的实学教育思潮，主要是针对宋明理学的"空疏之风"而产生的。实学教育思潮的背后，是浙东一代学风的形成与转变，与当时社会的政治、经济、文化思潮密切相关。朱之瑜、黄宗羲等一批力倡实学的教育家，他们的教育思想竞放异彩，正是浙东学风流变下实学教育思想的体现。

（一）朱之瑜的教育思想

朱之瑜（1600—1682），字楚屿（又作鲁屿），号舜水，余姚县人，是明清之际一位杰出的学者与教育家。朱之瑜的一生可划分为前后两个时期：前期（1600—1659），勤勉求学，明亡后投身抗清复明活动；后期（1660—1682），寓居日本，在长崎、江户授徒讲学，传播儒家学说，长期从事教育活动，留有著作《朱舜水集》。

朱舜水在日本二十余年，与各类人士接触，同日本学者广泛交流，长期从事教育活动，其学术思想在日本产生了一定的影响，受日本学者推崇，据《清史稿·朱之瑜传》记载：

> 复至日本，时舟山既失，之瑜师友拥兵者，如朱永祐、吴锺峦等皆已死节，乃决蹈海全节之志，遂留寓长崎。日人安东守约等师事之，束脩敬养，始终不衰。日本水户侯源光国厚礼延聘，待以宾师，之瑜慨然赴焉。每引见谈论，依经守义，曲尽忠告善道之意。教授学者，循循不倦。……著有文集二十五卷，释奠仪注一卷，阳九述略一卷，安南供役纪事一卷。②

---

① 参见王炳照、阎国华主编《中国教育思想通史》第 4 卷，湖南教育出版社 1994 年版，第 152 页。

② 《清史稿》卷五百《遗逸一·朱之瑜传》，中华书局 1977 年版，第 13837—13838 页。

朱之瑜作为明末清初的浙东学者，在寓居日本后长期从事教育实践，广收门徒，著有《文集》25 卷，《释奠仪注》1 卷，《阳九述略》1 卷，《安南供役纪事》1 卷。

1. 论教育与社会

朱之瑜重视教育的社会作用，指出："敬教劝学，建国之大本；兴贤育才，为政之先务。"① 他认为，教育的社会作用包括两方面：第一，教育能够培养人才，通过重教兴学，达到"兴贤育才"的效果。第二，通过重教兴学，改善社会风气，从而政治清明、国泰民安。对于明朝灭亡的教训，他曾总结道：

> 近者，中国之所以亡，亡于圣教之隳废。圣教隳废，则奔竞功利之路开，而礼义廉耻之风息。欲不亡得乎？知中国之所以亡，则知圣教之所以兴矣。②

朱之瑜认为明亡与教育的式微紧密相连，在教育过程中，追名逐利之风兴起，而儒家的礼义廉耻被士人抛诸脑后，因而圣教崩毁，明朝也因此而亡。

在教育与社会经济的关系上，朱之瑜认为社会经济是教育发展的前提与基础，他曾专门论述"教"与"养"之间相辅相成的关系：

> 伏以治道有二，教与养而已。养处于先，而教居其大。盖非养则教无所施，以奚暇治礼义之说也；非教则养无所终，此饱食暖衣，逸居无教之说也。③

由此，朱之瑜认为，教育应当同社会政治、经济相结合，无论是经济发展还是社会政治变革，都不能忽视教育的重要作用。正是由于看到了教育对社会发展的重要作用，因而他的教育思想中蕴含经世致

---

① 《朱舜水集》卷十七《劝兴》，中华书局 1981 年版，第 501 页。
② 《朱舜水集》卷七《书简四》，中华书局 1981 年版，第 183 页。
③ 《朱舜水集》卷六《书简三》，中华书局 1981 年版，第 115 页。

用的功利主义倾向，成为浙东实学教育的杰出代表。

2. 论教育与人性

朱之瑜在《答古市务本问二条》中阐述了对于人性的看法，否定了孟子的性善论与荀子的性恶论：

> 性非善亦非恶，如此者，中人也。中人之性，习于善则善，习于恶则恶，全藉乎问学矣。学之则为善人，为信人，又进而学之，则为君子；又而进而学之不已，则为圣人。[1]

对于先天的"性"，朱之瑜在《野村重直字遂初说》中有如下论述：

> 人之初生，无有不直者。孩提啼哭，爱亲爱兄，莫非天性。葆而弗失，由此而大人不异矣。奈何知识渐开，诈伪缘起，习染日深，真淳日斲。赤子之心，尽为外物所铄。诚能幡然改悔，自遂其初，则其直如矢者，反身而具足矣。[2]

由此可见，朱之瑜认为人无善无恶，初生的人，"无不有直者"，均有"赤子之心"。他主张性成于"习"，人通过后天的学习，可以成为"善人""信人""君子"，甚至是"圣人"。因此，后天的教育对人性具有重要影响，可以通过后天的"习"恢复人初生时的"赤子之心"，回归自然属性。

3. 论教育目的与培养目标

朱之瑜对教育目的及人才培养的论述，与其所处时代背景密切相关。他曾回顾和反思明亡的历史教训，写下了著名的《中原阳九述略·致虏之由》，认为明亡的原因主要有两点。

其一是政治腐败：

---

① 《朱舜水集》，中华书局1981年版，第379页。
② 《朱舜水集》卷十三，中华书局1981年版，第448页。

中国之有逆虏之难，贻羞万世，固逆虏之负恩，亦中国士大夫之自取也。语曰："木必朽而后蛀生之。"未有不朽之木，蛀能生之者也。①

其二是科举制度腐朽，学术虚伪：

父之训子，师之教弟，猎采词华，埋头呫哔，其名亦曰文章，其功亦穷年皓首，惟以剽窃为工，掇取青紫为志，谁复知读书之义哉！既不知读书，则奔竞门开，廉耻道丧，官以钱得，政以贿成，岂复识忠君爱国，出治临民！②

朱之瑜处在国家丧乱、民族危亡的时代，目睹了在历史的紧急关头，质变了的科举制度孕育和选拔出来的官僚士大夫们或道德沦丧，或空谈心性，以致国破家亡。③ 因此，同明清之际的其他实学思想家、教育家一样，朱之瑜猛烈抨击政治的腐败、科举的腐朽僵化。朱之瑜以批判宋明理学的空疏学风和"崇虚"的方式来开辟道路，以实际的事功与社会功效为逻辑起点，提出德才兼备、文武双全、博学多才的人才观，以求培养经世致用之才。

第一，朱之瑜认为，为学要达到有实功、有实用的目的。朱之瑜在反对宋明理学的基础上提出了"实理实学"的主张。他认为"实理"就是"明明白白，平平常常"的"现前道理"，凡是能取得实际功用与事功的就是实理：

为学当有实功，有实用。不独诗歌辞曲无益于学也，即于字句之间，标新领异者，未知果足为大儒否？果有关于国家政治否？果能变化于民风士俗否？台台深知其弊，必不复蹈于此。果能以为学、修身合而为一，则蔡传、朱注、胡传，尽足追踪古圣

① 《朱舜水集》卷一《中原阳九述略》，中华书局1981年版，第1页。
② 同上。
③ 参见王炳照、阎国华《中国教育思想通史》第4卷，湖南教育出版社1994年版，第156页。

前贤；若必欲求新，则禹、稷、契、皋陶、伯益，所读何书也？①

只学习诗词歌赋、注重辞章之标新立异的士人并非大儒，且这方面的学习无益于国家政治和移风易俗，空疏学风积弊甚多，故强调"实功"与"实用"，为学要注重实功、实用，教育更应培养实功、实用之才。

第二，儒者分为两类：学士、贤士。前者以学识见长，"淹通坟典，源学宏辞"；后者以德行见长，"贤良方正，孝弟力田"，但往往"两者罕能兼之"。② 朱之瑜倡导将学识、德行、事功相结合，培养并造就真正的儒者——在社会安定时能治国理民，在社会动荡时能讨伐凶逆、扶危救济的"经邦弘化、康济艰难"的"巨儒鸿士"。③

4. 论教育内容

正是由于倡导事功治学，因而朱之瑜痛批宋明理学的空疏无用，无益于国家的富强与发展。他曾对理学代表朱熹与心学大家王阳明进行批判：

> 若欲穷尽事事物物之理，而后致知以及治国平天下，则人寿几何？河清难俟。故不若随时格物致知，犹为近之。……治民之官与经生大异，有一分好处，则民受一分之惠，而朝廷享其功，不专在理学研穷也。④
>
> 王文成亦有病处，然好处极多。讲良知，创书院，天下翕然有道学之名；高视阔步，优孟衣冠，是其病也。……其徒王龙溪有语录，与今和尚一般，其书时杂佛书语，所以当时斥为异端。⑤

对于朱熹的"格物致知"，朱之瑜认为事事物物之理无法穷尽，

---

① 《朱舜水集》卷十一《答小宅生顺问六十一条》，中华书局 1981 年版，第 406 页。

② 王炳照、阎国华：《中国教育思想通史》第 4 卷，湖南教育出版社 1994 年版，第 156 页。

③ 《朱舜水集》卷十一《答林春信问七条》，中华书局 1981 年版，第 383 页。

④ 《朱舜水集》卷十一《答野节问三十一条》，中华书局 1981 年版，第 386 页。

⑤ 《朱舜水集》卷十一《答安东守约问三十四条》，中华书局 1981 年版，第 397 页。

以朱熹为代表的一批理学家鄙弃事功。徒事空言，以此教人，只能使学者不务实际。他倡导应当重视实际功用而非在穷理上多下功夫。至于阳明心学中的"致良知"，朱之瑜认为，王阳明虽建有事功，但"固染于佛氏"，王门后学的王畿"援佛入儒"，王学逐渐舍弃了功夫和事功，兴起了空谈心性之风，与宋儒无异。

针对宋明理学的弊端，朱之瑜在教育内容的论述上，承接了南宋浙东事功学派的主张，认为在教育中应立足经学、重视史学、发展实艺。

首先，立足经学。朱之瑜推崇"六经"，认为经学是治学的基础。他批判程颐"'六经'不待读而自明"的观点：

> 程子云："学者于《论语》《孟子》熟读精思，则"六经"不待读而自明矣。""六经"岂有不读自明之理？此等议论极好，甚须寻味。①

认为"六经"是《论语》《孟子》无法替代的，必须细读。此外，在读"四书"方面，力倡读原文，他曾言："然看书贵得其大意，大意既得，传注皆为刍狗筌蹄。岂得泥定某人作何解，某人作何议也？"②

其次，重视史学。朱之瑜提倡经以史佐，通过学习历史事实来总结国家兴亡得失之规律，让史学为现实服务。③他指出：

> 殊不知经简而史明，经深而史实，经远而史近，此就中年为学者指点路头，使之实实有益，非谓经不须学也。得之史而求之经，亦下学而上达耳。④

---

① 《朱舜水集》卷十《答安东守约问八条》，中华书局1981年版，第369页。
② 《朱舜水集》卷十一《答野节问三十一条》，中华书局1981年版，第385页。
③ 参见王炳照、阎国华主编《中国教育思想通史》第四卷，湖南教育出版社1994年版，第158页。
④ 《朱舜水集》卷八《答奥村庸礼书十二首》，中华书局1981年版，第274页。

在通读经学的基础上，应当兼读史书，史学是教学内容的重要组成部分。

再次，发展实艺。朱之瑜认为，"圣贤之学，俱在践履"，"学问之道，贵在实行。"① 学问和事功、知与行，本来就是合一并进、不可分离的。这也正是孔孟儒学为人尊崇且得行于世的根本所在，舍此，则与佛老之学无别。② 因此，在教育内容上，朱之瑜主张实学、实艺。

在日本的教育实践中，他将实艺、技能列为重要的教学内容，据《清史稿》记载：

> 之瑜为日人作学宫图说，商榷古今，剖微索隐，使梓人依其图而以木模焉，栋梁枅椽，莫不悉备。而殿堂结构之法，梓人所不能通晓者，亲指授之。度量分寸，凑离机巧，教喻缜密，经岁而毕。文庙、启圣宫、明伦堂、尊经阁、学舍、进贤楼、廊庑射圃，门户墙垣，皆极精巧。又造古祭器，先作古升、古尺，揣其称胜，作簠、簋、笾、豆、登、铏之属。如周庙敧器，唐、宋以来，图虽存而制莫传，乃依图考古，研核其法，巧思默契，指画精到。授之工师，或未洞达。复为揣轻重，定尺寸，关机运动，教之经年，不厌烦数，卒成之。于是率儒学生，习释奠礼，改定仪注，详明礼节，学者皆通其梗概。日人文教，为之彬彬焉。③

朱之瑜向日本弟子讲解学宫图，介绍建筑工程，教授祭器制造之法，以及详述祭祀仪礼等。可见，教育内容上，朱之瑜不局限于传统的经史之学，重视技艺，其经世致用、实学实行的教育思想在实际中得以彰显。

（二）黄宗羲的教育思想

黄宗羲（1610—1695），字太冲，号南雷，学者称梨洲先生，余

---

① 朱舜水：《朱舜水集》卷十《答安东守约问八条》，中华书局 1981 年版，第 369 页。
② 参见陶清《朱之瑜的实学思想和明末清初的实学思潮》，《孔子研究》1992 年第 2 期。
③ 赵尔巽主编：《清史稿》卷五百《遗逸一·朱之瑜传》，中华书局 1977 年版，第 13837—13838 页。

姚县人。黄宗羲是明末清初杰出的启蒙思想家、史学家、教育家。在教育理论上，他见解独特，富有时代气息，提出了具有近代色彩的民主教育思想，对中国近代资产阶级教育曾产生过重要影响。

1. "公其非是于学校"

黄宗羲认为，学校不仅具有培养人才、改进社会风俗的职能，而且还应该议论国家政事，"公其非是于学校"。这是他对于中国古代教育理论的独特贡献，闪烁着民主思想的光辉。①

黄宗羲"公其非是于学校"的思想集中反映在《明夷待访录·学校篇》中：

> 学校，所以养士也。然古之圣王，其意不仅此也，必使治天下之具皆出于学校，而后设学校之意始备。非谓班朝，布令，养老，恤孤，讯馘，大师旅则令将士，大狱讼则期吏民，大祭祀则享始祖，行之自辟雍也。盖使朝廷之上，闾阎之细，渐摩濡染，莫不有诗书宽大之气，天子之所是未必是，天子之所非未必非，天子亦遂不敢自为非是，而公其非是于学校。②

一般而言，学校的职能是培养人才、传承学术，然而黄宗羲所谓"治天下之具皆出于学校"，打破了传统意义上学校的概念与职能。"公其非是于学校"思想的基本内容包括：首先，培养人才是学校最基本的职能；其次，"治天下之具皆出于学校"不同于古代辟雍承担政府机构的某些职能；第三，在学校中应由大家共同来议论国家政事之是非标准。通过学校议政，从而使上至朝廷命官，下至平民百姓，形成普遍议政的社会风气。

"公其非是于学校"的基本精神在于反对封建君主专制，改变国家政事之是非标准由天子一人决断的专制局面。③ 基于这一思想，他

---

① 参见王炳照、阎国华《中国教育思想通史》第 4 卷，湖南教育出版社 1994 年版，第 185 页。
② 《黄宗羲全集》第一册，浙江古籍出版社 1985 年版，第 10 页。
③ 参见孙培青主编《中国教育史》，华东师范大学出版社 2009 年版，第 279 页。

提出了独具特色的教育主张。

首先，主张在全国普遍设立学校，将寺观庵堂改为书院与小学。

> 学官以外，凡在城在野寺观庵堂，大者改为书院，经师领之，小者改为小学，蒙师领之，以分处诸生受业。其寺产即隶于学，以赡诸生之贫者。①

其次，强调学校讲学应与议政紧密结合：

> 太学祭酒，推择当世大儒，其重与宰相等，或宰相相退处为之。每朔日，天子临幸太学，宰相、六卿、谏议皆从之。祭酒南面讲学，天子亦就弟子之列。政有缺失，祭酒直言无讳。
>
> 天子之子年至十五，则与大臣之子就学于太学，使知民之情伪，且使之稍习于劳苦，毋得闭置宫中，其所闻见不出宦官宫妾之外，妄自崇大也。②

无论天子还是朝臣，均应到太学听讲，听取政事缺失，让学校集讲学和议论为一体，成为议论政事利弊的场所。

2. 论教育内容

黄宗羲自身学识渊博，在经学、史学、文学、自然科学等领域均有高深造诣。梁启超曾评价道："他家里藏书本甚多，同乡钮氏世学楼、祁氏澹生堂、范氏天一阁的书，都到处借抄借读，所以他记诵极博，各门学问都有所探索。"③ 在教育内容上，黄宗羲主张经史并重，注重对天文、数学、地理等自然科学知识的发展，体现出广泛与实用的特点。

第一，以经学为根柢。

> 宗羲之学，出于蕺山，闻诚意慎独之说，缜密平实。尝谓明

---

① 《黄宗羲全集》第一册，浙江古籍出版社1985年版，第12页。

② 同上。

③ 梁启超：《中国近三百年学术史》，上海古籍出版社2013年版，第48页。

人讲学，袭语录之糟粕，不以《六经》为根柢，束书而从事于游谈。故问学者必先穷经，经术所以经世。①

做学问必须以经学为根底，脱离六经便是空谈，治学者首先应当通经。因此，黄宗羲在教学上重视经学的传授，向学生讲授《诗经》《易经》等儒家经典著作，以图经国济世。

第二，读史。

作为浙东史学的开山祖，黄宗羲重视史学的教学，强调在读经的同时必须兼读史书，研治史学。

> 不为迂儒，必兼读史。读史不多，无以证理之变化；多而不求于心，则为俗学。故上下古今，穿穴群言，自天官、地志、九流百家之教，无不精研。②

学习和研究历史，必须重视史实，强调广泛搜集史料；要重视志和表的作用；提出"以诗补史之阙"等。③梁启超评价："梨洲学问影响后来最大者，在他的史学。现行的《明史》，大半是万季野稿本；而季野之史学，实传自梨洲。"④黄宗羲培养了一批史学人才，如郑梁、万斯通等，为浙东史学的发展做出重要贡献。

黄宗羲在经史方面的著作甚多，据记载：

> 所著《易学象数论》六卷，《授书随笔》一卷，《律吕新义》二卷，《孟子师说》二卷。文集则有《南雷文案》《诗案》。今共存《南雷文定》十一卷，《文约》四卷。又著《明儒学案》六十二卷，叙述明代讲学诸儒流派分合得失颇详，《明文海》四百八十二卷，阅明人文集二千余家，自言与《十朝国史》相首尾。又

---

① 《清史稿》卷四八〇《儒林一·黄宗羲传》，中华书局1977年版，第13105页。
② 同上。
③ 参见王炳照、阎国华主编《中国教育思想通史》第4卷，湖南教育出版社1994年版，第192页。
④ 梁启超：《中国近三百年学术史》，上海古籍出版社2013年版，第51页。

《深衣考》一卷，《今水经》一卷，《四明山志》九卷，《历代甲子考》一卷，《二程学案》二卷，《辑明史案》二百四十四卷，又《明夷待访录》一卷，皆经世大政。①

其中最为重要的有《易学象数论》《明儒学案》《宋元学案》《明夷待访录》《孟子师说》《明文海》《行朝录》《今水经》《四明山志》等。

《明夷待访录》一书具有浓厚的近代民主思想，《明儒学案》对明朝三百年间各个学派学术思想的发展过程、代表人物、学说宗旨等作了比较全面的介绍与评论，反映了明代学术思想的风貌，为学术史研究开了先河，创立了新的史体学案体。

第三，自然科学知识。黄宗羲主张经世致用，其学术研究涉及天文、数学、地理等多个学科，因而在教育内容方面，也非常重视向学生传授自然科学知识。梁启超在《中国近三百年学术史》中云：

> 他又最喜历算之学，著有《授时历故》《大统历推法》《授时历假如》《西历、回回历假如》《句股图说》《开方命算》《割圜八线解》《测圜要义》等书，皆在梅定九（文鼎）以前，多所发明。②

在天文方面，黄宗羲著有《授时历故》《西历假如》等著作；在数学方面，撰有《句股图说》《开方命算》《割圜八线解》等；在地理方面，留有《今水经》《四明山志》等。将天文、数学、地理等自然科学知识列为重要的教育内容，既是对中国古代科技教育传统的继承和发展，同时也是受到当时传入中国的西方科技知识的影响，反映了资本主义生产关系萌芽对教育所提出的新要求。③

3. 论教学

黄宗羲有诸多关于教育教学的论述，他提出的教学原则和方法，

---

① 《清史稿》卷四八○《儒林一·黄宗羲传》，中华书局1977年版，第13105页。
② 梁启超：《中国近三百年学术史》，上海古籍出版社2013年版，第54页。
③ 参见王炳照、阎国华主编《中国教育思想通史》第4卷，湖南教育出版社1994年版，第193—194页。

集中表现为"致知""独创"与"适用"。

第一，力学致知。在知识来源的问题上，受"王学"的影响，在黄宗羲的思想中，存在着"知识是人心所固有的"一面。黄宗羲在《明儒学案序》中说："故穷理者，穷此心之万殊，非穷万物之万殊也。穷心则物莫能遁，穷物则心滞一隅。"① 在《明儒学案改本序》中云："故穷天地万物之理，即在吾心之中。"② 黄宗羲有着"穷理"即"穷心"的王学思想残余。然而，在长期的教育实践活动中，黄宗羲正视实际，主张躬行实践以求知，在《明儒学案》中，重新诠释了王阳明"致良知"的含义：

> "致良知"一语，发自晚年，未及与学者深究其旨，后来门下各以意见挽和，说玄说妙，几同射履，非复立言之本意。……先生致之于事物。致字即是行字，以救空空穷理。只在知上讨个分晓之非，乃后之学者测度想象。③

对此，梁启超评价"像他这样解释致良知——说致字即是行字，很有点像近世实验哲学的学风。"④ 反映了黄宗羲重视躬亲实践，通过接触客观事物获得知识的教学观。

此后，在《孟子师说·曹交章》中，黄宗羲云：

> "人皆可以为尧舜"一语，此孟子继往圣开后学一大节目。徐行尧服，人人能之，即人人可以为尧舜也，只在著察之间耳。后之儒者，将圣人看得烦难，或求之静坐澄心，或求之格物穷理，或求之人生以上，或求之察见端倪，遂使千年之远，亿兆人之众，圣人绝响……后来近溪只就人所行所习，当下指点出著察

---

① （清）黄宗羲：《黄梨洲文集》，中华书局 1959 年版，第 379 页。
② 同上书，第 380 页。
③ （清）黄宗羲：《明儒学案》卷十《姚江学案》，沈芝盈点校，中华书局 1985 年版，第 179 页。
④ 梁启超：《中国近三百年学术史》，上海古籍出版社 2013 年版，第 50 页。

一路，直觉人人去圣不远。①

由此看来，黄宗羲认为，"静坐澄心""格物穷理""求之人生以上""察见端倪"，均不能使人成为圣人，只有坚持"所行所习"，才能"去圣不远"。钱穆曾评价：

> 盖梨洲论学，两面逼人。其重实践，重功夫，重行，既不蹈悬空探索本体、堕入渺茫之弊；而一面又不致陷入猖狂一路，专任自然，即认一点虚灵知觉之气，从横放任以为道也。惟梨洲最要见解，厥在其晚年所为明儒学案序。②

尽管受王门后学影响，但黄宗羲格外重视"所行所习"，强调实践，要求学生勤奋求学，躬行实践以求知。

第二，学贵适用。明中叶以后，理学日渐僵化，士人缺乏实际的经世之学。针对宋明理学的空疏无用、空谈心性，黄宗羲在教学中主张求学贵在适于实用，反对脱离实际，在《姜定庵先生小传》中云：

> 道无定体，学贵适用。奈何今之人执一以为道，使学道与事功判为两途。事功而不出于道，则机智用事而流于伪；道不能达之事功，论其学则有，适于用则无；讲一身之行为则似是，救国家之急难则非也，岂真儒哉？③

在《明儒学案·发凡》中云：

> 学问之道，以各人自用得著者为真。④

学者求学贵在适于实用，只有学问和事功相结合，达到学用一致

---

① 《黄宗羲全集》第一册，浙江古籍出版社1985年版，第144页。
② 钱穆：《中国近三百年学术史》，九州出版社2011年版，第28页。
③ （清）黄宗羲：《黄梨洲文集》，中华书局1959年版，第77页。
④ 清）黄宗羲：《明儒学案·发凡》，沈芝盈点校，中华书局1985年版，第2页。

的境界，方是真儒。因此，在教学上，他反对空疏学风，主张教授学生适于实用的知识。此外，在人才选拔上，黄宗羲也将实学作为重要标准。

第三，学贵独创。由于明代八股考试制度的影响，学生的自由思想被扼杀，缺乏独立思考与真知灼见，学术文化的发展受到阻碍。针对这一弊病，黄宗羲认为，求学贵在提出自己的独立见解。

首先，黄宗羲主张由博致精，"学不患不博，患不能精"。"博"即多读书，广泛阅读；"精"即深入思考。《万充宗墓志铭》中言："充宗之经学，由博以致精，信矣，其可传也。"①

其次，在学术研究过程中，应注重"异同之论"。黄宗羲云："道非一家之私，圣贤之血路，散殊于百家。"② 因此，对于不同的学术观点应深入分析、审慎思考。

作为明清时期的一个有着重要影响的思潮，浙东实学呈现出"崇实黜虚"的特征。针对当时空谈心性，追名逐利而无济于事的空疏荒陋的学风，实学思潮高举"实学""实用""实行"的旗子，鄙弃理学教育的空疏无用，主张"经世"实用；抨击理欲对立，主张理欲统一；反对空谈心性，强调学习经世实学，直接开启了近代新教育的端绪。

三 浙东史学与教育

浙东史学，是浙东学术文化的重要组成部分，是中国古代一个重要的史学学术派别，源远流长。其史学理论的形成与发展最早可溯源至南宋，繁盛于清初。浙东史学名家著述立说，投身于书院讲学，而史学家的学术思想与治学路径为教育思想的创新与发展开拓了空间，产生了深远影响。

---

① （清）黄宗羲：《黄梨洲文集》，中华书局 1959 年版，第 199 页。
② 同上书，第 160 页。

（一）浙东史学溯源

浙东史学，自宋元数百年来，历有渊源。① 其形成与发展最早可溯源至南宋时期永嘉、金华两派。至清初黄宗羲出，浙东史学蓬勃发展，揭开了史学发展的新篇章；至章学诚时期，名儒、史家共创浙东史学之辉煌。

梁启超评价：

> 浙东学风，从梨洲、季野、谢山起，以至于章实斋，厘然自成一系统，而其贡献最大者实在史学。②

自宋代吕祖谦的金华学派以来，史学就是浙学中地位最突出的治学内容。至清代，浙东史学开山祖黄宗羲上承明代王阳明、刘宗周之学，下启清代万斯大、万斯同、邵廷采、全祖望诸史学大师，至章学诚提出"六经皆史"说，将浙东学派推向高峰，使之成为吴派、皖派之外另一很有影响的朴学支派。③

现当代学者在研究浙东史学时，均以黄宗羲为浙东史学之开山祖。陈训慈在《清代浙东之史学》中言道："盖浙东学术，所以上追宋元先哲之传，下开梨洲以降之学，承先启后，实赖阳明之教，而就清代浙东之史学而论，则当以梨洲为开山之祖矣。"④ 台湾史学家杜维运曾评价："清代史学，以历史考据学派与浙东史学派为主流。历史考据派由顾炎武，浙东史学派自黄宗羲而昌大。"⑤ 仓修良评价："黄宗羲的学术思想上承宋明以来浙东学派的优良传统，同时通过讲学，培养了一大批著名学者，形成清代浙东史学流派，所以，黄宗羲又是

---

① 参见仓修良编《文史通义新编》外篇三《与胡雒论校〈胡穉集〉二简》，上海古籍出版社1993年版，第573页。

② 梁启超：《中国近三百年学术史》，上海古籍出版社2013年版，第98页。

③ 汪林茂：《从传统到近代：晚清浙江学术的转型》，中国社会科学出版社2011年版，第33页。

④ 陈训慈：《清代浙东之史学》，《史学杂志》1931年第2卷第5、6期。

⑤ 杜维云：《黄宗羲与清代浙东史学派之兴起》，转引自钱茂伟《论浙学、浙东学术、浙东史学、浙东学派的概念嬗变》，《浙江社会科学》2008年第11期。

清代浙东史学的开山祖，在浙江文化史上占有重要地位。"①

在黄宗羲开浙东史学之风气后，浙东地域出现一批著名的史学理论家，他们专研史学，将浙东史学的发展推向高潮，其中以万斯同、邵廷采、全祖望、章学诚为代表，他们在传承浙东学风的同时又各自趋新，从而呈现出浙东史学的波澜壮阔与异彩纷呈。

（二）万斯同的史学思想

万斯同（1638—1702），字季野，号石园，浙江鄞县人，门生私谥贞文先生。万斯同自幼天资聪颖，十四五岁已遍读家中藏书；十七岁跟诸兄一起受业于黄宗羲，"在梨洲门下年最少，梨洲最赏爱他。……季野学固极博，然尤嗜文献，最熟明代掌故，自幼年即以著明史为己任"②，热爱明史研究。③

《万斯同先生传》云：

> 先生其少子也，生而异敏，读书过目不忘。八岁在客坐中背诵扬子《法言》，终篇不失一字。年十四五取家所藏书遍读之，皆得其大意。余姚黄太冲寓甬上，先生与兄斯大皆师事之，得闻蕺山刘氏之学，以慎独为主，以圣贤为必可及。是时甬上有五经会，先生年最少，遇有疑义，辄片言析之。束发未尝为时文，专意古学，博通诸史，尤熟于明代掌故，自洪武至天启实录皆能暗诵。尚书徐公乾学闻其名招致之，其撰《读礼通考》，先生予参定焉。④

万斯同一生致力于修《明史》，因而其有关史学理论的著作甚少，早期以诗歌形式出现在《明乐府》中，而后其史论多散见于《群书疑辨》。

---

① 仓修良：《黄宗羲和清代浙东史学》，《东南文化》1989 年第 6 期。
② 梁启超：《中国近三百年学术史》，上海古籍出版社 2013 年版，第 91 页。
③ 梁启超指出：唐以后之史，皆官家设局分修，斯同最非之……以独力成《明史稿》，论者谓迁、固以后一人而已。（《清代学术概论》，中华书局 2011 年版，第 27 页）
④ （清）钱大昕：《潜研堂文集》卷三八《万先生斯同传》，陈文和点校，江苏古籍出版社 1997 年版，第 645 页。

1. 民族思想

正如黄宗羲和其他明末遗民一样，万斯同反对清廷，拒绝与清廷合作，具有强烈的民族思想，这在其治史过程与史学著作中均有体现。但出于治史的热忱，他至京修《明史》。对于赴京修史的动机与态度，万斯同曾言：

> 念先人辞世禄，勉思以文德易武功，今鼎迁社改，无可为力者，惟持此志上告历祖在天耳。仆生平学凡三变：弱冠时为古文词诗歌，欲与当世知名士角逐于翰墨之场，既乃薄其所为无益之言以惑世盗名，胜国之季可鉴矣，乃攻经国有用之学，谓夫天未厌乱，有膺图者出，舍我其谁？时与诸同人兄弟自有书契以至今日之制度，无勿考索遗意，论其可行不可行；又思此道迂远，而《典》《考》《志》诸书所载，有心人按图布之有余矣，而涂山二百九十三年之得失竟无成书，其君相之经营创建与有司之所奉行，学士大夫之风尚源流今日失考，后来者何所据乎？昔吾先世四代死王事，今此非王事乎？祖不难以身殉，为其曾玄，乃不能尽心网罗以备残略，死尚可以见吾先人地下乎？故自己未以来迄今二十年间，隐忍史局，弃妻子兄弟不顾，诚欲有所冀也。①

万斯同在学术思想上经历了"学凡三变"：吸取明亡的教训，放弃古文词诗歌；认为"天未厌乱"，将有"膺图者出"，对清廷的统治取而代之，从而探究历代典章制度，论其可行与否；最后转向网罗有明文献，寻求其制度的得失，以保存这一代的"中国之道"。万斯同学术路径的转变，均贯穿着民族主义的思想。

在治史方面，万斯同亦表现出强烈的民族主义思想。浙西学者陆嘉淑在《明乐府》的《序》中言：

> 季野身在草莽，不敢窃迁、固、荀、袁之指，托诸乐府之

---

① （清）万斯同：《石园文集》卷首《万季野先生行状》，四明丛书刊本。

遗，知其意有焉。二祖列宗之功德，史或有不尽书，所书或失其真，且记载淆讹，神圣默成，有非寻常文学之士所能窥测，乃为之洗发其隐微，征考其本末，推辨其得失，以补一代之遗佚。①

作为明末遗民，身处草莽，自然不能同司马迁、班固那样修编国史。尽管后来修《明史》，但万斯同是以布衣参与编修，上京后寓居于徐元文家，前后十九年，不署衔，不受俸。

此外，万斯同在《群书疑辨》中对王应麟、黄震等学者在宋亡后选择潜隐山泽，赞扬"其高风峻节，真足师表万世"②。万斯同作《明季两浙忠义考》，记述了明末抗清死难的烈士、拒不仕清的遗民。

2. 经世史学

万斯同深受黄宗羲影响，继承和发展了明末实学思潮中的经世致用思想，同时，他的史学思想又为章实斋之先声，具有重要影响。万斯同的经世史学思想集中体现在《与从子贞一书》中：

> 至若经世之学，实儒者之要务，而不可不宿为讲求者。今天下生民何如哉！历观载籍以来未有若是其憔悴者也。使有为圣贤之学而抱万物一体之怀者，岂能一日而安居于此！……夫吾之所谓经世者，非因时补救，如今所谓经济云尔也。将尽取古今经国之大猷，而一一详究其始末，斟酌其确当，定为一代之规模，使今日坐而言者，他日可以作而行耳。③

万斯同强调"经世之学"的重要性，认为这是儒者治学必须具备的，而"经世之学"并非治兵、水利、农事等实技、艺能，不是"因时补救"的短期经济行为，要对历史上的典章法制、治国之道进行批判与总结，吸取历史的经验和教训，从而考虑长远发展。

---

① （清）万斯同：《万季野先生明乐府·陆嘉淑序》，清同治八年（1869）刻本。
② （清）万斯同：《群书疑辨》卷一一《书宋史王应麟传后》，台湾广文书局1972年版影印清刻本。
③ （清）万斯同：《石园文集》卷七《与从子贞一书》，四明丛书刊本。

3. 民本思想

万斯同的史论、诗作中体现出"哀民生之多艰"、批判封建君主专制的民本思想。他的《青菜王》一诗云：

> 民有菜色官不知，官有肉味民岂识！安得今日有王公，大起天下沟中瘠。①

讽刺民生憔悴、官民贫富不均的现状，表现出对社稷民生的关注。

在史论《书陆给事王御史劾胡宗宪二疏》中，他说：

> 宗宪之为害于吾浙也，可胜言哉！自借军兴之名，行提编加派之法，而民之苦赋，甚于苦贼。……吾尝闻诸禾人，自提编法行，加派于禾郡者，亩几一金，至今言之，犹有余恨，即一郡而他郡可知。使宗宪不去，吾浙人其尚有皮骨哉！②

胡宗宪通过在浙江加派"提编"等额外税赋和请求留存浙江盐银等手段，聚敛了数额巨大的钱财，为浙江人民带来了苦难。

此外，万斯同《索妖妇》《曹妃怨》《荷花儿》等文论，流露出对古代被迫害妇女命运的同情。并不像一些墨人骚客歌颂闺中之情，也不像一些文人学士赞美节妇烈女，他讽刺帝王的专横与昏官的滥刑，也就是说，他的犀利之笔指向了封建专制的政治制度。③

（三）章学诚的史学、理论与教育思想

章学诚（1738—1801），字实斋，号少岩，会稽人，是清乾嘉时期著名的史学家、思想家，被梁启超誉为"清代唯一史学大师"，"清代史学开拓于黄梨洲、万季野，而昌明于章实斋。"④ 在浙东史学的发

---

① （清）万斯同：《万季野先生明乐府》，清同治八年（1869）刻本。
② （清）万斯同：《群书疑辨》卷一二《书陆给事王御史劾胡宗宪二疏》，台湾广文书局 1972 年版影印清刻本。
③ 参见方祖猷《万斯同评传》，南京大学出版社 1996 年版，第 155 页。
④ 梁启超：《中国近三百年学术史》，上海古籍出版社 2013 年版，第 265 页。

展历程中，章学诚有"浙东史学殿军"之誉。章学诚对史学、理学进行了总结、发展，提出了"六经皆史"的著名论断，建立了自己的史学理论体系。

1. 生平

据《清史稿》记载：

> 章学诚，字实斋，会稽人。乾隆四十三年进士，官国子监典籍。自少读书，不甘为章句之学。从山阴刘文蔚、童钰游，习闻蕺山、南雷之说。熟于明季朝政始末，往往出于正史外，秀水郑炳文称其有良史才。继游朱筠门，筠藏书甚富，因得纵览群籍，与名流相讨论，学益宏富。著《文史通义》《校雠通义》，推原官礼而有得于向、歆父子之传。其于古今学术，辄能条别而得其宗旨，立论多前人所未发。尝与戴震、汪中同客冯廷丞宁绍台道署，廷丞甚敬礼之。①

章学诚自幼博览群书，对经学和史学理论产生浓厚的兴趣，并且所发的议论经常令大人吃惊，被称有"良史才"。钱穆曾在写章学诚传略时提到："廿一二岁以后，骎骎向长，纵览群书，尤好史部。"②

章学诚一生撰写了《文史通义》《校雠通义》《史籍考》等多部论著，"实斋著述最大者，为文史、校雠两通义，近代治实斋之学者，亦率以文史家目之"。③ 他纂修或参修的志书有《和州志》《永清县志》《大名县志》《亳州志》《湖北通志》等。后人评价："所修和州、亳州、永清县诸志，皆得体要，为世所推。"④ "实斋之于史，盖有天才，而学识又足以副之。其一生工作，全费于手撰各志，随处表现其创造精神。"⑤

章学诚曾表明志向："丈夫生不为史臣，亦当从名公巨卿，执笔

---

① 《清史稿》卷四百八十五《文苑二·章学诚传》，中华书局1977年版，第13398页。
② 钱穆：《中国近三百年学术史（一）》，九州出版社2011年版，第415页。
③ 同上书，第416页。
④ 《清史稿》卷四百八十五《文苑二·章学诚传》，中华书局1977年版，第13398页。
⑤ 梁启超：《中国近三百年学术史》，上海古籍出版社2013年版，第265页。

充书记，而因得论列当世，以文章见用于时，如纂修志乘，亦其中之一事也。"① 可见其对"文""史"的重视，强调经世致用。

2. "六经皆史"说

"六经皆史"并非章学诚首倡，这一观点前已有隋儒王通、宋儒陈傅良、明儒王守仁等提过。但章学诚奋力完善并详细阐述"六经皆史，六经皆器，六经皆先王政典"的理论。其"六经皆史"说，从本质上讲旨在救当时经学以训诂考据"求道"的流弊，要求经学及经学教育要转移到经世致用的"实学"上来。② 章学诚对"六经皆史"理论的完善与发展，将儒家奉为至宝的六经从神坛上拉了下来。

乾隆二十九年（1764），章学诚在与甄松年论"《文选》义例"时，谈及对于六经的看法：

经史子集，久列四库，其原始亦非远。试论六艺之初，则经目本无有也。大《易》非以圣人之书而尊之，一子书耳；《书》与《春秋》，两史籍耳；《诗》三百篇，文集耳；《仪礼》《周官》，律令会典耳。自《易》藏太卜而外，其余四者，均隶柱下之籍，而后人取以考证古今得失之林，未闻沾沾取其若纲目纪传者，而专为史类，其他体近繁博，遽不得与于是选也。《诗》亡而后《春秋》作。《诗》类今之文选耳，而亦得与史相终始，何哉？③

章学诚此时虽非明确提出"六经皆史"，但其将《易》视作子书，将《书》与《春秋》视作史籍，将《诗》视作文集，其史学理论和观点已初见端倪。

章学诚在《文史通义·内篇二·原道》中，明确提出"六经皆

① （清）章学诚著，仓修良编注：《文史通义新编新注》，浙江古籍出版社2005年版，第842页。

② 北京师联教育科学研究所编：《焦循、阮元、章学诚乾嘉汉学教育思想与教育文论选读》（下），中国环境科学出版社2006年版，第274页。

③ （清）章学诚著，仓修良编注：《文史通义新编新注》，浙江古籍出版社2005年版，第854—855页。

史""六经皆器"的观点：

> 《易》曰："形而上者谓之道，形而下者谓之器。"道不离
> 器，犹影不离形。后世服夫子之教者自六经，以谓六经载道之书
> 也，而不知六经皆器也。……夫子述六经以训后世，亦谓先圣先
> 王之道不可见，六经即其器之可见者也。后人不见先王，当据可
> 守之器而思不可见之道。故表章先王政教，与夫官司典守以示
> 人，而不自著为说，以致离器言道也。夫子自述《春秋》之所以
> 作，则云："我欲托之空言，不如见诸行事之深切著明。"则政教
> 典章，人伦日用之外，更无别出著述之道，亦已明矣。……而儒
> 家者流，守其六籍，以谓是特载道之书耳。夫天下岂有离器言
> 道，离形存影者哉？彼舍天下事物、人伦日用，而守六籍以言
> 道，则固不可与言夫道矣。

透彻阐述了"六经皆器"的理论，有力地反驳了"载道"的说法。
"离器言道"是不可能的，必须"守六籍以言道"，"六籍"是古代社
会的反映与纪实，应通过客观存在的史实来谈论道理。

章学诚在《浙东学术》一文中云：

> 史学所以经世，固非空言著述也。……六经……先儒以为其
> 功莫大于"春秋"，正以切合当时人事耳。后之言著述者，舍今
> 而求古，舍人事而言性天，则吾不得而知之矣。学者不知斯义，
> 不足言史学也。

反对当时一批学者通过考据训诂以"言道"，认为"史学"可以"经
世"，"六经"切实反映了特定时代的人事概况，应树立"六经皆史"
的观点，抛弃脱离实际的"言道"，注重实学。

章学诚对浙东史学的发展起到了重要的推动作用。其史学理论精
华之处，在于打通经史之界限，融通文史之域，以史为源，文为流，
以史为全部学术之实质，文为全部学术的表现形式，而经则为此文史

之全体之中的特殊形式。①

美国学者倪德卫说："章学诚的许多史学理论，已经具有现代色彩。看起来他似乎是一个知识界的怪人，事实上并非如此，他像17、18世纪的其他人，如顾炎武、王夫之、黄宗羲、戴震一样，试图用自己的方法打破过去，提出新的问题，用新的方法解决旧的问题。"② 章学诚的思想成就，体现了浙东学术"学贵独创"的精神。

3. 教育思想

章学诚1777年主讲定州定武书院，1781年主讲清漳书院，1782年主讲永平敬胜书院，1785—1787年主讲保定莲池书院，1788年主讲归德文正书院。在讲学过程中，他对教育问题亦有思考与阐发，在教育理想与治学方面有独特见解。

首先，在教育理想上，章学诚以"道"论"学"，倡导实学。在《文史通义·内篇二》之《原道》三篇中，他详细阐述了"道"论，"道者，万事万物之所以然，而非万事万物之当然也。人可得而见者，则其当然而已矣"，主张"政教合一"，将"道"视作万事万物的一种规定，视作人的道德行为规定。"政教典章、人伦日用之外，更无别出著述之道。"因此，"道"可以细化为典章制度与行为条例，表现为人的合理的现实行为。故在教育上，应注重勤学实践，避免空谈。因此，在章学诚那里，理想的教育形态的最根本特征，就是它的伦理实用性。在这一点上，章学诚并没有超出他的前辈们。③

其次，治学论是章学诚教育思想的重要组成部分。第一，强调"学问经世"。所谓"经世"，就是要求学术切实有效地服务于现实政治和调整社会关系。④ 第二，应根据己之所长来确定自己的治学方向，即"求资之所近而力能勉者而施其功力"。第三，治学中的博

① 参见钱志熙《论浙东学派的谱系及其在学术思想史上的位置——从解读章学诚〈浙东学术〉入手》，《中国典籍与文化》2012年第1期。

② 中国历史文献研究会：《章学诚国际学术研讨会论文集》，北京图书馆出版社2004年版，第429页。

③ 参见北京师联教育科学研究所编《焦循、阮元、章学诚乾嘉汉学教育思想与教育文论选读》（下），中国环境科学出版社2006年版，第265页。

④ 同上书，第269页。

与约。"大抵学问文章，须成家数，博以聚之，约以收之。载籍浩博难穷，而吾力所能有限，非有专精致力之处，则如钱散于地而不可绳以贯也。"① 充分肯定"博"的作用，同时强调"约""专精"的重要性。

综上所述，自明中叶以来，浙东"王学"兴起并日渐兴盛，阳明弟子遍及天下，以传承师说为己任；明季清初，受时局影响，一批倡导经世之学的学者登上历史舞台，他们痛批宋明理学的空疏无用，揭开实学教育思想的序幕；此后，浙东出现一批著名的史学理论家，将浙东史学的发展推向高潮。伴随浙东学风流变中而创生的教育思想，展现了绍兴人文荟萃、教育发达的景象。从"王学""实学"到"史学"，是为中国教育史上群星璀璨、蔚为史光的辉煌时代。

---

① 章学诚：《与林秀才》。

第五章 学术在野：绍兴书院与越地学风

中国政教合一的历史传统，形成了所谓学术"在朝则衰，在野则盛"的现象。作为中国教育史上重要的文化学术与教育机构，书院的兴衰与学术消长、学风嬗变、人才养成息息相关。

书院的名称最早见于唐代，"唐代官方设立的丽正书院、集贤书院，还不是后来那种聚徒讲学的教育组织，它除了校刊、收藏经籍之外，还帮助皇帝了解经典史籍。"① 从事教学活动，又具有学校性质的书院亦始于唐代，至少在唐德宗贞元（785—805）至唐宪宗元和（806—820）年间就有了比较靠得住的、具有学校性质的书院的记载。② 进行聚徒讲学活动的书院兴盛于宋代，随后不断发展演变，成为中国教育史的重要部分。考察绍兴书院发展史是展现越地学风与人才培养的重要窗口。

第一节 绍兴书院的流变

绍兴地区书院始于唐开元十一年（723）创建的会稽丽正书院，一直到 1901 年书院改学堂诏令的颁布，存续了一千余年。随着越文化的变迁，绍兴地区书院历经了不同的发展阶段，书院的

---

① 陈元晖等：《中国古代的书院制度》，上海教育出版社 1981 年版，第 4 页。
② 参见李国均主编《中国书院史》，湖南教育出版社 1998 年版，第 13 页。

教育与学术活动贡献于越地文化发展及人才培养，积极参与浙东学风建设。

一 书院的发轫与起落

唐开元十一年（723）建造的会稽丽正书院，创建人和院址已不得而知。唐中和元年（881），名士吴少邦的读书处扩建成溪山书院，院址为诸暨璜山。这两所书院以掌刊古今书籍为主，非讲学之所。越中书院滥觞于此。

根据王炳照《中国古代书院》的统计，唐代浙省书院有 5 所，如表 5-1 所示。

表 5-1 唐代浙江省书院概况一览①

书院名称	创建时间	地址	创建人
丽正书院	唐玄宗开元十一年（723）	会稽县	不详
九峰书院	唐玄宗开元年间（713—740）	龙丘县（今衢县）	徐安贞
青山书院	唐僖宗（874—888）	寿昌县	翁洮
蓬莱书院	唐大中四年（850）	象山	杨弘
溪山书院	唐中和元年（881）	诸暨	吴少邦

如上表所示，绍兴书院（丽正、溪山书院）无论从创建时间还是数量上，在浙江都占领先地位，这与越地重智崇教的传统有关。

北宋建立后，社会渐趋安定，经济开始繁荣，文风兴起，全国书院发展到 143 所，是唐五代书院总和的 10 倍多②。北宋以降的书院以教育为其主要任务。南宋书院发展到更大规模，全国书院数量达 442

---

① 王炳照：《中国古代书院》，商务印书馆 1998 年版，第 19 页。
② 参见邓洪波《中国书院史》，武汉大学出版社 2012 年版，第 111 页。

所①，分布面更广，制度日趋完备，学术与教育功能凸显。两宋时期，绍兴地区书院亦获得长足进步，数量增至 16 所，具体分布见表 5 - 2 所示。

表 5 -2 　　　　　　　　　宋代绍兴书院概况②

行政区	州	会稽	山阴	嵊县	诸暨	余姚	上虞	萧山	新昌
书院名称	丽正、稽山	修竹、和靖	陆太傅	渊源堂、鹿门、竹楼	溪山	高节、怡思	月林、泳泽		鼓山、万卷堂、师友渊源
数量	2	2	1	3	1	2	2	0	3
总计	16								

注：宋代越州领县：会稽、山阴、嵊、诸暨、余姚、上虞、萧山、新昌。

上表显示，两宋绍兴书院最多的地区是嵊县、新昌，各 3 所；萧山未设书院。新昌 3 所书院中有 2 所为石氏家族所建，此亦说明科举文化世家在地区文教事业中的推动作用。两宋 16 所书院中，除了丽正、溪山书院为唐代所建外，余皆为新建，如表 5 -3 所示。

表 5 -3 　　　　　　　　　两宋绍兴新建书院概况③

书院名称	创建时间	地址	创建者
陆太傅书院	宋大中祥符五年（1012）	山阴	陆轸
稽山书院	北宋宝元二年（1039），历代重新修建	绍兴府	范仲淹

① 参见邓洪波《中国书院史》，武汉大学出版社 2012 年版，第 111 页。
② 资料来源：季啸风主编《中国书院辞典》（浙江教育出版社 1996 年版，第 60—73 页）、浙江省教育志编纂委员会《浙江省教育志》（浙江大学出版社 2004 年版，第 152 页）。
③ 同上。

书院名称	创建时间	地址	创建者
万卷堂	宋咸平三年（1000）	新昌	石待旦
鼓山书院	宋真宗天禧年间（1017—1021）	新昌	石待旦
修竹书院	宋咸淳年间（1265—1274）	会稽	王英孙
和靖书院	宋绍兴十年至十二年（1140—1142）	会稽	尹焞寓
渊源堂书院	南宋前期，具体时间不祥	嵊县	周瑜创义墅后改书院
鹿门书院	宋孝宗淳熙初年（1174）	嵊县	吕规叔
竹楼书院	宋绍定年间（1228—1233）	嵊县	竹伯勤
高节书院	宋度宗咸淳七年（1271）	余姚客星山	沿海制治史刘黻
怡思书院	时间不详	余姚	修职郎孙一元
月林书院	宋孝宗淳熙四年（1177）	上虞	经略使潘铸
永泽书院	宋孝宗淳熙五年（1178）	上虞	原为朱熹居所，后建书院
师友渊源	宋邵定4年（1231）	新昌	陈祖

　　表中除两所书院修建时间不详外，北宋新建陆太傅、稽山、万卷堂、鼓山4所书院，南宋新建修竹、和靖、鹿门、竹楼、高节、月林、永泽、师友渊源8所书院。书院创建者既有地方官员，也有民间人士。

值得一提的是嵊县的鹿门书院。鹿门书院的创建人吕规叔，曾为监察御史、河南府推官，因为主战，被贬到婺州，后辞职，回到妻子家乡嵊州，见此地山水清妙，地理位置甚佳，遂建鹿门书院，培养教育乡里弟子。其子祖璟，曾任淮南安抚使，训兵抚士，但因与当朝宰相韩侂胄不合，弃官回乡，继承父业，在此处新建更楼演武场，把练武纳入书院教学之中。此后，鹿门书院也成了全国为数不多的培养文武全才的地方。其侄吕祖谦（东莱先生）、理学大师朱熹都曾来此讲学，鹿门书院名噪一时。

宋代绍兴书院呈现出勃兴的趋势，得益于"兴文教、崇儒术"的文教政策、士大夫政治文化的氛围、越文化中心的确立、藏书文化的兴起等多因素的推动，而理学家们的授徒讲学，传播学术，无疑又是南宋绍兴书院兴盛的重要动因。

元代采取积极的文教政策，不仅官方建立了许多书院，还支持民间书院的发展。据统计，元代全国书院总数为406所，略低于南宋（442所），其中新建书院282所，修复旧书院124所；民间书院占47.5%，官办书院占52.5%。① 元代书院呈现官学化趋势。

元代绍兴书院数量较之两宋有所减少，如鹿门、修竹、月林等书院在南宋末元初毁于兵燹，新昌的3所书院全部停废。元代绍兴书院具体分布情况见表5－4所示。

表5－4　　　　　　　　元代绍兴书院分布概况②

行政区	路	会稽	山阴	嵊	诸暨	余姚	上虞	萧山	新昌
书院名称	稽山	和靖	兰亭、右军	二戴	惜阴	古灵、高节、稼轩	泳泽		

① 参见王炳照《中国古代书院》，商务印书馆2009年版，第140页。
② 资料来源：季啸风主编《中国书院辞典》（浙江教育出版社1996年版，第60—73页）、浙江省教育志编纂委员会《浙江省教育志》（浙江大学出版社2004年版，第153页）。

续　表

行政区	路	会稽	山阴	嵊	诸暨	余姚	上虞	萧山	新昌
数量	1	1	2	1	1	3	1	0	0
总计	10								

注：元代绍兴路领县：会稽、山阴、嵊、诸暨、余姚、上虞、萧山、新昌。

元代绍兴地区也新建了一些书院，如表5-5所示。

表5-5　　　　　　　　　元代绍兴新建书院概况①

书院名称	创建时间	地址	创建者
兰亭书院	元大德年间（1297—1307）	山阴县王右军修禊之所	不详
右军书院	元大德五年（1301）六月	山阴	据《山长改教授及正录教谕格例》准设
二戴书院	元元贞二年（1296）	嵊县	浙东金事完颜真、县尹余洪
古灵书院	元初	余姚州	不详
稼轩书院	元初	余姚州	太守唐侯震

绍兴新建的5所书院创建者除2所不详外，其余右军、二戴、稼轩3所书院都带有官府性质，稽山书院也曾得到官府的赐田，这与元代书院呈现出官学化的特征相符。元代绍兴书院数量减少，与政治中

---

① 季啸风主编：《中国书院辞典》，浙江教育出版社1996年版，第60—73页。

心北移有关①，但战争造成的破坏性影响更大。

蒙古族通过武力夺取政权，对江南的经济、文化带来了巨大伤害，很多书院毁于兵燹。许汝霖在《二戴书院记》中感慨：

> 自海内驿骚，学、院多罹兵燹。二戴书院在县北一里余，间过其所，未尝不踟蹰浩叹，昔之隆然起者将何日复见乎……君属邑官曰，当兹用武之日，未能遂兴文事。②

国破家亡使人们无暇兼顾书院的发展。同时浙江等地爱国义士纷纷组织义军进行反抗，台州临海人杨镇龙就是其中一例，他以"大兴国军"的口号，集聚五万军队攻打嵊县、新昌、永康等县，浙东大震。浙江行省丞相忙兀台带军镇压，最后义军败于新昌。但直到1290年义军还在浙东一带积极活动。胡紫遹曾指出：

> 自收附以来，官兵嗜杀，利其反侧叛乱，已得从其掳掠。财货子女则入于军官，壮士巨族则殄歼于锋刃。一县判则一县荡为灰烬，一州判则一州莽为废墟。③

为稳定对江南的统治，元朝统治者照例委任当地的豪强担任临时的郡县长官，"但仍选蒙古人一员铃压其上，谓之达噜噶齐。"④ 蒙古贵族大肆受贿，兼并土地，百姓长期受繁重的徭役之苦。战争不断，积贫积弱的社会环境不适合书院的生存和发展，书院教育必然衰落。

二　专制皇权下的书院兴衰

明王朝的建立，结束了元末以来社会动荡不安的局面。明初统治

---

① 元代北方书院增长迅速，占全国书院的比例从宋代的 3.75% 上升到 22.63%。元代书院诸生可以参加科举，北方中书省及河南、山西、陕西等行省的科举名额远高于南方，刺激了北方书院的发展。

② 陈谷嘉、邓洪波：《中国书院史资料》，浙江教育出版社 1998 年版，第 344 页。

③ 胡紫遹：《紫山大全集》卷二二，台湾商务印书馆 1983 年版，第 2071 页。

④ 王路：《蒙古汗国及元代大漠南北汉官情况简述》，《内蒙古社会科学》1989 年第 5 期。

者对国家与社会采取高度控制，经过近百年的努力，经济得以恢复和发展，社会和政治相对稳定。在文教方面，明初奉行"治国以教化为先，教化以学校为本"的方针，全力发展官学，强化科举考试，规定"科举必由学校"，加强学校和科举之间的关系，同时规定"使中外文臣皆由科举而进，非科举者毋得与官"①，学校、科举、仕途的联系更加密切。

明初"成、弘以上，学术醇而士习正，其时讲学未盛也"②。"学术醇"即独尊朱学，程朱理学成为科举考试的唯一标准。独尊之下，自然无须讲学，这些因素限制了书院的发展。书院在明初遭到冷落，处在低迷之中。在成化、弘治之后书院才逐渐得到发展，至嘉靖、万历年间达到高峰。但书院发展并非顺利，嘉靖之后，专制皇权曾发动四次禁毁书院事件，书院"以励品学，非以弋功名"的学术目标屡遭挫折。

明代绍兴新建书院大多在嘉靖后，高峰时书院达37所，各属县均有设置，具体参见表5-6。

表5-6　　　　　　　　　　明代绍兴书院概况③

行政区	府	会稽	山阴	嵊	诸暨	余姚	上虞	萧山	新昌
书院名称	蕺山 稽山	证人 五云 和靖 南明 念斋 驼峰 康洲 龙首	陆太傅 兰亭 阳和 阳明 石箦	二戴 慈湖 心传 东楼 艇湖 鹿山 宗传 长春	紫山	古灵 高节 怡思 南渠 复初	月林 永泽 南山 中锋 古灵 水东精舍	道南	石鼓

① 转引自邓洪波《中国书院史》，武汉大学出版社2012年版，第291页。

② 《明史》卷二百三十一《叶茂才传》，中华书局1974年版，第6053页。

③ 季啸风主编：《中国书院辞典》（浙江教育出版社1996年版，第60—73页）、浙江省教育志编纂委员会《浙江省教育志》（浙江大学出版社2004年版，第154页）。

续　表

行政区	府	会稽	山阴	嵊	诸暨	余姚	上虞	萧山	新昌
数量	2	8	5	8	1	5	6	1	1
合计	37								

注：明代绍兴府领县：会稽、山阴、嵊、诸暨、余姚、上虞、萧山、新昌。

　　明朝绍兴书院数量远高于之前的几个朝代，据《浙江省教育志》统计，绍兴书院数量（37）在当时的浙江省内居第一，高于婺州（35）和严州（34），府治、属县均设有书院，最多为会稽和嵊县，各8所。明代绍兴新建书院多达25所，具体设置情况如表5-7所示。

表5-7　　　　　　　　　明代绍兴新建书院概况①

书院名称	建院时间	地点	创建者
蕺山书院	崇祯四年（1631）	山阴	因刘宗周讲学于此，后为蕺里书院，清朝改为蕺山书院
证人书院	崇祯四年（1631）	会稽	刘宗周创建，清改稽山书院
五云书院	不详	会稽东双桥	不详，万历十二年（1584）知府萧良重建
南明书院	不详	会稽府学东	郡人太守诸万里

　　① 资料来源：季啸风主编《中国书院辞典》，浙江教育出版社1996年版，第60—73页。

书院名称	建院时间	地点	创建者
念斋书院	万历二年（1574）	会稽陶堰镇	陶允宜
驼峰书院	万历年间（1573—1620）	会稽三江驼峰山老庵	不详
康洲书院	万历年间（1573—1620）	会稽东关伧塘	里人罗光鼎
龙首书院	嘉靖初	山阴卧龙山南麓	刘晏
阳和书院	嘉靖间（1522—1566）	会稽卧龙山半岗	不详
阳明书院	嘉靖三年（1524）	山阴县城北	王阳明
慈湖书院	嘉靖三十三年（1554）	嵊县县城北门内桃源坊	提学副使阮鄂檄
心传书院	明代改为书院	嵊县孝嘉乡	南宋王恺创建，明改为书院
东楼书院	嘉靖三十三年（1554）	嵊县礼义乡	不详
长春书院	万历二十九年（1601）	嵊县	尹如度
艇湖书院	万历十五年（1582）	嵊县东隅	王嘉相
宗传书院	万历二十九年（1601）	嵊县鹿山书院南	周汝登
紫山书院	嘉靖十四年（1535）	诸暨紫山	绍兴府推官陈让
古灵书院	明代	上虞县丰惠	不详

续　表

书院名称	建院时间	地点	创建者
南渠书院	明废	不详	不详
复初书院	万历四十三年（1615）	余姚	不详
南山书院	弘治十一年（1498）	上虞	潘府
中锋书院	正德十二年（1517）	上虞东山	董玘
石箦书院	崇祯初	山阴戢山之东	不详
水东精舍	嘉靖三年（1524）	上虞	知县杨绍芳
道南书院	不详	不详	不详
姚江书院	崇祯十二年（1639）	余姚	沈国模、史孝咸

上表显示，26 所新建书院一半以上建在嘉靖、万历年间。绍兴书院从沉寂到复兴的转变，主要原因如下。

（一）科举、官学衰败

科举与学校的紧密结合促进了学校的发展，但也给它的衰败埋下了种子。明中叶以来，科场"怀挟倩带、顶名冒籍、贿买钻营"[1]，舞弊丛生，学风败坏。国子监的很多生员和贡生都是通过纳米、纳银等方式获得的身份，他们甚至连记诵之学都懒得去做，以致正统十三年（1448）国子监就有十分之七的举人因为连带关系入监。同时，官学师资缺乏，洪熙元年（1425）就缺 1800 余员。后下令举人充任教

---

[1]　转引自陈学恂《中国教育史研究》（明清分卷），华东师范大学出版社 2009 年版，第 136 页。

官，举人"厌其卑冷"，多不愿就，只好取用岁贡生，但岁贡生才智不足为人师，"为师者多记诵之学，经不能明，身不能正；生徒放旷而不敢自责；有所问辨而不能对"①。科举和官学的腐败，教育质量不断下降，求学之士对其失去信心。但教育乃治化之本，士人只好倚重书院教育，以补救官学的不足。正如王守仁指出：

> 夫三代之学，皆所以明人伦，今之学官，皆以明伦名堂，则其所以立学者，固未尝非三代意也。然自科举之业盛，士皆驰骛于记诵辞章，而功利得丧，分惑其心，于是师之所教，弟子所学者，遂不复知有明伦之意矣。②

提倡以书院取代官学教育，"名区胜地，往往有书院之设，何哉？所以匡翼夫学校之不逮也"③。

（二）浙东王学兴起

明代绍兴书院快速发展，根本原因是一批越中学者的出现和思想流派的产生，其中首屈一指者当推以"心学"为标志的王学兴起，绍兴成为新学术的中心，并以书院为阐发学说之基地。

明正德十二、十三年，王阳明以巡抚身份在江西、福建镇压地方叛乱时，感到破山中贼易，破心中贼难，认为有责任建立书院、传播心学思想。他先后在赣州建复六所书院，并两次讲学于白鹿洞书院，希望把昔日理学的堡垒变为心学的圣地。正德十六年（1521），他因遭诬陷，遂由江西返回余姚，专事讲学，思想体系得以形成，创立了阳明学派，掀起了一股席卷全国的讲学浪潮，绍兴书院的繁荣由此而起。

稽山书院岁久湮废，明正德年间（1506—1521）由山阴知县张焕重新修复。稽山书院后因阳明讲学授道，再次辉煌：

---

① 李国祥、杨昶：《明实录类纂》，武汉出版社 1995 年版，第 853 页。
② 《王阳明全集》，上海古籍出版社 2014 年版，第 1072 页。
③ 邓洪波：《中国书院史资料》上，浙江教育出版社 1998 年版，第 542 页。

身率讲习而督之，环听而坐者高达三百余人。其中王艮、孟
源等来自直隶，杨汝荣、杨绍芳等来自湖广，黄梦星、杨仕鸣等
来自广东，刘邦采、刘文敏等来自安福，魏良政、魏良器等来自
新建，曾忭来自泰和。宫刹卑益，至不能容。①

王门弟子来自五湖四海，环坐而听者多至不能容，可谓盛极一时。
前来求学者中年龄最大的为 68 岁的海宁人董沄。他说先生讲学：

只发《大学》万物同体之旨，使人各求本性，致极良知以至
于至善。功夫有得，则因方设教，故人悦其易从。②

绍兴知府南大吉也信奉阳明之学，扩大书院规模，扩建明德堂、
尊经阁等。"四年乙酉，先生五十四岁在越……是月作稽山书院尊经
阁记"③，主张"六经之实，而具于吾心"④。

因稽山书院已经容纳不了前来听讲学的人，嘉靖四年（1525）十
月，阳明弟子集体筹资，于绍兴城西门内建立阳明书院。这所以"阳
明"为名的书院，创建于诋毁"伪学"的热潮中，它的创立也是阳明
学派走向成熟的标志，其后弟子钱德洪（余姚人）、王畿（山阴人）
等人主持书院，坚持讲学十年不辍，宣传阳明学派的思想，并在江
苏、浙江、安徽、广西等地立有讲舍。

阳明之学风靡天下，门人弟子遍布全国各地，所建书院也遍及各
地。王阳明的学术思想和活动，极大地推动了绍兴书院的发展，也丰
富了越文化的内涵；书院的兴盛也为阳明学派的传播提供了合适的
场域。

明代绍兴书院的发展并非一帆风顺。嘉靖十六、十七年，朝廷连
续两次禁毁书院。官方多尊朱反王，诽谤王学为邪学、伪学。万历七

---

① 《王阳明全集》，上海古籍出版社 2014 年版，第 1423—1424 页。
② 同上书，第 1424 页。
③ 同上书，第 1427 页。
④ 余文武：《王阳明教育思想研究》，西南交通大学出版社 2008 年版，第 245 页。

年（1579）张居正任宰辅时，第三次禁毁书院，五云、兰亭、和靖、月林、东楼书院都毁于此时。禁毁过程中，有书院在地方官员的保护下而躲过一劫，如：

> 万历七年，奉例毁书院，遂为吴氏所佃，赖尚书兑持之，不遂毁。十年，知府萧良幹来，始复而修之，改名朱文公祠。①

又如，五云书院后改云衢书院，在东双桥东会稽地，亦万历七年废，十二年（1584），知府萧良幹重修改名五云馆；永泽书院，万历十二年由知县朱维藩修复于西溪湖；知县尹从淑重修紫山书院院舍等。②

第四次禁毁书院在天启五年（1625），因宦官集团和士大夫阵营的政治斗争，东林书院以"讽议朝政，裁量人物"被太监魏忠贤等人记恨，遂禁毁东林书院并扩及全国书院。

崇祯四年（1631），刘宗周在相韩旧塾讲学，并将之命名为蕺里书院（清代知府俞卿改为蕺山书院）；同年，又在于古小学建证人书院，曰"证人社"，立"证人社约"等。他一生讲学 20 多年，门下弟子 376 人，以书院为讲学之地，创建了蕺山学派。

书院是传播思想的重要舞台，明代绍兴书院的兴盛与越地的学术思想的发展密切相关。

清代自雍正时起，在官民两种力量的共同努力下，书院进入了空前的繁荣时期，据统计，清代全国书院达 5836 所。③ 自道光以降，书院始终在不断调整以应对科举衰落与西学东渐带来的两种冲击，但最终仍被新式学堂所取代。下表为清代绍兴书院统计。

---

① 《万历绍兴府志》卷十八。
② 同上。
③ 参见邓洪波《中国书院史》，武汉大学出版社 2012 年版，第 450 页。

表5-8   清代绍兴书院概况①

行政区	府	山阴	会稽	嵊	诸暨	余姚	上虞	萧山	新昌
书院名称	蕺山 稽山	兰亭 观海 龙山 穆公 文海 养蒙 知耻	稽山 五云 丰乐 东湖 娥江	鹿门 二戴 宗传 剡山 辅仁 阳山 鹿鸣 龙山	两梧 毓秀 同文 达材 景紫 道南 翙志	姚江 复初 南渠 信成 龙山 文蔚	永泽 古灵 崧陵 承泽 经正 稽东	清惠 西山 笔花	鼓山 南明 沃西
数量	2	7	5	8	7	6	6	3	3
合计	47								

注：清代绍兴府治会稽、山阴、嵊、诸暨、余姚、上虞、萧山、新昌八县。

从表5-8中可看出，清代绍兴书院数量较前代有较大增长，新建书院达33所，普及于各县，所有县的书院数均在3所以上。表5-9是清代新建书院概况。

表5-9   清代绍兴新建书院概况②

书院名称	建院时间	地点	创建者
观海书院	康熙五十六年（1717）	今丈午村海塘	知府俞卿
穆公书院	康熙年间（1662—1722）	今属萧山	巡按两浙盐漕察院 穆淳庵

---

① 资料来源：季啸风主编《中国书院辞典》（浙江教育出版社1996年版，第60—73页）、浙江省教育志编纂委员会《浙江省教育志》（浙江大学出版社2004年版，第154页）。

② 资料来源：季啸风主编《中国书院辞典》（浙江教育出版社1996年版，第60—73页）。

书院名称	建院时间	地点	创建者
龙山书院	康熙五十三年（1714）	山阴县武勋桥侧言子祠	知府俞卿
文海书院	嘉庆二十四年（1819）	安昌徐家溇	由文海家塾改为书院
养蒙书院	光绪二十七年（1901）	今绍兴县福泉乡容山村牛山	俞村秀才俞亦卿、俞少伯等
知耻书院	光绪年间（1875—1908）	安昌	不详
丰乐书院	康熙二十八年（1689）	今绍兴县文化馆一带	知府李铎
东湖书院	光绪二十七年（1901）	东湖之滨	陶浚宣
娥江书院	光绪元年（1875）	上虞曹娥下沙叉路间	不详
剡山书院	乾隆五十三年（1788）	县学泮池右侧	不详，咸丰十一年毁于兵火
辅仁书院	乾隆五十三年（1788）	县西大仁寺	知县唐仁埴
阳山书院	道光十五年（1835）	县西太平乡石阳村	清监生邢遗孀钱蕴秀
鹿鸣书院	雍正年间（1723—1735）	县城城隍岭下	贡生喻恭复
龙山书院	光绪年间（1875—1908）	县北雅基庄云济庵改建	夏森

续 表

书院名称	建院时间	地点	创建者
两梧书院	清初	三都镇桥北	章平伟
毓秀书院	乾隆二十四年（1759）	诸暨县	董事章廷标等人
同文书院	光绪十二年（1886）	牌头镇上庙旁	南乡绅士寿静观、周锡山等
达材书院	光绪二十四年（1898）	六峰山麓	同山边氏
景紫书院	光绪二十五年（1899）	今为枫桥镇	翰林院庶吉士陈遹声
道南书院	不详	诸暨	不详
翊志书院	道光六年（1826）	浬浦乡	不详
文蔚书院	同治二年（1863）	虎屿山	三山所巡检李遇春、乡绅陈志衡
崧陵书院	康熙六十一年（1722）	崧厦镇北	知府俞卿
信成书院	乾隆九年（1744）	余姚	知府蒋允君
龙山书院	乾隆二十五年（1760）	余姚	知县刘长城
承泽书院	乾隆四年（1739）	县城学宫东北隅	知县邱兆熊
经正书院	道光十二年（1832）	今丰乐镇东隅	知县杨溯沨和教谕徐廷銮
稽东书院	光绪二十六年（1900）	汤浦乡渔家渡村	董竟吾、朱伯谦创建

书院名称	建院时间	地点	创建者
清惠书院	康熙三十二年（1693）	今萧山	不详
西山书院	康熙五十年（1711）	今萧山	知县吕廷铨
笔花书院	乾隆十三年（1748）	今萧山	知县黄钰
南明书院	乾隆十六年（1751）	今城关镇西街	知县曹鏊、教谕朱徽等与县内绅士
沃西书院	光绪二年（1876）	西区横山兴善寺	西乡绅士何维贤、黄匆、俞桂书

表中所列书院创建时间多为康熙、乾隆时期。为防止书院成为聚众成势、清议朝政、裁量人物之所，顺治九年（1652）朝廷宣布：

> 各提学官督率教官、生儒，务将平日所习经书义理，着实讲求，躬行实践。不许别创书院，群聚徒党，及号召地方游食无行之徒，空谈废业。①

以一种高压的方式限制民间书院的发展，因此，康乾时期的书院多由官方创办②。康熙二十六年（1687），皇帝手书"学达性天"匾额赠予朱熹昔时所建的白鹿洞、岳麓等书院；二十九年（1690）和六十一年（1722），又分别手书"大儒世泽"和"学宗洙泗"赠予福州考亭书院和苏州紫阳书院，虽表现了朝廷对书院的支持和重视，但对民间创办书院严格控制。

雍正元年（1723），朝廷下诏"命令各省改生祠、书院为义学，

---

① 转引自邓洪波《中国书院史》，东方出版社 2004 年版，第 430 页。
② 清代官办书院占 76.72%。（见邓洪波《中国书院史》，武汉大学出版社 2012 年版，第 459 页）

延师教授以广文教"。乾隆年间（1736—1795），清政府明确书院政策，确立官办书院体系，加强对书院的控制，如聘请山长必选经明行修、足为乡士模范者，以礼聘请；负笈生徒，必择乡里秀异、沉潜学问者；各府州县书院的设立"或绅士捐资倡立、或地方官拨公款经理，俱申报该管官查核，各处书院，不得久虚讲习"①。绍兴新建书院也体现了这一特点。

书院官学化的直接后果便是考课式书院的泛滥，自由讲学变为埋头制艺。乾隆九年（1744）下令各地书院："每月课试，仍以八股为主，或论或策，或表或判，听酌量兼试，能兼长者酌赏，以示鼓励。"②书院大多沦为科举的附庸。尽管清代书院官学化明显，但绍兴仍有独具特色的书院，彰显绍兴文化特质。

证人书院，黄宗羲、姜希辙等人讲学其中，发扬学问气节，提倡质疑问难精神，主张"小疑则小悟，大疑则大悟。……小疑则小进，大疑则大进"③，培育了一批浙东学派的代表人物。

姚江书院，邵廷采曾讲学十七年，为王学之后进，"然其兼治史学，实出黄氏之教"④。并将经世致用的思想落实到姚江书院中，亲自制定《姚江书院训约》十条，讲求真知实用的治学精神：

> 一曰立意宜诚；二曰堪理宜精；三曰伦纪宜敦；四曰威仪宜摄；五曰识量宜私；六曰取与宜严；七曰学术宜端；八曰读书宜进；九曰举业宜淳；十曰功课宜勤。⑤

认为"谈性命则入于空虚……离道、器为二，明德、新民，大学之道俱无安顿处"⑥。

戢山书院，乾隆十三年（1748）九月，全祖望担任山长，告诫诸

---

① 邓洪波：《中国书院史》，东方出版社2004年版，第435、437页。
② 转引自陈学恂《中国教育史研究》明清分卷，华东大学出版社2009年版，第70页。
③ 《黄宗羲全集》第十册，浙江古籍出版社2005年版，第220页。
④ 杜维运：《清代史学与史家》，中华书局1988年版，第204页。
⑤ 转引自钱茂传《姚江书院派研究》，中国社会科学出版社2005年版，第266—270页。
⑥ （清）邵廷采：《思复堂文集》，浙江古籍出版社1987年版，第478页。

生："诸生读书贵有用，岂徒呫哔夸静能。"① 而且"经术经世务"，读经或史应该总结经验，解决实际问题。求学当追求"有用"和"经世务"。

嘉庆（1796—1820）至咸丰（1851—1861），清廷放松对书院的控制，允许民间的力量参与书院，但仍然没有改变书院为科举附庸这一现状，生徒大多数为书院的膏火而来，非务实学，师资杂乱，多为滥竽充数者。

三 西学东渐与书院转型

随着鸦片战后西方列强的侵入，尤其是甲午战后，西学东渐速度加快，改革颓败书院已是必然，传统书院日渐式微而被新式学堂取代。

晚清绍兴书院改革发浙省之先声。1896 年，陶浚宣在会稽东湖之滨创办的东湖书院为浙江境内第一所新式实学书院。东湖书院建立通艺堂，要求学生博古通今，设有史学、算学、子学、译学等各学堂，以期实用。② 1900 年，蔡元培主掌嵊县剡山书院，拟《嵊县剡山书院诸生书》和《剡山二戴书院学约》，希望英俊后生志以实学，提倡新的教育内容和教学方法。

1901 年，湖广总督张之洞和两江总督刘坤一联名上书，"著各省所有书院……各府及直隶州均改设中学堂，各州县均改设小学堂"③。于是全国掀起了书院变学堂的热潮，绍兴书院亦纷纷改为新式学堂，以应时变，如蕺山书院改为山阴县学堂；证人书院改为会稽县学堂、山会初级师范学堂；笔花书院改为官立高等小学堂等。至此，存续一千余年的绍兴书院退出绍兴教育史的舞台，其所承载的文教血脉代谢于新式教育体系中。

---

① （清）全祖望：《鲒埼亭诗集》卷八，商务印书馆 1936 年版，第 162 页。

② 参见赵所生、薛正兴《中国历代书院志》第十六册，江苏教育出版社 1995 年版，第 744 页。

③ 朱寿朋：《东华续录》，上海集成图书公司 1909 年铅印，第 1 页。

为直观显示绍兴各朝代书院数量发展状况，绘制图5-1如下。

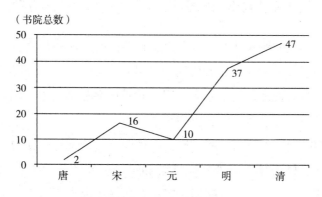

（书院总数）

图5-1　绍兴各时期书院发展概况

　　绍兴书院从唐代萌芽，宋代勃兴，元代衰落，明代兴衰，清代流变，历经一千余年的历史，在很大程度上与越文化发展息息相关。一方面，越文化以其"点状突进"的发展模式①，影响了绍兴书院的发展轨迹。在"永嘉南渡"和"靖康之难"两次大规模的移民潮后，唐和南宋时期越文化都取得了突进式发展，元代处于潜伏期，明清王阳明、刘宗周、黄宗羲、章学诚等思想巨子和徐渭、张岱、王思任等文艺大师们的出现更是让绍兴文圃艺苑全面繁兴，书院史亦表现出相应的兴衰之阶段。另一方面，明清时期，阳明学、蕺山学、实学等思想学术产生与发展，通过书院弘扬与传播，书院与越文化紧密相连。

第二节　绍兴书院的特征

　　作为文化、学术与教育机构的书院，其发展既受国家宏观历史发展的影响，更受区域文化的制约。越地独特的山水文化、学术思想、文风学风等塑造了绍兴书院的个性品格。

---

　　①　叶岗、陈民镇在《越文化发展论》中提出的观点。

一 山水文化与书院选址

地理环境的特殊性对区域文化及其特征的形成往往具有前提性和决定性的意义。绍兴地貌可概括为"四山三盆两江一平原"，境内河网密布，湖泊繁多，以"水乡泽国"远近闻名，会稽山、四明山、天台山、龙门山及众多小山脉环绕其中。

六朝时期，佛、道、儒、玄共生的特点在会稽表现得尤为明显。佛道往往选择山林幽隐处建立寺院和道观，越地的佛教圣地多栖山川，如天台山、石城山、沃洲湖等。玄学好在山水中追寻人生和自然之道，此地钟灵毓秀的山水为玄学的发展提供了背景，尤其是晋室南渡后，越中作为乱世中的一片净土，名士多居于此，会稽成为了当时玄学的一大中心，以越中山水为载体的隐逸情结在此处滋生，也成为了名士的精神家园。玄言诗的代表人物王羲之曾与文人们宴集于会稽山阴之兰亭，将情怀寄托于山水中。谢灵运（会稽人）因仕途坎坷，归隐故乡，放浪于山水之间，成为了山水诗派的鼻祖，其诗文多为一半写景，一半谈玄，作品的字里行间都传达着对越中宜人的湖光山色的喜爱：

> 其居也，左湖右江，往渚还汀。面山背阜，东阻西倾。抱含吸吐，款跨纡萦。绵联邪亘，侧直齐平。……嶂崩飞于东峭，盘傍薄于西阡。拂青林而激波，挥白沙而生涟。……竹缘浦以被绿，石照涧而映红。月隐山而成阴，木鸣柯意起风。[1]

谢道韫、谢朓等继承与发展了山水诗的特色。贺知章辞官归乡后，绍兴山水就是他的精神家园："稽山罢雾郁嵯峨，镜水无风也自波。莫言春度芳菲尽，别有中流采芰荷。"[2]

---

[1] 金午江、金向银：《谢灵运山居赋诗文考释》，中国文史出版社 2009 年版，第 72—74 页。

[2] （清）彭定求：《全唐诗》，中华书局 2008 年版，第 127 页。

同时，"山水"也开始成为文学作品中独立的审美意象，被视为"美"的象征。在东汉时期就形成的"鉴湖文化走廊"，在"永嘉南渡"后出现了初步繁兴，其中绍兴山水就是创造"鉴湖文化走廊"的几个要素之一。稽山鉴水的自然格局到了唐代更是令雅人韵士流连忘返。如李白"遥闻会稽美，且度耶溪水。万壑与千岩。峥嵘镜湖里"①；杜甫"越女天下白，鉴湖五月凉，剡溪蕴秀异，欲罢不能忘"②。此外还有王勃、孟浩然、白居易、元稹、李商隐等数位文人都曾表达了对绍兴山水的留恋。

　　不论是绍兴以山水为载体的隐逸情结，还是具有审美意蕴的绍兴山水，都深深影响着书院的选址。绍兴书院多在幽深隐秘、依山傍水、环境优美之处。北宋早期的鼓山书院，位于县西郊的鼓山。据《石鼓书院记》载，"佳山秀水之盘旋"，南望着旗山，北连着金庭，远远的西边有三溪，东边有天姆山，山水相依：

　　　　南望旗山，如见大宾矣，乃梵刹峥嵘，思一扫而未暇，北金庭，委羽瑞莲、龙骧之际，犹有存者，而荒幻可畏。三溪远其西，四明倒影……天姆在东，俊呈云表……宅安境净，泉石幽馨。前人讲学声韵，若可听闻。③

　　鹿门书院在山高林密、山水轻妙的贵门山山坳里，因时常有鹿鸣之声，所以又叫鹿门山，吕规叔弃官归乡（金华）后来到此地，因爱此地的青山碧水，遂建立了鹿门书院。其更楼南门和北门上分别有朱熹亲提的"古鹿门""贵门"等字，清代文人赵睿荣在其背面又分别提"隔尘""归云"四字，可见此地的幽深静谧。

①　李力选：《李白诗选注》，吉林文史出版社 2000 年版，第 108 页。
②　张道文：《杜甫诗传》，华中科技大学出版社 2013 年版，第 12 页。
③　潘表惠主编：《新昌文物志》，当代中国出版社 2001 年版，第 120 页。

中峰书院建在东山的山水之间，其创建者董玘在《中峰书院记》云：

> 四面阻山，林木闭掩，诸山左右环列，势若城郭，面南重江东隘常所未睹。……东山唯东西两眺为最胜，而中有一峰独兼两眺之胜，两眺之胜之所不能尽者。①

他就在此群山环绕之所辟地数亩，卜筑中峰书院。选址在此也与董玘自身的清逸追求有关：

> 高节书院，奉子陵严先生之祠，在余姚州东北十五里，重山环飞，峦飞嶂跃，遂林丰草，苍翠眩目。书院乘山腰，随地势前低后崇，葺理严洁……②

此外，稽山、阳和、龙山三所书院都建于卧龙山，吕祖谦《入越录》中就曾对山下美景有过描述："竹州柳岸，略如苕霅，卧枝佛水尤奇。"③《入越录》作为一篇游记散文，作者运用白描的手法绘出了越中的美景，处处可见他对越中山水的喜爱。清代俞卿的《蕺山书院记略》中载：

> 越城山与秦望为主客者，惟卧龙元微之小蓬莱也，其东曰蕺山。晋王内史卜居山椒，尝捐宅为戒珠寺。④

后来刘宗周被罢官，讲学于此山堂，命名为蕺里书院。下图为在蕺山书院旧址上重新修复、改建的现状。

---

① 个人图书馆《中锋书院》http：//www. 360doc. com/content/13/0315/21/11526867 _ 271750626. shtml.

② 万历《绍兴府志》卷十八，第1384页。

③ 《吕祖谦全集》，浙江古籍出版社2008年版，第227页。

④ 绍兴市编撰委员会：《百年校志》，少年儿童出版社2003年版，第201页。

据史料记载：

　　由剡溪入新昌，有山曰南明，形如屏立，其下有隙地□为□邑令曹鏊蠲俸售之□□□□□书院。……颜曰南明书院。①

---

① 潘表惠主编：《新昌文物志》，当代中国出版社2001年版，第161页。

因有山曰南明，英丽清淑，与戢山姚江相望，风景优美，环境静谧，宜士人于此读书，知县曹鎏与县内绅士选择南明山一隙地建书院。

> 永泽书院元至正间创于西溪湖之滨。方枢密移金垒山东，以朱文公弥节讲学于此，立院祀之。前桥曰来学桥，岁久废。①

会稽和靖书院在玉笥山，元置山长。陆太傅书院在府城西六十里牛峰寺。不仅如此，从观海、东湖、鹿山、剡山、北山、溪山、紫山、姚江、修竹、修竹（陶山）等这些书院的名字中就能看出书院的选址多隐山林，或伴清流，山水依偎。书院无论在山麓、山谷、山巅都与周围的环境合而为一。孔子曰："智者乐山、仁者乐水。"山水是性之所适，书院得山水精神而愈荣，幽深静谧、优美宜人的环境更适合读书人潜思进学、虚心养性。

在东晋玄学的影响下，绍兴的自然山水不仅是精神的寄托、实现自由的一条途径，也开始成为独立的审美对象，被视为"美"的象征。山水诗在秀丽的越中兴起，更加影响了名士们的世界观。山水相依被赋予了美的蕴藉，自然也影响了后人们对书院的选址。

二 包容开放与治学自由

"人本身是自然界的产物，是在自己所处的环境中并且和这个环境一起发展起来的。"② 越文化精神的衍生、发展、形成自然也离不开绍兴地理环境的影响。绍兴坐陆临海，东部面向大海，海岸线从东北转东南，曲折漫长，拥有众多的海湾和岛屿。浩瀚的大海，培养着绍兴人广阔的胸襟，半面环海的地理特征促成了绍兴人的开放包容。

越国时期，越王勾践任人为贤，如范蠡（河南淅县人）、文仲（湖北江陵人）、计然（河南商丘人）等重臣，皆非越地人。"永嘉南

---

① 万历《绍兴府志》十八卷。
② 《马克思恩格斯选集》第三卷，人民出版社1995年版，第375页。

渡"之后，"鉴湖文化走廊"初步繁兴，这一阶段的重要特征就是"佛、道、儒、玄"思想相互共生、碰撞、融合。越地一直以来就有图腾崇拜、重巫信神的传统，这都与道教息息相关，早于东晋道教就在越地生长。而当时绍兴儒学底蕴没有中原地区深厚，为其他思想提供了很多生长空间。东晋，会稽成为南方三大佛学中心之一。"当时所谓的'六家七宗'除道安的本无宗在北方外，其余六家、六宗均活动在江东，其中有六人在会稽。"①"有晋中兴，玄风独振"②，玄学对人生和自然之道的感悟多寄情在山水中。山水相伴、优美安逸的会稽，成为名士寄托情感的乐土。后来的"安史之乱""靖康之难"，北方大量难民躲避于此，开放包容的心态也可见一斑。长久以来形成的相对稳定的精神气质也渗透在书院治学的过程中。

绍兴书院自产生之日起，就以平民为主要培养对象。鹿门、月林、鼓山等书院教化周边村民子弟。师生之间没有尊卑、等级之别，由学生自由选择师长，来去不受限，亦无须考试即可进入书院。王阳明在稽山书院讲学时，

聚八邑彦士，身率讲习以督之，于是萧璿、杨汝荣、杨绍芳等来自湖广，杨仕鸣、薛宗铠、黄梦星等来自广东，王艮、孟源等来自直隶，何秦、黄弘刚等来自南赣，刘邦采、刘文敏等来自安福，魏良政、魏良器等来自新建，曾忭来自泰和。宫刹卑益，至不能容。③

前来求学的学生中既有贵为太守的南大吉，也有家境贫寒的王艮，年龄最大的为68岁的海宁县董沄。根据刘宗周《蕺山弟子谱》中记载，有姓名可稽的80位弟子也是来自全国各地，如山东的叶廷秀、苏州的许元浦、陕西的董標、江西的邓履中等。黄宗羲对生徒也没有严格规定，学生之间更没有等级之别。可见。绍兴书院选择生徒的原则是

① 叶岗、陈民镇、王海雷：《越文化发展论》，中华书局2005年版，第189页。
② 蔡钟翔：《中国古代文艺学》，人民文学出版社2011年版，第51页。
③ 《王阳明全集》，上海古籍出版社2014年版，第1424页。

"有教无类"，书院中的师生都保持着相对独立的人格。

绍兴书院的讲学活动也体现着自由。各时期的学者大儒们都通过书院传播其思想，讲学也自然成为了书院最主要的学术活动。朱熹在浙东茶盐举提任上，经常到绍兴各书院讲学，如月林、鼓山等书院。据《上虞县志》记载："淳熙中朱文公游始宁，过访焉。相与契洽，遂寓其家，注书考证，讲学于亭上。"① 后在此建立永泽书院。

吕祖谦也曾到鼓山书院讲学。他反对空谈心性，主张明理躬行，学以致用。王阳明在稽山、阳明、中天阁（后建为龙山书院）等多所书院讲学，其弟子王畿、钱德洪也继承讲学的传统。

刘宗周曾与陶奭龄相约在石篑先生祠（后改为石篑书院）处讲学，刘宗周称其讲会为"证人"，并作《证人会约》，会期定每月之三日，先后讲会 11 次，其中对于会礼、会费、会录、会讲都有规定。学者们聚集在一起共同交流，互相辩难。

黄宗羲在其八十岁那年"元夕，会讲于姚江书院，邑侯康如琏实来。讲毕，明府出其友人马君义云诗，俾余评定"②。可见，学者在书院讲学不受地域和学派的束缚。

绍兴书院在教学方式上体现着活泼的教育风格。王阳明居越时，

> 六十八岁的海宁人董沄，杖肩其瓢笠诗卷来稽山书院拜访王阳明，阳明先生以礼敬之。与之日夜交流，沄有悟，因何秦强纳拜。先生与之徜徉山水间。③

阳明曾在一个中秋月圆之夜，命令侍者设席于碧霞池上。门人在侍者百余人，大家在一起喝酒、唱歌、击鼓、泛舟。他见诸生尽兴，退而作诗，有"铿锵舍瑟春风里，点也虽狂得我情"④ 之句。也正因为师门学风的活泼、自由，学生才敢在老师面前展现真性情。第二天

---

① 光绪《上虞县志》卷四十七。
② 《黄宗羲全集》第 10 册，浙江古籍出版社 2005 年版，第 72 页。
③ 《王阳明全集》，上海古籍出版社 2014 年版，第 1424 页。
④ 同上。

诸生入谢，阳明解释道：

> 昔者孔子在陈，思鲁之狂士。世之学者，没溺于富贵声利之
> 场，如拘如囚，而莫之省脱。及闻孔子之教，始知一切俗缘，皆
> 非性体，乃豁然脱落。但见得此意，不加实践，以入于精微，则
> 渐有轻灭世故、阔略伦物之病。虽比世之庸庸琐琐者不同，其为
> 未得于道一也。诸君讲学，但患未得此意。今幸见此，正好精诣
> 力造，以求至于道，无以一见自足，而终止于狂也。①

寓教于乐的教学方式体现了书院不拘一格的教学特色。

质疑问难，自由争鸣，是学术创新的思想保证。刘宗周在《蕺山
书院学规》考业之要中规定：质疑送难，务畅厥旨。有疑字则考，有
疑义则乘闲相质。闲评古今道理，互相质难。② 他认为学贵日新，诸
生对学问应该要有质疑问难的精神，敢于创新。"新者，正是吾心生
生不已之机。"③ 其学生黄宗羲更是继承与发展了这一学风，提倡"各
持一说，以争鸣于天下"④ 的教育精神，不"以一先生之言为标准"，
而要敢于创新，发"先儒之所未廓"。他在主讲甬上证人书院期间：

> 与同志讨论得失，一义未安，迭互峰起，贾、马、卢、郑，
> 非无纯越，必使倍害自和而后已，思至心破，往往有慌途为先儒
> 之所未廓者。⑤

生徒们在教师的指导下，在一种较为自由、活泼、愉悦的学习氛
围中，互相质疑问难，切磋讨论，学习上更容易取得进步。这也是黄
宗羲民主思想在教育上的表现。同时，他自身学术交往也十分广泛：

---

① 《王阳明全集》，上海古籍出版社 2014 年版，第 1424—1425 页。
② 转引自李国钧《中国书院史》，湖南教育出版社 1994 年版，第 762 页。
③ （明）刘宗周：《刘子全书》，台北华文书局 1968 年版，第 845 页。
④ （清）黄宗羲：《黄梨洲文集》，中华书局 2009 年版，第 368 页。
⑤ 同上书，第 232 页。

> 问学者既多，丁未复举证人书院之会于越中，以中蕺山之绪，其学盛行于东南……谢山谓太冲以濂洛之统，综会诸家，横渠之礼教，康节之数学，东莱之文献，良斋、止斋之经制，水心之文章，莫不劳惟交通，自来儒林之所未有。①

黄宗羲不仅自身知识渊博，而且与前来问学的弟子们一起切磋学问，恢复"证人书院讲会"之风。

浙东学者们在治学过程中体现出的开放包容精神，培育了绍兴书院自由活泼的学风。

三　务实进取与实学思想

以农业为主的自然经济时期，人们必须辛勤劳动才能生存。而绍兴处于亚热带季风气候区，临海，经常遭遇海侵、台风、暴雨、洪涝、干旱、虫灾等自然灾害。生存状态的艰苦铸就了越地人务实的性格。在对抗自然灾害中，越人早已铸就了拼搏抗争的风骨。勾践在复国时，就实行"去末取实"政策，所谓"末"就是虚名，"实"即为五谷、财物、贤士等。在越地各个朝代的多个方志中，都有关于越地人务实、质朴的记载。陆游归隐山阴后，经常亲自耕作。《杂兴》中云："谋生在衣食，不仕当做农。识字读农书，岂不贤雕虫。妇当娶农家，养蚕事炊春。"② 王阳明哲学上虽主张"吾心便是宇宙"，但经济观上却提倡"士以修治，农以表具，工以利器，商以通货，各就其资之所近，力之所及者而业焉"。③ 刘宗周"六经皆经济学问"、章学诚"器道合一"、黄宗羲"经世致用"也都体现了务实的越地精神。

南宋浙东人文荟萃。当时的学术主要有两派三家，两派即心性之学与功利之学，三家分别指朱学、陆学和浙学。浙学以"功利"为特色，与独特的生存环境下形成的务实进取的精神气质分不开。金华学派的代

---

① 转引自徐苏铭《论黄宗羲治学方法的创造性特点》，《求索》1987 年第 5 期。
② 钱仲联、马亚中：《陆游全集校注 7》，浙江教育出版社 2011 年版，第 120 页。
③ 《王阳明全集》，上海古籍出版社 2014 年版，第 1036 页。

表人物吕祖谦，曾到鼓山书院讲学，他以"育实材而求实用"为教育目标，指出不应该把中举作为读书的唯一目标，强调看书学习一定要求实用，要领悟书中治国的技艺和君臣大义，而不是"徒观文采"。

元代，绍兴书院的发展从总体上看处于低谷期。到明中后期，绍兴成为王学重地，王阳明提倡"知行合一"，尤其在道德修养上，躬行实践，"如言孝者，则必服劳奉养，躬行孝道，然后谓之学"。[1] 如果只停留在口头表面，没有在生活中施行孝道，其实并没有真正学到孝。"知行合一"的思想对绍兴书院影响深远。

万历十年（1582），知府萧良干重修稽山书院，立朱文公祠，订立《稽山会约》，约凡三事："立真志，用实功，涤旧习"，以提倡实学，反对虚谈。其中"用实功"：

> 从伦理应感处实用其功，各就吾病所重者，克治消融。……一切人伦日用之际，俱从吾一念之微处自修自改，方是实功，方为有益，不然，即谈元析微，徒长知见，只益伪耳。[2]

刘宗周是蕺山学派的开创者，他在蕺山书院讲学时，将教学分小学和成人教育两个阶段，小学启蒙教育的主要内容为诗、礼、乐、射、御、书、数。刘宗周认为这都是"修身养性之本，日用要紧的事体"。蕺山书院学规中明确规定了"考德之要"与"考业之要"，分别对仪容、礼节、仪态、温书、考课、奖惩等规定落到实处，如要求整肃的仪容：

> 视无窥，听无倾，立毋跛，行毋翔，坐毋箕踞。凡无故不得废衣冠。入市整容，则私亵必慎其独。[3]

他认为真正有知识的人，不仅饱读圣贤之书，还要重视践履。良

---

① （明）王阳明：《传习录》，中国纺织出版社 2016 年版，第 129 页。
② 邓洪波：《中国书院学规》，湖南大学出版社 2000 年版，第 34 页。
③ （明）刘宗周：《刘子全书》，台北华文书局 1968 年版，第 2067 页。

知之知，正是不废闻见；致良知之行，正是不废践履。

黄宗羲师承王守仁再传弟子刘宗周，学术上不仅得王学之传，还兼取各家之所长，提倡史学价值和经世致用的思想。康熙元年（1662），重开证人讲会，在证人书院传播蕺山学说，写成《明夷待访录》。他虽然崇尚心学，但对"致良知"进行了新的诠释。"先生王阳明致之于事物，致字即行字，以救空空穷理。"① 他强调是笃行的实学，并且成为了浙东史学派的开创者。

清朝中后期，随着经世致用思想的不断传播，绍兴书院更充分地体现了实学思想。如董玚为姚江书院制定的《书院规要六事》，第六条就是"究当世之务"：

> 朱子曰："天生一个人，便须管天下事。"此安定经义之外，所以有治事斋也。如王子《全书》中，于讲学论道外，定变行军、治民措饷种种，都是致知实际。刘子《年谱》中，于读书授徒外，击玛钼奸，保民御乱种种，都是诚真意切……特不可专以天姿私见行之，所为有用之学也。②

邵廷采编写的《姚江书院训约》十条，非托空言，务期实践，如一曰立意宜诚，希望"诸生读书是真读书，做人是真做人"；二曰勘理宜精，认为人情、物理、事势都是圣人的学问，故曰：

> 道一以贯之，又曰合外内之道。……务要随处体认，博学、审问、明辨，然后可加笃行之功。③

务实进取、黜虚求实，是浙东学风的精髓。有论者指出，"江浙学人认为有必要在宋明儒学的语境之外重构一套话语解释系统，其前提则是重新梳理出一条儒学作为'实验学'发展而非作为'道德学'

---

① （清）黄宗羲：《明儒学案》，中华书局1985年版，第179页。
② 赵所生、薛正兴主编：《中国历代书院志》第九册，江苏教育出版社1995年版，第282页。
③ 同上书，第283页。

'政治学'发展的主体认知线索。"① 而"合外内之道"恰是走出宋明儒学的道德、政治取向的务实路径。

清末在新学思潮的带动下，浙江出现的第一所新式实学书院绍兴东湖书院，在书院内建通艺堂，要求学生应该博古通今，中西兼并。通艺堂内设有史学、算学、子学、译学等各学堂，重视化学、物理、光电等自然科学知识的教学。东湖书院还对学习算学提出了相对科学、系统的方法：

> 学算学必从数学入，学者但学加减乘除，乃开平立二正方，即可学中法之天元，西法之代数，乃三角八线诸法，以渐至于微分、积分……②

主张学问贵有用，认为中邦人才的衰落源于学问之拘墟：

> 盖古无经名目之曰艺，期致用焉。汉志易诗书春秋礼乐，标曰六艺，列朝史志曰艺文，曰经籍，一也。自后世尊圣言为经，专以技术之事为艺。儒者但高虚毂不求实用。经与艺始岐而为一。一而中邦学问之拘墟，人才之衰落，自此始已。③

1896 年礼部通过了书院应增设天算格致课程的奏折，并要求各省执行，浙省首先付诸实践的是嵊县的剡山书院。1900 年，蔡元培出掌剡山书院，颁布《嵊县剡山书院诸生书》学约十条和《剡山二戴书院学约》，提倡新的教育方法和科技教育，希望诸生明工食之理，士农工商没有贵贱区分，将心理学、社会学、伦理学、公法学、教育学、美术学等书目推荐给诸生，希望诸生能实事求是。《剡山二戴书院学约》第六条规定：

---

① 杨念群：《儒学地域化的近代形态——三大知识群体互动的比较研究》，生活·读书·新知三联书店 1997 年版，第 149 页。

② 赵所生、薛正兴主编：《中国历代书院志》第九册，江苏教育出版社 1995 年版，第 749 页。

③ 同上书，第 743 页。

徇俗之易也，惑于俗论之近理而乱真，则又有术以救之，曰
实事求是。闻一言也，见一事也，必溯其所由也，必推其所极
也。既得之矣，又溯其所由之所由也，推其所极者之所极也，必
灼然见其理之无误，确然见其事之必行，而后从事焉，则无所
惑矣。①

规约中强调学者当实事求是、溯其所由的观点，既有浙东史学派
之考据遗风，更有西方新学"归纳法"的真义，与科学之"拿证据
来"的治学路径相契合。

务实进取的浙东学风有利于清季绍兴书院的实学转向，使之在近
代西学东渐的大潮中，能顺应时代要求而嬗变为新式学堂。

第三节　学派与书院的互动

学派是由秉持相同学术价值理念、具有学缘关系的学者所组成的
学术共同体。学派的形成标志学术思想发展的新形态；不同学派之间
的学术张力，体现了学术争鸣的活力。

明中叶以降，浙东学术生机勃勃，学术名士依托书院阐扬学理、
培育后进，形成了阳明、蕺山、浙东史学等著名学派，推进了中国学
术文化的发展，创造了绍兴教育史的辉煌。

一　阳明学派与绍兴书院

王阳明生于明朝中叶，此时政治腐败、社会动荡、学术颓败，阳
明试图力挽狂澜，拯救人心，乃发明"身心之学"，倡良知之教，修
万物一体之仁。

阳明自龙场悟道后，即开始建立书院（龙岗书院）。嘉靖元年
（1522）至六年（1527），王守仁因父亲去世，回乡守制，开始在绍兴

---

① 引自陈谷嘉、邓洪波《中国书院史资料》，浙江教育出版社 1998 年版，第 2315 页。

建立书院，专事教育讲学等活动，发展学说，提出"无善无恶心之体，有善有恶意之动。知善知恶是良知，为善去恶是格物"①，标志阳明心学思想体系的成熟。阳明学派是以阳明为宗师，以阳明学为核心的思想体系、弟子众多，流传逾百年，体系庞杂，影响深远的学术派别。

（一）王阳明与绍兴书院

据《王阳明年谱》记载，阳明先生从教、讲学过的绍兴书院有稽山书院、龙山书院、阳明书院等。

1. 稽山书院。"郡守南大吉以座主称门生，然性豪旷不拘小节，先生与论学有悟……于是辟稽山书院，聚八邑彦士，身率讲习以督之。于是萧璆、杨汝荣、杨绍芳等来自湖广，杨仕鸣、薛宗铠、黄梦星等来自广东……宫刹卑隘，至不能容。盖环坐而听者三百余人。"②并作有《稽山书院尊经阁记》。

2. 龙山书院。嘉靖四年（1525）九月，阳明先生归姚省墓，被钱德洪、夏淳等人迎请到龙泉寺的中天阁讲学，为学生订立学规——《中天阁勉诸生》。嘉靖十七年（1538），阳明弟子在中天阁上方建立了阳明祠。万历初年变为尼姑庵，清乾隆二十五年（1760），知县刘长城将其改为龙山书院。

3. 阳明书院。阳明书院是在禁伪学的诋毁声中，以"阳明"为名而建立的书院，标志着阳明心学的成熟。

在越期间，王阳明主要以上述三所书院为讲学场所，阐释阳明心学，培养王学后进。此外，阳明先生还曾去过山阴的阳和、上虞的南山等书院讲学。

（二）教育内容

阳明学派的书院讲学活动围绕"阳明心学"开展，主要内容包括儒家传统伦理、心性之学、良知之学等。

1. 儒家传统伦理

在教育内容上，王阳明沿袭儒家传统的道德伦理，认为学校教育

---

① 《王阳明全集》，上海古籍出版社 2014 年版，第 1442 页。
② 同上书，第 1424 页。

的首要任务就是"明人伦"。他在《答顾东桥书》中阐述了如下观点：

> 教之大端，则尧、舜、禹之相授受，所谓"道心惟微，惟精惟一，允执厥中"。而其节目则舜之命契，所谓"父子有亲，君臣有义，夫妇有别，长幼有序，朋友有信"五者而已。①

儒家传统所强调的"五伦"即是教化之根本。他反对"记诵之广、见闻之博"，认为唐、虞三代之世，之所以社会秩序好，是因为人们没有杂乱的见闻，没有烦琐的记诵，没有华丽的辞藻，更没有对功利的追求，只是让人"孝其亲，弟其长，信其朋友，以复其心体之同然"，"三代之学，其要皆所以明人伦"。②"明人伦"的教育目的，有利于廓清科举制度下的颓败学风，还原教育重在"传道"的本义。

2. "六经"乃吾心之常道

王阳明作《稽山书院尊经阁记》，认为"六经"是祖辈们留给我们的财富，学习它有助于解良知之弊，达到"致良知"的效果。"经，常道也，其在于天谓之命，其赋于人谓之性，其主身谓之心。心也，性也，命也，一也。"③ 他认为心、性、命是一个东西，它沟通人与物，古往今来，无处不在。

> 其应乎感也，则为恻隐，为羞恶，为辞让，为是非；其见于事，则为父子之亲，为君臣之义，为夫妇之别，为长幼之序，为朋友之信。是恻隐也，羞恶也，辞让也，是非也，是亲也，义也，序也，别也，信也，一也；皆所谓心也，性也，命也。④

心、性、命表现在人的情感里，对应的是恻隐、羞恶、辞让、是非；表现在人际关系上就是亲、义、序、别、信，其实都是一样的东

---

① （明）王阳明：《传习录》，岳麓书社2004年版，第152页。
② 同上书，第153页。
③ 转引自余文武《王阳明教育思想研究》，西南交通大学出版社2008年版，第244页。
④ 同上。

西。所以王阳明特别重视《六经》的教育价值。

> 以言其阴阳消息之行焉，则谓之《易》，以言其纪纲政事之
> 施焉，则谓之《书》，以言其歌咏性情之发焉，则谓之《诗》；
> 以言其条理节文之著焉，则谓之《礼》；以言其欣喜和平之生焉，
> 则谓之《乐》；以言其歌咏性情之发焉，则谓之《春秋》。是阴
> 阳消息之行也以至于诚伪邪正之辨也，一也；皆所谓心也，性
> 也，命也。……六经者非他，吾心之常道也。[1]

阳明认为，"六经"不是别的，就是我们心中的道，无处可以改变的
真理。我们只有从内心去省察才是对"六经"的尊重。"六经"的内
容，都具备于我们的内心。

> 故"六经"者，吾心之记载也；而"六经"之实，则具于
> 吾心，犹之产业库藏之实积，种种色色，具存于齐家……而世之
> 学者，不知求"六经"之实于吾心，而徒考索于影响之间，牵制
> 于文义之末。[2]

同时，王阳明批评了那些学"六经"，不明白从自我内心去寻找
"六经"的内容，却从现实之外盲目去探求的人，认为这些人重功利，
沉溺于浅薄的知识，喜欢死记硬背，诡辩侮慢经文。

3. 致良知

《传习录》是阳明在绍兴书院讲学期间的主要教材，记载了他的
语录和论学书信，其中《答欧阳书》《答聂文蔚》《答顾东桥书》等
篇目都为阳明先生在越期间完成。"心即理"是阳明学的出发点和基
本前提，《答顾东桥书》曰：

> 夫物理不外于吾心，外吾心而求物理，无物理矣。遗物理而

---

① 转引自余文武《王阳明教育思想研究》，西南交通大学出版社 2008 年版，第 245 页。
② 同上书，第 245 页。

求吾心，吾心又何物邪？心之体，性也，性即理也。①

阳明认为理不在我心之外，在我心中，在我心之外探求理，是找不到物理的。所以有孝敬父母的心，才会有孝敬父母的天理，没有孝顺父母的心，也就无所谓孝亲之理。有对君主的诚心，才会有效忠君主的天理，没有忠于君主的诚心，自然没有所谓的天理。"心虽主乎一身，而实管天下之理。"② 理虽然存在万事万物之中，但它还是没有超出心的控制范围。所以"心外无物，心外无理"。

"致良知"是"心即理"的进一步发挥与论证。"良知"是心的本体，是未发之中、岿然不动之体，是每个人都具有的东西。但良知容易受到物欲的蒙蔽，所以学以去昏蔽。

学习亦是如此，真知就是能够去行动，要不然称不上是知。"此为学者吃紧立教。""知之真切笃实处，即是行；行之明觉精察处，即是知。"③ 知和行齐头并进，不分先后，是一个统一的整体。"致良知"则将"心即理""知行合一"统一到一个有机的整体之中。王阳明晚年提出的"四句教"更是概括了其基本主张，将内圣与外王统一起来，标志着阳明的心学思想体系的成熟。

（三）讲会规则

阳明在越期间，常与学生一起在龙泉寺中天阁（后改为龙山书院）讲学论道，并规定每月朔望、初八、廿三四日作为他亲自开讲之日，每次开讲，环坐而听者达300多人，其余的日子则由学生钱德洪主讲。嘉靖四年（1526），他为学生制定了学规——《书中天阁勉诸生》，亲自题壁，希望学生坚持定期聚会，课掖讲劝，共同切磋学问，切勿沾染傲气等不良习气。

阳明告诫学生不可离群索居，希望大家不要因为自己的去留来决定聚散，"或五六日，八九日，虽有俗事相妨，亦须破冗一会于

---

① （明）王阳明：《传习录》，岳麓书社2004年版，第127页。

② 同上。

③ 同上。

此。"① 刘邦采召集安福同志为会，取名"惜阴"，请阳明书会稽，阳明做"惜阴说"，支持此举：

> 同志之在安成者，间月为会五日，谓之"惜阴"，其志笃矣。然五日之外，孰非惜阴时乎？离群而索居，志不能无少懈，故五日之会，所以相稽切焉耳。呜乎！天道之运，无一息之或停，吾心良知之运，亦无一息之或停。良知即天道，谓之"亦"，则犹二之矣。知良知之运无一息之或停者，则知惜阴矣。知惜阴者，则知致其良知矣。

> 子在川上曰"逝者如斯夫！不舍昼夜"。此其所以学如不及，至于发愤忘食也。尧、舜兢兢业业，成汤日新又新，文王纯亦不已，周公坐以待旦：惜阴之功，宁独大禹为然？子思曰："戒慎乎其所不睹，恐惧乎其所不闻，知微之显，可以入德矣。"或曰"鸡鸣而起，孳孳为利"，凶人为不善，亦惟日不足，然则小人亦可谓之惜阴乎？②

因为天道的运行，没有一刻停止，良知的运转，也是没有一刻停止。良知就是天道，知道这个道理的人，才知道惜阴。同样，"知惜阴者，则知致其良知矣"③。

嘉靖七年（1528）九月，阳明去世前两个月，在给德洪、王畿写信中仍然还在关心越中同志聚会情况。当有家乡人说，龙山之讲，至今不废时，他表示可喜，叮嘱"绍兴书院，继任其责，当能振作接引，有所兴起"④，希冀他们要严守会讲之约。

在《书中天阁勉诸生》中，他还希望大家参会之时，志意谦逊，相亲相敬。

---

① 吴格注译：《王阳明诗文选译》，凤凰出版社 2011 年版，第 103 页。
② （明）王阳明：《传习录》，岳麓书社 2004 年版，第 1438 页。
③ 同上。
④ 《王阳明全集》，上海古籍出版社 2014 年版，第 1459 页。

虽有天下易生之物，一日暴之，十日寒之，未有能生者也。
承诸君之不鄙，每予来归，咸集于此，以问学为事，甚盛意也。
然不能旬日之留，而旬日之间，又不过三四会。一别之后，辄复
离群索居，不相见者动经年岁。然则岂惟十日之寒而已乎？若是
而求萌蘖之畅茂条达，不可得矣。故予切望诸君勿以予之去留为
聚散。或五六日、八九日，虽有俗事相妨，亦须破冗一会于此。
务在诱掖奖劝，砥砺切磋，使道德仁义之习日亲日近，则世利纷
华之染亦日远日疏，所谓"相观而善，百工居肆以成其事"者
也。相会之时，尤须虚心逊志，相亲相敬。大抵朋友之交以相下
为益。或议论未合，要在从容涵育，相感以诚，不得动气求胜，
长傲遂非。务在默而成之，不言而信。其或矜己之长，攻人之
短，粗心浮气，矫以沽名，讦以为直，挟胜心而行愤嫉，以圮族
败群为志，则虽日讲时习于此，亦无益矣。诸君念之念之！①

　　"大抵朋友之交，以相下为益。"有意见冲突不和者，要学会"从容涵
育，相感以诚"，切记不要用言辞来让人信服，这样易动生气，求胜
心切，而是应该默默地成就，用行动来证明。不可"矜己之长，攻人
之短"，或者"挟胜心而行愤嫉，以圮族败群为志"，追求虚名，粗心
浮躁，不讲求实际。

　　阳明居越期间，通过书院讲学传道，使绍兴成为王学重地，全国
一大学术中心；《书中天阁勉诸生》《惜阴说》等讲会规则的制定，
亦影响绍兴其他书院的教育与管理。

　　（四）王学弟子及书院活动

　　阳明学派的崛起，除了阳明学说内在的蕴意解放了世人的思想，
还与弟子们的拥戴和传播密切有关。仅据黄宗羲的《明儒学案》列名
记载的王学弟子就有六七十人，这些王门弟子，继承老师的讲学传
统，到各地书院传播王学。如钱德洪和王畿是待在阳明身边时间最久

①　吴格、章培桓：《王阳明时文选译》，凤凰出版社2011年版，第104页。

的人，"习闻其过重之言"①。阳明晚年，门人日进，不能遍授，就让这二人疏通其大旨，主讲书院。王阳明在中天阁朔望、初八、廿三四日讲学之外，其他时间都由钱德洪主授王学，学生称其为教授师。"文成征思、田，先生与龙溪居守越中书院。"② 王阳明逝世后，钱德洪和王畿先后主持阳明书院，坚持讲会十年不辍。

王畿民间讲学书院有40余所，足迹遍布东南各地，"自两都及吴楚闽粤、江浙，皆有讲舍，莫不以先生为宗盟"③。

钱德洪也是在野三十年，没有一天不讲学的，江苏、浙江、安徽、四川等地，都有讲舍，曾被聘为诸暨县紫山书院讲席。他在《湖山先生（一仁）遗思碑记》中记述道："予忻然就道，抵紫山礼教堂；发明先师之学。"在《黄石田墓志铭》中，钱德洪记载：紫山书院主讲阳明之学，"讲学以指吾良知，明吾所有也，夫何疑？乃身率子弟，崇信师教"④。不遗余力地发扬阳明学。

阳明死后，弟子分散各处，可谓广布天下。他们设立书院，阐扬师说，逐渐形成了许多支派。如以钱德洪、徐爱等人为代表的浙中派，以邹守益、欧阳德为代表的江右派，以王艮、韩贞为代表的泰州派等，"流传逾百年，其教大行"⑤。王阳明的《传习录》《文录》《稽山书院尊经阁记》《答顾东桥书》等多篇经典在学术界广为传播，书院也为阳明学思想的成熟提供了合适的场域。

二 蕺山学派与绍兴书院

刘宗周生活在"后王阳明时代，自然深受阳明学的影响，按照其子刘汋的说法，刘宗周对阳明心学的态度有三变："始疑之，中信之，终而辩难不遗余力"⑥，对阳明心学核心——"致良知"做了修正，

---

① （清）黄宗羲：《明儒学案》，中华书局1985年版，第226页。
② 同上书，第225页。
③ 同上书，第238页。
④ 乾隆《诸暨县志》卷四十二。
⑤ 《明史·儒林传》卷二百八十二。
⑥ 《刘宗周全集》第五册，浙江古籍出版社2007年版，第488页。

发展为自成一家的"慎独"说，开创了蕺山学派，并创办了蕺山书院、证人书院。蕺山学派的开创使绍兴书院成为明末清初浙东学术从"心学"走向"实学"的又一学术中心。

（一）刘宗周与绍兴书院

1. 蕺山书院。"明季念台刘公直谏放归，会讲山堂，学者咸称蕺山先生，而志其地曰'蕺里书院'。文教攸关，非徒山阴道上供人觞咏闲游也。"① 念台刘公，即刘宗周。崇祯四年（1631），刘宗周在山阴蕺山戒珠寺讲学，环坐而听者200余人，创建为蕺里书院，后为优人所居。康熙五十五年（1716），知府俞大猷为祭祀先贤，乃捐俸五十金购之，对房屋进行了修葺和扩建，重题额曰"刘念台先生讲堂"，后更名为"蕺山书院"②。乾隆初，绍兴府太守方宜田以蕺山书院为刘公祠，春秋修祀事。

2. 证人书院。崇祯四年，返家的刘宗周约陶奭龄在石簣先生祠共同组织成立讲会组织——证人社。讲会的地点不固定，除了石簣先生祠外，还有古小学、阳明祠等地。此次证人社的初集在三月初三，缙绅学士达200余人。

> 初登讲席，先生首谓学者曰：此学不讲久矣。文成指出良知二字，直为后人拔去自暴自弃病根。今日开口第一义，需信我辈人人是个人，人便是圣人之人，圣人人人可做。于此信得及，方是良知眼孔。因此"证人"名其社。③

"证人"就是这个学社的宗旨。第一次会讲后，刘宗周作《证人社约》，其中包括《会仪》《约言》《约诫》等，不但对会期、会礼、会讲、会录等有详细明确的规定，而且对入会者的言行有严格的要求。由于主讲者陶奭龄重视本体，刘宗周重用功夫，一年之后，证人社开始分裂。陶奭龄在白马岩居处讲学，刘宗周会讲于古小学和阳明

---

① 陈谷嘉、邓洪波：《中国书院史资料》，浙江出版社1998年版，第1367页。
② 同上书，第1368页。
③ 《刘宗周全集》第六册，浙江古籍出版社2007年版，第101页。

祠，古小学即为后来的证人书院。

> 古小学在府治东南舍子桥下，旧为善法寺废址。明嘉靖间知府洪珠改建以祀尹和靖先生，因名古小学。……岁久渐圮。刘宗周重修之，常率弟子讲学于此。后层遂为讲堂，题额曰："证人书院。"①

刘宗周一派的思想与陶奭龄一系的思想在长期的争论中主旨渐渐明确，证人社的分裂和刘宗周的单独讲学标志着蕺山学派的正式形成。②

除了以上两所有代表性的书院外，在越中的解吟轩、石家池等地，刘宗周都曾聚徒讲学。

（二）教育内容

1. 慎独说

刘宗周面对明末社会的"天地晦冥，人心灭息"，主张教育应"明人心本然之善"，"学为人"，且人人都可以成为圣人。他认为孔门的学问也是先求仁，"仁者人也，天地之心也。人得天地之心以为心，生生不息，乃成为人"③。关于如何做到圣人，刘宗周提出了"慎独说"。

"慎独"之学为刘宗周书院讲学的主要内容。在绍兴书院讲学过程中，他把自己的讲稿整理成教材，以供学生阅读，如《人谱》《人谱类记》，"乃其主蕺山书院时所述以授生徒者也"④。除此之外，他还编有《中庸首章说》《独箴》《圣学宗要》等，反复强调"学问吃紧功夫在慎独，人能慎独，便为天地间完人"⑤。

2. 崇实黜浮

刘宗周平生服膺其师许孚远"贵躬行、归实践"的学风，影响蕺

---

① 绍兴丛书编辑委员会：《绍兴丛书》第六册，中华书局 2010 年版，第 436 页。
② 何俊、尹晓宁：《刘宗周与蕺山学派》，中国人民大学出版社 2009 年版，第 14 页。
③ （明）刘宗周：《刘子全书》，台北华文书局 1968 年版，第 415 页。
④ 转引自张天杰《蕺山学派与明清学术转型》，湖南大学 2012 年博士学位论文。
⑤ 《刘宗周全集》第六册，浙江古籍出版社 2007 年版，第 80—81 页。

山学派甚大。他反对为追求名利、科举入仕而读书，认为真正的读书人不仅要研读圣贤书，还要重视践履，强调"独本无知，因物有知"，"心以物为体，离物无知，知行自有次第，但知先而行即从之，无闲可截，故云合一"，人的认识离不开客观事物，离开了行也就无所谓知，"良知之知，正是不废闻见；致良知之行，正是不废践履"①。在《证人社约言》中，他也强调学问的进步就在于行动，没有行动，一切都是白费，正所谓"说一尺不如行一寸……且反躬体贴去，无遂形言说，正是学问进步处"②。《会录》中有"吾君学问在事物上磨练，不向事物上做功夫，总然面壁九年，终无些子得力"③。日常的滴滴点点，举手投足，皆是用功的场所，将所学的运用到实践中，从外看是规范行为，从中间看是为了检点心病，从最内层看是养仁，即独体。

《蕺山书院学规》对于考德之要和考业之要都有所规定，应将书本中学到的仁、义、理、智、信等道德准则和勤奋苦学的口号落到实处。举其要者如下：

考德之要

仪容整肃。视无窥，听无倾，立无跛，行毋翔，坐毋箕踞，凡无故不得废衣冠。入市整容，处私亵必慎其独。

礼遇尊长。出入要告假，在学告于师，在家告于父兄。遇师长于涂，"则趋而揖"，遇相识则揖。师长有事则服其劳，有令则奔走。

谦恭待人。力矫浮薄之态，务以敦厚温恭为载道之器。遇朋友有过误，则相规相劝，务以求益。

谨言慎行。毋议人短长，毋阐人私亵，毋传人流言，毋习市语。早晚静坐三思，常念一日所行不负三餐茶饭否。每食必让，每饮必知节。首戒诳语及戏言戏动。

---

① 转引自李国均《中国书院史》，湖南教育出版社1994年版，第768页。
② 陈谷嘉、邓洪波：《中国书院史资料》，浙江出版社1998年版，第705页。
③ （明）刘宗周：《刘子全书》，台北华文书局1968年版，第834页。

考业之要

温书讲读。早膳后温书，辰课老师开讲，午膳后搜讲书所及之时艺数篇，择其佳者阅之，随日积以成秩，时加温寻。晚上阅看史书，学诵成歌。

质疑问难。质疑送难，务畅阙旨。有疑字则考，有疑义则乘闲相质。闲评古今道理，互相质难。

定时考课。每月三、六、九会课，以二题为率，则法如有司考较，或量等高下，以示激劝。每月初一，十五即朔望考一月所立课程。

奖勤罚惰。按勤惰行赏罚。晨起要书功过册，昨日所读何书，所行何事，所奏何功，所犯何过，一一登之无漏。如果屡次违犯学规的学生，就要被开除学籍。①

以上书院学规也是刘宗周自身治学与行为规要。除了蕺山书院的学规，刘宗周还为证人社制定了"戒不孝、戒不友、戒苟取、戒干进、戒贪色、戒妄言、戒任气、戒奢侈、戒惰容"等《约诫》十则三十条，以规训学生的道德行为，并有相应的惩戒措施。

刘宗周认为，传统典籍"四书五经"凝聚了圣贤的智慧，明经通史是为了经世致用。他多次上疏弹劾奸党，支持东林书院讲学的宗旨，希望匡救摇摇欲坠的明末王朝，主张为官应该"为朝廷理政事，安百姓，建功立业"②。弟子黄宗羲受经世致用思想的影响，以明经通史、经世致用为学术宗旨，开创了浙东史学派。弟子陈确也重力行，对王阳明的知行合一作了新解释，认为讲知行合一，就要提倡实学。

蕺山学派崇实黜虚的学风，冲击了阳明后学的空谈之气。梁启超对蕺山学派舍空谈而趋实践予以高度评价，认为"最显著的是刘蕺山一派"③。

---

① 转引自李国均《中国书院史》，湖南教育出版社1994年版，第762页。
② 同上书，第772页。
③ 梁启超：《中国近三百年学术史》，天津古籍出版社2003年版，第44页。

（三）讲会规则

明清之际的绍兴书院已有一套较完整的管理模式，书院的讲会会期、入会会礼、会费、会录等方面有详细规定，蕺山学派的《蕺山书院学规》《证人社约言》等颇具代表。

会期：取每月之三日。早晨集合，中午解散。因前来听讲的人参差不齐，故"特置姓氏一籍，其愿入籍而卜久要者，随时登载"。座位也要听从司会的安排，不能乱坐。讲学主要以明道为主，远方有贤能的人来到，会特举一会。

会礼：在前厅设孔子位，司会者把香烛放在先圣先贤前面。等司会者和诸友到齐后，司赞鸣云板三下，拜谒先贤圣人。礼毕后，分班序齿，东西相向揖。列坐的时候也要按齿相对。远方贤能的人用客礼，不用一一对应。讲会结束后，也要对先贤作一揖，然后再按左右退下。会讲则是诸友就坐后，司会者进书案，在诸缙绅下设虚位二席，留给讲友及载笔者。另在堂中设一案，给质疑者。司赞传云板三声，童子吟歌诗，等其结束后，再传云板三声，开讲。与会者静听，不得交头接耳，如果别人有疑义，想要解其惑，等其结束，从位子上移出，共同站立，互相印证，不得吵闹喧哗。讲完结束后，童子唱歌诗，大家才站起来。每会要推一个掌记者记下会中的内容，要有实际的内容，不能留于表面。写好以后还要让主位者过目，看是否可以登录。会戒中要求不能戏笑、谑言、接耳私谈等。除此之外，对会费等其他事项都有明确的条文规定。①

以上会礼、会讲、会戒等体现了蕺山学派的"慎独"思想。蕺山学派作为当时绍兴及全国的主要学派，以蕺山、证人等书院为讲学、发扬思想的根据地，所立讲会制度对其他书院乃至全国书院都具有示范性。黄宗羲主讲的甬上证人书院讲会的基本形式与此相仿，只是将《证人会约》中的会期每月一次改为两次。

（四）蕺山弟子及其活动

刘宗周弟子众多，蕺山学派学术活动频繁，据《蕺山同志考序》，

① 陈谷嘉、邓洪波：《中国书院史资料》，浙江出版社1998年版，第708页。

"从游者不下数百人"，"某尝考索至三百七十六人"①。《刘子全书》中《蕺山弟子籍》辑录有姓名可查者约 102 人（参见《刘子全书》"弟子录"），包括学术界名流黄宗羲、陈确、万斯同、万斯大、仇兆鳌、王嗣奭等。学派弟子以浙江、江苏、江西三省为多，但也不乏董标（陕西）、叶秀挺（山东）等较远地区的学生。

刘宗周弟子录显示，已知籍贯者 101 人，其中浙江籍 88 人（浙东 64 人，浙西 24 人），外省籍 13 人（江苏 9 人，江西 2 人，山东、陕西各 1 人）；浙东籍弟子以绍兴 35 人最多，其次宁波 28 人，衢州 1 人。

弟子中最卓越的当是清代浙东学派的开创者黄梨洲，"清代王学唯一之大师"②，师从刘宗周，对"慎独"极为推崇，经常听讲于证人书院，并以传承蕺山学为己任。刘宗周逝世后，他更是不遗余力地继承先师未竟之事业，护持师门的宗旨，成为《刘子全书》《子刘子行状》《子刘子学言》编刊与编撰的最重要推动者。

刘宗周去世后，证人书院停办，黄宗羲在经历一段反清复明武装斗争之后，开始致力于讲学与著述。康熙六年（1667）九月，他与姜希辙、张应鳌等人恢复了证人书院的讲学活动，确定会期及主事者。关于此次的重举，师从董场的邵廷采说：

> 自蕺山完节后，证人之会不举者二十年。先生谓"道不可一日不明，后生生今日，不幸失先民余教，出处轻而议论薄，由学会之废也。善继述蕺山声事者，亟举学会。复请蕺山高第弟子张奠夫、徐泽蕴、赵禹功诸前辈集古小学，敷扬程朱、王刘家法。于是余姚黄梨洲、晦木、华亭蒋大鸿、萧山毛西河皆挈其弟子，自远而至。③

证人书院讲会的内容为程朱、王刘之学。证人书院的重举，归功

① （清）黄宗羲：《黄梨洲文集》，陈乃乾编，中华书局 1959 年版，第 58 页。
② 梁启超：《中国近三百年学术史》，天津古籍出版社 2003 年版，第 48 页。
③ 转引自张天杰《蕺山学派与明清学术转型》，博士学位论文，湖南大学，2012 年。

于黄宗羲及蕺山学派很多弟子的积极贡献。因黄宗羲不能久居绍兴，证人书院后由跟随刘宗周最久的张应鳌主要负责。当时讲会制度基本沿袭刘宗周，会者将近千人，"越中士习复蒸蒸起矣"①。

康熙七年（1668）三月，黄宗羲应甬上之士的约请，讲学甬上证人书院。全祖望《甬上证人书院记》：

> 证人书院一席，蕺山先生越中所开讲也。吾乡何以亦有之，盖梨洲先生以蕺山先生之徒，申其师说，其在吾乡从游者日就讲，因亦以"证人"名之。②

康熙四年至七年初，黄宗羲在甬上书院以蕺山之学教授弟子，"郡中同志之士十余人，皆起而宗之"③。每月证人之会时，"初讲《圣学宗要》，即蕺山所辑先儒粹言也"④。《圣学宗要》包含周敦颐、张载、程颢、朱熹、王阳明等先儒们经典篇目，各篇之后都有刘氏按语。讲完《圣学宗要》之后，黄宗羲就讲自己摘编的刘宗周语录《子刘子学言》等。与黄宗羲亦师亦友的李邺嗣记载：

> 后之学者，读子刘子书，学子刘子慎独之学，先严其内省，以为观人之鉴，然后可伏而论十七史之成败，出而行进君子退小人之事矣，岂不重哉！⑤

蕺山学派在明清学术史上地位崇高。梁启超认为对于王学的修正，"第一次为东林党领袖顾宪成、高攀龙等人提倡格物，以救空谈之弊。第二次则是刘宗周提倡慎独，以救放纵之弊。"⑥刘宗周"慎独"之学，仍然属于心学一系，"上承濂、洛，下贯朱、王"⑦，但对

---

①　转引自张天杰《蕺山学派与明清学术转型》，博士学位论文，湖南大学，2012年。
②　陈谷嘉、邓洪波：《中国书院史资料》，浙江出版社1998年版，第1352页。
③　（清）范光阳：《双云堂文稿》卷三，清康熙四十六年郑风刻本。
④　同上。
⑤　（明）李邺嗣：《杲堂诗文集》，浙江古籍出版社1988年版，第499—500页。
⑥　梁启超：《中国近三百年学术史》，天津古籍出版社2003年版，第44页。
⑦　转引自方同义、陈新来《浙东学术精神研究》，宁波出版社2006年版，第73页。

朱学和王学进行了调和，与阳明心学相比更为笃实于践履。蕺山学派依托书院的讲学活动，培养了浙东崇实黜浮的学风。

三　浙东史学派与绍兴书院

黄宗羲在甬上传授蕺山之学时，已将讲学重心转向更为实用的经史之学。他对当时很多学者讲学只是袭语录之糟粕，不以"六经"为根柢，束书而从事于游谈的浮躁学风甚为不满，指出"学者必先穷经，经术所以经世。不为迂儒，必兼读史"①，将史学放到了重要的位置，甚至视经为史，开了"六经皆史"观点的先河。全祖望在《甬上证人书院记》中曰：

> 先生始谓学必原于经术，而后不为蹈虚，必证明于史籍，而后足以应务，元元本本，可据可依，前此讲堂锢疾，为之一变。……然先生之学极博，其于象纬图数，无所不工。②

黄宗羲讲学内容不局限于经史，天文、地理、数学都有涉及，"经世致用"成为甬上证人书院的主要教育宗旨。

黄宗羲培养了万斯同、全祖望、邵廷采等史学巨子，开创了浙东史学派。章学诚认为："梨洲黄氏，出蕺山刘氏之门，而开万氏兄弟经史之学，以至全祖望辈尚存其意。"③ 浙东史学派以书院为学术阵地，影响深远，其学术风格对绍兴书院的发展产生了重要影响。

（一）全祖望与蕺山书院

全祖望（1705—1755），字绍衣，号谢山，浙江鄞县人，著名思想家、史学家、教育家。他是梨洲的私淑弟子，与万氏兄弟交好。学术上推崇"经世致用"，是浙东学术承前启后者。

全祖望晚年两次出任书院山长。乾隆十三年（1748）九月，他应

---

① 《清史稿》卷四八〇《儒林一·黄宗羲传》，中华书局 1977 年版，第 13105 页。
② （清）全祖望：《鲒埼亭文集选注》，黄云眉选注，齐鲁书社 1982 年版，第 347 页。
③ （清）章学诚：《文史通义校注》上册，中华书局 1985 年版，第 5 页。

绍兴太守杜补堂的邀请，担任蕺山书院山长。面对大多书院沦为科举的附庸和场屋之学的研习所，全祖望坚持为诸生传道、授业、解惑，绝不"帖括司儒苑"，希望以自己"经世致用"的治学思想，对迂腐的学术风气产生一定的冲击力。

> 初课诸生以经义，继以策问、诗古文词，条约既严，甲乙少贷。越人始而大哗，继而帖然。一月之后，从者云集，学舍至不能容。①

他告诉诸生："读书贵有用，岂徒咕毕夸精能。"② 在他看来，经术经世务，方可见施行，读书是为了"经世务"和"贵有用"。

在蕺山书院讲学之余，全祖望四处寻访刘宗周的遗迹与遗物。他把刘宗周视为人师的楷模，对其十分敬仰，认为作为蕺山书院的学生，对其源流不可不晓然也。

针对将阳明学和蕺山学混为一谈的现象，他认为刘宗周的学术出自许孚远，从许孚远又可以上溯到湛若水、陈献章等东林学派，蕺山学派与阳明学是不同的流派。

> 念台之学本于许敬庵，静庵出于甘泉，甘泉出于白沙，白沙出于康斋，其门户盖与阳明殊，世之混而一之者。③

在蕺山书院，全祖望为刘宗周重建祠堂，率诸生祭奠，并撰写《子刘子祠堂配享碑》：

> 虽然，诸高弟之死不过六十年，而中山讲堂，其谁为诚意三关之学？则亦无有乎尔矣！诸生登其堂，能无汗出夹背也耶？④

---

① 转引自王永健《全祖望评传》，南京大学出版社 2010 年版，第 77 页。
② 同上。
③ 同上书，第 242 页。
④ （清）全祖望：《鲒埼亭集卷》第二十四册。

希望蕺山书院的诸生能真正把握刘氏及其弟子先贤的学术思想与学行。

除了蕺山书院，全祖望讲学的书院还有城南、槎湖、瓮洲、泽山、端溪、甬上证人书院等，并为端溪书院制定《端溪讲堂条约》："一、正趋向；二、励课程；三、习词章；四、戒习气。"① 认为书院应该鼓励学生多读经史，戒虚浮之气，培养经世致用的人才。

（二）邵廷采与姚江书院

邵廷采（1648—1711），字念鲁，又字允斯，余姚人，祖父邵曾可为史孝咸弟子。邵廷采从小就被教导崇尚"致良知"之学，九岁被祖父带到姚江书院，拜见史孝咸、沈国模等学界名流；十七岁时拜师王学大儒韩孔当，读刘宗周《人谱》；后跟随黄宗羲治史学，深受经世致用思想影响，力倡读史以救当世之失。

"姚江书院"最早可追溯到由沈国模、官宗圣、史孝咸、史孝复共同创办的义学，顺治十四年（1657）更名为姚江书院，以传播阳明学说为使命，形成了清初浙东阳明学术的支派——姚江书院派。据邵廷采《姚江书院记》，"姚江讲学之盛，前称徐、钱，后称沈、史焉。"② 其后又有史孝咸、邵曾可、俞长民、韩孔当等先后主讲"良知"之学，姚江书院遂成为传播阳明学的中坚。

顺治末，作为书院任事之一的邵曾可，提出"道无同异"说，认为"刘子与陶先生，教若不同，而心同也，行同也，道同也。……心与行，所以载道也"③，强调知行合一，务实经事。随后，韩孔当也提倡合证人之旨，强调经世致用，为书院制定《书院规约六条》；请董场附订《书院规要六事》，其中第二条就是合证人之旨：

> 《大学》之道，诚意而已矣。……盖证人原以绍王子之绪，

---

① （清）全祖望：《全祖望集汇校集注》，朱铸禹汇校集注，上海古籍出版社 2000 年版，第 1857 页。

② 赵所生、薛正兴：《中国历代书院志》第九册，江苏教育出版社 1995 年版，第 278 页。

③ 同上。

而诚意即以征致知之实。……书院原与证人相应，刘子与王子，原无歧旨耳。①

主张阳明的"致良知"和刘子的"慎独诚意"其实是相通的。作为蕺场的学生，邵廷采继承了"合证人之旨，究当世之务"的思想。

康熙三十三年（1694），邵廷采主讲姚江书院，主张学术兼容，重新制定《姚江书院训约》，整顿学风。针对当时书院内部王、刘之争，他认为天下有许多难了事，何必要较量这些屑屑之事，读书人应该摒弃门户之见，识量宜私：

> 好学之士只问自家得力何如，过失如何，安得道听口传，坐论他人是非同异？坦怀相遇，平心观理，何彼何此，会见万物皆备于我。②

读书人应该要用博大的胸怀，平心静气地谈论学术之道。

清中叶，大多书院已沦为科举的附庸，课试举业，书院失却了问道修身之初衷。对此，邵廷采在姚江书院训约中强调"举业宜淳"，作文应该：

> 以先秦西汉唐宋大家之气，写程朱之理。理自生法，气自生才。气贵清不贵粗，理贵微不贵凿，法贵老不贵平，才贵横不贵巧，四者同出一原。③

认为只有理法才气俱到，才是大雅的文章：

> 八股须自出手眼，与日逐看语录，同一心思，要调度各别。即是文章，要新、要活、要风采色泽，要分外出奇；而不必苦苦

---

① 赵所生、薛正兴：《中国历代书院志》第九册，江苏教育出版社1995年版，第281页。
② 同上书，第284页。
③ 同上书，第285页。

着意，求之艰艰，只是看题扼要，段段见作意耳。①

反对无用之文，希望以此改变书院学风。

邵廷采主掌姚江书院最有价值的举措是实践通史明经和经世致用的思想，并将其制定到书院的训约中。为了防止空谈性命之学和爱慕功名，应该：

> 兹姑无甚高论，即于读书中寻其本原……以"五经"、《左》《国》《史》《汉》《性理大全》《纲鉴纲目》及唐宋大家古文，分为经纬，每日读经五页、读史五页，古文五六页，约年可一周。②

将每日读史写到书院训约中，是重视史学最有力的表现。他将姚江书院创始人及后继者撰写的有关书院的文章，编订成《姚江书院志略》，以弘扬浙东史学派的治学精神。

邵廷采晚年系统总结自己的史学经世思想，撰写《治平略》《西南纪事》《东南纪事》《思复堂文集》等，以启迪学界后辈。

浙东史学派以梨洲、季野、谢山开其端绪，邵廷采为中坚，章实斋为殿军，主张经世致用，通过主持书院与讲学，型塑了浙东乃至全国的学风，成就了中国学术史上一大风流。

明清之际，绍兴学术繁荣、学派活跃、学者辈出，无论是主张"致良知"说的阳明学派，还是以"慎独"为核心思想的蕺山学派，抑或倡导"经世致用"的浙东史学派，他们都立足于书院讲学、讲会，培育后进、孕育学风，独领学术、思想、文化之风骚，掀起了越文化史上又一学术思想的高潮，推动了绍兴乃至全国文化学术的发展。越文化与绍兴书院的发展双向互动，书院彰显了越文化独特的魅力，越文化也因书院的发展增添了更多的色彩。

---

① 赵所生、薛正兴：《中国历代书院志》第九册，江苏教育出版社 1995 年版，第285 页。

② 同上。

第六章　变局与应对：近代绍兴教育

鸦片战争打开了长期封闭的国门，随之而来的是西方列强对中国的瓜分，中华民族遭遇空前的灾难，面临"数千年未有之变局"。在西学东渐的巨大冲击下，传统教育出现了严重危机，"药方只贩古时丹"已不能挽救封建文化及王朝的颓势。求新知于世界，兴办新式学堂，培养新式人才，以实现救亡图存的目标，成为时代的最强音。在这一背景下，绍兴传统教育不断被改造，各类新式学堂得以创生与发展，留学生纷纷走出国门，绍兴教育家引领时代风骚，积极探索教育救亡之路，谱写了近代教育史的辉煌篇章。

第一节　外来挑战：近代绍兴的教会教育

鸦片战争后，与西方商人、外交官一齐涌入的是以传播"福音"为使命的传教士。"1840年以后，传教士是与商人一起东来的，但由于教士比商人更具有献身精神，因此，西洋宗教在中国登陆之后，比商品走得更远，甚至深入穷乡僻壤。"① 传教士对中国人的影响甚至超出商人与外交官，他们通过兴办学校来传播宗教教义；同时，教会学校亦开启了绍兴教育近代化的步伐。传教士与近代学校教育的关系甚为密切，在一定程度上促进了绍兴的教育变革。

---

① 陈旭麓：《近代中国社会的新陈代谢》，上海人民出版社1992年版，第140页。

一 近代绍兴教会发展概况

基督教的宣教运动从一开始就具有一种全球化意识，它驱使西方传教士将"福音"向全世界传播。中国人口众多以及长期不信仰基督教的历史是促使西方传教士入华传教的主要因素。"我为什么去中国？原因之一是在那辽阔的土地上，每个月都有一百万人在不信仰上帝的状态中死亡……另一个理由是因为中国生活着三亿不信仰上帝的人。啊！兄弟姐妹们，你们能想象活着不信仰上帝吗？你们想到过不论对将来还是对现在都没有一点希望的生活吗？"① 正是这样极富煽动性的言语，激起了众多西方传教士来华的热情。

绍兴毗邻宁波，是传教士进入浙江内地较早的地区。1847 年，美国长老会传教士苏美格携华籍牧师谢百英，经宁波至上虞开展传教活动，是基督教传入绍兴的伊始。1858 年，英国圣公会传教士霍约瑟来绍兴府城传道。1863 年，美国传教士在上虞曹娥建立基督教分堂。其后，英国传教士密道生在府城香桥租赁民房建立布道点，筹建基督教内地会。

1867 年，美国浸礼会传教士在府城开元寺前建造教堂。1870 年，上海基督教内地会派英国籍牧师来嵊县传教，并在县城北直街设立教堂；同年，英格兰传教士范君，于新昌县城下市街租赁民居设宣讲所。1871 年，英国传教士葛雷登至绍，建基督教圣公会。1876 年，英国圣公会传教士在府城观桥筹建"讲书堂"，并附设国民女子学校一所。1878 年，英国传教士麦乐义在诸暨县城购地建宅，后遣英国传教士濮卫理在诸暨布点传教。1885 年，英国长老会传教士在上虞章镇布道。1888 年，英国传教士在新昌县城建基督教堂。1893 年，英国传教士何约翰在诸暨强占大雄寺殿堂，购得寺周废地，建造教堂，扩

---

① 何晓夏、史静寰：《教会学校与中国教育近代化》，广东教育出版社 1996 年版，第 25 页。

大圣公会势力，左右地方政务，遭到百姓痛恨。^① 据 1893 年统计，绍兴府有基督教会教堂数 27 所、附设讲堂 2 所，数量仅次于宁波府 30 所。^②

1903 年，美国浸礼会传教士在嵊县蒋镇设耶稣分堂，后陆续在嵊县长桥、陈村、陆家溪、大岙、沈塘等村及甘霖、石璜、长乐、崇仁等镇相继扩设分堂传教。

民国时期，绍兴已形成多种基督教派系。1913 年，华籍教士赵鲁生、杨保罗在绍兴布道。翌年，信徒韩祥甫在绍兴城区置屋开堂，号灵恩堂，并成立灵恩会。1915 年，英国传教士何约翰，在诸暨购地建牧师住宅，并在诸暨县城后街、大兼溪等地建堂传教。1916 年，英国传教士麦裴生在嵊县县城孝子坊筹建福音堂。1923 年，华籍信徒陈子芳、宋祥明在绍兴城区鹅行街设堂传教，后于观音弄购置安息日会会屋。1935 年，华裔美籍教徒杨禀和等，在诸暨枫桥建基督教堂，并相继于宣家、浬浦、水霞张等地筹置分堂；华籍信徒王世贞在绍兴城区拜王桥河沿建自立会，并设耶稣堂传教；信徒谢指原在戢望桥建聚会处，开始布道。^③

至 1949 年 6 月，绍兴、诸暨、上虞、嵊县、新昌等县，有基督教内地会、圣公会、长老会、浸礼会、灵恩会、安息日会、自立会、聚会处、五旬节圣洁会等 9 个教派，教徒 1 万余名。其中，绍兴城区有内地会、圣公会、浸礼会、灵恩会、安息日会、自立会、聚会处等 7 个教派，教徒 1800 人。^④

为直观显示近代传教士在绍兴地区布道与设立教堂的情况，列表 6 - 1 如下。

---

① 1900 年，邑人王绍桂等建立白旗党，反对教会势力，烧毁县城教堂，拆毁教徒房屋，何约翰逃逸。

② 参见张彬《浙江教育史》，浙江教育出版社 2006 年版，第 332 页。

③ 参见绍兴市地方志编纂委员会编《绍兴市志》第 42 卷，浙江人民出版社 1996 年版，第 2929 页。

④ 同上。

表 6-1   绍兴地区教会发展概况①

年份	地区	牧师姓名	牧师国籍	布道/建立教堂
1847	上虞	苏美格	美	传教
1850	绍兴	包尔腾	美	传教
1858	绍兴	霍约瑟	英	传教
1863	上虞	徐宝珠	美	建基督教堂
1864	上虞		英	建基督分堂
1864	绍兴	密道生	英	建耶稣教内地会
1867	绍兴		美	筹建教堂
1870	嵊县		英	设立教堂
1870	新昌	范君	英	设立宣讲所
1871	绍兴	葛雷登	英	建立基督教圣公会
1878	诸暨	麦乐义、濮卫理	英	布点传教
1885	上虞		英	布道
1888	新昌		英	建基督教堂
1893	诸暨	何约翰	英	占大熊寺殿堂
1913	绍兴	赵鲁生、杨保罗	华	布道
1914	绍兴	韩祥甫	华	建立灵恩堂

----

① 绍兴市地方志编纂委员会编：《绍兴市志》第 42 卷，浙江人民出版社 1996 年版，第 2929 页。

年份	地区	牧师姓名	牧师国籍	布道/建立教堂
1915	诸暨	何约翰	英	建牧师住宅
1916	嵊县	麦裴生	英	建福英堂
1923	绍兴	陈子芳、宋祥明	华	设堂传教
1935	诸暨枫桥	杨禀和	华裔美籍	建教堂
1936	绍兴	王世贞	华	设立自立会

上表显示，近代传教士活动遍及绍兴各县，统计的 21 个活动区域中，最多者为绍兴 9 个，其次诸暨、上虞各 4 个，嵊县 2 个，新昌 2 个；就布道牧师所属国籍来看，最多为英国 12 人，其次美国 5 人，华人基督徒 4 人。

又据清末留日学生所编《浙江潮》调查，绍兴府城（山阴、会稽两县）城乡耶稣会传教情况为：教堂 9 所（城内 6 所，乡间 3 所），布道牧师 8 人（外国人 6 人，华人 2 人），信众约 125 人。[①]

基督教、天主教各差会，在绍兴地区建教堂、学校等机构，传播"福音"于越文化中心地，成为西学东渐的重要媒介。

二　近代绍兴教会教育

关于基督教教育在中国的起源，美国一位传教士认为，"基督教教育之在中国，其起始为一八四二年，即开放五城为传教师自由居住地之时也"[②]。宁波作为第一次鸦片战争后五口通商的口岸之一，成为西方传教士最早进入中国内地传教的重要孔道，也是西方教会在华设

---

① 参见《绍兴府山阴会稽两县耶稣教会表》，《浙江潮》第二期。
② ［美］露懿思：《基督教教育在中国之情形》，李楚材辑：《帝国主义侵华教育史资料——教会教育》，教育科学出版社 1987 年版，第 7 页。

立学校的最早地区之一。

1866 年 10 月，英国传教士戴德生带领 20 多名传教士从英国来到中国，在杭州创立内地会，传教势力迅速发展。同年，绍兴的内地会、浸礼会、中华圣公会都有宣教士驻入。1876 年，英国圣公会传教士在府城观桥筹建"讲书堂"，附设国民女子学校一所。^① 此为绍兴第一所教会学校。

早期教会学校办学极其艰难，受到中国民众的普遍抵抗。挟大炮而来的侵略，在中国人的记忆中是不堪回首的，这使他们无法不把基督教与武力胁迫相提并论；战败的耻辱又是那样的创巨痛深，这使人们在对西方的人和事好奇的同时更对他们感到惊恐与厌恶。中西文化的异质与相互隔膜，使中国人对初来的西方人误解至深，极易形成"非我族类，其心必异"的心理。因此，中国传统社会相对自闭的文化环境与被侵略的现实，使中国人很自然对与异种族、异文化的接触产生敌意与排斥。传教士们用热情、毅力与适宜的策略（供给衣食、经济补助等），逐渐打破了兴办学校的重重障碍，教会学校与学生人数日渐增加。这一时期的教会学校一般以小学为主，规模较小，有的学校只有几个学生，大多是贫苦教徒的子女以及无家可归的孤儿、乞丐。中国人当时对传教士办学存有戒心，一般不愿让子女进教会学校。为了吸引学生入学，各教会学校往往采取物质引诱的方法，小学免收学费，还提供衣食等。

教会学校课程与中国传统教育的内容有较大差异。以教会女学为例，《圣经》的讲解是必定有的，此外更加上国文、算术、天文这几种课程，缝纫、刺绣等是功课以外的工作^②；到光绪十六年（1890）

---

① 参见绍兴市地方志编纂委员会编《绍兴市志》第 42 卷，浙江人民出版社 1996 年版，第 2929 页。

② 1849 年宁波长老会报告课程之大要曰："凡女生均教以本国之文字。彼等不习中国经书，惟诵读含有基督教教训之课本及浅近之科学书籍而已，复以口头上之回答，俾彼等熟悉圣经中之故事。数学与地理亦为彼等课程之一部分，而尚有两学生，则习英语焉。彼等习于勤劳之习惯，并授于种种之工作，使于其将来所处之地位，能为有用之服务焉。"（《基督教女子教育的起源与作用》，李楚材辑：《帝国主义侵华教育史资料——教会教育》，教育科学出版社 1987 年版，第 240 页。）

的时候，教会女校所有的课程可以归为四类：一是讲耶稣故事的道学，二是地道国货的国文，三是世界史地一类的课程，名为西学，四是数学。英文这项课程在光绪九年（1883）以后加入，可是还不很普遍。① 由此可见，教会学校在传播"福音"的同时，也在一定程度上传播新的科学文化知识，且教法、设施多模仿与移植欧美学校制度。

据统计，"1877 年全国新教传教士办的教会学校有 463 所，学生5000 多人，到 1889 年，教会学校的学生达到 16836 人，② 而 1906 年，更是激增到 57683 人"③。其学生的增长比率由 1877 年至 1889 年间隔12 年的 236.72%，增长到由 1889 年至 1906 年间隔 17 年的 242.62%，由此可以看出传教士们热情高涨的情绪和教会教育快速发展的势头。

正是在这样的时代召唤下，20 世纪初，绍兴教会学校在前期办学的基础上，获得较快发展（包括教会小学、中学、女学）。1901 年，天主教会于诸暨县城四井眼开办三德小学堂。1903 年，英国基督教圣公会举办英华初等学堂于府城八字桥天主教堂内，开设了英语课程。1904 年，英国行教会于府城观音弄开办崇德初等学堂。1906 年，美国基督教浸礼会开办第一国民学校。1911 年，英国基督教徒将新昌中镇庙所设女书馆改办为明德小学堂。④

1921 年，美国牧师邬福安筹款建立浚德女校；1936 年，英文国算补习学校创立；1939 年，徐培林资助建立培林民众日校，主要招收社会失学青年；1941 年，邬福安筹款创办福安培童院，收孤儿 50 人；1946 年，明道圣经学校创办，招收初中毕业或具有同等学历男女青年入学，培养基督教传教士，设《教会史》《家庭教育》《音乐》《圣经》《英语》等课程，两年毕业。⑤

① 参见褚季能《记宁波女塾》，《东方杂志》第 31 卷第 7 号，"女学先声"，第 23—27 页。

② 史静寰：《狄考文与司徒雷登——西方新教传教士在华教育活动研究》，珠海出版社 1999 年版，第 22—23 页。

③ 熊明安：《中国高等教育史》，重庆出版社 1988 年版，第 399 页。

④ 参见李永鑫主编《绍兴通史》第 5 卷，浙江人民出版社 2012 年版。

⑤ 参见绍兴市地方志编纂委员会编《绍兴市志》第 42 卷，浙江人民出版社 1996 年版，第 2929 页。

据统计，到 1915 年度，浙江省境内教会学校共计 148 所、学生 6328 人，设置区域已达 35 个县份，几乎遍及旧府、州的主要地区①，其中绍兴地区教会学校 35 所、学生 1062 人，所占比例甚高（参见表 6-2）。

表 6-2　　　　　1915 年度绍兴教会学校设置情况统计②

县份	学校总数	学生总数	中国教员	外国教员	备考
绍兴	16	485	29	8	中学 1，高小 1，国民 10，又女子国民兼高小 1，女子国民 3（其中女学 3：高小国民学校合 1、国民学校 2）
诸暨	8	211	9		均系国民学校（其中女子高小国民学校合 1）
余姚	4	149	6	5	均系国民学校
上虞	3	86	5		国民 3（其中女子国民 1）
嵊	3	92	6	1	国民兼高小 1，国民 2（其中女子国民 1）
新昌	1	39	6	2	系国民兼高小学校
合计	35	1062	61	16	

① 就全省情况来看，教会学校最多者为杭县（省垣），计有学校 17 所，学生 868 人，内有大学 1 所、专门学校 1 所、中学 1 所、高小 1 所、国民兼高小 1 所、国民 6 所，女子中学 1 所、中学高小合校 2 所、女子国民 3。其次为吴兴及绍兴，均有学校 16 所；又次为嘉兴，有学校 11 所。其余如余杭、临安、于潜、新登、昌化、平湖、崇德、长兴、安吉、孝丰、奉化、镇海、象山、南田、萧山、温岭、义乌、永康、武义、浦江、汤溪暨旧衢、严、温、处各县，大多均有教会学校设立。教会学校表现为从幼稚园、初等小学、高等小学、中学、专门学校、大学的多层级结构。（参见吴民祥《浙江早期现代化进程中的教育研究——基于人口变迁的考察》，广西师范大学出版社 2011 年版，第 101 页。）

② 资料来源：《教育周报》第 180 期，"附录"，第 34—41 页。

续 表

县份	学校总数	学生总数	中国教员	外国教员	备考
全省总计	148	6328	360	113	大学、专门各1，中学6，中学高小合校6，中学高小国民合校3，高小8，国民兼高小25，国民96，幼稚园2

注：此表所统计教会学校恐有遗漏。

特别值得一提的是，重视女子教育是教会学校的特点之一。[①] 1915年度浙省教会女学计有30所，占教会学校总数的20.27%，女学校所在县份为14个，其中杭县、吴兴、绍兴最多，分别有6所；其次富阳、临海各2所，余则为1所。[②] 绍兴地区6所教会女子学校分布情况为：绍兴3所，诸暨、上虞、嵊县各1所。

表6－3　　　　　　　1916年度绍兴教会学校设置情况统计[③]

县份	学校总数	学生总数	中国教员	外国教员	备考
绍兴	14	423	30	6	中学1，高小1，国民9，女子高小国民合设1、国民2
诸暨	10	377	14		国民学校9，女子国民高小合设1

① 就全国来看，1922年统计情况为：教会学校的男女生之比，初级小学是68比32，高级小学是71比29，若是教会学校与官立学校两者合并计算，则这种比例在初级小学为96比4，在高级小学为95比5。就此一点，就可以明显看出，在中国一般小学里，女子小学是不被重视的，而教会学校特别可贵的，即在于重视女子教育方面。（参见〔日〕平冢益德《记辛亥革命至壬戌学制期间的第三国在华教育活动》，朱有瓛、高时良主编《中国近代学制史料》第4辑，华东师范大学出版社1993年版，第187页）
② 参见吴民祥《浙江早期现代化进程中的教育研究——基于人口变迁的考察》，广西师范大学出版社2011年版，第101页。
③ 资料来源：《浙江教育月刊》1918年第9期。

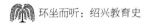

续 表

县份	学校 总数	学生 总数	中国 教员	外国 教员	备考
余姚	4	162	10		均系国民学校
嵊	1	43	3		系女子国民学校
新昌	1	37	2	2	系国民高小学校
合计	30	1042	59	8	
全省 总计	196	7520	575	136	大学 1，专科 4，高师 1，师范 2，中学 9，中学高小合校 5，中学高小国民合校 1，高小 14，国民高小合校 30，国民 117，幼稚园 8，职业 1，夜校 2

注：此表统计恐有遗漏。

  表 6-3 显示，1916 年度全省教会学校共计 196 所，与 1915 年比较，学校总数增加 48 所，学生增加 1192 人，外籍教师增加 23 人，增长迅速；绍兴地区教会学校合计 30 所，较上年度统计减少 5 所，在校学生合计 1042 人，与上年度相当。绍兴地区内的绍兴、诸暨两县教会学校规模较大，上虞县未见统计。

  据中国基督教教育调查会编《中国基督教教育事业》，1921 年至 1922 年，浙省基督教教会学校统计情况为：国民学校 283 所、高等小学校 53 所、中学校 19 所，共计 355 所；国民学校男生 5579 人、女生 2293 人，高等小学男生 1147 人、女生 248 人，中学男生 251 人、女生 19 人；各类基督教教会学校学生共计 9537 人。[1] 从以上统计数据可以看出，基督教教会学校女生在国民学校（初等小学）所占比例较

---

  ① 参见《中国基督教事业统计》，朱有瓛、高时良主编《中国近代学制史料》第 4 辑，华东师范大学出版社 1993 年版，第 392—395 页。

高。与同时期国人所办学校比较，浙省教会学生女生所占比例高。①

至 1923 年度，浙省有外人设立教会学校的县已达 42 个，占全省 75 个县的 56%；学校数最多的为杭县 37 所，其他超过 10 所的有吴兴（21 所）、绍兴（18 所）、鄞县（15 所）、嘉兴（14 所）、天台（14 所）、诸暨（12 所）、余姚（10 所）。表 6－4 为 1923 年度绍兴各县教会设立学校情况统计，为便于对比，将全省教会学校情况一并列出。

表 6－4　　　　　1923 年度绍兴各县外人设立学校统计②

县别	学校数	教师数	学生数
绍兴	18（初小 9，高小 7，中等 2）	中 56，外 14	942（初等 359，完全 523，中等 60）
诸暨	12（初等 11，完全 1）	中 20	397（初等 355，完全 42）
余姚	10（初等 9，完全 1）	中 17	543（初等 383，完全 160）
上虞	3（初等）	中 5	157（初等）
嵊	1（完全）	中 7，外 3	143（完全）
新昌	8（初等 7，完全 1）	中 20，外 1	424（初等 382，完全 42）
合计	52	中 135，外 18	2606（初等 1636，完全 910，中等 60）
全省总计	219（初小 125，完全 63，中等 23，专门 5，幼稚园 3）	中 864，外 172	13888（初小 5002，完全 5122，中等 2895，专门 741，幼稚园 128）

① 据 1923 年统计，本国学校初小女生占总数 5%、高小占 10%（参见吴民祥《浙江近代女子教育史》，杭州出版社 2010 年版，第三章表 3—8）。

② 资料来源：浙江省教育厅编《浙江教育统计图表》（民国十二年度）。

上表显示，1923 年度浙省教会学校已达 219 所，在校生计 13888人，外籍教师 172 人；与 7 年前的 1916 年度相比，校数增加 23 所、在校生增加 6368 人、外籍教师增加 36 人，民初浙省教会学校发展较快，其中中等学校增长明显。就绍兴地区教会学校来看，总数已达 54所，比 1916 年度的 30 所增加 80%；学生共计 2606 人，比 1916 年度的 1042 人增长 150%；该年度绍兴各县均有教会学校，其中绍兴（18所）、诸暨（12 所）、余姚（10 所）、新昌（8 所），绍兴地区教会学校扩张迅速。

以上所述绍兴教会学校的几组统计情况表明，20 世纪初至 20 年代中期国人发动收回教育权运动时，教会学校发展甚为迅速，成为绍兴新式教育的重要组成部分。

至 20 世纪 20 年代以后，受五四运动的激荡与"国家主义的教育"运动之激发，国人反对教会教育与收回教育权运动声势日渐浩大，呼声更加强烈。1925 年 11 月 16 日，教育部布告《外人捐资设立学校请求认可办法》六条。1925 年 5 月，浙江省教育厅发布《禁止学校宣传宗教令》：

> 案准省教育会函开：窃维神道设教，原以化道愚民；怪诞不经，实足锢蔽人智。学校为栽植人才之地，研究科学之所，自不应宣传宗教，有碍教育之进步。……应请贵厅查照第十条教育会联合会议决学校内不得传布宗教办理。相应检同原案，函请查核转令各属学校遵照，切实查禁，以维教育等因。准此，查各级学校教授科目，均有规定，自不得查传宗教，以维教育。①

浙省在 1927 年特订有收回教会学校自办之办法。照该办法之规定，凡外人在本省所办之教育事业均应移交于中国籍人民或由中国籍人民所组织之团体接收办理；至于外国教会设立之学校，其进行立案之手续，应先照办法规定移交于本国籍人民接收，呈经本省教育厅核

---

① 《教育杂志》第 17 卷第 5 号。

准后，再由接收者呈请设立校董会，并依私校规程定程序进行立案。此为本省之特殊附施，或为其他各省之所未有也。①

在此背景下，绍兴教会学校陆续向政府注册立案，如 1931 年度已立案的绍兴教会中等学校情况如表 6 - 5 所示。

表 6 - 5 　　　　　1931 年度绍兴已立案教会中等学校情况统计②

校名	校址	编制	学生数	教职员数	1930 年度毕业生数
私立越材初中	绍兴县	初中 4 班	116	12	12
私立浚德女子中学	绍兴县	初中 3 班	70	13	8
私立承天中学	绍兴县	初中 4 班	112	8	12

移交国人办理之后的绍兴教会学校，很快融入中国学制系统中，无论是课程设置、教科书的使用、教师的资格检定都与非教会学校相同。

表 6 - 6 为近代绍兴城区部分教会学校概况，从中可以窥见绍兴教会教育发展情况。

表 6 - 6 　　　　　绍兴城区部分教会学校概况③

校名	设立时间	地点	基本情况
英华初等学堂	1903 年	府城八字桥天主教堂内	英国基督教圣公会举办，开设英语课程
崇德初等学堂	1904 年	府城观音弄	英国行教会开办

---

① 参见《三年来浙江中等教育概况》（1930—1932），《浙江教育行政周刊》第 4 卷第 1 号。

② 资料来源：《三年来浙江中等教育专号》，《浙江教育行政周刊》第 4 卷第 1 号。

③ 绍兴市地方志编纂委员会编：《绍兴市志》第 42 卷，浙江人民出版社 1996 年版，第 2929 页。

校名	设立时间	地点	基本情况
培德小学	1907 年	绍兴城区八字桥天主教堂内	初称培德中西学校，设英语课。1912 年改名培德小学，停设外语课，教友子女可申请减免学费。主日礼拜，下午课后，学生必读 30 分钟经文
承天中学	1907 年	绍兴城区和畅堂	英国圣公会筹款创办。设初中课程，重视宗教教学，有学生 200 余名
越光中学及附小	1915 年	绍兴城区仓桥街	马雄波筹款建。初名私立越材中学，设初、高中课程，学生 400 余名。后因学生增多，于南街辛弄扩建校舍，改名越光中学。提倡男女同校，重视宗教教育
悟道妇女学校	1915 年	绍兴城区都昌坊口	美籍牧师陶林美筹款建立。倡导教育妇女，美籍教徒高福林师母及华人教徒陈之珊师母、戚祎英等主持
第一国民学校	1916 年	绍兴城区大坊口	美国基督教浸礼会开办。后改名私立越德小学。1936 年，改为私立越光中学附属小学
浚德女校	1921 年	绍兴城区	美籍牧师邬福安筹款建立。资金多由浙沪浸礼会提供。后因提倡男女同校，遂并入越光中学
英文国算补习学校	1936 年	绍兴城区	学生百余人，多系失学青年。每日下午授课。教学文化与传播教义相结合

续　表

校名	设立时间	地点	基本情况
培林民众日校	1939 年	绍兴城区	借大坊口布道所房屋附设，初名绍兴真神堂民众日校。因受徐培林资助，故又名培林民众日校，收社会失学青年入学，授语文、数学，学生 130 人
福安培童院	1941 年	绍兴城区	美籍牧师邹福安夫妇筹款创办。收孤儿 50 人。早晚举行礼拜，培养教徒。经费源自各方资助
哲庆托儿所	1946 年	绍兴城区	真神堂思陶堂内。收 2—7 岁幼童入托，免除学费。每日除供午餐外，上下午各给餐点。重视宗教熏陶
明道圣经学校	1946 年	绍兴城区都昌坊口	原浸礼会神学院旧址。设正科、义工课，招收初中毕业或具有同等学历男女青年入学，培养传教士，设《教会史》《家庭教育》《音乐》《圣经》《英语》等课程，采取学分制，两年毕业

表中所列绍兴城区教会学校，涵盖了从学前教育到中学，从普通教育到成人补习教育、女子教育等多层次多类型的学校，各类学校普遍重视宗教教育，规模较大的越光中学学生数达 400 余人。由此可见，20 世纪上半叶绍兴教会教育已相当发达。

三　绍兴教会教育的影响

开埠之后进入绍兴的传教士，人数虽然不多，但他们通过兴办教会学校，对近代绍兴教育影响甚为深远。① 以下主要从教会学校与绍兴近代教育的关系角度，阐释教会学校对绍兴教育变迁所起的作用与影响。

（一）教会学校开创了绍兴新式教育的先河

1876年，英国圣公会传教士在绍兴府城观桥筹建"讲书堂"并附设国民女子学校，至1897年第一所绍兴新式学堂——绍郡中西学堂的创办，绍兴教会学校已走过了20余年的历史，开创了绍兴新式教育的先河，其对民间与政府兴学意义重大。

1. 教会学校有利于社会开放、开创新风气。

就教会学校促进绍兴地方社会开放、开创新风气而言，教会女学的影响尤为突出。近代教会女学积极提倡废缠足，倡导女性参与社会生活、努力学会自立，因而有助于开创社会新风气，促进妇女解放，为传统女性走出封闭的生活世界打开了一道门禁。②

不缠足运动是近代中国妇女解放与女子教育发展的重要一环，甚至可以说是近代中国一连串社会习俗改革运动的先锋。最早发动不缠足运动的是西方来华的传教士，而教会女学对放足运动帮助尤大，特别是"女学添设体操课，要这些小脚姑娘，在操场上站一点钟，这简直是刑罚。这样，使她们自对缠足厌恶。后来，教士们又有天足会的组织，提倡不缠足运动，许多女塾都跟着规定缠足的姑娘不收。于是要进学堂的教外姑娘，也有不缠足的了"③。

教会学校甚为关注学生的生活技能教育，以便于他们走上社会能够自立。如基督教"女中比男中应更多设专门及实习等科，盖女子入

---

① 绍兴范围内，传教士的人数大多时候在十数人，占绍兴人口的比例甚低，但显然不能根据传教士的数量来理解基督教事业（教会学校）的影响。"质的因素，例如传教士的远见卓识和外部政治上的支持比量的因素重要得多。像一个肌体对于外界物体（甚至是显微镜才能见到的物体）的侵入的反应一样，中国社会的社会、政治和各方面力量只有脆弱的平衡，它能轻易地被仅仅少数传教士和中国的基督教徒所打乱。"（参见费正清、刘广京编《剑桥中国晚清史》（上卷），中国社会科学出版社1993年版，第622页）

② 1886年1月2日《益闻录》曾发表《创设女学论》一文，提倡"女工宜熟悉也。在塾时须习成织绣等工，以为日后度生之计"；"缠足宜废弛也，以为一生之便"。

③ 褚季能：《记宁波女塾》，《东方杂志》第31卷第7号，"女学先声"，第23—27页。

高等学校者，为数甚少也。中学以上，应设各种职业学校"①，这些都有助于教会学校毕业生独立谋生。

2. 教会学校刺激了国人自办新式学堂，发挥了榜样与示范作用。

由于教会学校是伴随着中华民族的屈辱与中西剧烈冲突的历史背景出现的，因而，它成为刺激中华民族觉醒的另一种"坚船利炮"。近代学校教育是作为一种新生事物而出现在国人面前的，因此，在创办新式学堂初期，教会学校的办学模式便成为国人效仿的直接榜样，并在启民智、开风气方面有不少裨益。

（二）教会学校促进了绍兴新教育的发展

教会学校的创办经费主要来源于西方宗教团体，即使是收回教育权后，其办学资金依然有相当部分由原创办机构捐赠。如果撇开传播"福音"这一文化侵略要素，可以说，教会学校的创办与发展，促进了绍兴新教育的发展。

1. 教会学校扩大了受教育的机会，培养了一批社会精英。

近代新教育的发展面临教育资源不足、师资匮乏、传统观念与社会习俗以及封闭社会结构的多重影响，教育规模扩张缓慢，学龄儿童接受学校教育机会有限。教会学校作为一支异己力量所兴办的教育，在一定程度上为绍兴儿童与青年求学提供了机会与可能，特别是让更多的女童能够接受学校教育。《妇女杂志》（1928 年 1 月）刊登的《绍兴妇女杂谈》一文，为此作了较好的说明："开通最早的要算教会中人，他们的女儿大概读书的多，这后面是有一个宗教的背景，不见得个个人能够明白儿女受教育的正当宗旨。"②

作为以传播基督教义为主要目的的教会学校，一般而言，其师资水平、经费保障、办学规范、学校层次等均优于国人所办学校，因此，教会学校的教学质量要高于大多数政府与民间所办学校。特别是19 世纪末 20 世纪初以后，教会学校招生对象主要为出身于"中产阶

---

　　① ［美］麦女士：《基督教女子教育》，《中华基督教会年鉴》1914 年，李楚材辑：《帝国主义侵华教育史资料——教会教育》，教育科学出版社 1987 年版，第 238 页。

　　② 怵幻：《绍兴妇女杂谈》，《妇女杂志》第 14 卷第 1 号，第 69—70 页。

级"以上家庭的子女①，因此，优越的家庭社会出身与优质的教育资源的结合，使教会学校的毕业生明显具有社会优势，跻身于社会精英行列。活跃于民国时期的社会精英，曾就学于教会学校者占相当比例。

2. 教会学校——早期新式教育的师资养成所。

师资短缺，一直是制约与困扰近代教育发展的重要因素。教会学校开办时间甚早，且课程门类较为齐全，教育质量相对较高，特别是其中等教育、师范教育的兴办，为浙省新式教育培养了一批急需的教员（尤其是女教员），体操、音乐等新式科目的教员更是珍贵。鉴于近代受教育女性就业渠道的狭窄，而从事教育乃是女子最相适宜的工作，因此谋职于教育界，便成为教会女校毕业生的主要选择。

以杭州私立弘道女子中学为例，民国元年至民国二十年的 20 年间毕业生共计 281 人，毕业后从事教育的 102 人，占 36.2%，表明教会女校毕业生从事最多的即是教育工作。②

（三）教会教育——"变态"的教育现代化之路

如果将绍兴近代教会学校的创立与发展历程，放在中国近代社会变革的大背景中来考察，我们会发现在中国社会肌体中楔入的教会学校，体现了半殖民地、半封建的中国早期教育现代化的一段屈辱历史与曲折道路。

作为提供绍兴学童就学机构的教会学校，从诞生之时起，就注定要面临着与中国社会、文化的强烈冲突。在新式教育资源匮乏的近代社会，它或多或少为绍兴学子提供了就学的机会，有利于提升文化素

---

① 如 1931 年度私立之江文理学院招生 243 人，其家庭出身为：商 85、政 34、学 24、农 15、宣教 9、医 4、工 3、著作 1、军 1，未详 35。（《私立之江文理学院概况表》，《浙江教育行政周刊》第 4 卷第 3 号）又如 1931 年弘道女校的统计表明，225 名在校生家长的职业状况为：商业 85 人（约占 37.78%），政界 53 人（约占 23.56%），教育 33 人（约占 14.67%），医 7 人（约占 3.1%），工 7 人（约占 3.1%），军警 7 人（约占 3.1%），司法 3 人，其他 30 人。（参见吴民祥《浙江近代女子教育史》，杭州出版社 2010 年版，第 37 页）
② 吴民祥：《浙江近代女子教育史》，杭州出版社 2010 年版，第 35 页。

质、开通社会风气，传播了西方文明，这些都是社会发展需要的；但教会学校所带有的宗教性以及对中国传统的多种挑战，确是国人所无法接受与忍受的。对中国人来说，教育与传教是不能兼容的，因此，作为教会传教工具之一的学校，其内部必然蕴涵了自身无法克服的矛盾。

教会学校教育权的收回与向中国政府立案，是教会学校教育与传道这一内在矛盾向主权国家所做的调和与妥协，但这一深刻的内在矛盾，并没有就此完全化解，只要西方殖民主义势力存在，中西社会的冲突不能消除，教会学校就将扮演着中国教育现代化过程中的一种"另类"角色，其体现的教育发展路径，只能是一种"变态"的教育现代化之路。

教会学校对近代绍兴教育的影响，乃是一柄双刃剑。从某种意义上来看，虽然其充当了推动绍兴近代教育发生与发展的历史不自觉的工具，但本质上教会学校是为着基督教的利益而兴办的，"教会学校从来就是传播福音的得力机构"①，使绍兴人口中信仰基督教的人数逐渐增多②，从而逐步动摇了本土的文化信仰。

第二节　新教育的创生与发展

中国几千年的封建教育，国家以培养代圣贤立言者为目标，士子以弋取仕宦为择业趋向。"能言而不能行，知古而不知今，于立国自强之道，修身自治之法，忽焉不讲，名为老师宿儒，其学问之程度，

---

① ［美］李承恩：《教会学校的历史、现状与展望》，朱有瓛、高时良主编《中国近代学制史料》第4辑，华东师范大学出版社1993年版，第116页。

② 据1932年度统计，浙省信仰耶稣教与天主教的人数分别为38809人、31802人，共计70611人。人数超过两千的县市有：杭州市2082，余姚2339，温岭2907，永嘉7830，瑞安6286，平阳6245，乐清2642。（《浙江省二十一年度各县市人民信教统计表》，浙江省政府编印《浙江省二十二年度行政统计》，1936年）

曾外国童稚之不若，此可耻之甚者也。"① 此种以培养文人官僚为目的的教育，面对近代中国社会前所未有的变革，已无力应对，受到各方人士的强烈抨击。希望通过教育改革以实现富国强兵，逐渐成为世人之共识。蔡元培曾指出：

> 且今天下志士，所抵掌奋谭，为保国强种之本者，非学堂也哉。甲午以后，中国睡而将醒，兹事稍稍萌芽矣，然而其数殆可以屈指计。此屈指可数者，犹复府与县相剌，都与省相糅。卒业于此者，不能达于彼。其故何哉？曰：宗旨不一也，阶级不差也，师范不同也，课本不编也，公费不筹也，学友不联也。是以师烦而任难，学散而效寡也。
>
> 且夫矫六者之弊，而实事求是，岂难也哉。然而吾欲矫之于天下，而二十三行省者，吾未能户说也。吾欲矫之于浙江，一行省而十一府者，尚未能遍历也。层台基于尺土，乔木孕于寸萌。吾姑起点于吾绍兴。绍兴者，八县而已。言语同，风气同，其贤士大夫，吾所与上下其议论者也；否亦闻名而心许者也。②

正是在西学东渐的大潮下，在救亡图存的历史召唤中，近代绍兴新式教育得以创生。新式教育以培养各类实用人才为目标，改变"以经史知识为传授中心，个别化的教学组织形式、科举考试为鹄的"的传统教育。

本节主要围绕晚清至民初绍兴的初等教育、中等教育、女子教育、教育团体、社会教育等的创生与发展，阐释近代绍兴教育变革。

---

① 《与同志书》，《游学译编》第 6 期，1903 年 4 月。1904 年，蒋梦麟考中绍兴府的秀才，被录取为余姚县学的附生。据他回忆：所谓"县学"只有一所空无所有的孔庙，由一位教谕主持，事实上这位"教谕"并不设帐讲学，所谓"县学"是有名无实的。按我们家庭经济状况，我须呈缴一百元的赞敬，拜见老师，不过经过讨价还价，只缴了一半。也并没有和老师见过面。（蒋梦麟《西潮》，辽宁教育出版社 1997 年版，第 50 页。）

② 蔡元培：《绍兴推广学堂议》，高平叔编《蔡元培全集》第 1 卷，中华书局 1984 年版，第 90—91 页。

一　初等教育

清季，受维新思想的激荡，一些热心新学的地方官绅，陆续将当地的义塾、书院等改办为具有近代教育内容的小学堂，或利用闲置的庵庙、祠堂等兴办小学堂。近代浙省最早创办的新式小学堂为1893年萧山的蒙养小学（由正性义塾改设），教授新学。①

清末新政期间，清廷通过鼓励各地广设学堂、书院改学堂、废科举、成立学部、颁行新学制等一系列重大举措，推行教育改革，发展新教育。在此背景下，绍兴各地亦纷纷改书院为学堂，创建新式学堂。

新政十年间绍兴府属各县共45所书院（不含萧山、余姚二县）先后陆续改设小学堂或中学堂。表6-7为部分书院改学堂简况。

表6-7　　　　　　　　绍兴府部分书院改学堂简况②

书院名称	所属地	改学堂时间	学堂名称
蕺山书院	府属	1901	山阴县学堂
证人书院	会稽	1902	会稽县学堂
稽山书院	会稽	1909	山会初级师范学堂
东湖书院	会稽	1902	绍兴东湖通艺学堂
经正书院	上虞	1904	县立高等小学堂
二戴书院	嵊县	1903	县立高等小学堂
宗传书院	嵊县	1906	私立事斯高等小学堂
剡山书院	嵊县	1906	私立剡山高等小学堂

① 参见苏云峰《中国新教育的萌芽与成长（1860—1928）》，北京大学出版社2007年版，第117页。
② 绍兴市教育志编纂委员会编：《绍兴市教育志》第33卷。

续　表

书院名称	所属地	改学堂时间	学堂名称
辅仁书院	嵊县	1906	乡立辅仁高等小学堂
阳山书院	嵊县	1904	私立阳山高等小学堂
南明书院	新昌	1902	县立高等小学堂
沃西书院	新昌	1902	西区公立高等小学堂
毓秀书院	诸暨	1898	诸暨官立学堂
翊志书院	诸暨	1904	翊忠小学堂
景紫书院	诸暨	1907	大东学堂

将书院这一传统教育资源转化为新式学堂，以弥补近代公共教育资源的不足，无疑是一种现实的选择，顺应了教育发展的新需要，与历史上专制皇权强制禁毁书院的行为有本质区别。

据光绪三十三年（1907）统计，绍兴府共有高等小学堂22所，在校学生870名；两等小学堂69所，在校学生2569名；初等小学堂109所（含女子学堂），在校学生3356名。各类新式学堂总计206所，在校生达7100余人（表6-8）。

表6-8　　　　　　　　光绪三十三年绍兴府普通学堂统计①

区域	中学堂		高等小学堂		两等小学堂		初等小学堂		半日学堂		女学堂蒙养院		总计	
	学堂	学生	学堂	学生	学堂	学生	学堂	学生	学堂	学生	学堂	学生	学堂	学生
绍兴府	1	116											1	116

---

①　根据《浙江教育官报》第五期（1908）整理。

续 表

区域	中学堂		高等小学堂		两等小学堂		初等小学堂		半日学堂		女学堂蒙养院		总计	
	学堂	学生	学堂	学生	学堂	学生	学堂	学生	学堂	学生	学堂	学生	学堂	学生
山阴县			1	71	12	438	20	563			1	30	34	1102
会稽县			4	90	11	318	12	279					27	687
萧山县					4	226	29	785	1	14			34	1025
诸暨县			6	276	6	316	3	154					15	746
余姚县			2	62	5	199	17	638					24	899
上虞县	1	44			5	213	6	205					12	462
嵊县	1	64	7	308	21	722	19	632			1	37	49	1763
新昌县			2	63	5	137	3	100					10	300
合计	3	227	22	870	69	2569	109	3356	1	14	2	67	206	7100

就上表所列数据来看，各类学堂数最多的是嵊县49所，在校学生1763人；其次学堂数、在校生数依次是山阴县、萧山县，相对较少的县份是新昌、上虞两县。值得注意的是上虞、嵊县各有中学一所。表中统计数据还显示，高小学堂数量甚少，初等教育层次较低。

从浙江全省范围来看，1907年统计的各州县新学堂数量，绍兴府总数为205所，位居全省第一，占全省学堂总数1062所的19.30%（表6-9）。由此可见清末兴学运动中，绍兴的积极作为及显著成效。

表 6 – 9　　　　　光绪三十三年（1907）浙省分府学堂统计①

地区名称	府立学堂总数	府辖县（州）数	县（州）学堂总数
合省公共	3		
两府以上公共	3		
客籍	3		
杭州府	16	9	84
嘉兴府	1	7	128
湖州府	1	6	27
宁波府	3	5	189
绍兴府	1	8	205
台州府	3	8	91
金华府	1	8	90
衢州府	9	5	50
严州府	1	6	8
温州府	1	6	120
处州府	2	10	70
定海（直隶）厅	10		
合计	58	76	1062

————————

①　材料来源：《浙江教育官报》，第 5 期（报告一）。

到 1908 年，绍兴合府共有高等小学堂 23 所，在校学生 1013 名；两等小学堂 56 所，在校学生 2296 名；初等小学堂 116 所，在校学生 4041 名；半日学堂 4 所，在校学生 106 名。其中，诸暨县有小学堂 72 所，在校学生 2812 名，学堂数和学生数居全省第二位。1909 年，绍兴各县小学堂共发展至 273 所，在校学生共 10912 名，其中诸暨县居全省各县之冠。

辛亥革命后，中国教育近代化进入一个新的历史时期。1912 年 1 月 19 日，南京临时政府教育部颁发《普通教育暂行办法》，有关小学教育的重要事项有：初等小学可以男女同校；各种教科书务合乎共和民国宗旨，清学部颁布之教科书，一律禁止使用；小学读经科一律废止；注重小学手工科；高等小学以上，体操科应注重兵式；初等小学算术科自第三学年始应兼课珠算。① 同年 9 月，又先后公布《学校系统令》和《小学校令》，其中规定：小学分初、高两等，初等四年毕业为义务教育，高等三年毕业；初等小学校由城镇乡设立之，高等小学校由县设立之；儿童达到学龄后，应受初等小学校之教育。儿童满六周岁之次日起，至满十四岁止，凡八年，为学龄期。②

上述政府公告内容表明，民初政府积极推行教育，并已开始筹备初小义务教育，推动了小学教育的发展。时人曾就小学教育状况评论说："小学为教育之基本，不特教育家亟亟谋普及，政治家亦尽力提倡之，此我国近年来之佳气象也。民国成立，国事尚在争执之秋，独小学教育骤然发达，有一校学生数倍于旧额者，一地学校十数倍于原数者，南北各省大都如此，此又我国年来之佳象也。"③

就浙江小学教育发展来看，民国元年全省初等学校 6103 所，在校生 26.23 万人，学校数与在校生数均比上年增加一倍以上；民国 2 年和 3 年，学校数分别为 6609 所、6905 所，在校生数分别为 28.79

---

① 《临时政府公报》第 4 号。
② 《教育杂志》第 4 卷第 8 号。
③ 庄俞：《小学教育现状论》，《教育杂志》第 5 卷第 3 期。

万人、29.76 万人，呈逐年增长趋势。①

民国元年（1912）上学期绍兴各地小学校数统计如下表所示。

表 6-10 　　　　　1912 年上学期绍兴各地小学校数统计②

地区	绍兴	萧山	诸暨	余姚	上虞	嵊	新昌	合计	全省
高等小学	1	1	8	2	1	6	4	23	123
两等小学	39	4	15	3	6	12	1	80	475
初等小学	88	26	148	47	40	39	25	413	2235
合计	128	31	171	52	47	57	30	516	2833

注：因部分学校未报，全省数据与实际数量有出入。

表 6-10 显示，绍兴各地小学校总数占全省的比例为 17.90%；与清末比较，民国元年上学期绍兴地区高等小学校由 1908 年的 23 所增加到 128 所，增长 557%；小学校总数达 516 所，比 1909 年的 273 所增长 89%；其中诸暨县小学教育发展最为迅速。

表 6-11 　　　　　1913 年度上学期绍兴各地小学校统计③

地区		绍兴	萧山	诸暨	余姚	上虞	嵊	新昌	合计	全省
高等小学	学校	1	1	8	2	1	6	5	24	163
	学生	218	175	840	203	142	459	308	2345	14762

①　参见《第一次中国教育年鉴》（丁编：教育统计），传记文学出版社印行，第170—173 页。据《教育周报》第 44 期统计，民国元年八月起至二年七月止，浙江全省小学校数 5362 所，在校学生 251418 人。又据《教育周报》第 47 期统计，民国元年上学期、下学期、二年上半年浙省小学校数分别为：2839 所、3225 所、5362 所，学生数分别为：119972 人、132710 人、251418 人。民国二年上半年比元年下学期增长十分迅猛。
②　《浙省民国元年上学期小学校统计表》，《教育周报》第 23 期。
③　《浙省民国二年度小学校统计表》，《教育周报》第 46 期。

续　表

地区		绍兴	萧山	诸暨	余姚	上虞	嵊	新昌	合计	全省
两等小学	学校	35	3	17	6	5	19	3	88	509
	学生 初	2573	193	841	383	427	915	110	5442	27479
	学生 高	695	109	620	121	127	316	38	2026	12481
初等小学	学校	104	32	286	103	77	54	64	720	4689
	学生	5060	1560	11556	5367	3760	2558	2860	32721	196668
合计	学校	140	36	311	111	83	79	72	832	5361
	学生	8546	2037	13857	7074	4456	4248	3316	42534	251354

与 1912 年上学期比较，1913 年度上学期绍兴地区小学教育呈跨越式发展，增长最多的为诸暨县，萧山县尚且落后。小学校数占全省的比例为 15.52%，学生数占全省学生总数的 16.92%。特别值得一提的是，诸暨县无论是小学校数，还是在校生数均居全省第一，甚至远高出省城附廓县杭县（学校数 126 所，在校生 7109 人）。[①]

在浙省范围内，教育向称发达的杭州府、宁波府小学教育发展水平远低于绍兴府。1913 年度杭州附属 8 县小学校数计 355 所，在校学生计 17046 人，分别占全省比例的 6.62% 和 6.78%；宁波附属 7 县小学校数计 579 所，在校学生计 30165 人，分别占全省比例的 10.8% 和 12%。按旧府区划，绍兴教育在全省 10 个府中位居第一，呈现出越文化中心地重视文教的一贯表现。

1915 年 7 月 31 日，北京政府教育部公布《国民学校令》，将原来

---

①　据省视学视察诸暨教育报告：绍属学务当以诸暨为最，一县有中学一所，其余高初小学校有二百余所，经费既极充足，办法亦甚完善，更有某乡高等小学招考时，学生来投致者有一百六十余人，均系初等小学毕业生，其学额不过四十名，则此校所收招新生，其成绩优秀可知矣。（《教育周报》第 2 期）

设立的初等小学校一律改称国民学校，并正式提出实施初小 4 年义务教育，规定儿童满 6—13 足岁为学龄，"学龄儿童之父母或其监护人，自儿童就学之日始期至于终期，有使之就学义务"①。遵照教育部的决定，1916 年浙省开始筹备义务教育，计划自 1916 年至 1925 年，各县乡镇应增设国民学校，以作预备，并规定了各学区应增设的学校数，但因政局动荡、地方经济衰落、教育经费无着落等原因，除兰溪等少数县外，整个计划并未完成。但全省小学教育仍有较大发展。

就初等教育发展相对滞后的新昌县而言，据 1918 年 6 月省视学报告，该县虽"地处山陬，面积偏狭，而目下学校已达一百二十所，职教员二百七十三名，入学生徒共四千五百八十四人，其中学校成绩优美颇不少，办事人员又多能刻苦从事，殊为难得"②。较之 1913 年度，学校数增加 48 所，增长 66.67%；学生数增加 1268 人，增长 38.24%。

又 1818 年 6 月，省视学对嵊县教育视导的情况如下：

> 该县知事牛阴麿颇能热心教育，教育主任王艺识学兼优，办事勤恳。县视学应治良学问宏通，人极精明，对于批评指导各节均属周至。劝学所业于前学期成立，置有所长一，所员二；所长俞之愚，所员邢钟翰、卞宝鉴对于教育进行事宜颇能悉心计划。阅报社、图书馆、讲演所业已次第成立，社会教育稍有端倪。城乡学董共有二十七人，由各区自治委员兼充；凡区内兴办学务及关于教育款产事项，均由该学董协同劝学所处理之。学务委员一项，因现在学区正在改划中，尚未组织设置。
>
> 查该县学校城镇乡各属已经成立备案者共计一百七十四所，职教员总数五百三十二人，男女生共计八千四百三十二人，除中学暨高小成年各生外，就学儿童共得八千人。合之全县学龄儿童数四万三千零八十八，约占百分之十八零十分之六。而本年度国

---

① 《大总统申令（公布国民学校令）》（1915 年 7 月 31 日教令第 31 号），《教育公报》第 2 年第 4 期，1915 年 9 月。
② 《令新昌县知事》，《浙江教育月刊》1918 年第 10 期。

民学校增设者已有五六，尚在呈请立案者又五六，可知该县学务发达，日有起色，于斯益见。且在校生徒旷课稀少，学费均能收足，并有高小每年收至十元者，足征社会信仰学校之坚，尤为难能而可贵。①

嵊县全县学校办理多属认真，形式内容日趋整齐，校数亦逐年增加。1919 年 6 月有学校 160 所（县立中学 1 所，私立乙种商校 1 所，高小校 1 所，国民兼高小校 14 所，国民校 143 所），职教员总数 736 人（内师范生 53 人），学生总数 8696 人。②

为直观显示民初绍属各县小学教育发展动态，列表如下。

表 6－12　　　　　　民初绍属各县小学教育历年统计

县份	时间	学校数	职教员数	学生数	材料来源
萧山	1919（下）	79	316	4860	《浙江教育月刊》1919 年第 12 期
	1924（上）	110	339	6018	1923 年度浙省中学教育事业统计
上虞	1915（上）	103		4582	《教育周报》第 116 期
	1920（上）	132	475	6267	《浙江教育月刊》1920 年第 4 期
	1923（上）	176	621	8596	《浙江教育月刊》1923 年第 12 期
	1924（上）	184	718	9002	1923 年度浙省中学教育事业统计

① 《浙江教育厅训令第 906 号》，《浙江教育月刊》1918 年第 9 期。
② 参见《浙江教育厅训令第 552 号》，《浙江教育月刊》1919 年第 10 期。

县份	时间	学校数	职教员数	学生数	材料来源
绍兴	1920（上）	286	1060	12324	《浙江教育月刊》1920年第7期
	1924（上）	393	1568	26697	1923年度浙省中学教育事业统计
诸暨	1913（上）	360		9670	《教育周报》第7期
	1924（上）	361	825	15104	1923年度浙省中学教育事业统计
	1925（上）	358	838	17250	《浙江教育月刊》1926年第11期
嵊	1920（上）	176	563	8717	《浙江教育月刊》1920年第4期
	1924（上）	134	462	7743	1923年度浙省中学教育事业统计
	1925（上）	120	396	7124	《浙江教育月刊》1926年第12期
余姚	1924（上）	228	695	12099	1923年度浙省中学教育事业统计
	1925（上）	254	762	13790	《浙江教育月刊》1926年第12期
新昌	1920（上）	131	384	4844	《浙江教育月刊》1920年第7期

县份	时间	学校数	职教员数	学生数	材料来源
新昌	1924（上）	140	442	5437	1923 年度浙省中学教育事业统计
	1925（上）	150	434	5660	《浙江教育月刊》1926 年第 12 期

注：1924—1925 年度嵊县统计数据可能有误。

上表显示，绍属各县民初小学教育增长迅速，其中在校生规模达万人以上的有绍兴、诸暨、余姚三县。绍兴县由以前的山阴、会稽两县合并，且为附廓县，不足为奇；难能可贵的是诸暨、余姚两县教育发展令人称道。

按 1923 年度统计数据，全省小学校数共 11192 所，在校生508997 人，校均学生 45.48 人，教职员 54310 人；绍兴各地小学校共计 1550 所，在校生 82100 人，校均学生约 52.97 人，教职员 4756 人。绍兴小学校数、在校生数、教职员数分别占浙省的比例为：13.85%、16.13%和 8.76%。学校数与在校生数占全省的比例与民初统计数据相当，绍兴初等教育一直处于全省前列。

值得注意的是，1923 年统计中的绍兴教职员占全省教职员比例偏低，表明绍兴小学校师生比甚高，内涵式发展亦走在全省之先。

由于新教育兴起时间不长，整体规模有限，虽各方信仰学校甚坚，学务日渐发达，但仍有大多儿童未能入学。1918 年嵊县学龄儿童入学率仅为 18.60%。1919 年度，新昌县学龄儿童共计 37941 人，入学儿童 4890 人，学龄儿童入学率仅为 12.89%。[①] 由此可见，民初虽经各方努力，绍兴各地初等教育发展迅速，但总体规模依然有限，学龄儿童入学率并不高（当然还有相当部分学童就读于私塾），初等义务教育任重道远。

---

① 参见《新昌县劝学所八年度学事报告》，《浙江教育月刊》1921 年第 3 期。

二 中等教育

创生于清季的近代绍兴中等教育，在很多内容上彰显了越文化务实进取、开拓创新的特质，展现了绍兴近代教育的新面貌。

（一）中学堂（校）

清末的维新变法成为绍兴中学堂创生的重要契机。绍兴地区设立中学堂，始于光绪二十三年（1897）春山阴县乡绅徐树兰捐银并筹公款创办的绍郡中西学堂，是为浙省最早的中学堂。绍郡中西学堂的创办，领绍兴乃至浙江近代教育之先，开启了浙省普通中等教育的历史。

绍郡中西学堂仿照天津北洋中西学堂的二等学堂规制办理，修业年限为 5 年，每年二月初一日至十一月三十日为在学时间，并在清明节、端午节、中秋节的节前节后各放假 5 天。学生上午习西学课程，下午习中学课程。[①]

翌年，蔡元培被聘担任学堂总理，在任期间，支持教员革新，纠正尊君卑民、重男轻女等陋习，实行分级教学，增设体操、日文、测绘、格致、化学等课程，创办图书馆，购置仪器标本。1906 年，学堂改名为绍兴府中学。[②] 但中西学堂的课程大部分还是属于文科方面的：中国文学、经书和历史。校中外国语分为英文、日文、法文三组，修业年限为五年。[③]

蔡元培总理学堂事务，招揽"极一时之选"的教员[④]，力排守旧势力的阻挠和干扰，积极推进新式教育：购置科学仪器，改革课程设置，自编教材课本，先后增设日文、体操、测绘、物理、化学等课[⑤]，

---

① 绍郡中西学堂将西学课程安排在上午时间教学，而将中学课程置于下午，在一定程度上反映了学堂重视西学学习的倾向。

② 参见章玉安《绍兴文化杂识》，中华书局 2001 年版，第 111 页。

③ 参见陈学恂主编《中国近代教育史教学参考资料》（下），人民教育出版社 1987 年版，第 336 页。

④ 参见高平叔《蔡元培年谱长编》第 1 卷，人民教育出版社 1996 年版，第 136 页。

⑤ 中西学堂的课程有：国学（包括经学或叫哲学，史学，词学或叫文学），算学（代数，几何），物理或叫理科（包括动植物学、化学等），外国语（英文，法文，日文），体操等。（参见高平叔《蔡元培年谱长编》上，人民教育出版社 1996 年版，第 147 页）

并率先引进外籍教员。在蔡元培的主持下，绍兴府中学堂经革新成为清末国内新式学堂之翘楚，在中国近代教育史上占有重要地位。①

绍兴府中学堂教室

徐树兰像

---

① 早年就读于绍郡中西学堂的蒋梦麟回忆：顾名思义，中西学堂教的不但是我国旧学，而且有西洋科学。这在中国教育史还是一种新尝试。虽然先生解释得很粗浅，我总算开始接触西方知识了。在这以前，我对西洋的认识只是限于进口的洋货。现在我那充满了神仙狐鬼的脑子，却开始与思想上的舶来品接触了。

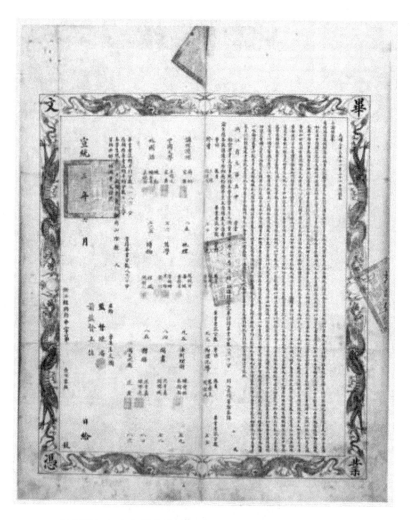

王文灏绍兴府中学堂毕业证书（有周树人等任课教师名）

光绪二十四年（1898）五月，清廷诏令"前经降旨开办京师大学堂，入学肄业者由中学小学依次而升……即将各省府厅州县现有之大小书院，一律改为兼习中学西学之学校。至于学校阶级，自应以省会之大书院为高等学，郡城之书院为中学，州县之书院为小学"①。中学教育被正式提倡，绍兴府中学堂逐渐增加，如上虞县1898年开办算

---

① 朱有瓛主编：《中国近代学制史料》第一辑（下册），第441—442页。

学馆，招生 20 人①；1902 年正月，会稽县举人陶浚宣将该县的东湖书院改办为中西兼习的东湖通艺学堂。

至 1907 年，绍兴府共有中学堂 3 所，在校生计 227 人：府中学堂，学生 116 人；上虞县中学堂，学生 44 人；嵊县中学堂 64 人（见表 6－8）。

据 1910 年调查，全省在堂中学生 2428 人（下学期）分布情况为：杭州府 300 人、嘉兴府 180 人、湖州府 140 人、宁波府 290 人、绍兴府 190 人、台州府 230 人、金华府 380 人、衢州府 180 人、严州府 96 人、温州府 290 人、处州府 150 人。② 各府中学生人数分布不均衡，表现出明显的地域差别。

就晚清中学堂的培养目标来看，《奏定学堂章程》所设置的中学堂课程规定，基于"俾毕业后不仕者从事于各项实业，进取者各高等专门学堂均有根柢为宗旨"，章程规定中学课程为：修身、读经讲经、算学、中国文学、外国语、历史、地理、博物、理化、图画、法制理财、体操，其中代表新学的课程有算学、外国文、博物、理化、图画、法制理财、体操等，教学时数约占课程总数的半数，显示了新的人才观。③

浙江辛亥光复后，原有的 11 府官立中学堂均改称省立中学校。民国元年度统计，全省中学在校生共 4395 人，其中 11 所省立中学在校生共计 2428 人（绍兴 190 人）④，其他县立、私立中学校在校生计 1967 人。

民初，浙省中学教育发展缓慢。至 1918 年度，全省中学校仅

---

① 据《蔡元培年谱长编》，1899 年 1 月 20 日：王寄顾来，知上虞开办算学馆，聘支宝枏（雯甫，嵊县人，江南高等学堂教习）为教习，学生限二十人。

② 参见《各中学堂本年上下学期学生班数并人数表》，《浙江教育官报》第 82 期，（杂录）第 149 页。

③ 如绍兴府中学堂学科科目分修身、经学、国文、英文、历史、地理、数学、博物、物理及化学、法制及经济、图画、唱歌、体操十三科。（《绍兴府中学堂章程》）

④ 11 所省立中学校校址与在校生分别为：杭州 300 人、嘉兴 180 人、吴兴县 140 人、鄞县 290 人、绍兴县 190 人、临海县 230 人、金华 380 人、衢县 180 人、建德县 96 人、永嘉县 292 人、丽水县 150 人。

23 所，在校生 5526 人。就 11 所省立中学校来看，至 1918 年度统计，除省立第六中学、第九中学不详外，共毕业学生 2980 人。其中省立第五中学（绍兴）毕业生 294 人，毕业后去向分别为：升学 80 人，留学 9 人，供职 33 人，教职员 140 人，亡故 6 人，未详 26 人。① 1918 年度省立第五中学在校生共 210 人，较上年度增加 39 人。②

1918 年底，绍兴省立第五中学有学生共计 6 班，共 240 人，其中四年级生 1 班，30 名；三年级生 1 班，38 名；二年级生 2 班，67 名；一年级生 2 班，105 名。其因事斥退或退学转学者，均不计在内，毕业者先后共 12 次，共计 394 人。③

就县立中学校来看，诸暨中学校创办于 1912 年 3 月，1913 年获得教育部核准，办学成绩显著。据《教育周报》纪闻：

> 诸暨中学校，自去年三月间开办以来，成效颇著，学科之配置，学生之成绩，均为前教育司视学员所嘉许。现由该校校长咨呈县知事转呈民政长报部，兹将教育部认可部文照录如下：查该校开办年余，既据前教育司派员视察报告，称教科尚属完备，成绩亦属可视，所呈简章亦无不合，自应准其备案，相应咨行贵民政长转行饬知可也。④

---

① 参见《浙江教育月刊》（报告）1918 年第 13 期、1919 年第 2 期。供职包括军、政、商、法各界及他项事业。

② 参见《浙江省立第五中学校民国七年度周年调查报告》，《浙江教育月刊》1920 年第 4 期。

③ 参见《浙江省立中学校办理状况报告》，《教育周报》第 219 期。学生毕业后去向为：在北京大学毕业或肄业者 17 人；在北京工业校毕业或肄业者 6 人；入法政专科者 19 人；入医学专科者 15 人；南京高师校 10 人；北京高师校 4 人；河海工程校 5 人；陆军测量校 2 人；海军军医校 1 人；留学日本早稻田大学者 1 人；东京高工者 1 人；留东预备者 6 人；毕业于日本千叶医学专门学校，现充大学病县见习生者 1 人；毕业于北京陆军医校，现充第十八师军官者 1 人；充志愿军者 2 人；充陆军参谋者 1 人；充北京青年会干事者 1 人；充银行员及其他事务员者 21 人；经商者 8 人；充小学校校长及教员者 140 人；病故者 6 人。

④ 《诸暨中学校经部核准》，《教育周报》第 12 期。

1915 年初，诸暨县立中学校学生共有二百十三人，校舍宽敞，光气皆宜，管理从严，风纪亦朴。学生成绩以国文、算学、手工为最优；教员教授状况，初三年乙级历史课稍无兴趣外，余尽周详；课外游艺种类甚多，尤为该校特色。① 可见诸暨中学校办学条件、水平、校风均值得赞扬。

民初中学发展远落后于初等教育，诸多高小毕业生无中学可读。嵊县的一则材料显示，中学校缺乏已是新教育发展的重要障碍：

> 创设县立中学校案：查嵊邑高小毕业生，仅以二年度论，已达一百四十五名之多，或以家计困难，或以年龄幼稚，欲赴杭、绍中校肄业，诸多障碍。且杭、绍各中校，每年添招一级，为数有限，即应试诸生，亦难悉数录取，是本县设立中校，刻不容缓。况查本年已办小学教员讲习所，规定一年毕业，将来该所停办，旧址易于改设，校具可以移用，则开办费较为节省，且中校各科教员，可与模范高小校酌量通融，则薪金亦不致过费，以有限之财力，造多数之学子，计无便于此者。此本案提出之理由也。②

因此，如何加快中学校的创办，以应小学毕业生继续升学之需，成为刻不容缓之事而备受关注。

值得称道的是，1922 年 8 月招生开学的上虞县私立春晖中学，首任校长经亨颐聘用了一大批名师硕彦，夏丏尊、朱自清、朱光潜、丰子恺、刘薰宇、张孟闻、范寿康等先后在此执教，实行教育革新，并积极推行"人格教育""爱的教育""感化教育""个性教育"等教育思想。蔡元培、黄炎培、胡愈之、何香凝、俞平伯、柳亚子、陈望道、张闻天、黄宾虹、叶圣陶等来此讲学、考察，推行新教育、传播新文化。1923 年 2 月，春晖学校即兼收女生，开浙省

---

① 参见《浙使饬会稽道据省视学报告诸暨县学务情形文》，《教育周刊》第 115 期。
② 《纪闻》，《教育周报》第 62 期。

中等学校男女同校之先河。学校一时声名鹊起，在中国近代教育史上颇具影响。

1923年底，浙省教育厅视学视导报告私立春晖中学：

> 校舍系新建，设备布置尚见周密，有游泳池，电机室，运动器具完备，图书仪器标本亦敷应用，教学采用学科制，每科分三组，以程度为准，不分学级。教务主任冯克书学识优裕，办事认真；教员赵益谦授体育，整齐活泼，并能引起学生兴味；刘薰宇所任之数学，练习本独多，可见平时注重学生自学。校中出有半月刊《春晖》，凡所论列均关教育重要，其中以教员作品为多，内容颇见精彩，各教员于教学之暇更能悉心研究，发为著述，实属难得。①

上述材料显示，私立春晖中学教育设施完善，教风严谨，校园文化浓郁，实不愧"北南开，南春晖"之誉。

白马湖畔的春晖中学

---

① 《浙江教育月刊》1923年第12期。

下表为 1923 年度浙省中学校分布区域、在校生数、该年毕业生数统计，从中可以看出绍兴地区中学教育在全省的位次情况。

表 6 - 13　　　　　　1923 年度浙省中学教育事业统计①

校址	校名	在校生	毕业生	校址	校名	在校生	毕业生
杭县	省立第一中学	316	55	海宁	私立愚移中学	22	—
嘉兴	省立第二中学	212	30	平湖	私立茂秀中学	20	—
吴兴	省立第三中学	150	23	吴兴	县立女师中学部	28	—
鄞	省立第四中学	142	20	鄞	私立效实中学	158	42
绍兴	省立第五中学	205	36	鄞	宁属女师中学部	70	—
临海	省立第六中学	200	80	定海	私立定海中学	209	19
金华	省立第七中学	420	109	诸暨	县立中学	178	57
衢县	省立第八中学	241	64	上虞	私立春晖中学	76	—
建德	省立第九中学	226	37	嵊	县立中学	107	13
永嘉	省立第十中学	344	72	黄岩	县立中学	112	11
丽水	省立第十一中学	271	57	黄岩	私立扶雅中学	92	22
杭县	省立女中中学	97	—	天台	私立中学	187	52
杭县	私立安定中学	404	48	东阳	县立中学	273	58
杭县	私立宗文中学	285	36	永康	公立初级中学	280	27

---

① 资料来源：《全省各中学校统计表》，浙江省教育厅编《浙江教育统计图表》（民国十二年度）。

续　表

校址	校名	在校生	毕业生	校址	校名	在校生	毕业生
杭县	私立惠兴女中	62	5	江山	私立志澄中学	34	—
杭县	私立行素女中	89	18	瑞安	公立初级中学	263	38
杭县	私立盐务中学	123	—		合计	5896	1029

注：省立中学均为综合中学（含普通与师范），表中统计只涉及普通中学。

　　1923 年度统计的 33 所中学校，其分布情况为：杭县 7 校；其余按旧府属划分，嘉兴 3 校、湖州 2 校、宁波 4 校、绍兴 4 校、台州 4 校、金华 3 校、衢州 2 校、严州 1 校、温州 2 校、处州 1 校，各旧府中学校基本设在旧府治所在附廓县。非府治所在县份设有中学校的仅定海、诸暨、上虞、嵊、黄岩、天台、东阳、永康、江山、瑞安 10 个县。全省三分之二以上的县区未有中学校之设置。

　　在非府治所在县份所设的 10 所中学中，绍兴即有诸暨、上虞、嵊 3 所。就 1923 年度统计的在校生而言，绍兴地区 4 所中学共有 566 人，占全省 5896 人的 9.60%。如考虑到杭县的省垣因素，绍兴地区学生在除杭州外的 10 个府（州）中所占比例达 13.32%。绍兴毗邻省城，学生就读杭州便利，就此而言，绍兴中学教育当处于全省中等水平。

（二）师范学堂（校）

　　清光绪二十三年（1897），盛宣怀在上海设南洋公学，内设师范院，是我国近代师范教育之始。次年孙家鼐呈请设立京师大学堂，亦分设师范斋。

　　就浙江而言，光绪二十五年（1899）绍兴中西学堂招收算术科师范生 2 名，次年又增招物理、化学、测绘、体操等科的师范生数名，毕业后充任小学堂的代理教员，是为浙省最早的师范教育。绍兴中西学堂于 1903 年在府城的蒙泉学堂址附设师范学堂，定学额名，培养初等小学堂的教习。

随着晚清各地新学兴起，造就师范实乃清末兴办新式学堂的急务之一。袁世凯在《直隶总督袁世凯奏办直隶师范学堂暨小学堂折》中有中肯的说明："窃维育才莫先于兴学，兴学莫重于得师。如师道不讲，学术即不免分歧，人才将因以败坏，此各国师范学堂之设，所以为意美法良也。中国之士，向囿于章句帖括之习，于各种新学多未讲求，自难膺教习之选。各州、县现虽筹办学堂，而教习无人，课程无定，名为设学，实仍虚应故事，造就师范诚为刻不容缓。"①

光绪二十八年年底（1903 年 1 月），张百熙奏定学堂章程，设师范馆与大学预科同等。二十九年（1903），学务大臣张百熙、荣庆、张之洞等重订学堂章程，对于师范教育计划颇为周详，除规定优级师范为培养中学及师范师资外，关于小学师资养成机关规定下列四种：一、初级师范学堂，为造就小学教师之所；二、简易师范科；三、师范传习所，二、三两类为救济小学师资之临时办法；四、实业教员讲习所，为造就实业补习普通学堂及艺徒学堂教员之所。② 至此，师范教育在制度上建立起来。

《奏定初级师范学堂章程》颁布后，兴办师范学堂渐成风气，并自成系统。浙抚张增扬在《奏创办全浙师范学堂折》中明确指出，"浙省地滨江海，风气早开，自科举奉停，公私学舍林立，然学科程度之未能合格，实由教员、管理员骤难得人。虽高等学堂向亦附设师范，并前经选派百人赴日学习，然卒业期远，既无旦夕可程之功，且人数无多，亦不足供通省教员之用。"有鉴于此，张巡抚自光绪三十年（1904）腊月到任以来，于全浙师范一事，"所由汲汲皇皇而谋其始也"，并就"其各府县师范学堂及传习所，并经通饬，广筹设立，务期数年之后，一省之教员，足以敷一省中小学堂之用，于以益宏教

---

① 《直隶总督袁世凯奏办直隶师范学堂暨小学堂折》（1902 年 8 月 11 日），引自琚鑫圭等编《中国近代教育史资料汇编·实业教育 师范教育》，上海教育出版社 1994 年版，第628—629 页。

② 参见《第一次中国教育年鉴》丙编，教育概况，第 304—305 页。

育，造就国民，用副朝廷兴学图强之至意。"①

据《浙江教育官报》第七期记载，光绪三十四年（1908）浙江省提学使司对浙江省师范教育的创办情况陈述如下：

> 窃以欲求教育进步，其第一要义必从师范入手，即经饬催各属先办初级师范学堂、师范传习所，复将旧有贡院改建全省两级师范学堂，额设优级选科二百二十三名，初级简易科三百二十八名，体操专修科一百十名，于本年四月开校。②

由此可见浙省对师范教育之重视，并提倡大力发展师范教育。绍兴府境内亦陆续开办师范学堂：山会初级师范学堂、上虞县师范传习所、嵊县师范传习所、诸暨县师范传习所、萧山师范讲习所等。其中，萧山县师范讲习所在堂生 100 人。③

为发展师范教育，宣统元年（1909）浙省颁布了《统筹全省师范教育议案》，规定了以下办法：一、每府应照章设立初级师范学堂一所，其学额暂以每府需用小学教员人数定之，限宣统二年成立。如需用小学教员较多，亦可酌地方情形量为添设。二、每府设立之初级师范学堂，一律先办二年简易科，其兼设完全科者听。三、规定初级师范学堂简易科课程。四、师范教育经费除各地方自筹不足外，应由省中拨款补助。④

据清廷颁布的《奏定任用教员章程》规定，高等小学堂教员须初级师范毕业及留学外洋寻常师范毕业，初等小学堂教员亦须经初级师范或师范传习所修业。但由于师范教育滞后，师资严重匮乏，为了加速养成小学教员，有一些地方官绅和赴日本习速成师范学成归国的留学生，发起创办初级师范学堂或师范传习所。

---

① 《浙抚张（增扬）奏创办全浙师范学堂折（光绪三十一年）》，《浙江教育官报》第 1 期，第 3—4 页。
② 《浙江省教育官报》1909 年第 7 期。
③ 参见《宣统元年下学期浙江省会城乡各学堂一览表》，《浙江教育官报》第 17 期，报告，第 107—108 页。
④ 参见《浙江教育官报》第 17 期。

宣统元年正月，浙江省咨议局议员、山阴县劝学所总董杜子榦（字海生）等发起，在绍兴府城南街原会稽县立高等小学堂旧址创办山（阴）会（稽）初级师范学堂，杜任监督。办学之初设简易科，学制两年，当年招生 40 余人开学。第二年起改设完全科，学制五年。学堂招生多为二三十岁的成年学生，生源以山阴、会稽两县为主，部分生源来自绍兴府属其他各县。①

民初，为规范与加快师范教育，教育部陆续公布《师范教育令》（1912 年 9 月）、《师范教育规程》（1912 年 12 月）、《通令各县设立小学教员讲习所》（1913 年 8 月）等法规文件。就浙江省来看，1913 年 5 月省议会通过《筹设省立师范学校决议案》，规定每一旧府各设省立师范学校 1 所。具体办法是：将两级师范学校的初级部改为省立第一师范学校；宁波、绍兴、金华、温州、处州 5 旧府属的官立师范学校一律改为省立，其余各旧府属除台州府办有旧台属女子师范学校外，有的只设有师范讲习所。② 为此，省议会于 1916 年再次议决，要求尚未设省立师范学校的各旧府于 1917 年前一律设立齐全，并将宁波、绍兴、衢州等地原有的师范讲习所并入当地省立师范学校。至此，全省有省立师范学校 11 所。

至 1922 年统计，浙省除 11 所省立师范学校外，还有旧宁属县立女子师范学校、绍兴县立女子师范学校、处属县立女子师范学校、黄岩县立师范学校、吴兴县私立民德保婴简易师范学校。此外，不少县陆续举办有师范讲习所或传习所。③

就基础教育所需教师来看，按照浙省规定国民学校增设年限办法，应增至校约 1 万余所，以多级单级平均计算，每所约需教员 3 人，合应造成教员 3 万余人。前项国民学校限定 10 年设齐，则所需教员亦应于 10 年内次第造就，以应需要。就年限分年均计，每年需添造就 3 千余人，加以已设 6300 余校原有教员将来施行检定后有无

① 参见章玉安《绍兴文化杂识》，中华书局 2001 年版，第 123—124 页。
② 《筹设省立师范学校决议案》，《教育周报》第 10 期，第 27 页。
③ 浙江省教育志编纂委员会：《浙江省教育志》，浙江大学出版社 2004 年版，第 582 页。

淘汰，亟宜按照实际每年应需数目，分年造就，方可供求相应，无
碍于义务教育之筹备。① 至 1922 年调查统计，浙江师范学校共计 19
所，在校学生 3039 人②，此一师范在校生规模，虽已达宣统二年在校
生规模（1691 人）的 1.8 倍，但距浙省国民学校发展之需求相差
甚远。

表 6-14　　　　　　1923 年度浙省师范教育事业统计③

校址	校名	在校生	毕业生	校址	校名	在校生	毕业生
杭县	省立第一中学	289	41	嘉兴	县立女子师范	144	15
嘉兴	省立第二中学	145	14	崇德	县立师范讲习所	21	5
吴兴	省立第三中学	183	26	吴兴	县立女子师范	77	11
鄞县	省立第四中学	191	27	鄞县	宁属女子师范	44	8
绍兴	省立第五中学	193	36	绍兴	县立女子师范	87	7
临海	省立第六中学	136	25	临海	县立女子师范	41	—
金华	省立第七中学	301	68	兰溪	县立师范讲习所	44	4
衢县	省立第八中学	209	30	永康	公立女子师范讲习科	11	—
建德	省立第九中学	184	35	武义	县立师范讲习科	40	—
永嘉	省立第十中学	227	53	开化	县立师范讲习科	40	39
丽水	省立第十一中学	311	56	淳安	私立峡石师范讲习科	50	—

---

① 参见《全国教育行政会议各省区报告汇录（节录）（1916 年 11 月）》，引自琚鑫圭
等编《中国近代教育史资料汇编·实业教育 师范教育》，上海教育出版社 1994 年版，第
890—891 页。

② 参见陈翊林《最近三十年的中国教育史》，上海太平洋书店 1931 年版，第 316—317 页。

③ 资料来源：《全省各中学校统计表》，浙江省教育厅编《浙江教育统计图表》（民国
十二年度）。

续　表

校址	校名	在校生	毕业生	校址	校名	在校生	毕业生
杭县	省立女中中学	285	40	永嘉	温属县立女子师范	—	—
杭县	私立体育师范	87	23	丽水	县立女子师范学校	32	——
					合计	3372	563

注：省立中学均为综合中学（含普通与师范），表中统计只涉及师范。

表 6－14 显示，1923 年度浙江省立 12 所中学高中师范科学生共计 2654 人，绍兴 193 人；其他县立、私立师范（讲习所、讲习科）14 所，分布于全省 14 个县市，在校学生共 718 人，其中绍兴县立女子师范学校 87 人；该年度全省各类师范毕业生 563 人，其中绍兴地区毕业生 43 人。

下表为根据朱章宝《各县教育调查记》整理的若干县份教员资格统计。

表 6－15　　民初浙省若干县份教员出身统计（占总数百分比）①

县份	统计时间	教员总数	师范毕业	中学毕业	高等小学毕业	其他学校毕业	未入学
建德	1916. 11	220	0%	5%	16%	45%	34%
龙游	1916. 11	259	2%	6%	27%	21%	44%
江山	1916. 11	348	3%	3%	13%	25%	56%
开化	1916. 11	80	3%	3%	36%	41%	20%

① 资料来源：朱章宝《各县教育调查记》（1916 年 11 月至 1917 年 1 月），《教育周报》第 158、159、160、162、168 期；《各县教育状况报告书》，《浙江教育月刊》1918 年第 7、9、10 期，1919 年第 10、12 期。

续　表

县份	统计时间	教员总数	师范毕业	中学毕业	高等小学毕业	其他学校毕业	未入学
遂安	1916.12	196	15%弱	各类学校毕业占34%弱			45%弱
淳安	1917.1	226	2%弱	5%弱	18%强	34%强	41%强
寿昌	1917.1	38	5%	8%	18%	51%	18%
吴兴	1918.5	392	21.9%	13.3%	64.8%未有教员资格		
鄞县	1918.5	721	30%	30%	20%		20%
临海	1918.9	338	22%	8%	5%	25%	40%
余杭	1918.10	109	32%	7.3%	12.8%		47.9%
临安	1918.10	112	21.4%	3.6%	32%		43%
新登	1918.10	141	5.7%	4.3%	90%高小毕业及未有资格		
平阳	1919.10	578	8.7%				
嵊县	1919.10	736	7.2%				
乐清	1919.10	460	11.7%				
萧山	1919.12	316	9.5%	9.5%			
奉化	1923.10	373	15%				

注：师范毕业包括师范、简易师范、师范讲习所毕业生。

上表显示，调查的多数县份教师毕业于师范学校者少，其程度"多不合格，校长多不谙教育，不任教科"。1919年10月统计的绍兴地区嵊、萧山两县小学教师中师范毕业者仅占7.2%与9.5%，而位于浙西南山区的县份，如建德、龙游、江山、开化、新登、寿昌等县教员出身于师范毕业者比例更低；相比较而言，经济较为发达、交通便利的县份，如鄞、临海、余杭、吴兴等，师范出身的比例较高，然教师出身不合格者亦占大多数。

以上统计数据表明，20世纪20年代绍兴与全省相似，师范教育规模有限，且大多地区未设立师范教育机构，师范教育严重滞后于基础教育的需要，制约了基础教育的发展。[①] 据1926年度统计，浙省小学师资师范毕业出身者仅占小学教员总数26956人的19.44%。[②]

（三）军事与法政学堂

在近代绍兴教育史上最能体现越文化"剑胆"精神的学堂是大通学堂（全称大通师范学堂），1905年由徐锡麟、陶成章等绍兴籍光复会成员创办，作为光复会在浙江的大本营与活动基地。

大通学堂位于绍兴市城内卧龙山北，"唯武事学校，非私人所许立，遂议设师范学堂，命名大通。校址在绍兴古贡院前，以山会两邑豫仓为校舍，名为师范，但不授教育学科，而以军事训练为中心。其所以如此命名者，恐引起当时官吏之疑，而以此掩护而已"[③]。学堂巧妙地利用政府鼓励兴办教育的需求，而邀大量会党进校受训，是军事人才培训基地。

> 锡麟开办大通学校之本意，原为劫钱庄助军需之匿伏藏获处所，嗣以同志中无通驾驶术者，遂罢其事。锡麟又欲于开学之日集绍兴城大小清吏尽杀之，因以起义请成章告各府党人同时相应，成章以浙江非冲要地，欲在浙江起事，非先上通安徽，并以暗杀扰乱南京不可。因力劝之而止，成章主议改成师范学校，设体操专修科，不论其为何府县人，皆可入学，六月毕业，然后各归本乡倡办团练。……成章、宝栓、熊祥等遂遍游诸暨、永康、

① 参见《各县教育调查记（1916年11月调查）》，《教育周报》第158期。
② 参见赵欲仁《我对于浙省办理师范教育的两种主张》，《浙江教育行政周刊》第2卷第46期。
③ 政协绍兴县文史资料委员会：《绍兴文史资料选辑》第2辑，1984年，第90页。

缙云、金华、富阳各县，邀诸会党头目至大通学校习兵操，于是金、处、绍各府之会党来学者，络绎不绝。成章乃又厘定规约数条，凡本学堂卒业者，即受该校办事人之节制，本学校学生咸为光复会会员，凡党人来者仅习兵式体操专修科，均以六月毕业，文凭由绍兴府发给，面上盖有绍兴府及山阴、会稽两县印，又盖大通学校图章于末，并于背面记以秘密暗号。其开学及卒业时，悉请本城官吏及有名绅士到校行开学及卒业式，设宴缫之礼，官绅学生同照一相，送府县及各学校留念。凡所以挟制官场、士绅、学界之法，无不详细周到。①

1907 年，秋瑾接替陶成章、徐锡麟，被推荐为大通学堂督办，管理大通学堂事务。

秋瑾接管大通学堂后，设立体育会，并有意招收女学生。体育教育的兴起，尤其是女子体育教育的创生，对于近代教育的发展意义重大。

陶成章　　　　　　徐锡麟　　　　　　秋瑾

大通学堂每期培训期限为 6 个月，学员来自绍兴、金华、处州等府及属县，多系光复会骨干成员。学员仿照陆军编制，生活军事化，

---

①　政协绍兴县文史资料委员会：《绍兴文史资料选辑》第 6 辑，1987 年，第 114—115 页。

起床、熄灯、上课、下课均使用军号；每天三操四讲堂，兵式体操在城郊大校场操练，操练时穿操衣队列出入，遇雨雪天气则在膳厅上课，训练击枪，或者在四周回廊跑步。学堂课程除了开设国文、外文、算数、历史、舆地、理化、博物、教育、伦理、琴歌、图画等文化课程外，体育科占突出地位。特别重视军事体育，开展器械体操、兵士体操等，此外还有登山、泅水、军号、夜行等训练项目，并进行真枪实弹的军事演习，对学员进行严格的军事训练。据大通学堂学员后来回忆：

> 同学中水乡人少，山乡人多。奉、诸、新、嵊的同学说一是一，说二是二，大有"瘠土之民好义"的风气。起床、熄灯、上课、下课都用步号，清晰可听。催起号角一鸣，立即把被褥捆好。鞋子一律放在门外，不得在室内穿脱。除星期日外，每天第一课起，三课兵式体操，要跑到几里路外的大校场去操练。有时朝露未干，青草没胫，教师喊五百、六百米卧倒、预备放，学生们不问马尿牛粪，毫不犹豫地卧倒下去，并假想敌人在前，眼亮手准地动作起来。遇到大雨就在饭厅上操击枪柔软或在走廊四周做跑步。我们所用的枪，是从俄国买来的老毛瑟后膛枪，分量是很重的，所以操击枪柔软最累人。左手把枪托在手上，伸直作瞄准状。教师不喊放，当然不许缩转来，手臂酸得不得了。还有跑步，开步大不行，小也不行；慢不行，快也不行。教师说一分钟走多少步等于几里，要这样作战时才有用，这两项课程最吃不消。此外，还有星期一、三、五的一小时器械体操，有很高的天桥，极长的溜木和平台、铁杠、木马、秋千、铁环、跳远等种种设备应有尽有。我从小多病，这样一二个月以后，身体反而练得强壮起来了。教师很认真严厉，譬如开步走走得不好，他就用指挥刀（未开刃的）敲你的腿。夜间行军，你爬不上山，他就把你一推；泅河，你不敢下水，他也把你一推。[1]

---

[1]　绍兴市档案馆编：《绍兴与辛亥革命》，凤凰出版社 2011 年版，第 169 页。

上述材料显示，大通学堂实为一所新式军事训练学校，以培养"光复汉室"之军事人才为目标。在清季兴学运动中，由民间力量创办军事训练学堂，且由女士任学堂督办，这在中国教育史上是破天荒的大事。

在近代中国教育史上，一个地区能以"一会、一堂、一女侠"而影响中国历史进程者，唯绍兴矣！正是卧薪尝胆、务实经事、稽山鉴水的越文化才能蕴育尚武、尚公、尚实的大通学堂精神，使得越文化能推陈出新，使绍兴教育彪炳中国教育史册。

清季科举制的废除，使众多传统士子失去了安身立命的凭藉；晚清的新政改革，社会呼唤更多有别于传统读书人的新式人才，特别是"立宪政治"的需要，催生了清季各地法政学堂的创生。

宣统元年（1909），会稽举人陶濬宣有感于"国兴于治，治端于学；非自强不足为国，非育才不足自强"，独力捐资创办东湖通艺学堂，不久改名为绍兴私立法政学堂，校址若山麓、东湖之滨，并亲自担任学堂监督，是为近代中国最早出现的两所私立法政学堂之一（另一所在宁波）。

宣统二年（1910）三月，学堂正式创立。创办三年时间，即有在校学生114名，教职员13名，学生中有讲习科学生50名，别科学生64名。课程设置重视基础理论及其实用性，各学年先后开设世界近代史、政治地理、政治史、统计学、财政学（岁入、公债）、财务行政、人伦道德教育等课。学校办学6年，累计毕业生167名，其中讲习科103名、别科64名。

讲习科学生大多来自绍兴府属八县廪贡诸生，别科学生则来自绍兴、衢州、金华、台州、湖州、嘉兴等府及其所属各县，多系已入仕人员及廪贡诸生。① 法政讲习科学制一年半，教授有关法律、政治及经济裁判之学，并授国文课。学生在教员指导下学习和进一步研读法政知识，然后到各官厅实习，俾熟悉官厅日行公事。

据蔡元培《日记》（1911年4月23日）载：得陶濬宣函，属觅寄政治法律方面的图片。陶时在绍兴创办龙山法政大学。四月十一日（5.9）觅得德帝国议院及法院图片各一张，交邮寄陶。② 可见，绍兴私立法政学堂已具新学之性质，而非旧式官僚养成所。

绍兴法政学堂的开设，呼应了龚自珍"我劝天公重抖擞，不拘一格降人才"的时代呼唤，是绍兴历史上科举入仕与"师爷"养成之传统教育转向现代"治国理政"人才培养的新陈代谢之举。

---

① 参见章玉安《绍兴文化杂识》，中华书局2001年版，第121页。
② 引自高平叔《蔡元培年谱长编》（上），人民教育出版社1996年版，第379页。

三　女子教育

近代较早接受欧风美雨洗礼、得风气之先的绍兴士人对传统社会残害与压迫妇女的状况予以深刻的揭露和批判，积极提倡女子教育，兴办女学。

经元善（上虞人），于 1898 年 5 月在上海创办了中国第一所国人自办的女学——上海女学堂（又称经正女塾），积极倡言兴办女学，在《劝女子读书说》文中指出："迄于今日，民志日愚，国势日蹙，以欧美相比例，亦可以憬然悟矣。然而持是说也，疑者多，信者少，或目笑而心非之，甚至力排而痛辟之。……至于女子，惟知洞其耳、楛其足、涂饰其面目，一若仅供天地间玩好之用。……天下者，家之积，家者，夫妇之积。吾未见家道不正，天下可得而治也。世徒知男子不读书为无学，不可以齐家，而乌知女子关系为尤重耶？世之为是言者多矣。余特为此浅显之说，举其涉于世道人心之大者，著于篇，知言君子，当不以为河汉也。"[1] 1902 年，蔡元培在上海创办爱国女校，把妇女看成是一支重要的革命力量，其教育活动在近代女子教育史上影响巨大。

另一位绍兴籍人士——鉴湖女侠秋瑾，留日期间曾发表《敬告中国二万万女同胞书》，抗议中国妇女地位之不平等，主张放足，求学自立，摆脱奴隶地位；回国后创办《中国女报》，谋唤起中国女同胞的自觉，其言论与实践在当时的绍兴乃至全国都具有振聋发聩、惊世骇俗的巨大意义。此外，由浙江留日学生创办、1903 年创刊的《浙江潮》，积极承担输入新学、唤醒浙人的历史使命，在"学术"门类开辟女学及儿童教育专门栏目，并用白话文向浙江父老介绍新妇女观及提倡女学，发挥了较大的启蒙作用。[2]

这里需要说明的是晚清报刊所宣传的新思想、新观念对绍兴民众

---

[1]　经元善：《劝女子读书说》，《居易初集》卷三，上海同文社铅印本 1903 年版，第 39—40 页。

[2]　《浙江潮·发刊词》。

启蒙的影响。绍兴是晚清妇女报刊的主要发行区域之一①，特别是《女报》②《女学报》③《女子世界》④ 等妇女报刊对女性观念变革的直接影响，有利于开通风气，使女学渐兴。

清末绍兴妇女运动以及女子教育的实践能走在全国的前列，都与这些舆论宣传所带来的观念变革密切相关。我们可以从嵊县爱华女学的创办中，看出女子接受教育的舆论先导与观念革新带来的深刻影响。

关于嵊县发起创设女学的缘由，《嵊县爱华女学校启》指出⑤："立乎今日以观中国之现状，英炽于西，法强于南，俄雄于北，德、日逼于东。以我亚洲数千年来开化最早、最有荣誉之堂堂中国，今为海外向不通聘使之新造诸国所欺压、所侵夺，且有瓜分在即之势。推其原因，将以咎君主欤？咎政府欤？咎官吏欤？仰咎同胞二万万奴性劣种之男子欤？吾以为皆非是，当归咎于同胞二万万之女子。盖女子有可贵者三：爱情真挚，不顾利害，足以策励男子之敢为，一也；体魄健全，诞育子女，备他日国民之一分子，二也；知识开通，导养幼稚，令他日能尽国民之天职，三也。有是三者，社会以成立，国家以强盛，得不谓女子之功哉？"将创办女学与"爱我中华"、保国保种联系起来。

然而，面对中国社会的积贫积弱、现实生活中妇女的处境，《嵊县爱华女学校启》则痛心疾首："然以视乎今日之中国，社会如此其腐败也，国家如此其衰弱也，暗侵明夺，且将为波兰、印度之绩。功既当归于女子，则吾中国现象之衰弱，将来之灭亡，其咎不

---

① 就晚清妇女期刊影响最大的《女子世界》的发行来看，其发行区域主要在江浙。如第一期刊出的分售处共33家，其中浙江即有杭州、宁波、绍兴各一家；第五期分售处共48家，江苏、浙江两地即占了32家，仅杭州白话报馆与杭州蚕学馆就各订有10份。参见夏晓虹《晚清女性与近代中国》，北京大学出版社2004年版，第69—70页；《女子世界》第7期，封底页。

② 1902年创刊于上海，由陈撷芬主办，1903年2月，改名为《女学报》。

③ 中国女学会主办，1898年创刊。

④ 《女子世界》1904年1月17日在上海出版发行，共出版十七期。该刊是除校刊与日报外，历时最久（1904—1906）、册数最多、内容最丰富的晚清妇女报刊。

⑤ 《嵊县爱华女学校章程》，浙江图书馆藏。

归之同胞二万万之女子将谁归？所以致此者，则女子无学之过也。夫既同为动物之灵，同其圆颅，同其方趾，同有气血，同有神经，即当同就学问，同担责任，同享权利。令二万万女子无学问，无责任、无权利，惟奄奄生息于两重压制之下，卒之社会与国家反被其无形之大害。虽系女子陶熔于习惯之奴隶性不知振作之故，然同胞二万万男子，故不得不同任其咎也。试验我中国现今之妇女，洞其耳，裹其足，涂饰其面目，不得与学界，不得与事界，总以为女子无才便是德一语了之。以故体质则柳孱花娇，知识则愁红怨绿。即偶有读书识字者，不过涉猎荒淫小说，以作闺中消遣。其尤甚者，自恃女流，撒痴放懒，转得种种野蛮自由权。虽其间不无一二淑女贤媛，大概以若此类居多。如是者，安望其能策励男子？安望其能诞育壮健之国民？安望其能施适宜之家庭教育？社会安得不腐败？国家安得不衰弱？"

最后《嵊县爱华女学校启》强烈呼吁，惟有兴女学才能强国、保种："然则我中国同胞兄弟，苟欲谋所以挽救之道，必自广兴女学始！女学不兴，虽学校遍地，无益也。吾嵊风气初开，游学他方者颇不乏，城乡学堂亦渐次林立，而女学犹阙如。用是纠集同志，创兴爱华女学校。我邑人士，其有感于斯言，涕泪悲泣，奋起鼓舞，以襄兹盛举者乎。庶几慷慨佽助，俾垂永久。我邑幸甚！种族幸甚！"① 唯有觉醒，方能振作；民族自救，源自兴学。只有女学振兴，才能保种强国，逐渐成为一种新的社会思潮。

1903 至 1907 年，浙省各地相继开办了一批女学堂，影响较大的有嘉兴爱国女学社（1903）、杭州贞文女学（1904 年 6 月，后改名惠兴女学）、绍兴明道女子学校（1904）、台州黄岩女学校（1904 年 8 月）、嵊县爱华女学校（1905）、温州平阳毓秀女学堂（1905）、杭州工艺女学堂（1905）、吴兴女子公学（1906）等。这些率先开办的女

---

① 《嵊县爱华女学校章程》，浙江图书馆藏。

学堂，舆论界与新闻媒体争相对其宣传报道①，在当时的社会环境下，无疑具有振聋发聩的历史意义与现实的榜样作用。

至光绪三十三年（1907），浙江全省已陆续开办 32 所女子学堂，就学女生 995 人。②

表 6 - 16 　　　　光绪三十三年（1907）浙省女学堂统计③

地方	女学堂	学生数	地方	女学堂	学生数
合省公共	1	137	嵊县	1	37
杭州府	1	59	金华县	1	30
仁和县	1	49	瑞安县	3	95
海宁州	2	42	乐清县	4	83
秀水县	2	63	平阳县	2	40
宁波府	1	37	青田县	2	47
鄞县	1	26	松阳县	1	47
慈溪县	2	41	遂昌县	2	25
奉化县	1	43	云和县	3	64
山阴县	1	30	总计	32	995

---

① 仅 1905 年 4 月出版的《女子世界》第十二期记载的浙省新开办的女学堂就有：（1）王君梅伯，于城东（杭州）蒙塾附近，创设女学，已有学生报名。嗣以经费不支，改归孙某办理，现已开校矣。（2）嘉兴某女士，在北门内（嘉兴城）丁家桥北首，租赁房屋，设立女学馆，专收女学生，教以书算史地闺范等学。（3）石门自去年春间，由韩君靖庵，商同本邑绅士，创立文明女塾，延请吕筠青女士教授各课，风气渐开，向学日众。（4）绍兴万安坊之明道女学堂，前由王君等投呈学务处，现经批准，转饬绍兴府行县，立案提倡，量为资助矣。参见《女子世界》第 12 期，第 82—83 页。

② 光绪三十三年（1907）浙省普通学堂总数为 1120 所，学生总计 39285 人，女学堂约占学堂总数的 3%，女学生约占学生总数的 2.6%。材料来源：《浙江教育官报》，第 5 期（报告一）。

③ 材料来源：《浙江教育官报》，第 5 期（报告一）。

表 6 - 16 显示，至光绪三十三年（1907），浙省 76 个行政县（州）中已开办女学的为 16 个，占 21%。这 16 个县（州）主要集中在杭州府、宁波府、嘉兴府、绍兴府、温州府、处州府；而湖州、台州、衢州、严州四府及辖县则无女学开办。[①]

就绍兴府女学创办而言，1903 年，徐锡麟、王子余等率先创办绍兴私立明道女子小学堂，开绍兴女子学校之先河。1905 年，乡绅谢飞麟在嵊县冯筱村女塾基础上创办爱华女子学堂；晚清新学发达的诸暨，斯宅女子学堂和毓秀女子学堂先后并起。以后，嵊县又举办永贞、长乐、造英女子学堂和成坤、尚志女子初等小学堂[②]；新昌创办私立振闺女子初等小学堂；上虞创办萝峰女子学堂。山阴热诚小学堂、嵊县大同小学堂创办伊始，则率先实行男女同校。

民初，社会风气渐开，兴办女学更胜于前，各地多有热心人士襄举，巾帼亦不让须眉。如《教育周报》纪闻载：

> 诸暨女界之热心：诸暨女学素称幼稚，半由提倡乏人，半由闺阃束缚。近有吴兰芬女士，有感于斯，特于日前邀集同志魏芝湘、张品芳、茅家骏、周琴仙诸女士，组成一女界进化社。其宗旨专以破除娇法之惯习，促进生活之程度。本月一号，在莘女士家开谈话会，首由吴女士宣布本社宗旨，以宣讲为入手办法；次由张女士演说提倡女学，为当今要图，其说言明晰，闻者莫不鼓掌。是日到会者，约共三十余人，当是报名入社者，亦甚踊跃云。[③]

> 创办女学之可风：嵊县东乡虽系山僻，学务尚称发达，高初小学校已有二十余所，惟女校尚未创办，兹闻该乡棠溪庄东明学校校长吴化南君，顾全女学，于本年春间，邀集同事吴守和等十余人，各捐私囊，在该庄设立女校一所，命名秀明女子初等小学

---

① 说明：此表统计恐有遗漏，如湖州府吴兴女子公学（1906 年创办）、衢州淑德女子两等小学堂（1906 年创办）、龙游区立培坤女子两等小学堂（1906 年创办）未统计在内。台州府黄岩女学校（1904 年创办）也未统计在内，该校有可能后来停办。

② 蔡元培曾赞赏"嵊县风气，较之山阴、会稽为开化矣"。（高平叔《蔡元培年谱长编》上，第 174 页。）

③ 《教育周报》第 6 期。

校，一切规模悉遵新制，业已呈准该管县署立案，开校授课矣。①

嵊县爱华女学开办数年后成绩显著，获得赞誉。下面为一则"参观嵊县爱华女校游艺会记"，从中我们既可以领略游艺会的盛况，又可感知爱华女学的办学成果与实践。

进见国旗招展，灿烂夺目，洋洋音乐，喧阗盈耳，莘莘学子，摩肩接踵，极一时之盛焉。后经招待导至陈列室，书文齐攒，绣绘咸集，既幽既雅，亦精亦致。观者叹羡不已。复经招待导至游艺场，场中布置井然，座分男女。甫入座，已振铃开会，顺次进行。统计二十三节。第一节迎宾歌（全体）。第二节开会辞，由该校校长潘女士致词，略谓本校今日之所以开游艺会非矜能也，实自励也，亦正请教参观诸君也，深望参观诸君教之云。第三节开会歌（高小部）。第四节风琴独奏（教员孙瑞芳女士），音韵悠扬，引人入胜。第五节校歌（全体）。第六节修身谭（楼彩云），演讲持身之节，应物之理，服饰之华朴，饮食之丰啬。词颇肯切，听者为之动容。第七节国文谭（陈桂□），演讲妇女读书不读书，关系家政问题，理浅词切。第八节演算术（尹桂英、王元贞、卢萃熙）合演珠算笔算，互相纠正，说理圆通。第九节哑铃体操（高小部），圆圆相击，其声橐橐。第十节家事谭（沈希仙），略讲财产之掌管，经济之出入，教育子女应酬亲戚。彼女学童侃侃而谈，锁琐无遗，令人钦佩。第十一节图画（张菊英），画牡丹一朵，花中之蕊，瓣下之萼，无不尽合，阴淡阳明，深得画理。第十二节游戏，对向舞，（高小部）丰姿婀娜，临风蹁跹，若蝴蝶飞舞，观者起兴。第十三节历史谭（吴一清），略说历史是后世人的龟鉴，使后世人择善而从，为善流芳百世，为恶遗臭万年。知恶不可为，善不可不为也。第十四节手工实习（喻秀颖），用绒线扎花，精细有美术观。第十五节地理谭（丁菊

① 《教育周报》第 43 期。

生），演讲妇女应研究地理学之理由，荦荦数大端，听者韪之。第十六节徒手体操（国民部），儿女身手，壮士雄风，奋发可观。第十七节理科试验（李月仙、谢金燕），试验发火之原因，灭火之理由，颇有幻术气息。故学理虽浅，亦足动听。第十八节游戏，跳绳（国民部），精神活泼，翩翩自得，颇有乐不思蜀之概。第十九节缝纫实习（丁桂美），试裁小儿衣，略述缝纫大旨。第二十节烹饪实习（沈希仙），用烹饪机炒三鸡，观其调和顺序，堪主中馈。第二十一节长官演说，县知事牛荫麟，演说女校教育，切资实用。第二十二节来宾演说，县中校校长周志由、耆绅茹六泉，相继演说，末为女宾范照林演说，大旨俱赞校长之热心，教者之尽职，并勉励学生，及喻导在座女宾，仿而行之，庶补益社会不鲜云云。第二十三节谢宾歌（高小部）。……①

爱华女校游艺会学生的各种才艺表演，显示了该校办学水平之高、学生素质之全面发展。嵊县爱华女校以"自励"与"请教参观诸君"为目的而召开的游艺会，向社会展示了教学成果，获得各界对学校办学成绩的充分肯定，扩大了社会影响，起到了示范作用。

就女子中学校创办而言，浙省之最先实践者为私立绍兴成章女子中学校。成章女子中学校于民国元年（1912）开办，嗣因经费奇绌，不得已停办中学，仅办小学。至民国七年（1918），暑假前高小毕业生，"以师范非所愿就，远出甚不便，全体求校董，恢复中学，庶不使求学失所。嗣经该校董孙德卿、屠柏心、张哲甫等诸君议决，准于下学期开设中学班，以继往时创办中学之志。……又因校舍不敷，并拟筹款建筑中进洋房。兹悉该校中学班已于本月十一号开课，教科教授均甚完备云"②。该年恢复之成章女子中学校，"现有学生已达二十名，管教训练，均有可观"③。

---

①　《参观嵊县爱华女校游艺会记》，《教育周报》第169期。
②　《成章女校添设中学班》，《教育周报》第217期。
③　《绍县七年教育状况》，《教育周报》第229期。

民初，在兴学背景下，女子师范教育受到重视。据 1914 年调查，浙省女子师范学校有省立女子师范、县立嘉兴女子师范、旧宁属县立女子师范、绍兴明道女子师范①，以及永康女子师范讲习所。就具体情形而言，"惟省立一所较完善，吴兴、绍兴、鄞县、永康等县所私立，得有省税之补助，或可望逐渐改良。就目前论，则不逮省城甚远"②。这说明，民国后最初几年中浙省女子师范教育，由于受到经济状况的制约而不甚景气，落后于社会的需要。

1922 年新学制在浙省实施后，浙江女子中学教育发展步伐加快，公立女子中学校开始创建。表 6 – 17 为 1923 学年度浙省女子中学校学事统计表。

表 6 – 17 　　　　　　　1923 年浙省女子中学校学事统计③

设立城区	校名	班数	学生数	毕业生数	辍学生数	教员数	职员数
杭县	省立女子中学（中学部）	3	97	——	——		
	（师范部）	7	285	40	24	——	——
	（总计）	10	382	40	24	36	12
杭县	私立惠兴女中	2	62	5	11	3	——
杭县	私立行素女中	——	89	18	10	10	3
嘉兴	县立女子师范	——	114	15	2	15	3
吴兴	县立女子师范（中学部）	1	28	——	1	9	4
	（师范部）	3	77	11	2	14	4
	（总计）	4	105	11	3	23	8

---

① 参见《中学以上公私立学校一览》，《教育周报》第 77 期。

② 何绍韩：《浙江教育之缺点及其改良方法》，《教育周报》第 39 期。

③ 材料来源：《全省各中学校统计表》，浙江教育厅编《浙江教育统计图表》，民国十二年度。

续　表

设立城区	校名	班数	学生数	毕业生数	辍学生数	教员数	职员数
鄞县	宁属女子师范（中学部）	2	70	—	9	—	—
	（师范部）	3	44	8	6	—	—
	（总计）	5	114	8	15	—	—
绍兴	县立女子师范	5	87	7	5	20	5
临海	县立女子师范	—	41	—	—	4	1
永康	公立女子师范讲习所	1	11	—	—	11	1
永嘉	温属县立女子师范	—	—	—	—	—	—
丽水	县立女子师范学校	—	32	—	2	2	2

上表显示，至 1923 学年度，浙省有私立女子中学两所，在读学生 151 人，毕业生 23 人；省立女子中学一所，其中中学部在读学生 97 人；附设中学班之县立女子师范两所，中学生部在读学生 98 人。以上三类学校所招收的学生均为初中生。该学年浙省在读女子中学生，共计 346 人，毕业生共计 23 人。

综合而言，民初绍兴女子教育渐兴，社会已广泛认可女子接受学校教育，初等教育逐渐实现了男女同学，但女子中等教育规模依然狭小，受教女子有限。

四　捐资兴学与社会教育

新教育的发展，除政府努力外，还得益于民间力量的积极参与。有志于新式教育的士绅、普通民众捐资兴学，积极贡献于新教育的发展。《浙江教育官报》民间捐资兴学记载：

浙省教育经费不充，由官款拨给者尤居少数，其各属设立大小各校得以岁有增加者，每由绅民热心捐助，尝有一校经费或一个独任或数人分任，又或一个慨捐巨资分饷数校，以及捐助田亩房屋之类亦所在多有。据宣统元年浙省教育统计，乐捐一项多至二十三万二千一百九十一元，其曾经报司请奖之案，截至元年下学期止共一百六十二起，所捐资产共约银四十余万两。①

　　绍兴自古即有兴学传统，士绅多有殚精竭虑谋与其事者。《杭州白话报》中记载了绍兴绅士出资办学的情况：

　　　　会稽陶家堰地方，有一位姓陶的绅士，名濬宣，表字心云，别号稷山，真是当今数一数二、天下闻名。大家只知道他是一位写好字先生，谁知很轻财仗义，很热心爱国。在绍兴乌门山东湖，独立创办一所通艺学堂，造房屋、买器具、买书籍，足足用去一万多金。②

　　又据《教育周报》载：

　　　　金月如、金六皆、金介人系同胞弟兄，曾于前清光绪宣统年间，同出巨资，购买浙路股票计洋一万四千元，以六千五百元捐入县立高等小学校，七千五百元捐入稽东镇立第一两等小学校，作为基本金，洵属急公好义，足以昭示来兹。③

　　更有毁家兴学，为国造材，可歌可泣之乡绅：

　　　　（诸暨）私立乐安高等小学校，学生共一百十三人……该校成立之期，已届十载，不收学费，经济不取公家，岁出二千三百余元，十载以来，均由邑绅孙诵落捐赀。该绅毁家兴学，为国造

---

① 《浙江教育官报》第60期。
② 《杭州白话报》第六册。
③ 《请予褒扬》，《教育周报》第80期。

材，诚为难得。①

还有巾帼不让须眉之女性捐赠人，热心于新学之事业：

> 萧山沈施氏因夫故无嗣，将所遗花地四十五亩，值洋一千三百余元，慨捐鱼庄小学，作为常年经费，似此热心兴学，出于巾帼之中，尤为难能可贵，应准给予兴学尚义匾额，以示殊异而资鼓励。②

> 萧山诚明女学校，自王又梯女士告退后，由马孝媛女士继任校长，改设两等，添聘教员，经费概由女士私款开支，成绩颇称优美。去年下学期后，因独力难支，拟即停办，旋经各界敦劝，女士勉为维持，该女士办学热心，慨然允诺。本年开校，所聘教员，学问优长，教授循循合法，各女生极为信服云。③

民初，各级政府鼓励民间捐资兴学，并根据捐资数目颁发荣誉奖章。据1920年《浙江教育月刊》载绍兴民间捐资兴学情况：

> 捐资兴学褒奖一案，叠费本所调查，分别呈奖人员列入六年度学事年报者共十人。本年度复经本所各职员随时确切调查，计查得邵荫棠捐入沥海乡私立国民校银二千五十九元；金南捐入东关乡私立成化国民校银一千五百七十四元；杨寿康捐入安墟乡区立第一第二两国民校银一千七十九元三角四厘；赵诵清捐入马鞍乡区立第一国民校银三百八十元，赵宗普捐入该校银一百二十元；孙应增、孙酉轩各捐入芝凤乡区立第一国民校银一百元。呈奉县署转呈，按照条例分别给奖。④

像陶濬宣、沈施氏、金氏兄弟、孙诵落等这样捐资、捐产兴学的

---

① 《浙使饬会稽道据省视学报告诸暨县学务情形文》，《教育周报》第115期。
② 《萧山沈施氏荣膺嘉奖》，《教育周报》第51期。
③ 《萧山诚明女校之成绩》，《教育周报》第129期。
④ 《绍兴劝学所七年度学事年报》，《浙江教育月刊》1920年第7期。

急公好义之士绍兴各地多有，尤其是萧山沈女士的慷慨捐赠，令人动容。梳理这一时期的各类报刊，有关绍兴各地捐资兴学的报道甚多。①清季民初私立学堂、公立学堂等即主要依靠民间力量兴办，体现传统士绅与热心教育的普通民众之公益精神。

社会教育自古即受重视，政府将之作为化民成俗的重要手段。作为越文化中心地的绍兴，在晚清兴学过程中，将民众教育视为新教育的必要内容，各地民众教育发展迅速。1900 年绍属山会北乡义塾：

> 自光绪二十六年创设，皆由本地绅董出款，其教科分内外二课，内课系寻常小学级，外课初级蒙学，专授农工子弟。其教国文法，以俗语入手。先由雅翻俗，后由俗翻雅，再进以粗浅文法。大约寻常不识一字之人，不过半年便能造句写通俗信札。此外兼教习珠算、估看洋银等项，以便普通社会之用。现因经费不敷，裁其小学级而专教蒙学级，今岁相继而起之。蒙学以安城务义为最盛，学生已有二百数十人，惜其教科不能完善耳。②

1910 年 1 月，清政府颁布《简易识字学塾章程》，并订立推行识字学塾步骤，绍兴府各县遵章陆续办理一批成人识字教育机构，给常年失学民众及无力求学的贫寒子弟以文化补习教育。宣统二年（1910），浙江省提学使司规定绍兴府各县应设简易识字学塾 70 所，实际开办 106 所，有学生 3605 人；该年全省简易学塾共 1057 所，学塾计 32059 人。③

民初，社会教育备受重视，从教育部的社会教育司，到各省教育厅、县劝学所与教育会，都以推广社会教育为职志。社会教育状况是各地教育督导的重要内容。以下摘录《浙江教育月刊》有关绍属各县

---

① 如《捐资兴学奖给褒章》（《教育周报》第 217 期）、《令绍兴县知事奉省令发该县马凤衔等捐资兴学褒章执照令县转给由》（《浙江教育月刊》1920 年第 7 期）等。
② 《各省教育汇志浙江》，载《东方杂志》1904 年第 5 期。
③ 参见《宣统二年下学期浙省设立简易识字学塾综计表》，《浙江教育官报》第 64 期。

社会教育报道，从中可以窥见绍兴地区民初社会教育之一斑。

1919年6月，新昌县社会教育发展状况：

> 公立通俗教育讲演所尚未成立。县教育会有会员二百四十余人，经费月支县税二十余元，办事成绩无可记述。此外，城区、南区、西区、北区各有区教育会一所，对于区内学务尚知研究；又阅报社一所，借设城区观音堂内，订有日报两种，阅者尚多。①

1920年度省视学报告新昌县社会教育状况：

> 讲演员俞平每月赴城乡周流演讲，听者不下数百人；通俗图书馆现已筹备一切，本年六月开办；公众运动场场面已筑成；常年经费现已指定的款，呈县俟核准；拟开全邑联合运动会；青年团于八年成立，团内现议决开设贫民夜校一所。②

社会教育机构一般设有通俗教育演讲所、阅报处、民众图书馆、成人补习学校、识字处等。虽各处办理状况不一，有些地方限于条件难免流于形式，但政府部门、教育行政督导、各地教育会都将社会教育作为重要使命予以推广。如省视学督导嵊县教育时，指出：

> 公立通俗教育演讲所，附设于劝学所内，常年经费极为缺乏，以之充所员二人夫马费，尚形不足，安能望其日日宣讲，故每月仅赴乡讲演一次，在城区讲演一次，聊以塞责而已。剡溪图书馆，每年由县费补助两百元，内藏书籍二百八十五种，通俗书报亦略有购备，来馆阅书者尚不乏人。此外，有阅报社一所，办理尚称得法。③

省教育厅视学认为嵊县"社会教育不甚发达"，其主要原因是困

---

① 《浙江教育厅训令第448号》，《浙江教育月刊》1919年第7期。
② 《新昌县教育状况报告书》，《浙江教育月刊》1922年第2期。
③ 《浙江教育厅训令第552号》，《浙江教育月刊》1919年第10期。

于经费支绌，但该县私立图书馆、阅报处等成绩依然可观。

至1924年度，嵊县社会教育状况为：

> 图书馆一所，书籍三百七十种，阅览数每日平均十三人；附设通俗图书馆有图书一百六十余种，新闻纸四种，杂志八种，每日平均十人以上。经费年由县费补助三百元外，余由剡社员筹补。馆长张佩璇不支薪水，尤为难得。阅报所备有沪杭各报四种，阅览人每日平均十五人。
>
> 演讲所所长一人、所员一人，每日依照讲稿及拟定地点讲演，听者尚众。
>
> 运动场备筹多年，因场地经核定，尚未设立，现力图进行。①

社会教育受到嘉誉的上虞县，其情况是：

> 社会教育进步颇速，其往年成立者有图书馆、通俗教育演讲所；其近年成立者有通俗图书馆、公众运动场、青年团及改良剧社等。以上各种，核其实绩，虽尚无明效可观，然以该县人士之热心，筹设多方倡导，假以岁月，必能造福社会，可断言也。②
>
> 城区有通俗教育讲演所、公共运动场、公立图书馆、通俗图书馆、阅报社、改良戏剧会、青年团等，其余各区（谢家桥、梁湖、下管、章镇、崧镇）均设有改良戏剧会，下管并有管溪公立图书馆。各项办理尚是，惟困于经费未能十分发展。③

绍属新教育最为发达的诸暨县，1924年度社会教育状况为：

> 图书馆设于城外，藏书尚多，编印目录四册；为阅书便利起见，另设图书分馆于城内，阅览者每日平均三四人，借书人较

---

① 《嵊县教育状况报告书》，《浙江教育月刊》1926年第12期。
② 《浙江教育厅训令第384号》，《浙江教育月刊》1920年第4期。
③ 《上虞县教育状况报告书》，《浙江教育月刊》1922年第2期。

多。馆长何颂华，颇得社会信仰。①

余姚县社会教育：

> 演讲所长朱佐君、讲员胡峙三，分区讲演。图书馆设馆长一、馆员一，图书约六百三十种，阅览人平均五十七人；现拟筹设巡回文库，以期普及。公共运动场由县议会议决教育会兼办，运动器械，自军队移用后，因费绌，尚未移回。②

上述材料显示，各地开展社会教育的机构众多，如教育会、图书馆、通俗教育演讲所、改良戏剧会、青年团等；渠道丰富，如图书阅览、公共通俗演讲、运动大会、新戏剧表演等。清季民初的社会教育，对启蒙民众，移风易俗，无疑发挥了积极的教化功能，对扫除封建文化的阴霾，功不可没。

五　教育团体

早在清政府发出成立地方教育会的倡导前，绍兴有识之士就已经开始组织教育团体，旨在推动、规划、指导和研究绍兴的近代新式教育。1903 年 3 月 8 日，杜亚泉与蔡元培等绍兴籍教育家及社会人士在上海徐园成立了"绍兴教育会"。

据蔡元培1903 年发表于《苏报》的《绍兴教育会之关系》一文记载：

> 今者，诸君殆皆知之，而卒无以救之者，何焉？教育不兴故也。夫教育者，非徒一二学堂之谓，若演说，若书报，若统计，若改革风俗，若创立议会，皆教育之所范围也。即以学校而言，非从循例之中、小学校而已，自幼稚园以至于成学之研究，其级若干；自农桑商工以至于政治法理哲，其科若干，此尤教育之首要也。
> 上海，全国交通之毂辐也，内之可以输进文化，外之可以联

---

① 《诸暨县教育状况报告书》，《浙江教育月刊》1926 年第 11 期。
② 《余姚县教育状况报告书》，《浙江教育月刊》1926 年第 12 期。

络声气，非于此设一教育会以媒介之尤不可。且上海者，欧化输入之第一步，无论工商，势必多见闻，比例视内地各省为开通者也，于此而不能有所立，则亦何怪故乡之无所鼓舞，而流寓各省者之莫视故乡而一无助力乎？①

在上海设立绍兴教育会，一方面是因为"上海，全国交通之毂辐也，内之可以输进文化，外之可以联络声气"；另一方面，上海为"欧化输入之第一步，无论工商，势必多见闻，比例视内地各省为开通者也"。绍籍旅沪人士如经元善等50余人参与其事，大会通过《绍兴教育会章程》，刊登在《浙江潮》第五、六期上。

绍兴教育会以"绍兴全府人民教育普及为目的"，设本部于郡城，设支会于各县及外省都会商埠凡同乡人流寓之地。其教育法程第一章：

第一章　创立中学校

第一条：中学校舍已将郡城能仁寺修葺借用，如有未敷可另营寄宿舍于近处，校中职员已由会员公举经理一人、议员十人，其规则大略亦经议决。

第二条：校中学科为心理、伦理、教育、国文、历史、地理、理化、博物、算学、英文、东文、体操，其组织之法由校中职员及教师定之。

第三条：校中购买书器、修理校舍、制备校具约以银千元为率。

第四条：校中募集普通科学生六十人，须文理清通、年在十四岁以上者，依第二条所列各课讲授两年卒业。

右学生每人每月收膳金两元、杂费一元、学费一元。

第五条：校中增设专修科学生四十人，须有门径、年在二十内外者，分五门研究之，曰心理、伦理、国文；曰历史、地志；

<hr />

① 《苏报》1903年3月12日至13日。引自高平叔编《蔡元培全集》第一卷，中华书局1984年版，第169—171页。

曰理化、算学；曰博物、算学。以上四门皆须东文及教育学，余一门为英文及体操，应选取已读英文三四年之人就学，专授外国语之学校皆两年卒业。

右学生每人每月收膳金三元、杂费一元，不收学费。

英语专修之学生每月约须游学费银七元，除本人自出四元外，每月贴学费银三元。

第六条：校中延教师五人，任教授普通科学生，并指导专修科学生；教师照上条分门延请，有应变通之处，由校中职员酌定；教师修膳以每人每月二十元为率，其中增损由校中职员酌定。

第七条：校中经费分为开办费、校中杂费、教师修膳费三种。校中杂费即由学生所收杂费内开支，随学生之多寡以为增损；教师修膳计每年一千二百元，如普通科学生足额可收入学费七百二十元，尚不足四百八十元；

英语专修科八人，月贴学费三元，每年计贴二百八十八元；

照右核，计会中应贴开办费千元，常年费七百八十八元，如学生不满额时，尚须增加。①

上述章程中关于创设中学校的法程，详尽细致，可谓绍兴中学校的纲领性文件与发展计划书。其他法程如"创建小学师范学校""增设小学校""增设中学校""归并中小学师范学校"等亦都详尽备至，既符合新教育的要求，又能从绍兴地区社会、文化、教育的现状需要出发。可见，绍兴教育会实为绍兴新教育创建与发展之直接推动与领导者。

在绍兴教育会的引领与指导下，绍属各县纷纷成立教育会，领导与推动本县新教育发展。1908年，山（阴）会（稽）教育联合会成立，会长陶琰；上虞县教育会成立，会长黄士龙。1910年，诸暨县教育会成立，会长杨晓湖。

下表是1913年调查的绍兴各县教育会成立概况。

---

① 专件：《绍兴教育会章程》，《浙江潮》第五、第六期。

表 6-18   绍属各县教育会成立一览①

地方	正会长	副会长	成立时间
绍兴	周作人		
萧山	陈选庠	王庆洛	三月一日
诸暨	徐荫棠	边棠	二月二十一日
余姚	谢抡元	施仁荣	八月初九日
上虞	管职勋	宋崇义	八月
嵊	吕寿名	钱锡炎	三月十七日
新昌	陈凤鸣	陈念祖	

1916 年 12 月，全绍教育会联合大会第一次会议在府城召开，以协调各县教育会的工作，加强沟通与交流。

1916 年 12 月全绍教育会联合会第一次会议代表合影

作为民间专业机构，各地教育会协助教育行政机关调查属地教育发展状况、组织宣讲团、发行专业刊物、规划学务等，宣传与推动教

___

① 《浙江各县教育会一览表》，《教育周报》第 13 期。

育发展。以下摘录几条有关各地教育会开展活动的史料，以此呈现近代教育团体与绍兴教育之发展。

绍兴教育会：

> 该会会长宋琳君辞职后，公举周作人君为会长。即于四月廿七日，在该会事务所开评议会，酌定章程，筹议进行方法，拟先设讲演会一所，讲演各项学术，设调查部，调查学校现状，社会风俗，古迹美术，以为各种教育事业入手办法，议定向县署请领经费，即行举办云。①

萧山教育会：

> 现有会员百余人，经费每年由县税项下拨助三百六十金。据云会内附设宣讲所，由会员随时分途演讲，并组织学校调查会，于每年春季行之。然查察真情，多属有名无实，应饬力谋革新，以图振作。②

上虞县教育会：

> 县教育会，各县多有，大率有名无实，惟该县不然，创设学校联合研究会，附设国民学校，刊发教育杂志，以及其他事项，无不竭力倡导，裨益该邑教育前途甚巨。③
>
> 每年开常会一次，评议会四次，临时会一次，全县学校联合研究会一次，延请名人讲演一次。其平时规划学务，陈述意见，颇有可采。④

1923 年，研究会另增业务，月出教育杂志一册，又议决续办随译国民校一所。⑤

---

① 《绍兴教育会开会纪闻》，《教育周报》第 5 期。
② 《浙江教育厅训令第 663 号》，《浙江教育月刊》1919 年第 12 期。
③ 《浙江教育厅训令第 384 号》，《浙江教育月刊》1920 年第 4 期。
④ 《上虞县教育状况报告书》，《浙江教育月刊》1922 年第 2 期。
⑤ 《上虞县教育状况报告书》，《浙江教育月刊》1923 年第 12 期。

嵊县教育会：

嵊县视学吕寿名，对于教育颇具热忱，现以城乡学校，日渐发达，急谋一致进行，以收推行尽利之效，特请县教育会会长钱道润，开临时职员会，提出议案三件，公同解决。现已由教育会备文，附抄理由及办法，详请县知事核准矣。兹照录全稿如下：详为详请核准事，窃为立国要素，在普及教育，而教育方针，须酌量地方情形，妥为筹备。本会忝任教力事业，对于全邑学务，应如何设法扩充，谋地方之便利；如何实力整顿，树社会之风声，自非从长规画，终难期一致进行。兹由吕寿名君，商同本会召集评议员，开临时职员会，提出议案二件，业经当场公同议决。为此附抄理由及办法备文详请知事，府赐察核，准予立案，以速施行而重教育，实为公便。①

县教育会，前岁因争持会长，无形解散，迄今尚未组织完全。惟区教育会颇见发达，宜互除意见，协力共究教育之利弊，以供采择，则造福学界当非浅鲜。② 至 1925 年嵊县教育会已有会员一百一十人，推广平民学校颇见尽力。③

诸暨县教育会：

县知事吴德耀君前奉道署饬令于暑假期内设立教育研究会，遵即照章组织，现已饬知各校教员入会研究，其饬文如下：查学校之兴衰，全视教员之良腐，现查暨邑师资缺乏，若不设会研究，殊不足以资造就而策进行，现已函请教育会长金鼎铭组织教育研究会，定于八月二十日起至九月五日止，为研究期间。如有规避不到者，即行停止其职务云。④

---

① 《嵊县学务进行之计划》，《教育周报》第 62 期。
② 《浙江教育厅训令第 385 号》，《浙江教育月刊》1919 年第 4 期。
③ 《嵊县教育状况报告书》，《浙江教育月刊》1926 年第 12 期。
④ 《教育研究会之成立》，《教育周报》第 97 期。

县教育会会长金绍、闻骆炜，办理会务颇有成绩，近更会同教育局筹办全县高小级学校讲演竞进会及联合运动会，区教育会九所均附设于各区立高级小学，为各区办事中心，会事亦有进行。[①]

上述材料显示，绍属各县教育会，有些虽受经费、人员等资源不足的限制，业务发展不尽如人意，但大多能积极谋划本地区教育事业，引领教育发展。因此，以教育会为代表的近代教育团体，利用其专业身份及对新教育的热忱，在绍兴教育现代化的早期阶段，发挥了积极作用。

第三节　求新知于世界：近代绍兴的留学生

在西学东渐大潮与近代中国急剧变革中诞生的留学教育，承担着求新知于世界、民族复兴与文明再造的历史重任，是中国新教育的重要组成部分。与其他地区相比，绍兴近代留学教育起步甚早。就全国来看，最早留学美国、日本的留学生即有绍籍学子。绍兴近代留学教育肇始于清末，贯穿于民国始终，留学生推动了绍兴乃至全国教育的发展与社会变革。

一　清末绍兴的留学生

1. 清末绍兴的留欧美学生

近代绍兴学子走出国门，求学于海外，始自清季的留美幼童之派遣。自 1872 年至 1875 年留美四批 120 名幼童，浙江学生共 8 人，其中第三批留美生就有绍兴籍的袁长坤（绍兴县，12 岁）[②]。由于 1881 年留美幼童被撤回，绍兴近代第一波留美教育暂告完结。

---

① 《诸暨县教育状况报告书》，《浙江教育月刊》1926 年第 11 期。
② 参见李圭《环游地球新录》卷二，第 29 页。转引自林子勋《中国留学教育史》，华冈出版有限公司 1976 年印行，第 19—26 页。

20 世纪初年的庚款留美，再次开启了绍兴学生赴美求学的大门。光绪三十四年（1908），美国退还庚子赔款，遣派中国学生赴美国各大学深造，并自宣统元年（1909）开始招考学生留美学习。至宣统三年（1911）共选送三批庚款留美生，录取人数第一批 47 人，第二批 70 人，第三批 63 人。就这三批留美学生的籍贯而言，第一批浙籍 9 人（绍兴 2 人），第二批浙籍 14 人（绍兴 2 人），第三批浙籍 13 人（籍贯不明）。具体情况列表如下。

表 6－19　　　　　　　　清季庚款留美浙籍学生情况①

批次	姓名	籍贯	年龄	学科	肆业大学
第一批	王世杰	奉化	20	文学哲学	哈佛大学 09－12
	王琎	黄岩	19	化工	Ch.（Lehigh Univi.），Univ. of Minn.
	邢契莘	嵊	19	造船	B. S.（M. L. T.）' 14
	金涛	绍兴	20	土木	C. E.（Cornell）' 12
	邱培涵	吴兴	20	农	B. S.（Cornell）' 14
	徐承宗	慈溪	19	文科	B. A.（Harvard）
	陈庆尧	镇海	20	化学	B. S.（Ⅲ.）S. M.（Columbia）' 15
	谢兆基	吴兴	19	化工	M. E.（Columbia）' 14
	罗惠桥	鄞	20	河海工程	S. B.（M. I. T.）' 13，M. S.（M. I. T.）' 15

---

　　① 资料来源：《外务部第一次考取留美学生一览表》，《浙江教育官报》第 16 期；林子勋著：《中国留学教育史》，华冈出版有限公司 1976 年印行，第 56—70 页；《清华大学史料选编》（第一卷），《本校历年毕业生统计表》。

续　表

批次	姓名	籍贯	年龄	学科	肄业大学
第二批	张谟实	鄞	19	电机	
	徐志薾	定海	18	电机	
	沈祖伟	归安	18	铁道工程	
	程闿运	山阴	19	文学	
	钱崇澍	海宁	20	植物	
第二批	程天骥	海盐	17	土木	
	周象贤	定海	20	卫生工程	
	徐志诚	定海	19	教育、社会	
	竺可桢	会稽	19	农、气象、地理	
	沈溯明	乌程	19	化学	
	施赞元	钱塘	20	医	
	孙恒	仁和	19	财政、银行	
	柯成懋	平湖	17	化工	
	张宝华	平湖	20	化工	

上表显示，第一批、第二批已知籍贯的 23 名浙江留美学生，分别来自宁波府 8 人、嘉兴府 4 人、湖州府 4 人、绍兴府 4 人、杭州府 2 人、台州府 1 人。第二批留美生竺可桢（绍兴会稽）闻名遐迩，对中国气象学、高等教育等贡献巨大。

光绪三十四年（1908）七月，浙省举行首次官费留学欧美的考试，考选 24 名（正取 20 名，备取 4 名）学生分赴比、美等国。下表为浙省考取游学欧美各国官费学生姓名表。

表 6－20　　　　　浙省 1908 年考取官费留学欧美生名单[1]

姓名	籍贯	年龄	派往国	学习科目	姓名	籍贯	年龄	派往国	学习科目
蔡光勋	石门	20	美国	矿学	葛燮生	钱塘	19	美国	电气机械
胡文耀	鄞	24	比国	工科	张善扬	乌程	19	美国	电气机械
严鹤龄	余姚	29	美国	法科	叶树梁	慈溪	24	美国	法科
徐新陆	钱塘	19	美国	造船学	钱宝琮	秀水	17	美国	铁路工科
孙显惠	仁和	22	美国	矿学	胡衡青	秀水	24	美国	铁路工科
翁文灏	鄞	20	比国	铁路工科	孙文耀	嘉善	20	比国	铁路工科
沈慕曾	会稽	22	美国	铁路工科	章祖纯	乌程	25	美国	应用化学
韦以黻	归安	23	美国	工艺化学	胡祖同	鄞	20	美国	商科
徐名材	鄞	19	美国	工艺化学	丁紫芳	山阴	22	美国	铁路工科
包光铺	鄞	26	美国	工艺化学	王烈	山阴		德国	

[1] 资料来源：《浙江教育官报》第 3 期，报告一，第 14—15 页。

上表所列 20 名留学生，留学美国 16 人；就籍贯而言，宁波府 6 人，绍兴府、嘉兴府各 4 人，杭州府、湖州府各 3 人。绍兴府 4 人分别来自于余姚县、会稽县、山阴县。

清季，绍兴学生还有其他渠道留学欧美，如 1906 年嵊县籍学生马寅初于北洋大学堂官费赴美，就读于耶鲁大学；京师大学堂上虞籍学生顾孟余官费赴德，就读于莱比锡大学，后进入柏林大学学习；1908 年，京师大学堂山阴籍学生王烈留学德国。①

2. 清末绍兴留日学生

晚清绍兴学生留学的主要国家是日本。甲午战后，我国朝野深知日本的强盛，由于明治维新，加以中、日比邻，旅途较近，引发了留日的动机。自古文风昌盛的浙江，滨江临海的地理环境使其走在中国社会开放的前沿，绍兴知识分子成为近代留日大潮中的主力军。

1898 年，浙江求是书院选派 4 名学生赴日留学，其中就包括诸暨县学生何燮侯。他于 1905 年取得东京帝国大学学士学位，为最早取得日本大学学位的中国留学生，也是目前所见资料中绍兴籍学生中官派出国（留日）第一人。② 1901 年，求是书院诸暨籍学生蒋伯器官费赴日留学。1902 年，会稽县周树人（鲁迅，毕业于江南矿物铁路学堂）以南洋官费赴日本留学；山阴县许寿裳（毕业于浙江大学堂）以浙江官费赴日本留学。

东渡日本留学的绍兴籍学子除官费生外，自费生占较大比例。随着留日人数的增多，归国留学生也倡导绍兴学子前往日本留学，如 1903 年东京留学的绍兴籍学生陶成章、周树人等人发出致绍兴同乡公函，召唤绍兴学子赴日留学。

光绪二十九年（1903）的《浙江留日学生名册》记载，浙江留东京学生计 119 人，按各府籍学生人数统计如下表所示。

---

① 参见章玉安《绍兴文化杂识》，中华书局 2001 年版，第 91 页。
② 同上。

表 6 - 21　　　　　　　　　浙江同乡留学东京情况统计①

府别／学校	杭州	嘉兴	湖州	宁波	绍兴	台州	金华	衢州	严州	温州	处州	总计
东京帝国大学	1	1	1				1			1		5
早稻田大学	1	1			1					1		4
第一高等学校					1							1
高等商业学校	1											1
东京法学院	1											1
物理学校	1				1							2
近卫步兵联队	1											1
近卫骑兵联队	1				1							2
近卫工兵大队					3							3
成城学校	10	4	1	4	6	5				5		35
弘文学院	8			2	3							13
正则英语学校	1	1										2
同文书院		1		1	2					4		8
清华学校	2		2	2	4							10

———————————

① 资料来源：《浙江同乡留学东京题名》，《浙江潮》第 3 期。

续　表

学校 ＼ 府别	杭州	嘉兴	湖州	宁波	绍兴	台州	金华	衢州	严州	温州	处州	总计
高等师范附中			1									1
测量专门有邻塾	2											2
预备入校及卒业后留东者	9	2	3	1	4	1				6		26
日本女子大学	1											1
帝国妇人协会			1									1
总计	40	10	9	10	26	6	1	0	0	17	0	119

注：另外卒业归国者15人；告假归国者11人；归国已故者2人。

上表显示，1903年统计的浙省在东京留学生119人，从籍贯府别看，绍兴府26人，占近22%，位居全省第二，仅次于杭州府40人；温州府17人；嘉兴、宁波二府各10人；位于浙西南的衢州、严州、处州三个府无留学生。这表明区域经济、社会、文化发展水平是制约留学教育的决定因素。

从绍兴留日学生就读学校来看，大多层次不高，属预科性质（成城学校、弘文学院、同文书院、清华学校），就读早稻田大学者仅1人，表明早期留日学生的速成性。

下表为1903年3月东京绍兴籍留学生统计，从中可以看出这一时期绍兴留日学生籍贯、就读学校情况。

表 6 – 22 留东京绍兴同乡统计①

姓氏	籍贯	年龄	学校及科目
何燏时	诸暨	23	东京第一高等学校
陶成章	会稽	27	成城学校陆军
张志军	萧山	19	成城学校陆军
陈威	山阴	24	早稻田大学
丁嘉犀	山阴	21	清华学校
李辰身	余姚	23	赤羽近卫工兵大队
袁翼	嵊	23	预备入校
李瑞萱	萧山	23	预备入校
丁衡	山阴	20	预备入校
宋希曾	嵊	23	蚕业讲习所
俞大纯	山阴	23	成城学校陆军
许寿裳	山阴	21	弘文学院普通科
周树人	会稽	21	弘文学院普通科
经亨淦	上虞	22	同文书院
陈毅	山阴	20	成城学校陆军
寿昌田	山阴	20	弘文学院普通科

① 材料来源：《浙江同乡留学东京题名》,《浙江潮》第三期。

续　表

姓氏	籍贯	年龄	学校及科目
徐朝宗	会稽	20	赤羽近卫工兵大队
金麒	山阴	20	赤羽近卫工兵大队
郁延文	萧山	18	物理学校
姚永元	嵊	19	清华学校
王佩文	上虞	18	成城学校文科
经亨杰	上虞	16	同文书院
经亨权	上虞	15	成城学校陆军
高平	上虞	32	清华学校
蒋尊簋	诸暨	22	近卫步兵联队
蒋智由	诸暨		预备入校
经亨颐	上虞	28	清华学校
蒋桂鸣	绍兴	27	成城学校陆军

　　上表所列 28 位绍兴留东京学生，籍贯来源分别为山阴 8 人、上虞 6 人、会稽 3 人、嵊县 3 人、萧山 3 人、诸暨 3 人、余姚 1 人、绍兴 1 人。就所读学校与科目来看，除陈威就读早稻田大学，何燏时就读东京第一高等学校外，余皆在预科学校、速成学校；所学科目中以军事为最多（10 人），这显然与晚清"驱逐鞑虏，恢复中华"的历史环境，以及绍兴历史上的"复仇文化基因"有关。

　　值得注意的是，上虞驿亭村经氏一门四人留学日本，其中的经亨颐为近代著名教育家。①

---

　　①　近代留日大潮中，父子、兄弟、夫妇同时东渡留学的不在少数，如浙江诸暨的蒋智由、蒋尊簋父子，鲁迅兄弟，徐锡麟四兄弟，陶成章夫妇等。

又据《清国留学生会馆第五次报告》记载，光绪三十年（1904）五月，浙籍留日学生增至193人，已毕业的为35人，共计228人。光绪三十一年（1905）三月，浙省举行第一次留学日本考试，考选100名学生入早稻田大学师范科，即所谓"百名师范"。① 至此，浙江留日学生（包括已毕业者）近400人。

宣统元年（1909）上半年调查，正月至五月浙省考入日本私立各校学生计34人②；闰二月浙省留日官立高等专门各校学生93人，其中自费生21人，官费生72人③；四月浙省考入日本官立高等专门各校学生33人（均自费）④。以上三项留日学生共计160人。他们所学学科分别为：工科52人，政法科19人，农科11人，理科7人，商科19人，医科22人，普通科、预科22人，文科8人。

因资料限制，清季浙省留日学生具体人数已难确知，初步估算在1500人左右，其中绍兴籍学生300余人⑤。

二 民国绍兴留学生

1. 留日学生

辛亥鼎革与政权交替，使我国留学生面临学业继续与公费维持的问题，处境甚为艰难。民国元年三月出版之《教育杂志》所载"留日

---

① 参见浙江省教育志编纂委员会编《浙江省教育志》，浙江大学出版社2004年版，第941页。

② 参见《浙省考入日本私立各校学生姓名表（宣统元年闰二月）》，《浙江教育官报》第16期。

③ 参见《浙省留日官立高等专门各校学生调查表（宣统元年正月至五月）》，《浙江教育官报》第16期。另据宣统元年统计，浙省留日官费生上学期142人，下学期158人。（参见《浙省留日官费生乙酉年上、下学期学费预算表》，《浙江教育官报》第7、15期。）

④ 参见《浙省考入日本官立高等专门各校学生姓名表（宣统元年四月）》，《浙江教育官报》第16期。

⑤ 至1904年，浙省留日学生已达228人；1905年，"百名师范"的派遣及通过其他途径留日，人数应该接近400人；1906年、1907年两年，据各种信息估计，新增留日生近250人；1908年新增留日生约167人；1909年上半年新增160人，加下半年留日学生，该年增加人数可能近300人；1910年至1911年，新增人数在300余人。综合以上估算，清末浙省留日生总数在1500左右。按1903年绍兴籍学生占浙省留日学生22%推算，总人数在320左右。

学生近况"云：去年留日学生总数约为七千（官费三千，私费四千），自武昌起义，纷纷退学归国。至一月上旬，官私费生仅余三千余人。此种学生以度支告绌，进退维谷，一再向使馆哀诉，而人数众多，莫由救济。至十二月中旬，留日学生仅五百名而已。① 因此，"革命事起，金融不灵，留东学生官费停费，私则绝费，相率归国"②。浙省留日学生数亦急剧减少。后经多方努力，留日学生数渐增。

民初各省公费留学生之派遣均有定额。1913 年，浙江省行政公署规定本省留日官费生定额为 160 名，1917 年减至 140 名，后又减至 120 名，但在全国各省中仍居首位（占总数的 11.15%）。北京政府时期，派遣赴日留学的渠道，不仅有稽勋局派出，还有部考生、浙省官费生、庚款补助生、自费生等。1922 年因经费困难，一度暂停派遣官费留日学生。1924 年后，北京政府教育部额定浙江庚款留日补助费名额每年 22 人。③

据统计，1916 年度浙省留日官费生 94 人，自费生 154 人，共计 248 人；该年全国计官费生 1086 人，自费生 1240 人，总计 2326 人，浙籍学生占 10.66%。浙江留日学生人数居全国第三位，仅次于广东 338 人、湖南 250 人。④

1918 年，浙省留日官费生共计 106 人⑤，比 1916 年度增加 12 人。又据 1918 年《教育周报》统计，浙省留日官费生定额 140 名（欧美官费定额 30 名），具体情况为：在新章以前补费者，计大学生 11 名，特约四校生 57 名，其他官校生 9 名，原派及新派实业练习生 10 名；又照新章费额补助者，特约四校生 30 名，大学及其他官校生 12 名；又私校生 6 名；又照部案酌添实业生 6 名。⑥ 可见各类官费生实数超过 106 人。

---

① 《教育杂志》第 3 年第 12 期，"记事"，第 94 页。
② 《教育杂志》第 4 卷第 4 号，"记事"，第 31—32 页。
③ 参见浙江省教育志编纂委员会编《浙江省教育志》，浙江大学出版社 2004 年版，第 942 页。
④ 《教育公报》第 4 年第 3 期，"记载"，第 7—16 页。
⑤ 《留日官费学生一览》，《教育周报》第 199 期，"本省纪闻"，第 16 页。
⑥ 《浙省留学生之经费》，《教育周报》第 208 期，"本省纪闻"，第 20—21 页。

因缺乏详尽统计数据，我们已很难知道民初（1912—1926）浙省留日学生人数。1926 年编印的浙江留日学生同乡录，载有各类留学人员 1038 人，其中多数为自费留学生。按所占比例，民初绍兴籍各类留日学生应有 200 余人。

就掌握的资料来看，浙省二十年代末至三十年代初留日学生相关材料较为完备，表 6－23 为这一时期浙省留日学生调查表，我们可以从中获得留学日本的一些情况。据 1928 年 11 月至 1930 年 3 月间的调查，浙省留日学生共计 296 人，其中官费生共 84 人（庚款 25 人，省费 59 人），占 28.38%；自费生 212 人，占 71.62%。下表为留日学生籍贯（按旧府属划分）、所学学科统计。

表 6－23　　1928 年 11 月至 1930 年 3 月调查浙江留日学生情况统计①

学科 ＼ 地区	杭州	嘉兴	湖州	宁波	绍兴	台州	金华	衢州	严州	温州	处州	总计
政治经济	2			2		1	4	1				10
法律	2	1	1	2	2	1	2	4		5		20
医药	4	1	1	2	4	2				6		20
美术	3		1		4			3		1		12
高等师范	1	2	1	5	7					1		17
语言			1		1						1	3
理科	1		1	4	3					3		12
文科				2	2							4
商科	1			2	2					2		7

① 资料来源：《浙江省留学日本学生调查表》，《浙江教育行政周刊》第 15、16、17、37 期，"调查"。

学科＼地区	杭州	嘉兴	湖州	宁波	绍兴	台州	金华	衢州	严州	温州	处州	总计
农业、水产	2	1		3	4	3		2		2		17
经济		1		6	5	1	1					14
铁道				2								2
机械、电气	1				1						1	3
纺织、刺绣	1	1	1		2		1					6
应用化学		2		2	2					2		8
蚕科	2	1			4	1		1			1	10
地质、矿产					1					1		2
社会、统计				1	1							2
制革					1							1
不详	17	8	11	25	22	7	8	8		13	6	125
总计	37	18	18	58	68	16	19	16		36	9	296

表 6-23 显示，二十年代末至三十年代初调查的浙省 296 名留日学生，籍贯分布于全省的 53 个县市。按旧府属划分，最多的为绍兴 68 人，占总数的 22.97%；其次为宁波 58 人，杭州 37 人，温州 36 人，金华 19 人，嘉兴、湖州各 18 人，台州、衢州各 16 人，处州 9 人；绍兴、宁波、杭州、温州四地区较多，浙西的严州府属各县未有留日学生。留日学生人数超过 10 人的县市有：绍兴 23 人，杭州 22 人，宁波 15 人，奉化 14 人，诸暨 14 人，鄞县 13 人，吴兴 12 人，上

虞 12 人，平阳 11 人，永嘉 10 人，瑞安 10 人，海宁 10 人。① 留日学生的籍贯来源分布表现为较强的非均衡性。②

从已知留日学生所学专业来看，分布甚为广泛，且明显偏重于应用学科，如法律、医药、农林水产、经济、蚕桑等，与浙江社会经济生产生活联系紧密，改变了清季法政、兵警等学科占较大比重的状况，预示着留学生这一精英群体将在多个领域引领近代化事业。

就民国时期浙省留日学生人数统计来看，1927 年至 1936 年的 10 年间，各年留日学生人数分别为：141 人、180 人、176 人、195 人、111 人、119 人、157 人、263 人、363 人，共计 1902 人。③ 按比例估计，这 10 年间绍兴籍留日学生约 400 人。据此推算，加上清季约 300 人、民初约 200 人，近代绍兴各类留日学生总数约 900 人。

2. 民国绍兴留欧美学生

考察民国期间绍兴籍学生留学欧美情况，资料甚为缺乏，只能依据浙省的情况予以推测。

民初，浙省留学欧美官费生定额为 20 名，占全国总数的 6.2%，列第 8 位。1917 年又加 10 名，增至 30 名。1913 年至 1916 年，考取清华庚款留美的浙籍学生共 37 人。④

据 1913 年统计，浙省官派留学生情况为：英国 11 人，法国 7 人，德国 9 人、又女生 1 人，美国 16 人、又女生 3 人，比利时 2 人，俄国

---

① 其他各县情况为：富阳 1，余杭 3，新登 2，嘉兴 7，嘉善 2，海盐 1，崇德 3，平湖 2，桐乡 1，长兴 1，德清 4，武康 1，安吉 2，慈溪 9，镇海 7，定海 1，萧山 5，余姚 4，嵊 6，新昌 4，临海 5，黄岩 8，宁海 1，温岭 2，金华 6，兰溪 1，东阳 2，义乌 4，永康 3，浦江 4，衢 1，龙游 2，江山 9，开化 3，乐清 6，玉环 1，丽水 2，青田 3，缙云 2，松阳 1，龙泉 1。(《浙江省留日学生各市县人数统计（民国十七年十一月至民国十九年四月）》，《浙江教育行政周刊》第 37 期。)

② 留学生的增加亦取决于中等教育与高等教育的发展。二十年代末至三十年代初，留日学生在国内大多接受过较好的中等与高等教育，这其中不少人曾在省内外"游学"。

③ 参见浙江省教育志编纂委员会编《浙江省教育志》，浙江大学出版社 2004 年版，第 942 页。

④ 清华庚款留美浙籍 37 人所学学科为：文科 10 人，工科 14 人，理科 2 人，法科 2 人，教育 4 人，医科 2 人，农科、商科、预科各 1 人。

1 人，奥地利 1 人，日本 49 人、又女生 11 人，共计 111 人。① 自费生情况不详，但从清末民初留学生的总体构成上来看，自费生最多，其比例大于官费生。② 由 1913 年浙省官派留学的国别来看，日本依然占多数，其次为美国，这一留学国别趋势基本贯穿于抗战爆发前的整个近代浙江留学史。

1919 年至 1924 年，浙江自费留美学生 28 人，所习学科计文科 5 人、工科 11 人、理科 3 人、商科 3 人、教育 1 人、不详 5 人；自费留欧学生 18 人，所习学科计文科 1 人、工科 3 人、理科 1 人、法科 1 人、医科 9 人、预科 1 人、不详 2 人。这一时期，全国各地赴法勤工俭学形成热潮，前后计十余批、1700 余人，其中 1919 年 5 月至 1920 年间在法德约 1300 人中，有浙籍学生 84 人。③

因缺乏详尽的统计资料，已很难知道民初浙江留学欧美的具体人数，但我们可以根据全国的情况间接推算。就全国来看，民初留欧美学生的籍贯，浙江约占全国比例的 9.03%④，据此推算 1912 年至 1926 年，浙籍留学欧美生约 600 人。⑤ 如按绍兴留日生占浙省留日生总数约 22% 的比例推算，绍籍留学欧美生当在 130 人左右。

因资料的限制，浙省留学欧美人数的具体情况很难确知，我们只

---

① 参见《浙籍留学生部催解费》，《教育周报》第 13 期。据舒新城《近代中国留学史》，江苏与浙江之留学生特别趋重于美日两国。

② 如民国十至十四年间，全国留学生（美、英、法、德、比、奥、菲、澳洲）官费 4630 人，自费 5370 人，自费生占总数的比例为 53.7%，超过官费生。参见舒新城《近代中国留学史》，上海文化出版社（影印本）1989 年出版，第 244—245 页。又据 1924 年《留学生录》统计中，留美生 1637 人中，自费生 1075 人，占总数的 65% 以上。参见《教育杂志》1925 年第 3 期。

③ 参见吴子晖《留法勤工俭学两年来之经过及现状》（1920 年 11 月），陈学恂、田正平编《中国近代教育史资料汇编·留学教育》，上海教育出版社 1991 年版，第 501 页。

④ 自民国十年（1921）至民国十四年（1925），浙江留学欧美生计 107 人（江苏 221），占全国比例为 9.03%，处在第二位；浙江省费留学日本为 120 人，占全国比例 11.15%，处在第一位。参见舒新城《近代中国留学史》，上海文化出版社（影印本）1989 年版，第 225—231 页。

⑤ 1912 年至 1926 年全国留美学生共计 4148 人，如按浙籍学生占 9.03% 计算，浙籍留美生约为 370 人。又据舒新城《近代中国留学史》统计，1921 年至 1925 年，留学美国占欧美留学生总数的 78.63%，以此为平均数推算，则 1912 年至 1926 年全国留欧学生约 1130 人，如按浙籍学生占 9.03% 计算，浙籍留欧学生约为 100 人。此外 1919 年 5 月至 1920 年间有浙籍留法勤工俭学的学生 84 人。三项相加，民初浙江欧美留学生人数估算在 600 人左右。

能根据全国统计数据间接推算。[①] 南京国民政府时期至四十年代末，浙省留美人数约 700 人，留欧人数约 190 人，合计大约 900 人。[②] 如果将晚清、民国时期浙江留学欧美生合并计算，总数在 1600 人左右；绍兴籍学生约 300 人。

三　近代绍兴女子留学生

绍兴近代女子留学肇始于清末，贯穿于民国始终，大致经过了清末留日热潮、民初朝欧美转向、民国至抗战前女子留日的继续发展与多元留学格局的形成等时期。考察近代绍兴女子留学生，是研究绍兴社会与教育乃至近代中国社会变革的一扇重要窗口。

1. 留学日本

清季绍兴女子留学的主要国家是日本。虽然留日学生中女性较少，但"江浙离日本近，父兄去日者多，女妹亦有随之而去者"[③]，她们便成为绍兴最早的一批留学生。

光绪三十年（1904 年 6 月），绍兴山阴县秋瑾由在中国任教的日籍教师服部宇之吉的夫人繁子介绍，自费东渡。特别值得一提的是，秋瑾为宣传与鼓动国内女子留日，不惜牺牲个人学业，回国奔走呼号。"顷者，留日诸君组织速成师范女学校，凡我留学者，未尝不为我国女界幸，及将来之中国幸也。……然而念二行省，吾不能家喻户晓也。即浙之东西，又苦交通之不便。我之奔走呼号于最亲爱之姊妹者，仅属之于笔墨之间接力，或诸姊妹量其苦衷，有表同情者。无论自费，或须筹费，请各抒高见，商榷办法……"[④]

1905 年上半年之前，留日女生基本是自费生。基于对女子留学的

① 参见《1854 年至 1953 年留学美国学生人数统计表》，陈学恂、田正平编《中国近代教育史资料汇编·留学教育》，上海教育出版社 1991 年版，第 686—687 页。

② 据《1854 年至 1953 年留学美国学生人数统计表》，1927 年至 1948 年全国留美学生共计 7702 人（不包括年份未详者）；留美学生按占欧美留学生 78.63% 计算，则留欧学生总数约 2100 人。按浙籍学生占欧美留学生的 9.03% 计算，有 900 余人。

③ 舒新城编：《近代中国留学史》，上海文化出版社（影印本）1989 年版，第 129 页。

④ 《实践女学校附属清国女子师范工艺速成科略章启示》，《秋瑾集》杂文第 9 页，转引自李又宁、张玉法编《近代中国女权运动史料》，台北传记文学出版社 1976 年版，第 1254 页。

重视，浙省规定留日官费生出缺即以女生考入日本国立高等师范的递补，原咨云："女生游学为养成母教之基……留学外国以进求高等专门学艺为主，故定章凡出洋学生必须中学毕业程度方能派遣。目前女学尚未发达，学校无多，虽不能限以中学毕业程度，亦应慎重慎择……至自费女生补给官费，应以考入东京高等女子师范学校，奈良高等女子师范学校，蚕桑讲习所女子部三校为限。照考取之先后名次与男生一体挨次补给本省官费。"①

据《浙江教育官报》文牍"会复奉准日公使咨留日女生陈德馨准给官费详"记载：

> 据东京女子大学浙江山阴县女学生陈德馨禀称，窃生前因称贷游学五年，升入女子大学，因称贷不继，旅费增繁，势将辍学。前曾具禀请补官费，呈送监督处，业由前总监督函寄浙省。嗣后，阅内地各报章，内载"藩署批准查照女学楼文耀一案，每年酌予补助，自本年起，以三年为限，每年由该生家属禀由地方官备文，请领发，该生家属自行汇寄"。等语。惟生亲属凋零，山阴本籍并无可以代领之人，是以迄今尚未领到，且生游学有年，旅食之费告贷俱穷。……其能入大学者，殊堪多见。生幸入大学，乃以经济困乏之故，将有中途辍学之虞，多年心力功亏一篑，殊不痛惜！而预计来日非年得四百元，万难支持。为此禀请据情转咨浙抚，格外成全，于前案外，准予补给官费一名，俾得有所成就，将来归国或可勉图报。……②

浙抚准此禀请，准给官费，以三年为限，每年洋四百元。

在上引陈德馨申请官费的材料中，有一段文字值得关注，即"惟生亲属凋零，山阴本籍并无可以代领之人，是以迄今尚未领到，且生游学有年，旅食之资告贷俱穷"，表明陈生并非出自大家或仕宦之家，

① 《学部奏咨辑要三编》，转引自舒新城编《近代中国留学史》，上海文化出版社（影印本）1989年版，第131—132页。
② 《浙江教育官报》第8期，"文牍一"第66—68页。

甚至其家庭境况很差。这同时亦说明，清季绍兴留学女生出身背景的
多样性，及"靠称贷"而游学的女子的不懈追求。

据不完全统计，1906 年至 1910 年浙省留日女生约为 18 人①，她
们的具体留学情况参见下表。

表 6 – 24   1906 年至 1910 年浙省部分留日女生情况统计②

学习学校	姓名	籍贯	费别	到日年月	入学年月	所学科目
实践女学校	郭珊	浙江山阴	奉天官费	1907. 4	1907. 4	工艺科
	张珺年	浙江钱塘	奉天官费	1907. 4	1907. 4	研究科
	李锡锦	浙江会稽	奉天官费	1907. 4	1907. 4	师范科
	陶淑仙	浙江会稽	奉天官费	1907. 6	1907. 6	工艺科
	郭华年	绍兴山阴	奉天官费	1907	1907	不详
	戴香子	浙江	自费	不详	1908. 3	工艺师范科
实践女学校	孙亚馨	浙江	不详	不详	1910. 10	不详
	赵璧人	浙江	不详	不详	1910. 10	不详
女子美术学校	冯撷英	浙江仁和	奉天官费	1907. 6	1907. 8	西洋画科
	张志俊	浙江	自费	1908. 3	1908. 4	不详
	邵绿	浙江仁和	不详	不详	不详	不详

———————

① 1908 年全国留日女生为 126 人，如按表一该年浙省留日女生 14 人计算，浙省留日
女生约占全国留日女生总数的 11%。参见陈学恂、田正平编《中国近代教育史资料汇编·留
学教育》，上海教育出版社 1991 年版，第 689 页。
② 1906 年至 1911 年留日女生资料来源：刘真主编《留学教育——中国留学教育史料》
（第一册），台北"国立编译馆"1980 年版；佚名编《清末各省官自费留日学生姓名表》，文
海出版社；《神州报》第 1 卷第 1—3 期（1907—1908）；谢长法《清末的留日女学生及其活
动与影响》，《近代中国妇女史研究》第 4 期，台湾"中研院"近代史研究所 1996 年 8 月
版；《浙江教育官报》等。

学习学校	姓名	籍贯	费别	到日年月	入学年月	所学科目
日本女子大学	陈德馨	浙江山阴	补官费	1905. 10	1907. 5	博物科
	林孟昭	浙江镇海	补官费	不详	1908	不详
东洋女艺学校	赵之耀	浙江秀水	不详	1906	1906	刺绣兼图画
	齐辉	浙江	自费	1908. 2	1908. 3	造花摘细工科
京都女子高等手艺学校	樊慧	浙江	自费	1908. 8	1908. 9	造花科
广岛女校	余菊英	浙江	不详	不详	1908. 6	不详
不详	韩士淑	浙江慈溪	不详	不详	不详	博物

　　上表已知籍贯的 11 名留日女生，绍兴籍为 5 人。值得注意的是，表中有 4 位绍籍女生获得 1907 年奉天省官费。1905 年，奉天省遣派熊希龄到日本视察教育后，便与下田歌子约定每年遣送十五名女学生到实践女校肄业。1907 年，奉天女子师范学堂派出二十一名学生到实践女校读师范科。[①] 这 21 名女生中就有绍籍女生 4 人（浙江共 7 人），这表明奉天省官费留学生资格的开放性与其时绍兴女子教育的发达。

　　因资料限制，清季绍兴留日女生具体人数已难确知。但可以肯定的是，正是这批女子留学的先行者，开创了绍兴女子留学的先河，为民初女子留学教育打下了一定基础，她们所起的榜样力量与示范作用对于推动女子教育的发展、社会的现代化意义重大。

　　就笔者掌握的资料来看，浙省 20 年代留日学生相关材料较为完备，下表为这一时期浙省留日女学生调查表，从中可以获得绍兴女生

---

　　① 参见［日］实藤惠秀《中国人留学日本史》，潭汝谦、林启彦译，生活·读书·新知三联书店 1983 年版，第 55 页。

留学日本的一些情况。

表 6-25　　　　　　　　　浙江省留学日本女生调查①

姓名	年龄	籍贯	到日年月	所在学校	入学年月	费别	国内经过学校
来大观	29	萧山	1924.9			自费	浙江省立女子师范毕业
夏宏武	26	瑞安	1926.3	日本美术绘画科	1926.4	省费	浙江省立女子师范毕业
王兰芳	22	平阳	1925.4	东京女子医专医科	1926.4	省费	上海启明女校修业三年
高耐玉	25	杭州	1925.10	东京女子医专医科	1927.4	省费	浙江省立女子中学毕业
林镜贤	21	瑞安	1928.1	东京女子医专医科	1928.4	自费	
孙虞卿	24	鄞	1924.9	东京女子高师理科	1925.4	省费	
顾鹤寿	23	杭州	1927.10	东京女子医专医科	1928.4	自费	浙江省立女子中学师范讲习科毕业
杨文范	22	杭州	1927.10	日本大学专门部政治科	1928.4	自费	上海启明女学

————————

① 材料来源：《浙江省留学日本学生调查表》，《浙江教育行政周刊》，第15、16、17期，"调查"。调查表中，男女留学生合计272人。因调查表中没有明确标明性别，只能根据学生原毕业学校、留日就读学校予以认定性别，故女生恐有遗漏。

续 表

姓名	年龄	籍贯	到日年月	所在学校	入学年月	费别	国内经过学校
余濂	28	永嘉	1924. 3	泉桥病院产妇人医科	1926. 9	自费	
胡佩芬	28	温岭	1920. 1	东京帝大分病院产妇人医科	1927. 4	省费	
张淑珍	25	平阳	1927. 4	女子美术刺绣科	1928. 10	自费	浙江平阳金镇公学
张锦云	15	杭州	1927. 12			自费	杭州私立弘道女子中学
岑仲玥	24	慈溪	1927. 12	东京女子医专医科		自费	浙江省立女子中学毕业
杨慕兰	29	绍兴	1925. 9	奈良女高师文科	1927. 9	省费	浙江省立女师毕业
杨慕洗	24	绍兴	1927. 9	奈良女高师预科	1927. 9	自费	浙江省立女子中学毕业
程国扬	25	新登	1925. 9	奈良女高师文科	1925. 9	省费	浙江省立女子蚕校毕业，省立女师修业四年
钱青	24	崇德	1925. 9	奈良女高师文科	1925. 9	省费	浙江省立女师毕业

续　表

姓名	年龄	籍贯	到日年月	所在学校	入学年月	费别	国内经过学校
叶雅棣	25	慈溪	1925.9	奈良女高师理科	1925.9	省费	浙江省立女子中学师范部毕业
陈積	24	平湖	1925.9	奈良女高师理科	1925.9	省费	浙江省立女子中学师范部毕业
蔡淑馨	24	德清	1925.9	川端画学校研究生	1926.9	省费	浙江省立女子中学师范部毕业
张信果	21	杭州	1928.8			自费	杭州弘道女中初中部
张翠华	16	杭州	1928.8			自费	杭州弘道女中初中部
郑展如	22	慈溪	1928.9			自费	浙江上虞春晖中学修业三年
曹贞静	16	永康	1928.10			自费	浙江省立第一中学第二部（女中）毕业
王珊英	17	宁波	生长日本	东京女高师家事科	1928.4	自费	

续　表

姓名	年龄	籍贯	到日年月	所在学校	入学年月	费别	国内经过学校
王少英	24	宁波	生长日本	东京女高师研究科家事科	1927．4	省费	东京市山协高等女学、东京女高师毕业
范文澄	29	绍兴	1925．10	日本美术图案科	1926．9	省费	浙江杭州私立甲种女子职业学校毕业
魏瑞芝	26	嵊县	1925．9	日本美术绘画科	1926．4	省费	浙江省立女师毕业
俞超雄	21	绍兴	1927．9	女学院美术手艺部缝纫刺绣科	1928．4	自费	浙江绍兴女子师范学校
郑推先	25	绍兴	1923．11	东京女子医专医科	1924．4	省费	绍兴女子师范毕业
陈素琴	25	绍兴	1926．10	早稻田大学政治经济部经济科	1928．4	自费	上海法政大学
范文淑	23	绍兴	1928．11			自费	上海大夏大学修业二年
刘泗清	22	宁波	1926．10	早稻田大学商学部商科		庚款补助	上海中国公学大学部商科修业二年

续　表

姓名	年龄	籍贯	到日年月	所在学校	入学年月	费别	国内经过学校
凌令达	18	崇德	1928.11	帝国女子医专医科		自费	山东青岛礼立女子中学毕业
鲁调鼎	28	余杭	1928.10			自费	浙江省立女子蚕业讲习所毕业
沈亚璋	24	杭州	1928.10			自费	浙江省立女子蚕业讲习所毕业
余敬华	23	宁波	1928.4			自费	浙江宁波女子师范修业三年
张秀清	21	鄞县	1928.12			自费	浙江宁波市立女子中学初中修业二年
陈云湘	18	鄞县	1928.12			自费	浙江宁波市立女子中学初中修业二年
夏蕊华	20	上虞	1928.12	东京女高师家事科		自费	浙江上虞春晖中学初中毕业

续 表

姓名	年龄	籍贯	到日年月	所在学校	入学年月	费别	国内经过学校
杨绿湘	29	新昌	1923.9	关西美术院图画科	1928.4	省费	浙江省立女子师范、日本东京女子高师毕业
徐彩文	20	上虞	1928.12			自费	浙江上虞春晖中学初中毕业
张牟永忻	22	黄岩	1929.1	明治大学女子部法律科	1929.4	自费	辅延女子师范毕业
沈寿珍	23	嘉兴	1929.10			自费	浙江省立女子师范毕业
于瑞年	19	杭州	1929.9			自费	杭州私立蕙兰高中毕业

上表显示，20 年代浙省留日女生共计 45 人（年龄最大者 29 岁，最小者 15 岁），占浙省统计留日学生总数 272 人的 16.54%；留日女生 45 人中，自费生 28 人①，占 62.22%。从已知女生所学专业来看，师范、医科、美术占多数。就女生籍贯而言，按旧府县区域划分，绍兴地区最多，为 13 人，占 28.89%；宁波地区 10 人，杭州 9 人，温州地区 5 人，嘉兴地区 4 人，台州、湖州地区各 2 人，金华地区 1 人。绍兴、杭州、宁波三地区较多，温州、嘉兴次之，严州、处州、衢州

---

① 其中自费生岑仲玥、夏蕊华、王珊英、凌令达四人后转为津贴生。

三地区在统计时间内无女生留日。女生留日的数量与地区经济、文化、社会风气的开放程度等密切相关，绍、杭、宁三地区正是浙省经济、文化、社会风气的开放程度最好的地区。留学女生的多寡也能从一个侧面反映不同地区女子教育整体水平的高低，特别是中等教育的发展状况。

表中所列绍兴籍 13 位留日女生，以下信息值得关注：第一，年龄。最大者 29 岁 3 人，最小者 20 岁 2 人，平均年龄为 25.23 岁。留日女生年龄偏大，反映民初女子中等教育仍不甚发达，但也表明绍兴妇女先觉者追求知识与独立的不屈精神。第二，留学费别。自费生 8 人，省费生 5 人，自费生占 60% 以上，与整体留学费别情况一致。第三，留学专业。已知修读专业者 9 人，其中师范、美术专业 7 人，经济专业 1 人，医学专业 1 人。可见女子留学生就业趋向大多为教师。此外，就读于日本早稻田大学政治经济学专业的陈素琴，毕业于上海法政大学；范文淑于上海大夏大学修学二年，显示绍兴留学女生的整体学业水平有所提升。

2. 留学欧美

1908 年以后，随着留学日本热潮的消退，中国近代留学教育跨进了一个新的时期，这个新时期以美国退还部分庚子赔款吸引中国留学生为肇端，进而推动留学教育形成了多元化的新局面。[①] 如 1911 年，留美中国学生男女生共计 650 人，其中女生 52 人，平均年龄 25 岁（男生平均年龄 24 岁）。[②] 至此，绍兴女子留学国别也呈现多样化的发展趋势。

据 1913 年统计，浙省官派留学生情况为：英国 11 人，法国 7 人，德国 9 人、又女生 1 人，美国 16 人、又女生 3 人，比利时 2 人，俄国 1 人，奥地利 1 人，日本 49 人、又女生 11 人，共计 111

---

① 参见田正平《留学生与中国教育近代化》，广东教育出版社 1996 年版，第 97 页。
② 参见《留美中国学生统计》，《教育杂志》第三年（1911）第 6 期，"记事"第 49—50 页。

人，其中女生 15 人。① 自费生情况不详，其比例应大于官费生。据此推算，1912 年浙省自费留学女生应该有一定数量，其中当有绍籍女生。

就全国来看，1913 年至 1920 年留美女生人数年平均约为 20 人；1921 年猛增为 40 人，至 1926 年的六年间平均年约为 40 人。1916 年已有女生 159 人，到 1917 年，已将近 200 人。② 1925 年留美总数 2500 人中，女生有 640 名，占 25.6%。③ 就民初留美学生的籍贯而言，浙江约占全国比例的 9.03%，据此推算 1925 年浙籍留美女生有近 50 人。④

又 1928 年至 1949 年全国留美学生共计 8416 人，性别未详者 650 人，女生 1897 人；若按近代百年浙省留美学生约占 5% 的比例计算，1928 年至 1949 年浙籍女生约有 100 人，其中绍兴籍女生约 20 人。⑤ 因此，可以肯定，民国后绍兴女子留美生数量也在不断增多。

三十年代以后，随着国际环境的变化与反日情绪的高涨，绍兴女子留学趋向以欧美为主，留学欧美的人数不断增加。如 1930 年下半年留法官费生陈芝秀（诸暨人），就读于里昂国立美术专门学校工艺图案科。⑥ 因资料的限制，绍兴留学欧美女生的具体情况很难确知。

---

① 参见《浙籍留学生部催解费》，浙江教育会发行：《教育周报》第 13 期。据舒新城《近代中国留学史》，江苏与浙江之留学生特别趋重于美日两国。

② 参见《1854 年至 1953 年留学美国学生人数统计表》，陈学恂、田正平编《中国近代教育史资料汇编·留学教育》，上海教育出版社 1991 年版，第 686—687 页。

③ 参见汪一驹《中国知识分子与西方》，梅寅生译，台北桐城出版社 1978 年版，第 106 页。

④ 自民国十年（1921）至民国十四年（1925），浙江留学欧美生计 107 人，占全国比例为 9.03%，处在第二位（江苏 221）；浙江省费留学日本为 120 人，占全国比例 11.15%，处在第一位。参见舒新城《近代中国留学史》，上海文化出版社（影印本）1989 年版，第 225—231 页。

⑤ 据李喜所、刘集林等著《近代中国的留美教育》（天津古籍出版社 2000 年版）一书统计。1854—1953 年全国留学学生共计 20636 人，籍贯不详者 5366 人，浙籍 757 人。

⑥ 参见《浙江省里昂中法大学官费生一览表》（自民国十七年七月至二十一年三月），《浙江教育行政周刊》第 4 卷第 3 号（三年来浙江高等教育概况专号）。

作为近代中国留学潮流重要组成部分与先驱者的绍兴女子留学生，虽人数不是很多，但她们能克服重重困难，远涉重洋、求新知于世界；留学的教育经历，既拓展了她们的生活空间、弘扬了女性的独立自主人格、实现了其自我人生价值，又使她们在近代中国社会的舞台上叱咤风云，成为妇女运动与妇女解放的旗手，促进了绍兴新教育的发展，推动了社会变革与现代化的进程。

四、近代绍兴留学生与社会变革

在西学东渐大潮中走出国门的绍兴留学生，其成长与发展得益于浙江开放的地域环境、深厚的人文传统与自古以来昌盛的文风以及相对发达的经济。考察晚清民国时期的绍兴留学教育，在半个多世纪的时间里，有一千余人走出国门，求新知于世界，接受欧风美雨的洗礼，成为新时代的先觉者。留学教育无疑拓展了绍兴学子的求学路径，塑造了一批知识精英，他们回国后，活跃于各个领域，成为绍兴、浙江乃至中国社会变革与现代化进程中的领军人物，正如舒新城指出的，"此辈留学日美之学生回国后固有特殊的地位，社会上各种事业受其影响甚大"[1]。

首先，近代绍兴留学生为晚清革命之先驱。

在清季"驱除鞑虏，恢复中华"的排满革命运动中，绍兴籍留日学生成为反清革命的主力，他们组建秘密会社"光复会"，通过创办新式学堂，集聚革命力量，宣传革命思想，成为浙江革命军之主力。首要人物蔡元培、陶成章、徐锡麟、秋瑾等均是光复会的发起者与核心成员，他们的革命义举体现了越文化的"剑胆"精神，加快了中国社会的变革进程。[2]

---

[1] 舒新城：《近代中国留学史》，上海文化出版社（影印本）1989 年版，第 231 页。

[2] 有论者指出：光复会的基地浙东，历来号称报仇雪耻之乡、卧薪尝胆之地；明末清初，进步思想家反满的民族思想和反封建专制的民主思想，对光复会成员影响很深。武备学堂和绍兴大通学堂，都悬有楹联："十年教训，君子成军，溯数千载祖雨宗风，再造英雄于越地；九世复仇，春秋之义，原尔多士修麟养爪，毋忘寇盗满中原"。（参见朱顺佐《试论光复会群体思想的历史渊源和基础》，《浙江社会科学》1995 年第 5 期）

表 6－26　　　　　　　　部分光复会绍兴籍留学生简况①

姓名	籍贯	留学国别	简介
陶成章	会稽	日本	光复会领袖，辛亥十一月被刺死于上海
蔡元培	会稽	德、法	曾任会长，组织暗杀团
蒋尊簋	诸暨	日本	在日本东京加入光复会。辛亥后任浙江都督、兼民政部长
许寿裳	山阴	日本	1908 年入光复会。任浙江两级师范学堂教务长
周树人	会稽	日本	1908 年入光复会
秋瑾	绍兴	日本	曾任教于绍兴大通学堂，培养革命骨干，后被俘就义
徐锡麟	绍兴	日本	曾任教于绍兴大通学堂，刺杀安徽巡抚恩铭，被俘就义
徐伟	绍兴	日本	徐锡麟二弟。回国被俘。后任教上虞春晖中学
徐锡麒	绍兴	日本	徐锡麟三弟。皖案后遭通缉。辛亥后任绍兴民团、商会长
徐锡骥	绍兴	日本	徐锡麟四弟。辛亥后从事药业
沈锡庆	绍兴	日本	徐锡麟表侄，曾助徐办热诚学校。辛亥后任职法律界等
陈子英	绍兴	日本	与徐锡麟同办热诚学校，任体操教员

---

① 根据光复会、辛亥革命、绍兴地方史料等相关资料整理。

姓名	籍贯	留学国别	简介
孙晓云	上虞	日本	陶成章之妻，参加光复会在国内的联络工作
姚麟	嵊县	日本	任教大通学堂，在绍兴创办震旦蚕业女校
陈燮枢	绍兴	日本	协助徐锡麟办热诚学校，曾任龙山法政学校校长
范爱农	绍兴	日本	徐锡麟学生，皖案后，被清廷通缉
任元炳	绍兴	日本	辛亥后，出任绍兴县议会议长
孙德卿	绍兴	日本	任大通学堂总务长，参与创办成章女校、陶社

其次，近代绍兴留学生为新思想的传播者。

留学生在归国以后，创办与发行报刊，成立学会，著书立说，传播新思想、新文化，积极扮演启蒙越地民众的角色。

1903 年五月，光复会会员王子余、徐锡麟、陈仪等创办《绍兴白话报》，以通俗的语言文字宣传新思想，编辑及主要撰稿人有蔡谷卿（蔡元康）、王子澄、任佑扈、何屺瞻、胡钟生、沈佑之、刘大白等。办报宗旨为"唤起民众爱国，开通地方风气"，进行反封建的革命宣传，时人评为"鼓吹革命的先声，政治宣传之领导"。栏目有《论说》《大事记》《绍兴五千年人物谈》《小说》《绍兴近事》等，摘载国际国内大事，且对绍兴时局多有评论。1907 年，登载秋瑾所撰《大通学堂第二次招生广告》《中国妇人会章程》《劝女子亟宜进学堂》等①。该报总发行所设仓桥街万卷书楼，分售处遍及府属各县；外埠设有宁波、杭州、福州、上海、北京等发行所，共出 200 期。在资讯不发达的清季，《绍兴白话报》无疑成为绍兴各地民众了解世界、获得新知的重要媒介。

---

① 《绍兴白话报》。

徐锡麟在绍兴府中学堂任教时，开设特别书局，销售《拿破仑传》《法国大革命》《泰西新史揽要》等具有资产阶级民主思想的书籍。1901年，蔡元培创建中国教育会，又设立爱国女校与爱国学社，成为上海最早的革命组织，爱国志士如章太炎、陶成章、吴敬恒、蒋维乔、蒋观云等云集于此，成为上海资产阶级革命的联络中心，光复会在此基础上创建。同时，他们还纷纷著书立说，倡言新思想，如徐锡麟的《问罗马为意大利所踞、教皇权势已去而中国教祸反剧，其故何在?》《中国商务宜如何振兴策》《光复军告示》等；秋瑾写了大量爱国诗歌，如《黄海舟中感怀》《吊吴越烈士》，小说《精卫石》等；陶成章著有《中国民族权力消长史》《浙案纪略》《龙华会章程》等，还主编过同盟会机关报《民报》，"民报之所以发挥民族主义，期于激动感情为事者，盖自陶氏编辑时始"；蔡元培与章太炎等七人曾轮流为《苏报》写稿。①

再次，近代绍兴留学生活跃于教育领域，通过兴办学校，推动绍兴近代教育的转型与发展。

下表为部分绍兴籍留日学生在浙江境内参与创办、主持的各类学校简况，从中可以看出留学生群体对绍兴近代教育的影响。

表6－27　　　　　　　部分绍兴籍留日学生办学情况②

姓名	学习、办学简历
陶成章	1902年日本成城学校，学习军事。在云和创办先志学堂，发起创办大通学堂
徐锡麟	创立大通学堂、越郡公学、明道女学、热诚学堂
沈钧业	1905年留学日本早稻田大学学习政治经济科。1913年1月任浙江省教育司司长，以振兴教育为任，主持浙江省的教育行政管理工作

① 参见林文彪《论绍兴辛亥革命的历史功绩和精神遗产》，《绍兴文理学院学报》2001年第6期。

② 根据光复会、辛亥革命、绍兴地方史料等相关资料整理

续　表

姓名	学习、办学简历
朱其辉	日本千叶医学专门学校毕业。担任浙江省立医药专科学校校长
经亨颐	1903 年日本留学。任浙江省立第一师范学院校长；1907 年，浙江两级师范筹备期间，受聘担任教务处长
孙德卿	1904 年留日。创办肇基学堂、上亭蒙养园，资助创办竟成学堂、大端女子学堂
姚麟	1902 年留日。创办嵊县师范学堂、绍兴震旦蚕业女子学堂
周树人	由浙江两级师范学堂来绍，先后出任绍兴府中学堂监学、山会初级师范学堂监督（校长）
李季谷	1917 年毕业于浙江省立第一师范；1918 年官费赴日本东京高等师范。抗战胜利后，任台湾师范学院院长、浙江省教育厅厅长

总之，近代绍兴留学生已取代科举时代之社会精英，通过革命、启蒙、教育等途径，积极参与绍兴社会变革，成为近代各领域的领袖人物，"社会上各种事业受其影响甚大"。

绍兴是浙江人才之源，近代许多名震一时的人物，都来自绍兴。绍兴的人才与它的社会经济发展有一定的关系。蒋鼎文曾说："这一带人民的生活大都小康。一般人家的子弟受到中等教育，无力升学的大部分到政府机关去充当小吏，或者当讼师，所谓'绍兴师爷'大致是这样来的。"① 经济的小康加上为人的精明，造就了绍兴人能干敢闯的处世风格。

近代的绍兴，群星璀璨，在整个浙江同级区域，人才最盛而多。"即使从留日这个小的视角来看，在日后知名的绍兴人就有蒋智由、

---

① 李毓澍访问，周道瞻记录：《蒋鼎文先生访问记录》，台湾"中研院"近代史语言研究所访问记录《口述历史（九）》，第 1 页。

何燏时、陶成章、陈仪、俞大纯、许寿裳、周树人、经亨淹、蒋尊
簋、经亨颐等人。"①

附表　　　　　　　　部分绍兴留日学生简况②

姓名	籍贯	留日学校	费别	姓名	籍贯	留日学校	费别
杨开渠	诸暨	东京帝国大学	自费	王璐	上虞	弘文学院	自费
周进三	嵊县	东京帝国大学	补	金葆穉	上虞	弘文学院	自费
周敬瑜	嵊县	京都帝国大学	官费	马开松	嵊县	振武学校	官费
陈建功	绍兴	东北帝国大学	特补	孙兆基	山阴	清华学校	自费
章志青	上虞	附属药学专门部		沈光史	绍兴	四高	公费
刘培基	绍兴	高师		诸维淦	绍兴	京都是喜	公费
李文政	上虞	高师		方履熙	绍兴	明专	自费
谢然之	余姚			袁钊	嵊县	庆大	自费
何燏时	诸暨	帝国大学	官费	鲁钧	绍兴	东高师	自费
鲁钧	绍兴	九州帝国大学		董坚	绍兴		自费
周振均	绍兴	九州帝国大学	公费	陈中	绍兴	九大	官费
余棨昌	会稽	第一高等学校	官费	邵元济	绍兴	足尾矿山实习	官费
陈威	绍兴	早稻田大学	自费	朱兆萃	绍兴	高师	自费
王吟泰	山阴	第一高等学校	自费	王长春	绍兴	东大	官费
张乐熙	绍兴	第一高等学校	自费	俞晓舫	诸暨	预备	自费

---

① 薛绥之主编：《鲁迅生平史料汇编》第一辑，天津人民出版社 1981 年版，第 212
页。

② 资料来源：浙江档案馆。

续 表

姓名	籍贯	留日学校	费别	姓名	籍贯	留日学校	费别
谢乃壬	绍兴	高师		钱乘时	诸暨	高工	官费
经亨颐	上虞	高师		金荣谦	诸暨	预备	自费
徐朝宗	会稽	上官学校	官费	俞元镐	诸暨	高师	官费
蒋尊簋	诸暨	上官学校	官费	周岐	诸暨	明大	自费
毛学稼	绍兴	东京高等师范学校	自费	孙慕侨	嵊县	实习	公费
余骐	山阴	上官学校	自费	蔡绍敦	诸暨	实习	公费
			自费	顾耆	绍兴	长医	
汤贻家	绍兴	东京高等工业学校	自费	刑冕	嵊县		
			官费	何寄	绍兴		
王佩文	上虞	正则英语学校	自费	王绍驿	嵊县	法政	
陶尚铭	会稽	早稻田中学校	自费	金宝善	绍兴	千医	
余念祖	山阴	正则英语学校	自费	宣侠父	诸暨	水产	自费
寿昌田	山阴	振武学校陆军	官费	陈瓒	绍兴	东京高工	公费
邵文镕	会稽	清华学校	自费	董德新	绍兴	千叶医专卒业	公费
蒋智由	诸暨	预备入学	自费	倪墨乡	绍兴	名古屋第六联队见习	公费
梁强	会稽	成城学校	自费	冯文华	绍兴	三井病院	自费
周树人	会稽	弘文学院/仙台医学院	官费	范高平	上虞	农专	

续　表

姓名	籍贯	留日学校	费别	姓名	籍贯	留日学校	费别
陈叙朝	绍兴		官费	冯秀家	诸暨		
汤拙存	山阴	政法大学	官费	何焖时	诸暨	东大	
徐官海	嵊县	政法大学	自费	何继遵	萧山	东工	
陈鸿慈	会稽	政法大学	官费	陈赞青	绍兴	法大	
朱铠	会稽	政法大学	官费	徐锡骥	绍兴	千叶医专	
舒永琪	山阴	政法大学	官费	罗任杰	上虞	明大	
姚永元	嵊县	正则英语学校	自费	杜之成	上虞	高工	
余肇昌	会稽	第一高等学校	官费	毛起民	诸暨	大阪高工	
斯明	诸暨	长医		潘延翰	诸暨	早大	自费
王万方	诸暨			诸惟淦	绍兴	实习	公费
章鲁瞻	诸暨	早大		胡春韶	嵊县	明大	自费
周作熊	诸暨	明大		魏福嘉	上虞	高工	官费
沈钧叶	绍兴	法大		黄树滋	上虞	东亚	自费
王家襄	绍兴	法大		斯励	诸暨		自费
周作人	绍兴	东外语校		骆桢	诸暨	明专	官费
朱其炜	绍兴	千叶医专		边颂慈	诸暨	明专	官费
陈仪	绍兴	陆军大学		毛咏棠	诸暨	高师	官费
曹慕管	上虞	早大		潘庭翰	诸暨	预备	自费

续　表

姓名	籍贯	留日学校	费别	姓名	籍贯	留日学校	费别
赵学宝	诸暨	实习		潘锡畴	诸暨	大森体育卒业	自费
周子华	诸暨	早大		郭祖闻	诸暨	一高	官费
卢钟狱	诸暨	明大卒业		周之华	诸暨	早稻田大学政治经济	自费
姚镜兑	绍兴			杨大奎	绍兴	一高	官费
刘靖商	绍兴			李宗武	绍兴	高师	自费
陶铸	绍兴	长崎医专		王廷瑨	绍兴	明治	自费
侯绍章	绍兴	九州帝国大学	官费	丁而盛	绍兴	明治工	官费
余益义	绍兴	东亚学校	官费	周学普	嵊县	六高	公费
经亨杰	上虞	东亚铁道学校		邵紫庭	诸暨		
金骐	山阴	士官学校		蔡之杰	诸暨		
余边申君	山阴	妇人协会实践女学校	自费	刘鸿渐	绍兴		
魏炳章	嵊县	日大政三	自费	谢镇章	绍兴		自费
周傲予	嵊县	豫备	自费	杨春奎	绍兴	东京法医	自费
张锡三	上虞			宋绍英	绍兴	日本大选	自费
周福康	诸暨	东亚	自费	孙墓侨	嵊县	实习	公费
余宗瀚	诸暨	明大	官费	王延璟	绍兴	早大	自费
周思溥	诸暨	帝大选科	自费	赵世盛	诸暨		

续　表

姓名	籍贯	留日学校	费别	姓名	籍贯	留日学校	费别
斯荣	诸暨	长崎医专卒业	自费	王延佩	绍兴		
郑尧柈	绍兴	高工	官费	刘承基	绍兴		
钱绩熙	嵊县	实习	官费	汤贻湘	绍兴	高工	
周进三	嵊县	一高	官费	方履钦	绍兴	长崎高商	自费
吴荣堂	上虞	制茶科练习生	官费	周亚衡	嵊县		
王师	诸暨	预备	自费	冯秀象	诸暨		
赵毓英	诸暨	预备	自费	杜志诚	上虞		
何时慧	诸暨	预备	自费	郭潘	诸暨		
魏国霖	诸暨	高师	官费	薛尚友	嵊县		
周钟煜	诸暨	早稻田预科	自费	张天培	绍兴		
陈钦朝	绍兴		自费	徐抱式	绍兴		
王定基	绍兴	明治	自费	潘其康	绍兴		
徐正定	绍兴			尹维廉	嵊县		
王揆一	诸暨			俞烨	嵊县		
顾清选	诸暨	陆军大学	官费	陶元钧	会稽	预备入校	自费
高淑贞	诸暨	东京女子产科学校		童一心	嵊县	明大	自费
章则泗	绍兴	京都实习	公费	王衷澄	嵊县	日大	自费
姚子重	绍兴	早大	自费	谢似颜	上虞	高师	官费

续　表

姓名	籍贯	留日学校	费别	姓名	籍贯	留日学校	费别
赵毓荫	诸暨			斯列	诸暨	明大	自费
傅国芬	诸暨	大森体校		何乃贤	诸暨	预备	自费
裘谔臣	嵊县	帝大		徐述舜	诸暨	明专	自费
周敬予	嵊县	六高	公费	范寿康	上虞	东京帝大文科二年	官费
赵崇宝	诸暨			陈蟠	上虞	国民英学会	自费
裘绍	嵊县			詹篆淇	诸暨	岩石铁道学校	自费
杨季忱	诸暨	明专卒业	公费	徐增明	诸暨	高师	官费
顾树人	诸暨	成城中学		潘锡九	诸暨	高师	官费
张同礼	诸暨			杨伟标	诸暨	一高	官费
姚钟兑	绍兴		自费	娄子伦	绍兴		
徐学尧	绍兴	东亚	自费	许颂威	绍兴	明治大学	
孙去病	绍兴	东大	官费	糜春辉	上虞	东亚高等预备学校	自费
顾竹筠	诸暨	女子医专		王蔚文	上虞	成城学校	自费
邵鸿书	绍兴			金益义	绍兴	研数学馆	
朱其辉	绍兴	泉桥慈善病院	自费	高平	上虞	札幌农学校	自费
夏蕊华	上虞	帝国女子医学专门		郑应奎	绍兴	日本染洗工学校	自费

姓名	籍贯	留日学校	费别	姓名	籍贯	留日学校	费别
潘祖华	绍兴	专修大学专门部		谷斯愚	上虞	成城学校留学生部	自费
潘祖扬	绍兴	专修大学专门部		蒋志洒	诸暨	庆应义塾大学	自费
章志青	上虞	千叶医科大学	官补	何乾坎	诸暨		
宋越伦	上虞			吴廷璆	绍兴	京都帝大	官费
范显人	上虞	正则预备学校	自费	周植沇	诸暨	长崎高等学校	自费
蔡梦周	诸暨			斯继唐	诸暨	早稻田大学文学部	
陈葭芬	绍兴	东亚高等预备学校	自费	田锡安	绍兴	日本大学中央大学	自费
姚笙	绍兴	成城学校留学生部		周思通	诸暨	陆军士官学校	
夏咏常	上虞	东亚高等预备学校	自费	陈琮	绍兴	大阪帝国大学	自费
张志明	诸暨			王和成	绍兴	第一高等学校	自费
谢文丕	上虞	早稻田大学		陈瑝	绍兴	大阪帝国大学	自费
韩嗣奇	绍兴	东京铁道局教习所		蒋志奇	诸暨	陆军士官学校	
周振华	绍兴	陆军士官学校	公费	周世溥	诸暨	顺天堂病院	
钱艮	上虞	东京工业大学	选拔	陈毅	绍兴	陆军大学	
马荫森	绍兴	东京工业大学	官费	葛篆乾	诸暨	实习	公费
夏咏常	上虞	东亚高等预备学校		许寿裳	绍兴	高师	官费

续 表

姓名	籍贯	留日学校	费别	姓名	籍贯	留日学校	费别
魏瑞芝	嵊县	日本美术学校	官费	袁冀	嵊县	大阪高工	
周顺增	上虞	早稻田中学校		陈铁生	绍兴	专门部留学生	自费
陈梦士	绍兴	东亚高等预备学校	自费	程雪门	衢县	预备	
蒋霈人	诸暨	东亚高等预备学校	自费	冯少白	诸暨	法政大学	
蒋公权	诸暨	东亚高等预备学校	自费	沈善生	绍兴	东亚	自费
寿秉仁	诸暨	顺天堂病院		贺峻寿	绍兴	东亚	自费
朱君焴	绍兴	社会教育学院		田嘉德	绍兴	熊谷町蚕业试验场	自费
吴犖	会稽	同文书院	自费	冯璘	诸暨	熊谷蚕系试验场	自费
杨慕洗	绍兴	奈良女子高等师范	自费	马继祖	绍兴	东京铁道局教习所	官费
梁强	会稽	成城学校	自费	陈毅	山阴	振武学校陆军	自费
徐福清	诸暨			魏青	绍兴	东亚高等预备学校	
潘其壎	绍兴	冈山医专	自费	顾树立	诸暨	成城中学	
杨慕兰	绍兴	奈良女子高等师范	官费	郑推先	绍兴	东京女子医学专门	官费
杜福垣	山阴	第一高等学校	官费	徐颂薪	诸暨	高师	官费

续　表

姓名	籍贯	留日学校	费别	姓名	籍贯	留日学校	费别
马荫春	绍兴	东亚高等预备学校		周友望	嵊县		
陈泽华	绍兴	法政大学		张处中	绍兴	东高工	自费
徐忠国	诸暨	上田蚕系	公费	高世铭	绍兴	青山农实	自费
周新林	诸暨			秋瑾	山阴	预备入校	自费
倪正彦	诸暨	三井病院	自费	汪祖泽	绍兴	明大	
和契汉	衢县			宣澄	诸暨		
陈正之	嵊县	明治大学专门部	补给	周学善	嵊县	一高	官费
沈木公	绍兴	东亚高等预备学校	自费	屠世享	嵊县	日大	
沈一灵	绍兴	东亚高等预备学校	自费	朱培栋	上虞		
鲁钧	绍兴	九州帝国大学	官补	金嘉羽	诸暨	明大	自费

第四节　由革命到启蒙：近代绍兴教育家的教育思想与实践

后发国家的现代化事业是由精英领导与发动的，从某种意义上说是"英雄造就了时事"。历史地看，近代绍兴新教育的创生与发展，得益于一批绍籍教育家的思想引领与实践推动。

越文化中心地的绍兴，近代涌现出了众多杰出的教育家，如蔡元培、鲁迅、经亨颐、陈鹤琴、夏丏尊、杜亚泉、蒋梦麟等。他们处于西学东渐的大背景下，一方面都曾接受过中国传统教育，有深厚的儒家学养，深受越文化的熏陶；另一方面又沐浴欧风美雨，浸润于西学

大潮，学贯中西，肩负文明再造的历史使命。怀抱"吾人苟切实从教育着手，未尝不可使吾国转危为安"①的信念，近代绍兴教育家在教育思想的探索与实践活动中，表现出特有的越文化爱国、坚韧、开拓、创新的精神。

本节以教育年谱的形式，围绕"革命元勋与学界泰斗"蔡元培、"科学启蒙与出版界先驱"杜亚泉的教育活动，考察晚清至民初绍兴教育家的教育思想与实践，以展现剧变时代绍兴教育家的历史贡献。

一　由革命元勋到学界泰斗：蔡元培的教育活动与思想②

蔡元培（1868—1940），字子民。清季，先后担任过绍兴中西学堂监督、上海南洋公学教授，创办爱国女校，组织中国教育会、爱国学社，发起绍兴教育会；民初，出任教育总长、北京大学校长，曾两度留学欧洲。自由主义教育思想贯穿其整个教育实践当中，他积极主张个性独立、精神自由，扩大女子教育权，提倡学术自由、兼容并包，强调养成学生健全人格。追求教育独立性等，被誉为"革命元勋、学界泰斗、道德楷模"。

蔡元培

---

① 高平叔编：《蔡元培全集》第3卷，中华书局1984年版，第26页。
② 蔡元培教育年谱主要根据高平叔撰著《蔡元培年谱长编》（人民教育出版社1996年版）整理。

从左自右：蒋梦麟、蔡元培、胡适、李大钊

（一）1898—1906 年：委身教育与运动革命时代

1898 年

8 月，与王书衡等筹设东文学社，开始学习日文。

10 月，携眷弃官南下，返绍。

因戊戌政变，六君子被杀，康梁被通缉。"我甚愤懑，遂于九月间携眷回绍兴。虽有人说我是康党，我也不与辩。"

蔡先生虽同情变法维新，但对康、梁等人的做法不以为然，认为"康党所以失败，由于不先培养革新之人才，而欲以少数人弋取政权，排斥顽固，不能不情见势绌"。革除中国积弊，须从根本上培养人才着手，有鉴于此，蔡元培回家乡办学堂。

12 月，任绍兴中西学堂总理。

蒋梦麟回忆：蔡先生年轻时锋芒很露。他在绍兴中西学堂当校长时，曾批评康有为、梁启超维新运动不彻底，因为他们主张保存满清皇室来领导维新。说到激烈时，他高举右臂大喊道："我蔡元培可不这样。除非你推翻满清，任何改革都不可能。"[①]

据此可见，用革命手段推翻满清政权，通过新教育培养革新人

---

① 蒋梦麟：《西潮》，辽宁教育出版社 1997 年版，第 107 页。

才，已成为蔡元培明确的救亡图存之思想。

1899 年

3月，任杜亚泉组织的"蒙学会"识字书的编撰。

12月，以所拟《绍兴推广学堂议》付刻。主张"筹集绍属八邑之公款，在府城设高级、中级学堂各一处；在县城，各设初级学堂一处"。

1900 年

2月，因支持新派教员，遭堂董干涉；且不愿恭录上谕悬之学堂厅室，愤而辞职。

学堂新派教员有马用锡、杜亚泉、寿孝天、何朗轩等人。他们"笃信进化论，对于旧日尊君卑民、重男轻女的习俗，随时有所纠正"，其中以马、杜二人为激烈。马"醉心于进化论，博览日文译本，均取大例，用以说明社会的一切，力持民权、民主的重要性"。杜"先治数学，进而治理化，亦喜研究哲理，对于革新政治、改良社会诸问题，常主激进"。蔡先生不仅支持，并且站在新派立场与旧派辩驳。

从蔡元培辞去中西学堂监督事件，可以看出晚清绍兴不少读书人受进化论影响甚深，思想激进，主张社会改革，走在时代前列。蔡先生与旧势力的不妥协，颇具"剑胆"之精神，无疑是其时绍兴新派的领袖，正如他在辞呈中所言："元培固不畏祸，元培近得炼心之要，时无古今，地无中西，凡所见闻，返之吾益己益世之心而安，则虽阻之以白刃而必行；返之吾心而不安，则虽迫之以白刃而不从。"[1]

辞职后即往嵊县任剡山、二戴书院院长。

拟嵊县《剡山、二戴书院学约》。着重指出：诸生有志为士，

---

① 蔡元培：《致徐丈仲凡书》，转引自高平叔《蔡元培年谱长编》（上），人民教育出版社1996年版，第172页。

当思自有生以来，一切养生之具，何不仰给于农工商，而我所以与之通易者，何功何事？不患无位，患何以立，怵然脱应试求官之积习，而急致力于有用之学矣。且劝诸生致力于新学。

3月，在他人调解下，返回中西学堂；仍兼任嵊县两书院院长。

1901 年

7月，代拟绍兴东湖书院章程，其中学科为五种：经学（伦理通论、政事通论），史学（地政、国政），词学（论说、诗歌、英文），算学（代数、几何），物理学（以《西学启蒙》中之生理学、地质学、动植物学、化学为课本，略购仪器）。

应上海澄衷学堂总理刘葆良之邀，到学堂帮助工作。

9月，任上海南洋公学特班总教习。

特班生黄炎培回忆：斯时吾师之教人，其主旨何在乎？盖在启发青年求知欲，使广其吸收，由小己观念进之于国家，而拓之为世界。又以邦本在民，而民犹蒙昧，使青年善自培其开发群众之才，一人自觉，而觉及人人。其所昭示，千言万法，一归之爱国。①

特班生邵力子回忆：他痛心于清政之腐败，国势之阽危，忧国的心情不时流露于词色；他具有温良恭俭的美德，从不以疾言厉色待人，也不作道学家的论调，而同学自然受其感化。②

蔡元培的忧国与爱国情怀，是他投身教育事业与随后从事反清革命运动的动力之源。

1902 年

3月，起草《师范学会章程》：该会以"使被教者传布普通

---

① 黄炎培：《敬悼吾师蔡孑民先生》，重庆《大公报》1940年3月23日。
② 邵力子：《我所追念的蔡先生》，重庆《中央日报》1940年3月23日。

之知识，陶铸文明之人格"为宗旨，以"联合同志实行教术，不藉政府补助之力，而达学校普及之盛"为目的，以"保持我国固有之文明，而吸采世界新出之理论，以为荣养之资，冀达粹美之域"为作用。

4 月，与蒋观云、叶瀚等在上海发起成立中国教育会，被推为会长。

该会以"教育中国男女青年，开发其智识，而增进其国家观念，以为他日恢复国权之基础为目的"。

据蒋维乔回忆，中国教育会表面办理教育，暗中鼓吹革命。[①]

7 月，赴日本游历。

9 月，与蒋观云、黄宗仰等在上海创办爱国女校，不久继蒋观云后接任爱国女校总理。

爱国女校：以教育女子增进其普通知识、激发其权利义务之观念为宗旨。

11 月，南洋公学发生退学风潮，率特班生一同退学。与中国教育会同人创立爱国学社，被推为学社总理。

爱国学社宗旨：重教育精神，重军事教育，而所授各学科，皆为锻炼精神、激发志气之助。

是年，兼任商务印书馆编译所所长，所编《文变》一书由商务印书馆代印出版。

1903 年

与爱国学社社员多次在上海张园举行演说会，宣传爱国、民主思想，并发起拒法、拒俄运动，组织拒俄义勇队（后改名为军国民教育会）。

2 月，参与筹办绍兴公学。促成上海震旦学院的创办。

---

① 蒋维乔：《中国教育会之回忆》，《东方杂志》第 33 卷 1 号。

3月，与杜亚泉、徐友兰等发起组织"绍兴教育会"，以推进绍属各县教育事业。

4月，江南陆师退学生到上海后，即"编入爱国学社学籍"，学社从事军国民教育，教授兵式体操。蔡先生"亦剪发，服操衣，与诸生同练步伐"。

6月，赴青岛学习德文。《苏报》案后，于9月回到上海。

12月，与王小徐、汪允宗创办《俄事警闻》日报。发起组织对俄同志会。

1904 年

2月，在《俄事警闻》上发表用白话文写作的小说《新年梦》。

《俄事警闻》改为《警钟日报》，任《警钟日报》主编。

5月，再次被推为中国教育会会长。

7月，辞去《警钟日报》主编职务，接办爱国女校。

此时的办学方针为："不取贤妻良母主义，乃欲造成虚无党一派之女子。除年幼者，照通例授普通知识外，年长一班，则为讲法国革命史、俄国虚无党等，且尤重化学。"

爱国女校聘请革命同志担任教员，高级生亦秘密加入同盟会。当时，蔡先生"觉得革命只有两途：一是暴动，一是暗杀。在爱国学社中，竭力助成军事训练，算是下暴动的种子；又以暗杀于女子更为相宜，于爱国女学，预备下暗杀的种子"①。由此可见，爱国学社与爱国女校实际上是培养革命力量的秘密机关，是为后来光复会革命事业的先驱。

夏秋之间，参加暗杀团，秘密试制炸弹。

---

① 蔡元培：《我在教育界的经验》，高平叔编：《蔡元培全集》第7卷，中华书局1984年版，第199页。

12 月左右，组织光复会，被推为会长。

本年，参与商务印书馆《最新修身教科书》的编订。

1905 年

6 月，再次被选为中国教育会会长。

10 月，加入中国同盟会，任同盟会上海分会长。

本年，为上海会文堂书社鉴定教科书。

1906 年

2 月，筹划成立绍兴学务公所，以促进绍属八县的教育事业，被推举为总理。后因筹设师范传习所，筹款辄为人所阻挠，愤而辞职。

秋，赴京等候派遣出国留学，被译学馆聘为教习，讲授国文及西洋史。

（二）1907—1911 年：游学时代

1907 年

6 月，离京赴德国。

7 月，到达柏林，开始留学生活。

1908 年

所编《中学修身教科书》第 4、5 册，由商务印书馆继续出版。这套书着重说明体育卫生对修身的重要性，劝告学生勤勉、自制、坚持正义、坚持真理、服务公益、廉洁自守等等。主张以自由、平等、博爱的原则来维系人际关系。在国家一章里，大谈"人之权力，本无差等"，"国家者，非一人之国家"。在职业一章里，阐明各种职业，无高低贵贱之分，"其人而贤，则虽屠钓之业，亦未尝不可以显名"。[1]

---

[1] 汪家熔：《蔡元培与商务印书馆》，引自高平叔《蔡元培年谱长编》（上），第341页。

上述修身思想，体现出欧洲启蒙运动的民主、自由、人权等价值观，为蔡元培民初教育宗旨的核心理念奠基。

秋，迁往莱比锡，进莱比锡大学学习。

1909 年

10 月，所译德国泡尔生《伦理学原理》由上海商务印书馆出版。

1910 年

8 月，所著《中国伦理学史》由商务印书馆出版。

10 月前后，本学期开始选修美学课程。蔡先生说：我于讲堂上既常听美学、美术史、文学史的讲演，于环境上又常受音乐、美术的熏习，不知不觉的渐集中心力于美学方面。尤因冯德讲哲学史时，提出康德关于美学的见解，最注重于美的超越性与普遍性，就康德原书，详细研读，益见美学关系的重要。①

莱比锡大学的学习经历，为蔡元培美学思想的主要来源；美感教育是为民初教育方针之一。

（三）1912 年 1 月—7 月：教育总长时代

1912 年

1 月 3 日，任中华民国临时政府教育总长。

2 月 8—10 日，在《民立报》上发表《对于新教育之意见》一文。

据清季学部忠君、尊孔、尚公、尚武、尚实的五项宗旨而加以修正，改为军国民主义、实利主义、公民道德、世界观、美育五

---

① 蔡元培：《自写年谱》，引自高平叔《蔡元培年谱长编》（上），第 365 页。

项，前三项与尚公、尚武、尚实相等，而第四、第五两项却完全不同，以忠君与共和政体不合，尊孔与信仰自由相违，所以删去。

蔡先生说，清"旧学部设普通教育、专门教育两司，我为提倡补习教育、民众教育起见，于教育部中增设社会教育司"。"以为必有极广之社会教育，而后无人无时不可以受教育，乃可谓教育普及。"这是社会教育在我国国家行政组织上确立地位之始。[①]

封建教育宗旨的根本改变，使得由它支撑的价值观念、社会心理、道德规范以及与此相适应的传统封建教育的各个层面统统失去了依托，封建教育处于前所未有的备受冲击和挞伐的境地。五育并举的新教育方针的确立，催发了民初教育的新气象，标志着中国教育走进了新的历史时期。

从区域与全国的关系视角而言，由越文化滋养的教育家蔡元培"德望优隆，众所仰佩"，已成为全国教育界的领袖，从此绍兴因蔡元培而更加辉煌。

3月29日，唐绍仪组阁，续任教育总长。

4月26日，到教育部视事。

7月10日，主持召开全国临时教育会议，确立新学制。

7月14日，因反对袁世凯独裁，辞去教育总长职务。

(四) 1912年9月—1916年：第二游学时代

9月，偕眷赴德。

冬，继续在莱比锡大学学习。

1913 年

7月12日，"二次革命"爆发，以笔作枪，连续发表声讨袁

---

① 蔡元培：《自写年谱》，引自高平叔《蔡元培年谱长编》（上），第428页。

世凯的文章。

9月5日，"二次革命"失败后，偕眷再次离沪赴欧，学习法语，从事译著。

1914 年

春，与吴稚晖、汪精卫等筹办《学风》杂志。

8月，与李石曾等组织旅法学界西南维持会。

1915 年

1月，所著《哲学大纲》由商务印书馆出版。

2月，与吴稚晖等发起组织"世界编译社"。

6月，与李石曾等在法国组织勤工俭学会。

是年，与李石曾、汪精卫等发起成立世界社，传播西方文化。

1916 年

4月，在巴黎开办华工学校。

6月，华法教育会成立，任中方会长。

8月，任半月刊《旅欧杂志》主编。发表《文明之消化》一文。

9月1日，接北京政府教育总长范源濂电：国事渐平，教育宜急。现以首都最高学府，尤赖大贤主宰，师表群伦。海内人士，咸深景仰。用特专电敦请我公担任北京大学校长一席，务祈鉴允，早日归国，以慰瞻望。

12月26日，被任命为北京大学校长。

蔡元培本着"我不入地狱谁入地狱"的革命精神，以及"吾人苟切实从教育着手，未尝不可使吾国转危为安"① 的情怀，知难而进，于12月22日北上就任北大校长职务。

---

① 蔡元培：《致汪兆铭函》（1917年3月15日），高平叔编《蔡元培全集》第3卷，中华书局1984年版，第26页。

1917 年 1 月 1 日上海《中华新报》"北京特别通讯"栏载："蔡孑民先生于二十二日抵北京，大风雪中，来此学界泰斗，如晦雾之中，忽睹一颗明星也。"可见国人寄予蔡先生于中国教育革新及前途之希望。

（五）1917—1923 年：北京大学校长时代

1917 年

1 月 4 日，到北京大学就职；9 日，发表就职演说。

1 月 27 日，向国立高等学校校务讨论会提出大学改革议案。

5 月 6 日，和黄炎培、蒋梦麟、郭秉文等共同发起的中华职业教育社在上海正式成立。

8 月，在《新青年》发表《以美育代宗教说》。

是年，在北京大学成功推行一系列改革。

蔡元培以"抱定宗旨、砥砺德性、敬爱师友"作为改革北大的起点，从大学应该成为研究高深学问的学府这个思想出发，提出了思想自由、兼容并包的大学理念，造就了新北大与中国近代大学的核心精神。

1918 年

1 月，在北大发起组织进德会。

春，兼任北京高等法文专修馆馆长。

8 月，为胡适著《中国古代哲学史大纲》作序。

10 月，出席国民杂志社成立大会并发表演说。

11 月，为庆祝第一次世界大战胜利，发表《黑暗与光明的消长》《劳工神圣》演说。

同月，为《北京大学月刊》撰写发刊词。

《北京大学月刊》发刊词写道："大学者，'囊括大典，网罗众家'之学府也。""此思想自由之通则，而大学之所以为大也。"体现了蔡元培自由主义教育思想。正如时人所称："蔡先生学界泰斗，哲理名家，就职后励行改革，大加扩充，本其历年之蕴蓄，乐育国内之英才，使数年来无声无息生机殆尽之北京大学校，挺然特出，褒然独立，延名师，严去取，整顿校规，祛其弊习。……学风丕振，声誉日隆。各省士子莫不闻风兴起，担簦负笈，相属于道，二十二行省，皆有来学者。"①

1919 年

1 月，发表《哲学与科学》一文。

4 月，发表《致〈公言报〉函并附答林琴南君函》。

5 月 3 日，从汪大燮处获悉北京政府准备在巴黎和会丧权辱国的和约上签字的消息后，告知北大学生。

5 月 4 日，五四运动爆发。

5 月 5—6 日，营救被捕学生。

5 月 9 日，辞去北大校长职务，离京。

6 月 17—18 日，北京国务院、教育部先后电促蔡元培即速回京主持校政。

7 月 9 日，电全国学生联合会、北京大学学生干事部等，表示放弃辞职。

8 月 29 日，欧美同学总会在上海成立，被选为会长。

9 月 12 日，回北大复职。20 日，出席北大全体学生欢迎大会，发表演说。

11 月 17 日，在女子高等师范学校作《国文之将来》演讲，断言"白话派一定占优胜"。

12 月，主持北京孔德学校二周年纪念会，发表演说。

担当中国大学学术使命的蔡元培，公共知识分子的特质非常明显。他多次明确表示：作为国立北京大学校长，虽职有专司，然国家

---

① 公时：《国立北京大学之成立及其内容》，《东方杂志》第 16 卷第 3 号。

大政所关，人格所在，亦不敢放弃国民天职，漠然坐视。① 北大在蔡元培的领导下，得以成为五四新文化运动之源。

1920 年

1月15日，在少年中国学会发表《工学互助团的大希望》演说。

2月，率先在北大文科招收旁听女生9名，开我国大学男女同校之先河。

4月1日，发表《洪水与猛兽》一文。

该年夏，北大正式招收女生。"各大学仿行，教育部也默许了。"② 开中国高等教育史之先河。

9月，兼任私立北京民国大学校长。

10月21日，陪同罗素去长沙讲学。

11月4日，返京。

11月24日，启程赴欧美考察。

1921 年

1月2日—5月上旬，到欧洲多国考察教育与文化。

5月，法国总统授三等荣光宝星。同月，法国里昂大学授予文学博士荣誉学位。

6月1日，到达纽约。8日，纽约大学授予法学博士荣誉学位。

8月，到檀香山参加太平洋教育会议。

11月17日，同意北京大学马克思主义研究会在《北京大学

---

① 《向大总统辞北京大学校长职呈》，《蔡元培全集》（第5卷），浙江教育出版社1997年版，第9页。

② 蔡元培：《我在教育界的经验》，高平叔编《蔡元培全集》第7卷，中华书局1984年版，第199页。

《日刊》上刊登启事。旋在马克思主义研究会成立大会上讲话，并对该会活动表示支持。

12 月，中华教育改进社成立，被推为董事。

1922 年

3 月，发表《教育独立议》一文。

4 月 9 日，出席在北大召开的非宗教同盟大会，发表演讲。

5 月 14 日。领衔与李大钊、陶行知、胡适等共同发表《我们的政治主张》一文，提出著名的"好人政府"的政治主张。

8 月 18 日，与李大钊代表北京大学举行招待会，欢迎苏俄代表越飞，并致词称："俄国革命事业，为吾人之前驱。"

为毛泽东创办的湖南自修大学题词，并撰文介绍。

发表《汉字改革》一文，提倡汉字改用拉丁字拼音。

9 月，兼任私立华北大学校长。

12 月，发起并主持全国世界语大会。

在《教育独立议》文中，蔡元培指出，"教育事业当完全交与教育家，保有独立的资格，毫不受各派政党或各派教会的影响"，其中所表达的对教育自由的诉求，源自于两个方面因素：其一，大学要成为学术研究机构，必须具备自由的品格，这是蔡元培治理北大的价值追求与实践方向；其二，蔡元培独立不羁的个性、清高自尊的学者人格。①

1923 年

1 月 17 日，为抗议北京政府再次非法逮捕罗文干，提出辞呈。23 日，发表《关于不合作宣言》。

8 月，北京世界语专门学校创办，被推为校长。

---

① 参见吴民祥《蔡元培的"悖论"：中国近代大学的学术诉求及其困境》，《清华大学教育研究》2011 年第 3 期。

12 月，在法国所著的《五十年来中国之哲学》一文，在申报馆编印的《最近之五十年》巨册中发表。

关于蔡元培的精神，蒋梦麟有云：一、温、良、恭、俭、让，具中国最好的精神；二、重美感，具希腊最好的精神；三、平民生活，及在他眼中，个个都是好人，具希伯来最好的精神。[①] 此为蔡元培人格的写照。

二 科学启蒙与出版先驱：杜亚泉的教育实践与思想[②]

杜亚泉（1983—1933），绍兴山阴县人。杜亚泉高举"科学救国"大旗，认为科学技术乃国富民强之本。1898 年应蔡元培之聘，任绍兴中西学堂数学及理科教员；后创办"亚泉学馆"，陆续编撰出版了大量科学教科书；兴办科学杂志，用科学启蒙国人，为近代中国科学教育的发展奠定了坚实的基础。

① 《蔡元培日记》1919 年 7 月 27 日，转引自高平叔《蔡元培年谱长编》（上），第231 页。

② 杜亚泉教育年谱主要根据许纪霖、田建业编著的《亚泉文存》，陈镱文、姚远的《杜亚泉先生年谱》（1873—1933）整理。

1895 年

岁试考经解，冠全县。但甲午战败，引起思想变化，认为"是学亦无裨实用"，决心讲求实学以救世济民，于是改学历算。

1898 年

应蔡元培聘，任绍兴中西学堂算学教员。后又自学理、化及动、植、矿物诸科。并自学日文，不久能直译而无阻，从而得以窥见世界新思潮，对我国传统学说开始有所怀疑。

购置江南制造局翻译馆傅兰雅、徐寿所译《化学鉴原》《化学鉴原续编》《化学求数》等书，穷研冥索，虽无师指点，却能"自觅门径"。曾"购得粗拙之瓶钵，搜罗粉杂之材料，水溶火煅，昏督终日，丧财耗精，千失一得"，在其带动下，"同志渐多，颇得研究之乐"。①

1899 年

3月，杜亚泉"欲兴一蒙学会，集同志数人，分编课程书。先于府城开一学堂，会中人为教习，并立师范生数人，教学生二

---

① 参见杜石然主编《中国古代科学家传记》，科学出版社1993年版。

十余人，即以所编之书授之，借以知其善否，随之改定，俟部类略备，风气渐开，乃推之乡镇。"① 蔡先生任识字书、马用锡任故事书、杜亚泉任公理书的编撰。

1900 年

因在校中与蔡元培一起传播新思想而与校董会发生冲突，与蔡同时离开中西学堂。秋，赴上海，开始致力于提倡科学，创亚泉学馆，培养科技人才，被称为"后来私立大学的滥觞"。同时出版《亚泉杂志》半月刊，其宗旨是"揭载格致算化农商工艺诸科学"②，推广化学、物理、数学，为国人自办最早的科学杂志。首期序文中明确提出科学技术"固握政治之枢纽"。

杜亚泉是继晚清华蘅芳、李善兰、徐寿等以来，科学启蒙和科学传播的先行者之一。

1901 年

得父资助，亚泉学馆改为普通学书室，编译发行科学书籍及语文史地等教科书。

《亚泉杂志》出版第 10 期，因经济困顿停办。

10 月，创刊并主编《普通学报》，刊登科学知识，并兼载时事政治，为一份综合性刊物。

所编译的新式教科书《格致》由商务印书馆出版。

1902 年

2 月，普通学书室又发行月刊《中外算报》，为 20 世纪初我国第一份数学专业期刊，对当时数学研究和教育起过重要的推动作用。

应商务印书馆之请，编写《文学初阶》一套 6 册，7 月初

---

① 高平叔：《蔡元培年谱长编》（上），人民教育出版社 1996 年版，第 148 页。
② 许纪霖、田建业：《杜亚泉文存》，上海教育出版社 2003 年版，第 230 页。

版，为我国近代最早，也是商务印书馆之后编写《最新国文教科书》的先声，完全有别于"三、百、千"的蒙学教材。

夏，浙江南浔庞氏浔溪公学发生学潮，应庞清臣邀任校长，锐意改进，劝庞出资置图书馆、仪器馆，并备置印刷机具；所请教员也均一时知名学者。未几学潮复起，乃辞职，学校也因而停办。

1903 年

返绍兴，与文化教育界人士王子余、寿孝天、宗能述等为培养科学人才，创办越郡公学于能仁寺，任理化博物教员，后因款绌而停办。

1904 年

秋，应商务印书馆创始人夏粹芳、张元济之邀赴沪。时正值普通学书室营业疲顿，乃将书室并入商务，并被聘为编译所理化部主任，重新致力于科学研究编译工作。除研究理化博物外，还涉及哲学、政治、法律、经济、伦理、音韵、医学等方面。自此在商务服务 28 年之久。当时商务出版之理化、博物等方面教科书，大都出于其手。商务还在其倡议下开办过标本仪器传习班，招收学徒，授以技术，培养自制仪器、标本、模型的人才；在传习班中讲课。

1905 年

为蔡元培所办爱国女学讲授理科课程，不取薪俸。

在《东方杂志》上发表《物质进化论》《伦理标准说》二文。

1906 年

秋，偕杜海生赴日本考察教育，购日文书籍数十种归。

1908 年

与汤蛰仙等创立浙江旅沪学会，并被选为评议员。

1909 年

译著《盖氏对数表》（附"用法说明"）出版。

1910 年

为浙省庚子赔款留美学生主考，负责数理出题。鼓励竺可桢
应试，后竺被录取。

1911 年

春，被聘兼任《东方杂志》主编，扩大篇幅，对国内外形
势、国家政治、社会问题、学术思潮等无不作详细迅速编载，并
发表评论。又增设"科学杂俎"等栏目传播科学知识，设"谈
屑"等栏目议论时弊，成为当时国内销量最大、最有影响的杂
志。在任主编九年间，曾用"伧父"或"高劳"笔名撰写论文、
杂感或译著约三百余篇。

是年在《东方杂志》上发表《减政主义》《政党论》《论今
日之教育行政》《论蓄妾》等，反对封建专制，提倡民主制度。
辛亥革命后，即撰《革命战争记》和《革命战争》，给予迅速报
道和热烈赞扬。

绍兴七邑旅沪同乡会成立，被选为议长。同乡会设小学三所
及绍兴旅沪同乡公学，被推为校董。

1912 年

在《东方杂志》发表《革命成功记》《中华民国之前途》
《论共和折衷制》等文，进一步介绍辛亥革命，并提出治国建议。

翻译日本近代著名社会主义理论先驱幸德秋水的《社会主义
神髓》，分期刊登于《东方杂志》。此文较《共产党宣言》译本
的出版早 8 年。

偕吴稚晖赴北京出席教育部召开之国音统一会，被聘为该会会员，研究注音字母及新式标点之创制和推行，并以圈点《二十四史》为试验，历时两年多。

1913 年

在《东方杂志》发表《共和政体与国民心理》《论人民重视官吏之害》《吾人将以何法治疗社会之疾病乎》《论中国之社会心理》《论社会变动之趋势与吾人处世之方针》《现代文明之弱点》《精神救国论》《国民今后之道德》等政论文章，大声疾呼社会改革。

1914 年

发表《个人之改革》《破除享福之目的》等文章，阐述其社会改革思想。

8 月，第一次世界大战爆发，及时作连续报道，并发表《大战争与中国》《大战争之所感》《战争杂话》等文章。

1915 年

所著教科书《动物学》由商务印书馆出版。

发表《社会协力主义》《论思想战》《波海会》《国家自卫论》《国民对外方法之考案》《吾人今后之自觉》等，以图唤起国人之爱国心和自觉性。

1916 年

针对袁世凯复辟帝制，连续发表《帝制运动始末记》《天意与民意》等文章，详细阐述了袁世凯帝制运动整个事件的过程。

主张对西方文明不能持盲从态度，并反对对传统文化作绝对否定。撰有《静的文明与动的文明》《再论新旧思想之冲突》《中西验方新编》等。

1917 年

继续撰文呼吁民主，呼唤真共和，文章有《个人与国家之界说》《国会之解散》《真共和不能以武力求之论》等。

继续参与东西文化之论争，撰有《战后东西文明之调和》。

在社会改革方面，发表有《男女及家庭》《选举与考试》《妇女职业》《农村之娱乐》《自由结婚》《文明结婚》《说俭》等。

发表《未来之世局》一文，预言今后世界将出现国家的联合，社会发生新的阶级——有科学素养的劳动者，国家的民主主义将变为世界的社会主义，政党、武人将消灭。

《化学工艺宝鉴》出版，为国货制造家们提供了一份详尽的技术参考资料。

1918 年

杜亚泉等 13 人编著的《植物学大辞典》出版，为我国第一部专科辞典，蔡元培称："吾国近出科学辞典，详博无逾于此者。"① 祈天锡指出："自有此书之作，吾人于中西植物之名，乃得有所依据，而奉为指南。"②

发表《推测中国社会将来之变迁》《矛盾之调和》《政治上纷扰之原因》《迷乱之现代人心》《中国之新生命》《劳动主义》《国家主义之考虑》《对于未来世界之准备如何》《言论势力失坠之原因》《答〈新青年〉杂志记者之质问》等文章。

1919 年

所著初中教科书《自然科学》由商务印书馆出版。

发表《新旧思想之折衷》一文，阐明观点："对于固有文明

---

① 蔡元培：《植物学大辞典·序二》，商务印书馆 1918 年版。转引自《蔡子民先生言行录》，岳麓书社 2010 年版，第 229 页。

② 祈天锡：《植物学大辞典·序三》，商务印书馆 1918 年版。转引自龚书铎《近代中国与近代文化》，湖南人民出版社 1988 年版，第 1358 页。

乃主张科学的刷新，并不主张顽固的保守；对于西洋文明亦主张相当的吸收，惟不主张完全的仿效而已。"

发表《何谓新思想》一文，与蒋梦麟进行了关于新旧思想问题的论辩。主张"新思想依据于理性"，反对以感情、意志为断，指出以感情与意志为思想之原动力，实为西洋现代文明之病根。

第一次世界大战结束后，及时发表《大战终结后国人之觉悟如何》一文，呼吁国人"抛弃权利竞争，保国内之和平"，"励行社会政策，以苏下层人民之苦痛"。

发表《中国政治革命不成功及社会革命不发生之原因》一文，认为原因在于知识阶级未能与资产阶级和劳动阶级相结合。

1920 年

由于《东方杂志》受到《新青年》等的猛烈批评，商务印书馆当局顾虑违反当时彻底反传统的社会思潮会影响该馆声誉及营业，杜只得辞去《东方杂志》主编兼职，专事于理科编辑工作。在社会上颇有影响力的政论活动，至此基本上停止。

11 月，针对余云岫完全否定中医理论的文章，在《学艺》杂志上发表《中国医学的研究方法》一文，为中医理论辩护。

1923 年

《动物学大辞典》出版，全书 250 余万字，胡愈之誉之为"科学界空前之巨著"①。

1924 年

在上海创办新中华学院，培养从事科学、实业人才，自任教授训导之责，提倡敦朴学风，鼓励学生毕业后赴农村，从事教育及农村合作事业。

---

① 东方杂志编辑部（胡愈之）：《追悼杜亚泉先生》，《东方杂志》1933 年第 31 卷第 1 期。转引自许纪霖、田建业《杜亚泉文存》，上海教育出版社 2003 年版，第 490 页。

蔡元培在《杜亚泉君传》中追忆："最所热心，则在教育。尝欲自办一校，以栽植社会需要之人才，初拟设于其乡之诸葛山，嗣拟设于绍兴县城之塔山，如何建筑，如何设备，如何进行，如何由中学扩充为大学，每一谈及，兴高采烈，刻日期成，格于情势，未能实现。"① 其办学理想虽未实现，然而，在中国近代西学东渐背景下，杜亚泉通过编纂自然科学书籍和主办期刊，"救国人知识之饥荒"，大力推进中西科学融通和"科学的中国化"，孜孜不倦、鞠躬尽瘁，践行着"为国家谋文化上之建设"的人生理想和追求。

---

　　① 蔡元培：《杜亚泉君传》，绍兴修志委员会《绍兴县志资料》第 1 辑第 2 编第 16 册，1937 年印行。

结语　文化重心与教育中心

——人才分布视野中的绍兴教育史

就区域文化史来看，文化重心与教育中心高度叠合。在越文化进程中演变发展的绍兴教育，其历史分期与越文化的发展阶段相呼应。一方面，越文化的个性特质型塑了绍兴教育的区域面貌；另一方面，绍兴教育通过人才养成，积极传播、弘扬、创新越文化，特别是一批"思想异端"的出现，造就了越文化的辉煌，成就了绍兴教育对中国教育史的独特贡献。

文化由人创造，人才的良窳与数量是衡量一个地区文化发展水平的重要指标。人才通过教育而养成，就此而言，教育发展状况成为制约一个区域文化发展的主要因素。因此，考察绍兴历史上不同时期的人才情况是审视绍兴教育史的重要窗口。

一　全国视域中的浙江人才

作为中华文化组成部分的绍兴文化，其发展历程既受区域"风水"（文脉和地脉）的影响而呈现出自身个性特质，又受中国大传统文化的规约，表现出区域与全国的有机互动。因此，越地人才品格，既蒙中国文化滋养，更受越文化熏陶，展现出特有的越人精神，进而反哺大传统文化并参与其建构。

为直观展现越文化中心地人才成长状况，有必要结合全国历史人才与浙江地区人才分布情况加以分析。

表1　　　　　　　　　中国历史人才地理分布①

朝代\地域	西汉	东汉	唐	北宋	南宋	明	清	总计
河南	39	170	219	324	37	123	24	936
江苏	23	13	82	97	49	241	314	819
浙江	2	14	34	84	136	258	231	759
直隶	21	28	223	212	7	128	30	649
山东	61	57	97	156	13	93	39	516
陕西	22	73	261	63	6	10	15	450
山西	10	16	182	141	17	56	14	436
安徽	3	24	21	53	38	199	85	423
江西	1	2	7	81	83	204	40	418
福建	0	1	2	95	88	92	43	321
四川	4	26	12	93	71	57	7	270
湖北	7	11	29	19	14	67	13	160
甘肃	10	17	53	19	23	23	3	148
广东	0	0	3	3	4	50	35	95
湖南	0	2	2	12	12	27	29	84
广西	0	1	0	2	6	13	7	29

---

① 根据丁文江《历史人物与地理的关系》、萧一山《清代通史》第五册附表《清代学者著述表》统计数据整理而成。

续　表

朝代\地域	西汉	东汉	唐	北宋	南宋	明	清	总计
贵州	0	0	1	0	0	10	6	17
云南	0	0	0	0	0	14	3	17
奉天	0	0	3	0	0	0	1	4
内蒙	3	1	0	0	0	0	0	4
总计	206	456	1232	1454	604	1757	939	6555

上表显示，自西汉至清末两千余年间，从人才总数上看，河南936人，江苏819人，浙江759人，浙江的人才总数位居全国前三，占全国总数的11.58%。南宋、明代，浙江人才总数位居全国第一，占全国总数的16.69%；清代，浙江人才总数虽位居全国第二，但所占全国总数比例却上升到24.60%。

南宋是为中国文化重心分界期，此前历代帝都与中国文化重心均在北方，在人才分布上河南、陕西、直隶、山西等北方区域占较大优势，教育亦较南方地区发达。宋室南渡，政治与文化重心开始偏于南方，南宋至明代，浙江人才分布尤其密集，优势尽显，全国教育与学术的中心也在两浙地区。①。

根据表1中的数据，将浙江历代人才分布的数量变化图示如下：

上图显示，浙江人才数量整体呈上升趋势，尤其是南宋以来，增幅提升，明代成为浙江人才涌现的高峰期。南宋以来浙江地域的人才数量大幅上升，这与浙江学派林立、文教昌盛密切相关。陈亮的事功

---

① 明代全国各地儒学平均拥有进士数目，浙江居第一。浙江拥有府、州、县学总数87所，进士总数3454人，平均每所学校39.7人（全国的平均数是17.2人）。又明代拥有150名以上进士的地区，全国共计20个县，其中浙江有2个县：余姚330人、山阴183人。可见明代浙江地区人才之盛，文教之发达。（参见吴宣德《中国教育区域发展概论》相关统计。）

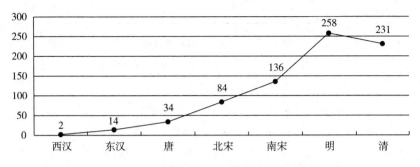

图1　浙江历代人才分布数量变化趋势

学派、吕祖谦的金华学派、叶适的水心学派均于此发端。明中叶，阳明"心学"崛起，再至清初的蕺山学派与浙东史学，历史上的学术名家大多出自浙江。

　　因此，准确来说，浙东学术的发达与兴盛，始自南宋，辉煌于明清。这一时期浙东亦是全国教育中心所在，科举的兴盛与书院勃兴成为对人才培养与学术创新贡献的双翼。

二　浙江区域人才分布

　　为进一步了解绍兴地区在浙江区域内的人才成长状况，现根据两浙名贤录，将汉至明代浙江区域内各地人才分布整理如下表所示。

表2　　　　　　　　　　　浙江人才地域分布①

地域	汉	三国	晋	南朝	隋	唐	五代	宋	元	明	总数
杭州	6	21	6	28	3	28	26	187	65	281	684
宁波	2		5	6	1	6		111	36	347	638
温州			2			1	1	155	31	32	222
绍兴	26	26	57	63	1	35	4	115	49	322	698

---

　　① 根据吴宣德《中国区域教育发展概论》（湖北教育出版社2003年版）相关材料整理。

续　表

地域	汉	三国	晋	南朝	隋	唐	五代	宋	元	明	总数
湖州	7	8	12	57	2	25		75	18	81	285
嘉兴	7	1	9	4		14	5	62	16	368	486
金华	5	3	4	7	3	12	2	165	59	170	431
衢州	1	2		1		3		72	3	45	127
台州		5	1			1	1	41	27	69	145
丽水								84	21	106	211
舟山								6	6	22	34
合计	54	66	96	166	11	125	38	1078	331	1843	3811

注：表中绍兴统计数据包括余姚、萧山。

上表数据显示，浙江名人分布较多的地区依次是绍兴、杭州、宁波、嘉兴、金华，其中绍兴人才总数第一，计698人，占两浙人才总数3811人的18.32%。从总体上看，宋元明时期为各地区人才涌现高峰段。在宋以前，浙江各地区人才数量稀少，而绍兴自汉代开始，历经三国、两晋、南北朝，人才汇聚、精英辈出，在同时期对比中领先于其他地区。表2还显示，南朝前的几个时期，浙江人才主要分布在绍兴①，绍兴后来也发展成为越文化与教育的中心地带。

学者是人才中的学术精英，其分布情况亦是衡量一个地区文化、学术与教育发展状况的重要维度。《宋元学案》《明儒学案》《清儒学案》系统总结和记述了各朝代学术思想发展演变及其流派，著名学者

---

① 如东汉学者地域分布中，浙江的14人均在绍兴。（参见吴宣德《中国区域教育发展概论》，湖北教育出版社2003年版，第136页。）

均记录在案。对以上诸学案中浙江学者府籍进行统计，可以展现各地
人才分布情况。

表3 浙江学者府籍统计①

地区	州（府）别	宋	元	明	清	总计
浙东	绍兴（越州）	82	3	20	41	146
	宁波（明州）	167	42	4	38	251
	台州	63	19	7	10	99
	金华（婺州）	211	49	15	4	279
	衢州	25	2	1	2	30
	严州（睦州）	44	8	0	2	54
	温州	139	2	0	3	144
	处州	25	1	0	1	27
浙西	杭州	24	0	1	72	97
	嘉兴（秀州）	7	5	3	81	96
	湖州	14	2	5	34	55

注：仅对《清儒学案》"正案"与"附案"中的学者人数进行统计，"诸儒
学案"未计算在内。

表3显示了宋、元、明、清四个时期浙江各府（州）学者数量
情况。从总数上看，学者数量较多的地区依次为金华、宁波、绍
兴、温州。南宋中期，吕祖谦在金华开创"婺学"，与朱熹的"理

---

① 根据黄宗羲著、全祖望补修《宋元学案》，黄宗羲《明儒学案》，徐世昌等编纂
《清儒学案》整理。

学"、陆九渊的"心学"齐名；此外，以永康（金华）陈亮、永嘉（温州）叶适为代表的事功学派，在浙东地区具有较大的影响力，因此，宋代金华学者数量骤增，达 211 人，温州学者也达 139 人。宁波则以研治理学的学者居多。至于绍兴，明清学者数量为浙东第一。明清时期，阳明心学风行天下，绍兴府有诸多王门嫡传弟子，王学崛起。

三　绍兴人才分布

宏观上看，自汉代以降，各时期受政治、经济、文教政策等影响，绍兴人才数量分布表现出较大的波动起伏，与越文化发展的总体态势相呼应，亦表现为"点状突进"。

为直观显示绍兴历史人才分布趋势，根据表 2 数据，绘制图 2 如下：

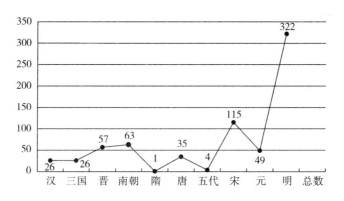

图 2　绍兴历代著名人物分布数量变化

图 2 反映了两汉至明末绍兴地区历代名人数量的变化情况。图中有 3 个阶段人才数量出现低谷：隋、五代、元，这三个时期均是短暂的朝代，如忽略这一客观因素，绍兴人才数量在整体上呈现上升趋势。

图中有几个人才数量的高峰期，分别是：晋、南朝、唐、宋、明。西晋"永嘉南渡"后，大批士人举家迁居江南一带，而越地稽山鉴水的环境成为诸多文人神往之地，故西晋、南朝时期，会稽一带名人汇聚。盛唐时期，"浙东唐诗之路"成为越地文化繁荣的重要表现。两宋之际，"靖康之难"对当时中国社会的经济、文化重心的转移产生重要影响，宋室南渡带来大量的北人南迁。此后，随着理学、心学的发展，越地学派林立，名儒辈出。总体来说，人才的迁移与养成，对越文化与社会发展起到了重要推动作用。

下表为绍兴各领县的人才分布情况，从中可以看出各地人才多寡。

表4　　　　　　　　　　绍兴人才地域分布①

县名	汉	三国	晋	南朝	隋唐	五代	宋	元	明	清	合计
绍兴	15	16	45	49	27	2	38	14	154	49	409
嵊				1			6	1	10		18
诸暨				2	2		12	19	15	5	55
上虞	7	4	2	3			13	1	29	3	62
新昌						1	25	3	32		61
萧山		1	3	3	4		5	1	15	9	41
余姚	4	5	7	5	3	1	21	10	67	15	138
合计	26	26	57	63	36	4	120	49	322	81	784

备注：1. 表中统计数据仅限于籍贯可考者。

　　　2. 表中"绍兴"包括古代山阴、会稽两县。

上表显示，山阴、会稽两地作为越文化的核心地带，其人才数量在各个时期均为第一。两晋、南朝时期，各世家大族寓居山阴、会稽者多，如山阴贺氏、孔氏，会稽王氏等，这些文化世家重视教

_____

① 资料来源：《两浙名贤录》《清史稿》。

育，培养了一大批人才。明清时期，随着科举制的发展，山阴、会稽两地出现许多科第鼎盛的地方精英家族，如会稽县陶堰镇，明清以来贤良迭出，实为江南人才名镇。除山阴、会稽外，余姚在明清时期的人才数量亦相当可观。余姚为大儒王阳明出生与讲学之地，姚江之学由此发端、传衍；浙东学派开创者黄宗羲亦是余姚人，培养了一批余姚后学，这些因素的叠加，余姚遂成为绍兴人才产出的后起之秀。

为直观展示绍兴教育史与越文化发展的互动，现将越文化发展阶段的代表特征与绍兴教育的历史特点列表如下。

表5　　　　　　　　　　越文化与绍兴教育互动对比

历史时期	越文化阶段	越文化特征	主要教育形态
先秦	越文化精神凝练期	"剑胆"精神	"生聚"与"教训"
东汉	第一高峰期	朴素唯物主义、经验认识论	郡国学、太学
东晋至南朝	第二高峰期	贵族与名士文化	门第家学、佛寺教育
南宋至明清	创造期	学派勃兴、学术繁荣	郡县儒学、书院、族学
晚清民初	剧变期	革命与启蒙	留学、新式学堂、教育团体

总之，通过以上对全国、浙江、绍兴地区人才分布情况的梳理与分析，可以得出以下结论：首先，绍兴自古以来人文荟萃，学术发达，位于浙江乃至全国前列，这些得益于绍兴教育的积极有为与务实创新，绍兴人才养成推动着越地文化与社会的发展。其次，在越文化高度繁荣、社会发展迅速的各历史时期，人才辈出，为绍兴教育发展提供了所需的各种教育资源，使其走进全国文教中心之列。再次，越文化中所蕴含的"剑胆"精神与开拓创新特质，成为绍兴各时期教育

发展的内驱力；加上各时期本土与外来精英分子的教育自觉，构成了越地教育发展的内在动因，共同促成了绍兴教育史的辉煌及其对中国教育史的独特贡献。①

---

① 仅晚清民初的绍兴教育，就创造了一系列浙江乃至全国的第一或首创：近代浙省最早创办的新式小学堂为1893年萧山的蒙养小学（由正性义塾改设）；1897年春创办的绍郡中西学堂，为浙省最早的中学堂；1899年，绍兴中西学堂招收算术科师范生2名，次年又增招物理、化学、测绘、体操等科的师范生数名，为浙省最早的师范教育；在清季兴学运动中，大通学堂（军事训练学堂）由民间创办且由女士任学堂督办，这在中国教育史上是破天荒的大事；绍兴私立法政学堂，为近代中国最早出现的私立法政学堂；经元善（上虞人）于1898年5月在上海创办了第一所国人自办的女学——经正女塾；私立绍兴成章女子中学校为浙省女子中学最先实践者；何燮侯（诸暨人），于1905年取得东京帝国大学学位，为最早取得日本大学学位的中国留学生；杜亚泉创办的《亚泉杂志》为国人自办最早的科学杂志，《中外算报》为20世纪初我国第一份数学专业期刊，《植物学大辞典》为我国第一部专科辞典，等等。

主要参考文献

一　史书、史料汇编

《史记》，岳麓书社 2002 年版。

（东汉）袁康、吴平：《越绝书》，上海古籍出版社 1985 年版。

《汉书》，浙江古籍出版社 2000 年版。

《后汉书》，中华书局 2007 年版。

（北宋）欧阳忞：《舆地广记·禹贡扬州》，四川大学出版社 2003 年版。

《国语》卷二〇《越语（上）》，齐鲁书社 2005 年版。

《资治通鉴》，中华书局 1956 年版。

《三国志》，中华书局 1959 年版。

《宋书》，中华书局 1974 年版。

（梁）慧皎：《高僧传》，中华书局 1992 年版。

《南齐书》，岳麓书社 1998 年版。

《晋书》，中华书局 1974 年版。

《宋史》，中华书局 1977 年版。

《梁书》，中华书局 1974 年版。

《陈书》，中华书局 1974 年版。

《南史》，中华书局 1975 年版。

《隋书》，中华书局 1973 年版。

《全唐文》，中华书局 1983 年版。

（五代）王定保：《唐摭言》卷一五《杂记》，中华书局 1985 年版。

（唐）徐谦益：《初学记》，京华出版社 2000 年版。

《新唐书》，中国书店出版社 1986 年版。

（清）徐松：《宋会要辑稿》，中华书局 1957 年版。

（南宋）叶适：《水心别集》卷一三《学校》，清光绪刻本。

（元）马端临：《文献通考》，中华书局 1986 年版。

（明）王圻：《续文献通考》，现代出版社 1986 年影印版。

（南宋）徐梦革：《三朝北盟会编》卷一四四，大化书局 1979年版。

（南宋）黄震：《慈溪黄氏日抄分类》卷六八《读水心文集》，清乾隆三十三年（1768）刊本。

（南宋）倪朴：《倪石陵书》宜秋馆刻本，《宋集珍本丛刊》，线装书局 2004 年版。

《元史》，中华书局 1976 年版。

《明太祖实录》，"中研院"历史语言研究所 1968 年影印本。

《明史》，中华书局 1974 年影印本。

（明）申时行、李东阳：《明会典》卷七八《学规》，中华书局1989 年万历朝重修本。

《清史稿》，中华书局 1977 年版。

（清）刘熙载：《艺概》，上海古籍出版社 1978 年版。

《钦定大清会典则例》卷三二九《礼部·贡举》。

《皇朝经世文续编》。

《清会典事例》卷三九六《学校》，中华书局 1991 年影印本。

《钦定大清会典则例》卷三百十八《礼部》。

《庙学典礼》卷六《成宗设立小学书塾》，元代史料丛刊本。

（南宋）薛季宣：《浪语集》卷十五《越州劝农文》，上海社会科学院出版社 2003 年版。

朱寿朋：《东华续录》，上海集成图书公司 1909 年铅印。

刘真主编：《留学教育——中国留学教育史料》，台北"国立编译馆"1980 年版。

李楚材：《帝国主义侵华教育史资料——教会教育》，教育科学出版社 1987 年版。

陈学恂：《中国近代教育史教学参考资料》，人民教育出版社 1987 年版。

陈学恂、田正平：《中国近代教育史资料汇编·留学教育》，上海教育出版社 1991 年版。

朱有瓛、高时良：《中国近代学制史料》第 4 辑，华东师范大学出版社 1993 年版。

琚鑫圭：《中国近代教育史资料汇编·实业教育 师范教育》，上海教育出版社 1994 年版。

赵所生、薛正兴：《中国历代书院志》，江苏教育出版社 1995 年版。

季啸风：《中国书院辞典》，浙江教育出版社 1996 年版。

陈谷嘉、邓洪波：《中国书院史资料》，浙江教育出版社 1998 年版。

上海图书馆编：《中国家谱资料选编·教育卷》，上海古籍出版社 2013 年版。

二　文史资料、地方志、家谱

光绪《余姚县志》。

嘉泰《会稽县志》。

《山阴县志》。

《新昌县志》。

《余姚县志》。

《嵊县志》。

《上虞县志》。

万历《绍兴府志》。

宝庆《四明志》。

延祐《四明志》。

嘉泰《会稽志》。

雍正《浙江通志》。

嘉定《剡录》。

乾隆《绍兴府志》。

宝庆《会稽续志》。

成化《新昌县志》。

天启《衢州府志》卷九《人物志》。

康熙《衢州府志》卷七《圣庙》。

乾隆《萧山县志》卷七《学校》。

（清）唐熙春：《上虞县志》卷三十《书院》。

民国《嵊县志》。

民国《四门谢氏二房谱》卷七《遗迹 谢氏义学》。

同治《会稽孙氏宗谱》。

光绪《欢潭田氏宗谱》。

钟荣：《钟氏北祠义塾记》。

民国《姜氏家乘》《姜氏宗约》。

光绪《山阴安昌徐氏宗谱》《徐氏义仓条规》。

道光《重修登荣张氏族谱》卷一九《义田条规》。

光绪《山阴安昌徐氏宗谱》卷二。

光绪《安阳马氏祠堂条规》。

嘉靖《安溪县志》。

《四门谢氏二房谱》卷五《四十世祖莹家训二十四条》。

《余姚江南徐氏宗谱》卷八《族谱宗范》。

王栐：《燕翼贻谋录》卷五《越州裴氏义门旌表》。

政协绍兴文史资料委员会：《绍兴文史资料选辑》。

《绍兴佛教志》编纂委员会编：《绍兴佛教志》，浙江人民出版社2003年版。

绍兴市地方志编纂委员会编：《绍兴市志》，浙江人民出版社1996年版。

绍兴市教育志编纂委员会编：《绍兴市教育志》，上海教育出版社1994年版。

潘表惠：《新昌文物志》，当代中国出版社2001年版。

三　报刊类

《东方杂志》，1904 年创刊。

《教育杂志》，1909 年创刊。

《新教育》，新教育共进社、中华教育改进社主编，1919 年创刊。

《妇女杂志》，妇女杂志社发行，1915 年创刊。

《浙江潮》，浙江留日学生创办，1903 年创刊。

《浙江教育官报》，浙江提学使司创办，1908 年创刊。

《教育周报》，浙江教育会创办，1913 年创刊。

《浙江教育月刊》，浙江教育厅创办，1918 年创刊。

《教育潮》，浙江教育会创办，1919 年改刊。

《浙江教育季刊》，浙江教育厅创办，1926 年改刊。

《浙江教育行政周刊》，浙江教育厅创办，1929 年创刊。

《杭州白话报》。

《绍兴白话报》。

《女报》。

《女学报》（1898 年创刊，1902 年更名为《女报》）。

《浙江教育史志资料》，《浙江省教育志》编纂组创办，1989 年创刊。

四　专著、论著、论文

（东汉）赵晔：《吴越春秋》，齐鲁书社 2000 年版。

（东汉）王充：《论衡》，上海人民出版社 1974 年版。

（北宋）陆佃：《陶山集》卷十四，中华书局 1985 年版。

《陆游集》，中华书局 1976 年版。

（南宋）陆游：《老学庵笔记》卷二，三秦出版社 2003 年版。

（南宋）朱熹：《童蒙须知》，黄山书社 2003 年版。

（南宋）朱熹：《朱子文集》，中华书局 1985 年版。

《吕祖谦全集》，浙江古籍出版社 2008 年版。

《陆九渊集》，中华书局 1980 年版。

（北宋）吕本中：《童蒙训》，商务印书馆 1937 年。

《王阳明全集》，上海古籍出版社 1992 年版。

（明）王阳明：《王文成公全书》卷三四，四部丛刊初编集部，上海商务印书馆缩印明隆庆刊本。

（清）黄宗羲著，全祖望补修：《宋元学案》卷一《安定学案》、卷二五《龟山学案》，中华书局 1982 年版。

（清）黄宗羲：《明儒学案》，中华书局 1985 年版。

（清）黄宗羲：《黄梨洲文集》，中华书局 1959 年版。

《黄宗羲全集》，浙江古籍出版社 1985 年版。

（清）顾炎武：《日知录》卷十三，甘肃民族出版社 1997 年版。

（明）王畿：《王龙溪先生全集》，华文书局 1970 年版。

（明）刘宗周：《刘子全书》，华文书局 1968 年版。

（清）万斯同：《石园文集》，四明丛书刊本。

（清）万斯同：《群书疑辨》，台湾广文书局 1972 年版影印清刻本。

（清）万斯同：《万季野先生明乐府》，清同治八年（1869）刻本。

《朱舜水集》，中华书局 1981 年版。

（清）邵廷采：《思复堂文集》卷一《姚江书院传》，浙江古籍出版社 1987 年版。

（南宋）陈著：《本堂集》卷五十二《嵊县劝农文》，文渊阁《四库全书》本。

（明）曹安辑：《谰言长语》，中华书局 1991 年版。

（清）钱大昕：《潜研堂文集》卷三八《万先生斯同传》，江苏古籍出版社 1997 年版。

钱茂伟：《姚江书院派研究》，中国社会科学出版社 2005 年版。

（清）章学诚：《文史通义新编》，上海古籍出版社 1993 年版。

（清）范光阳：《双云堂文稿》卷三，清康熙四十六年郑风刻本。

（清）全祖望：《鲒埼亭诗集》，商务印书馆 1936 年版。

（清）全祖望著，朱铸禹汇校集注：《全祖望集汇校集注》，上海古籍出版社 2000 年版。

（清）陈确：《陈确哲学选集》，科学出版社 1959 年版。

（明）刘宗周：《刘子全书》，台北华文书局 1968 年版。

（清）李邺嗣：《杲堂诗文集》，浙江古籍出版社 1988 年版。

（清）王韬：《征设香山南屏乡义学序》，《中国社会思想史资料选辑》，广西人民出版社 2007 年版。

《杜亚泉文存》，上海教育出版社 2003 年版。

高平叔编：《蔡元培全集》，中华书局 1984 年版。

高平叔：《蔡元培年谱长编》，人民教育出版社 1996 年版。

李又宁、张玉法：《近代中国女权运动史料》，台北传记文学出版社 1976 年版。

林子勋：《中国留学教育史》，华冈出版有限公司 1976 年印行。

汪一驹：《中国知识分子与西方》，台北桐城出版社 1978 年版。

陈元晖等：《中国古代的书院制度》，上海教育出版社 1981 年版。

［日］实藤惠秀：《中国人留学日本史》，谭汝谦、林启彦译，生活·读书·新知三联书店 1983 年版。

毛礼锐等主编：《中国教育通史》，山东教育出版社 1988 年版。

王炳照等主编：《中国教育思想通史》，湖南教育出版社 1994 年版。

李国钧等主编：《中国教育制度通史》，山东教育出版社 2000 年版。

杜维运：《清代史学与史家》，中华书局 1988 年版。

舒新城：《近代中国留学史》，上海文化出版社（影印本）1989 年版。

蒋梦麟：《西潮》，辽宁教育出版社 1997 年版。

梁启超：《佛学研究十八篇》，中华书局 1989 年版。

梁启超：《中国近三百年学术史》，上海古籍出版社 2013 年版。

陈旭麓：《近代中国社会的新陈代谢》，上海人民出版社 1992 年版。

李国祥、杨昶：《明实录类纂》，武汉出版社 1995 年版。

赵所生、薛正兴主编：《中国历代书院志》，江苏教育出版社

1995 年版。

钱穆：《国史大纲》，商务印书馆 1996 年。

钱穆：《中国思想史》，九州出版社 2012 年版。

钱穆：《中国近三百年学术史》，九州出版社 2011 年版。

余英时：《士与中国文化》，上海人民出版社 2003 年版。

何晓夏、史静寰：《教会学校与中国教育近代化》，广东教育出版社 1996 年版。

方祖猷：《万斯同评传》，南京大学出版社 1996 年版。

田正平：《留学生与中国教育近代化》，广东教育出版社 1996 年版。

杨念群：《儒学地域化的近代形态——三大知识群体互动的比较研究》，生活·读书·新知三联书店 1997 年版。

陈寅恪：《唐代政治史述论稿》，上海古籍出版社 1997 年版。

董楚平等：《吴越文化志》，上海人民出版社 1998 年版。

费成康：《中国的家法族规》，上海社会科学院出版社 1998 年版。

李国均：《中国书院史》，湖南教育出版社 1998 年版。

上海图书馆：《中国家谱资料选编·教育卷》，上海古籍出版社 2013 年版。

黄文翰、吕明月：《洛阳吕氏金石列传》，偃师相公庄吕氏文化研究组 1998 年版。

冯瑞龙、詹杭伦：《华夏教子诗词》，天地出版社 1998 年版。

冯友兰：《中国哲学史》，华东师范大学出版社 2000 年版。

李喜所、刘集林等：《近代中国的留美教育》，天津古籍出版社 2000 年版。

许辉等：《六朝文化》，江苏古籍出版社 2001 年版。

章玉安：《绍兴文化杂识》，中华书局 2001 年版。

方祖猷：《王畿评传》，南京大学出版社 2001 年版。

顾宏义：《教育政策与宋代两浙教育》，湖北教育出版社 2003 年版。

吴宣德：《中国区域教育发展概论》，湖北教育出版社 2003 年版。

吴宣德：《明代进士的地理分布》，香港中文出版社 2009 年版。

吴宣德、宗韵：《明人谱牒序跋辑略》，上海古籍出版社 2013 年版。

张杰：《清代科举家族》，社会科学文献出版社 2003 年版。

吴正岚：《六朝江东士族的家学门风》，南京大学出版社 2003 年版。

杨宽：《中国古代冶铁技术发展史》，上海人民出版社 2004 年版。

中国历史文献研究会：《章学诚国际学术研讨会论文集》，北京图书馆出版社 2004 年版。

浙江省教育志编纂委员会：《浙江省教育志》，浙江大学出版社 2004 年版。

沈冬梅、范立舟：《浙江通史（宋代卷)》，浙江人民出版社 2005 年版。

方同义、陈新来：《浙东学术精神研究》，宁波出版社 2006 年版。

张彬：《浙江教育史》，浙江教育出版社 2006 年版。

徐晓元：《东晋南朝陈郡谢氏家族书信研究》，硕士学位论文，贵州大学，2006 年。

苏云峰：《中国新教育的萌芽与成长（1860—1928)》，北京大学出版社 2007 年版。

马雪芹：《古越国兴衰变迁研究》，齐鲁书社 2008 年版。

贾理智：《东晋南朝陈郡谢氏门风考》，青海师范大学出版社 2008 年版。

余文武：《王阳明教育思想研究》，西南交通大学出版社 2008 年版。

邓长春：《南朝会稽孔氏律学传习研究》，硕士学位论文，西南政法大学，2008 年。

苗春德、赵国权：《南宋教育史》，上海古籍出版社 2008 年版。

李泽厚：《中国古代思想史论》，生活·读书·新知三联书店 2008 年版。

钱明：《浙中王学研究》，中国人民大学出版社 2009 年版。

金午江、金向银：《谢灵运山居赋诗文考释》，中国文史出版社 2009 年版。

王炳照：《中国古代书院》，商务印书馆 2009 年版。

傅璇琮、龚延明、祖慧：《宋登科举记考》，江苏教育出版社 2009 年版。

何俊、尹晓宁：《刘宗周与蕺山学派》，中国人民大学出版社 2009 年版。

唐燮君等：《汉唐之际的余姚虞氏及其宗族文化》，浙江大学出版社 2010 年版。

孟文镛：《越国史稿》，中国社会科学出版社 2010 年版。

王永健：《全祖望评传》，南京大学出版社 2010 年版。

吴民祥：《浙江近代女子教育史》，杭州出版社 2010 年版。

吴民祥：《早期现代化进程中的浙江教育研究——基于人口变迁的考察》，广西师范大学出版社 2011 年版。

吴格、章培桓：《王阳明诗文选译》，凤凰出版社 2011 年版。

汪林茂：《从传统到近代：晚清浙江学术的转型》，中国社会科学出版社 2011 年版。

蔡钟翔：《中国古代文艺学》，人民文学出版社 2011 年版。

钱仲联、马亚中：《陆游全集校注》，浙江教育出版社 2011 年版。

王寿南主编：《中国历代思想家·宋明 3》，九州出版社 2011 年版。

［美］艾尔曼：《从理学到朴学：中华帝国晚期思想与社会变化面面观》，赵刚译，江苏人民出版社 2012 年版。

邓洪波：《中国书院史》，武汉大学出版社 2012 年版。

李永鑫主编：《绍兴通史》，浙江人民出版社 2012 年版。

夏晓虹：《晚清女性与近代中国》，北京大学出版社 2004 年版。

张天杰：《蕺山学派与明清学术转型》，博士学位论文，湖南大学，2012 年。

何忠礼：《宋史选举志补正（修订本）》，中华书局 2013 年版。

张富春：《支遁集校注》，巴蜀书社 2014 年版。

绍兴丛书编辑委员会编：《绍兴丛书》（全十册），中华书局 2006 年版。

潘承玉：《中华文化格局中的越文化》，人民出版社 2010 年版。

朱志勇：《越文化精神论》，人民出版社 2010 年版。

叶岗等：《越文化发展论》，中华书局 2015 年版。

祝兆炬：《越中人文精神研究》，百花洲文艺出版社 2006 年版。

陈望衡：《越中名士文化论》，人民出版社 2010 年版。

梁涌：《越地学术思想论》，人民出版社 2010 年版。

吴从祥：《六朝会稽贺氏家族研究》，中国社会科学出版社 2015 年版。

商略、孙勤忠：《有虞故物——会稽余姚虞氏汉唐出土文献汇释》，上海古籍出版社 2016 年版。

吴根洲：《科举导论》，浙江古籍出版社 2016 年版。

钱穆：《略论魏晋南北朝学术文化与当时门第之关系》，《新亚学报》1963 年第 5 期。

河姆渡遗址考古队：《浙江河姆渡遗址第二期发掘的主要收获》，《文物》1980 年第 5 期。

牟永抗、宋兆麟：《江浙的石犁和破土器——试论我国犁耕的起源》，《农业考古》1981 年第 2 期。

浙江省文物管理委员会：《绍兴 306 号战国墓发掘简报》，《文物》1984 年第 1 期。

白耀天：《〈榜枻越人歌〉的译读及其有关问题》，《广西民族研究》1985 年第 1 期。

江铭：《两汉地方官学考论》，《华东师范大学学报》（教科版）1986 年第 1 期。

徐苏铭：《论黄宗羲治学方法的创造性特点》，《求索》1987 年第 5 期。

仓修良：《黄宗羲和清代浙东史学》，《东南文化》1989 年第 6 期。

王路：《蒙古汗国及元代大漠南北汉官情况简述》，《内蒙古社会科学》（汉文版）1989 年第 5 期。

陶清：《朱之瑜的实学思想和明末清初的实学思潮》，《孔子研究》1992 年第 2 期。

朱顺佐：《试论光复会群体思想的历史渊源和基础》，《浙江社会科学》1995 年第 5 期。

谢长法：《清末的留日女学生及其活动与影响》，《近代中国妇女史研究》第 4 期，台湾"中研院"近代史语言研究所，1996 年 8 月版。

罗志田：《清季科举制改革的社会影响》，《中国社会科学》1998 年第 4 期。

林文彪：《论绍兴辛亥革命的历史功绩和精神遗产》，《绍兴文理学院学报》（哲学社会科学）2001 第 6 期。

王永平：《论中古时期世族家风、家学之特质——以江东世族为中心的历史考察》，《河南科技大学学报》（社会科学版）2003 年第 3 期。

钱茂伟：《论浙学、浙东学术、浙东史学、浙东学派的概念嬗变》，《浙江社会科学》2008 年第 11 期。

辜筠芳：《论余姚虞氏家学的特质及其形成原因》，《宁波大学学报》（教育科学版）2012 年第 2 期。

郑余、李华：《王阳明的绍兴书院实践考述》，《湖南社会科学》2013 年第 12 期。

谢模楷：《东晋南朝会稽孔氏家族的文学创作》，《海南师范大学学报》（社会科学版）2014 年第 5 期。

后　记

　　我很有幸能主持《绍兴历史文化精品丛书》（绍兴历史文化系列研究）子课题"环坐而听：绍兴教育史"，在课题研究过程中，通过阅读典籍、耙梳史料，我深为越文化的辉煌历史所震撼，感佩会稽先贤为绍兴文化发展、教育创新的孜孜以求与开拓进取。

　　稽山鉴水的地脉与蕴含"剑胆精神""开拓进取""包容开放"特质的文脉，共同培育了"浙东出异端"的中华文化史气象。可以说，越文化的精神与气质型塑了"环坐而听"的绍兴教育史面貌；历史上的绍兴思想家与教育家融为一体，他们以教兴邦、以育弘才的教育情怀与实践，使越文化得以发扬光大，谱写了中国文化与教育史上的精彩华章。

　　谨以此书献给绍兴历史上为越文化及绍兴教育发展做出贡献的志士先贤！

　　本书得以付梓，感谢以下各方的支持与帮助：

　　感谢我的导师浙江大学教育史专业田正平教授对本课题研究的肯定与建议。

　　感谢绍兴文理学院越文化研究中心的潘承玉教授对课题研究的鼓励、建议与支持，正是在他的关心与关怀下，本研究得以顺利开展。

　　感谢浙江师范大学图书馆方俊琦老师、浙江师范大学教育史专业研究生曹云娟、张莉、王俊贤、孙慧、黄诗敏、赵秀芳等，他们帮助收集与整理资料，积极参与课题研究。

　　感谢绍兴市社会科学界联合会、浙江省越文化传承与创新研究中心为本书的出版提供基金支持。

感谢中国社会科学出版社的领导与郭晓鸿等编辑以及越文化研究中心的莫尚葭老师，正是他们的关心与细心，使得本书得以不断完善。

吴民祥

2018 年 6 月

记于浙江师范大学丽泽花园